„TUE RECHT UND SCHEUE NIEMAND!!!"
(Mein Lebensmotto)

Kriegskind

Winzersohn

Realschüler

Klaviermusiker

Gesangssolist

Weingutsbesitzer

Frauenfreund

Globetrotter

Weltbürger

Ludwig Eser

Mensch, sei einfach du!

Erinnerungen – Begegnungen – Ereignisse
Episoden – Resümee – Exkurs

Eine autobiografische Erzählung,
eine Lebensbeichte,
von einem 1937er Mittelständler

Impressum

Bibliografische Information der Deutschen Nationalbibliothek:
Die Deutsche Nationalbibliothek verzeichnet diese Publikation
in der Deutschen Nationalbibliografie; detaillierte bibliografische
Daten sind im Internet über http://dnb.dnb.de abrufbar.

© 2017 Ludwig Eser, Mühlstr. 54, 65375 Oestrich-Winkel: Lu.37@gmx.de
Satz, Umschlaggestaltung, Herstellung und Verlag:
BoD – Books on Demand

ISBN: 978-3-7431-2411-0

*Ich widme dieses Buch meinen Enkelkindern
Elías, Jannes sowie Celine und Luise.*

Vielleicht ergeben sich am Ende, aus allen Ereignissen –
die auch für Nachkommen aufschlussreich sind –
Einsichten, die einen Menschen, seine Erkenntnisse,
seine Beweggründe, seine Entscheidungen,
besser verstehen lassen.

Meine Familie

Wohl wissend, dass ich nicht zum Schreiben geboren bin, möchte ich nach fast achtzig Jahren Dasein Erinnerungen schildern, wie sie sich in mir bewahrt haben. Aber bevor ich beginne, will ich mich vorstellen.

Ich wurde am 30.04.1937 geboren, getauft auf den Namen Ludwig Alois Eser. Wie auf dem Foto mit meiner Mutter zu erkennen, konnte ich meine Mutter mit meiner Geburt glücklich machen und Vater August mit einem Stammhalter sowieso.

Um ein gelebtes Leben zu verstehen, sollte man die Wurzeln kennen.

Meine Mutter, geb. 28.08.1914, war das jüngste Kind aus der alteingesessenen Winzerfamilie Körner aus Rauenthal. Wie man auf dem Bild mit Freundinnen und Gitarre erkennt, war sie lebenslustig, hübsch, wohl auch musikalisch. Nach der Volksschule besuchte sie mit Ehrgeiz die Näh- & Kochschule in Eltville. Dies war es, was man Winzertöchtern angedeihen ließ, um sie für das Leben fit zu machen, und eine „gute Partie" sollte sie natürlich auch sein.

Meine Mutter Josefine und ich

Josefine mit Freundinnen

Doch jetzt zu meinem Vater August Johann Eser, geb. 04.05.1904. Er war der zweite Sohn des Johann Josef Eser, seine Mutter war Margareta Eser, geborene Nikolai, aus Erbach.

Brautleute August und Josefine

Um die familiären Zusammenhänge besser zu verstehen, zunächst ein Bild von meinen Urgroßeltern mit ihren acht Kindern.

Sitzend die Eltern Barbara Eser (geb. Fetzer) und Johann Josef Eser (meine Urgroßeltern) und von links nach rechts ihre Kinder Elisabeth (bleibt Junggesellin), Katharina (später verheiratete Augstein), Anton Johann, Johann Josef, Leonhard, Albert, Maria (später verheiratete Nikolai) und Barbara (später verheiratete Kunz)

Dieses ausdrucksvolle Familienfoto dürfte um 1890 entstanden sein. Sitzend sehen wir den Familienpatriarchen, meinen Urgroßvater Johann Josef Eser, der am 20.06.1834 geboren wurde. Seine energisch blickende Frau Barbara Eser, geb. Fetzer, erblickte am 28.12.1835 das Licht der Welt. Aus dieser Ehe entstanden acht Kinder: vier Mädchen und vier Jungen.

Drei männliche Nachkommen heirateten und blieben in Oestrich ansässig, doch Anton Johann vermählte sich und ging nach Johannisberg. Von den weiblichen Kindern heiratete eine in die Familie Kunz in Oestrich ein. Eine andere schloss den Bund fürs Leben und war fortan Teil der Familie Augstein, und die Dritte blieb unverheiratet. Die Vierte nahm einen Nikolai zum Mann und zog auf sein Weingut nach Erbach.

Dieser Urgroßvater, Johann Josef Eser, war ein heller Kopf und sehr früh schon im Gemeinderat. Sein Lehrer hat ihn immer als „meinen Primus" tituliert, und so ist im Volksmund daraus unser Spitzname: die „Primbes" oder „Primbeser" entstanden.

Auf diesem aussagefähigen Bild kann man gut die einzelnen Persönlichkeiten erkennen. Ihr gepflegtes Aussehen zeigt uns, dass wir uns mit niveauvollen Vorfahren schmücken können.

Alle vier Brüder – und ihre Nachkommen – sind bis heute dem Weinbau treu geblieben. Von den vier Schwestern haben drei wiederum Winzer geheiratet, und so spricht man in Oestrich mit Recht von dem Eser-Clan oder auch der Eser'schen Weindynastie.

Festhalten kann man, dass alle Nachkommen mit Fleiß, Anstand, Beharrlichkeit und Liebe zum Beruf erfolgreich im Weinbau ihren Lebenssinn und ihren Lebensweg gefunden und behalten haben.

Wenn früher über Geld geredet wurde, lautete die Devise: Einem Winzer geht es gut, wenn ein Jahrgang am Stock (Weinberg) reift, ein Jahrgang sich im Keller gut entwickelt und die Einnahmen eines Jahrgangs als Polster auf der Bank liegen.

Doch zurück zu meinem Großvater Johann Josef Eser (auf dem Foto hinten der zweite Mann von links): Er war verheiratet mit der Schwester seines Schwagers Nikolai aus Erbach. Er hatte fünf Kinder: Josef Kaspar (geb. 30.04.1901), August (geb. 04.05.1904) mein Vater, Hermann (geb. 23.02.1906), Katharina (geb. 30.09.1907) und Margarete (geb. 16.08.1909).

Hochzeit von Tante Katharina. Brautjungfer ist ihre Schwester Magarete.
Dritter von links ist Onkel Josef. Zwischen Braut und Brautjungfer meine Mutter Josefine.
Links neben Josefine mein Vater August.

Die Hochzeit fand 1936 im neuen Elternhaus statt. Ein Jahr später kam der Kindersegen.

Der Patriarch Johann Josef Eser (geb. 1863) mit 74 Jahren im Jahr 1937.
V. l. n. r.: Lina Eser (Frau von Josef Kaspar) mit Sohn Josef, Elisabeth Eser (Frau von Hermann Eser) mit Tochter Barbara, Katharina Schlesinger (geb. Eser) mit Sohn Peter
und meine Mutter Josefine Eser mit mir.

Diese fünf Kinder, meine Onkel und Tanten, haben in ihrer Kindheit den 1. Weltkrieg erlebt und Entbehrungen erfahren. In der großen Schulpause waren zu Hause Bratkartoffeln und Kuhmilch vorbereitet. Es gab kein Radio, die Zeitung bestand aus einem Blatt. Man hat sich mit den Nachbarn am vorbeifließenden Pfingstbach getroffen, geschwatzt und gesungen. Wie mein Vater erzählte, habe er in Erinnerung, dass die Familie vor dem 1. Weltkrieg von den Zinseinnahmen habe leben können. Darum hätten die Preissteigerungen vor der großen Inflation 1923 den Vater dazu verführt, den Wein mit Fass zu verkaufen. Die beiden Ältesten, Josef und August (damals 22 und 19 Jahre alt), haben daraufhin das Zepter in die Hand genommen, um das Überleben zu sichern, da sie kein Zutrauen in die Geldgeschäfte des Vaters mehr hatten.

Der Weinbau war zu dieser Zeit von Handarbeit geprägt. Mit sogenannten Fahrkühen oder Ochsengespannen – wer es sich leisten konnte, hatte ein Pferd – wurden die Rebzeilen bearbeitet. Der Drahtrahmen zur Unterstützung der Reben setzte sich durch. Mit Sichel und Sense musste man die Vegetation zähmen. Im Winter – auch bei Schnee und Frost – wurde der Boden für Neuanlagen systematisch 60–70 cm tief umgegraben, die Steine entfernt und sogenannte Findlinge für den Mauerbau verwandt.

Das Wissen um den Rebenanbau und den Weinausbau wurde vom Vater auf den Sohn weitergegeben. Vater August – mit einer guten Weinzunge ausgestattet – hat in jungen Jahren mit seinem Bruder Josef Kaspar viel im Weinbau experimentiert und im Keller ausprobiert. Unter den Geschwistern sowie den Cousins wurde viel über den Weinanbau und Ausbau debattiert. Gerätschaften – für uns heute vorsintflutlich – kamen auf den Markt und wie zu allen Zeiten ließen sich Entwicklungen nicht aufhalten. So reifte in den späten 1920er Jahren bei den Gebrüdern Eser die Überzeugung, sich zu „Selbstvermarktern" zu entwickeln. Die wirtschaftliche Depression Deutschlands zwang, zu „neuen Ufern" aufzubrechen.

Der Wein wurde dann nicht mehr im Fass verkauft, sondern selbst in Flaschen abgefüllt. Aber nun kam die Herausforderung: Die Flaschen mussten auch verkauft werden! Da war Vater August gefragt. Sein erster Kunde war wohl in Schierstein Familie Horscher vom „Grünen Baum". Geliefert wurde per Pferdewagen von Onkel Herrmann. Die schriftlichen Aufzeichnungen oblagen Onkel Josef. Tante Katharina verwaltete das Geld. Doch ihre Hauptaufgabe war die Mutterrolle, denn die Mutter Margareta, geb. Nikolai, war bereits gestorben. Tante Katharina hatte bei ihren vier Machos, ihren Vater mit eingerechnet, keinen leichten Stand. Die Herren der Schöpfung bekamen alles vor den Hintern getragen und waren zu hilflos, sich selbst einen Schlips zu binden.

Der eingeschlagene Weg ging erfolgreich weiter. Es kamen immer wieder neue Kunden dazu. Man muss wissen, in den 1930er Jahren gab es keinen Getränkemarkt und auch kein Flaschenbier. Die Gastronomie war der Ansprechpartner für den Privatmann. Entweder man feierte in der Wirtschaft oder man holte sich die Getränke beim Wirt. Der Privatmann war Selbstversorger und hatte im Keller diversen vergorenen Mostvorrat, zum Beispiel Apfelwein. Die Winzer hatten ihren „Bubbes" oder „Leier". Dieser durfte für den Eigenverbrauch gemacht werden: Dafür wurden die ausgepressten Weintrauben in Wasser eingeweicht und nach circa 24 Stunden Standzeit erneut ausgepresst. Dann wurde dem Saft Zucker zugesetzt und alles vergoren. Natürlich war auch damals für den gehobenen Anspruch Wein zum Feiern angesagt, den der Wirt dann vermittelte.

Mit der Machtergreifung Adolf Hitlers kam Bewegung in die Volkswirtschaft. Es gab die ersten Autos, wie die von Opel. Die Esers bekamen ein Auto, einen Opel Olympia, Baujahr 1935. Damit wurde der Kundenkreis immer größer. Es ging Richtung Limburg, Westerwald, Siegerland und Rhein-Main-Gebiet samt Frankfurt. Aber in Frankfurt war das „Stöffche", der Apfelwein, beheimatet und ein starker Konkurrent des Weins.

Aus Erzählungen weiß ich, dass 1934 und 1935 sehr große Weinernten eingefahren wurden. Dementsprechend lagen die Preise für Fassweine am Boden. Erschwerend kam hinzu, dass das neue Regime der NSDAP unter Adolf Hitler Kontakte zu Spanien pflegte. So entstand 1936 die Legion Condor, die General Franco zum Gelingen seines Aufstands inoffiziell helfen sollte. Es kam nach der Machtergreifung Francos zu einem Abkommen zur Lieferung spanischer Weine nach Deutschland. Diese wurden von den Deutschen gut angenommen, sehr zum Leidwesen der deutschen Weinerzeuger. Deshalb wurden die Winzer aktiv, wie mein Vater mir erzählte. So sollen sich Hallgartener Winzer zusammengeschlossen haben und gemeinsam gastronomische Betriebe besucht haben. Sie fragten dann immer die Wirte: „Haben Sie Hallgartener Weine im Ausschank?" Wenn diese verneinten, gingen sie wieder. Einen Versuch war es ja wert!

Die Marktlage, insbesondere bei den Fassweinpreisen, war sehr, sehr bescheiden und auch die Weinversteigerungen liefen schlecht. Mein Vater – der alle Versteigerungen im Rheingau besucht hat – kam mit den Konterproben der von ihm gekauften Weine nach Hause. Er war von der Qualität der Weine, die niemand haben wollte, so überzeugt, dass er einige Halbstück (was 600 Liter entspricht) übernahm. „August, wie kannst du nur? Wir haben kein Geld!", fuhr ihn seine Schwester Katharina unter heftigem Kopfschütteln an. Aber er entgegnete nur: „Koch mir einen Kaffee." Dann nahm er seine Konterproben und fuhr mit dem Auto davon. Am nächsten Abend kam er mit stolz geschwellter Brust zurück, warf seiner Schwester das Geld auf den Tisch mit den Worten: „Ihr Kleingläubigen, ich habe alles verkauft. Du kannst den Wein bezahlen, und verdient haben wir auch noch was!"

Ja, Vater August konnte Menschen überzeugen. Er hatte ein total vertrauenerweckendes Auftreten und die Gabe, auf potenzielle Kunden zugehen zu können. Ich habe ihn erlebt. Bei seinen Geldgeschäften gab es selten eine Quittung, es galt das Wort!!!

Der geschäftliche Erfolg ging weiter, die Gebrüder Eser konnten gegenüber ihrem Elternhaus auf dem damaligen Horst-Wessel-Platz 1935 eine Hofreite erwerben. Es war ein sogenanntes Patrizierhaus der Familie Hey, mit großem Gewölbekeller und dazugehörigem Gartengelände. Das Haus war groß genug für zwei Familien und für die zu erwartende Kinderschar. Onkel Josef Kaspar zog mit Frau und Sohn Josef in die Erdgeschosswohnung und Vater August nahm die Wohnung im ersten Stock mit separatem Eingang. Jetzt konnte er 1936 heiraten!

Mein Elternhaus im Jahr 2015, jetzt Weingut August Eser auf dem Friedensplatz 19.

Die Toreinfahrt, für LKWs geeignet, war Zugang für ein circa 120 Meter langes Grundstück. Direkt neben dem Tor – heute ist dies zugemauert – war der Zugang zu der Wohnung im ersten Stock. Im hervorragenden Gebäudeteil waren jeweils zur Straße hin die Elternschlafzimmer von Josef Kaspar im Erdgeschoss und August Eser im ersten Stock. Dahinter zum Innenhof lagen die Küchen der Familien. Im leicht zurückliegenden Gebäude war der Zugang zu einer geschmackvollen, geräumigen Diele, die als Eingang für Josef Kaspar und die Kundschaft diente. Von der Diele aus rechts gelangte man in das Wohnzimmer meines Onkels, dieser Raum wurde auch für Weinproben genutzt. Wenn man sich das Bild ansieht, ist dies der Bereich hinter den Geranienfenstern. Um die Ecke waren das Zimmer von Sohn Josef und das Büro.

Im ersten Stock, hinter dem ersten Fenster oberhalb der Tür, befand sich ein Raum, der nach dem Krieg zum Bad mit Kohleofen ausgebaut wurde. Samstags war dann Badetag. Dieses Zimmer war gleichzeitig das Schlafzimmer meiner Schwester Marianne. Vorher stand die Zinkwanne in der Küche. Wenn Vater fertig mit dem Baden war, kamen die Kinder ins Wasser.

Daneben war das Zimmer meines Bruders Joachim und mir, dann unser Wohnzimmer (das Eckzimmer rechts außen). Um die Ecke war das Schlafzimmer der Cousinen Edith und Irene. Neben ihrem Schlafzimmer, welches über dem Büro war, wohnten seit 1943 in zwei Zimmern Herr und Frau Krause aus Mainz, die dort ausgebombt waren.

Dies war jetzt eine kurze Zusammenfassung der Wohnsituation während des Krieges und mit Modernisierungen auch bis zum Jahr 1955, dem Trennungsjahr der Brüder Josef Kaspar Eser und August Eser.

Im Jahr 1935/36 war eine große Halle entstanden, parallel zum Wohnhaus, mit Verbindung zum Büro. Auf dem Bild ist links die Giebelseite dieser Halle zu erkennen. Es war für die damalige Zeit ein moderner Bau mit Verladerampe. Es gab einen elektrischen DEMAG-Aufzug zum Keller. Dieser transportierte Flaschen und Fässer. In der sogenannten Packhalle wurden die Flaschen mit Etiketten versehen, in Papier eingewickelt, zum Transportschutz mit einer Strohhülse versehen und in eine 25er oder 50er Holzkiste für den Bahnversand verpackt.

Hinter der neu erbauten Halle entstand im Abstand von circa 40 Metern eine Scheune mit Speicher für Heu und Stroh. Rechts war ein Stall für Pferd und Kuh sowie zwei Schweine und diverse Hühner. Dazu gehörte eine Jauchegrube und darüber lagerte der Stalldung. Im hinteren Teil des Stalls war noch eine Miete ausgehoben, um Kartoffeln und Rüben für das Vieh zu lagern.

Vor der Scheune war eine circa 10 Meter lange, den ganzen Hof überspannende Stahlkonstruktion entstanden, die den gesamten Fuhrpark vor Wetter schützen sollte. Hinter der Scheune war ein circa 40 Meter langer Garten, den wir Kinder später gern plünderten oder in den wir uns zum Spielen zurückzogen. Er war unser Eldorado.

Der alte Fasskeller unter dem Haupthaus

Der neu entstandene Tankkeller von 1954

Diese Baulichkeiten, in den Vorkriegsjahren entstanden, waren mit Leben erfüllt. Sie boten die Voraussetzungen, um für mehr als zehn Personen einen Arbeitsplatz zu sichern und einen Weinbaubetrieb zu organisieren. Mit Kriegsausbruch 1939 ging diese positive Entwicklung zu Ende. Die Mitarbeiter wurden zum Kriegsdienst verpflichtet und der Reichsnährstand verwaltete die Ernten.

Ich hoffe, liebe Enkel, verehrte Leser, dass ihr mit dem bisher Gehörten eine Vorstellung bekommen habt, wo ich glücklicherweise hineingeboren wurde. Aber nun zu meinen Erinnerungen.

Mein erstes Erinnern

Am 25. März 1942 wurde mein Bruder Joachim geboren, aber von allem habe ich nichts mitbekommen, nur Folgendes: Am Morgen wurde meine Schwester Marianne und ich von Oma Dillmann, der Mutter meiner Tante Lina, abgeholt und gegen unseren Willen mit zu ihr nach Hause genommen. Ich erinnere mich, dass ich immer wieder zum Tor lief, um zu entkommen. Aber die Tür war zu. Nachmittags gab jemand Entwarnung und wir gingen endlich wieder heim.

Man hatte uns auf diese Art aus dem Weg geschafft, denn bei einer Hausgeburt hatten die Erwachsenen Angst, dass wir ihnen in die Quere kommen würden. Das Ereignis habe ich aber nicht registriert und keine Erinnerungen daran. Nur dass andere mein Freiheitsbedürfnis einschränken wollten, blieb mir im Gedächtnis. Es liefert eine Erklärung dafür, warum ich den Versuch meiner Eltern, mich in den Kindergarten zu schicken, erfolgreich verhindert habe.

Ein Unfall mit Joachim, ein Armbruch und die Einschulung

An einem warmen Tag im Jahre 1943 spielten wir Kinder der Brüder Eser wie meistens im Hof. Josef war acht Jahre alt, seine Schwester Edith sechs, genau wie ich. Meine Schwester Marianne fünf Jahre alt, die Cousine Irene zwei und mein Bruder Joachim gerade mal ein Jahr alt.

Joachim saß in der bereitgestellten Zinkwanne, die noch mit warmem Wasser gefüllt werden sollte, als das Unglück seinen Lauf nahm.

Josef – mit acht Jahren noch ein Kind – holte aus dem Kessel heißes Wasser und kippte es freudestrahlend über die Beine von Joachim. Die stundenlangen Schmerzensschreie bleiben immer in meiner Erinnerung. Es waren Verbrennungen dritten Grades, keine Medikamente zur Hand, nur unser dienstverpflichtetes Hausmädchen Herta Fischer holte bei ihrer Mutter das kostbare Johanniskrautöl, das die Schmerzen angeblich lindern sollte.

Als Onkel Josef von der Arbeit aus den Weinbergen kam, war er über das Geschehene so erbost, dass er seinem Sohn auf dem Fahrrad den Eimer hinterherschleuderte. Dieser hinterließ auf dem Schutzblech des Fahrrads eine tiefe Kerbe.

Gott sei Dank blieb diese Affekthandlung ohne Folgen. Ich dachte mir mit meinen sechs Jahren: Was soll das? Man konnte es ja nicht mehr ungeschehen machen. Auch wenn dies heute verpönt ist, ich hätte dem Josef den Hintern versohlt.

Mir hat man aber auch nicht den Hintern versohlt, als ich auf wackelige Kisten geklettert war, dabei runterfiel und den Arm gebrochen hatte. Im Eltviller Krankenhaus hat man den Gipsverband so eng gewickelt, dass am nächsten Tag meine Hand blau wurde. Wir mussten erneut in das Krankenhaus. Mit der Schere trennte die Krankenschwester den Verband auf, was mir Schmerzen verursachte. „Was haben Sie für ein ungezogenes Kind!", herrschte die

Krankenschwester meine Mutter an. Als der Verband endlich ab war, sah man den Grund meines Schreiens: Diese „dumme Kuh" hatte mir beim Weiterschieben der Schere meinen ganzen Arm aufgeschlitzt.

Ein weiteres Ereignis war meine Einschulung in die Volksschule Oestrich. Eine Schultüte gab es nicht, aber einen Ranzen, eine Schiefertafel und zwei Griffel. Das Schwämmchen zum Löschen der Schrift hing aus dem Ranzen heraus. Unsere Lehrer wollten alles Mögliche von uns: Wir mussten immer anständig sitzen bleiben, den Mund halten und zuhören – wieder waren da welche, die etwas von mir wollten, und nannten es Erziehung. Na, das kann ja was werden, und ich dachte mir: „Ludwig, tröste dich, der Nachmittag gehört ja noch dir." Der Garten, der Hof und der Horst-Wessel-Platz gehörten uns Kindern.

Der Alltag 1943, der Papa kommt heim!

Zu Hause kamen immer mehr Leute zu den Mahlzeiten zusammen. Da war ein junger französischer Kriegsgefangener, der morgens zum Frühstück kam und tagsüber bei uns lebte und arbeitete. Abends, zu einer gewissen Uhrzeit, musste er in sein Quartier zurück. Zu unserem Hausmädchen Anni Herdt kam noch eine Russin, die tagsüber bei uns lebte und arbeitete. Es machte mir Spaß, die Mädchen zu ärgern. Ich genoss es, wenn sie mich drückten, und ich drückte zurück, manchmal trat ich ihnen auch gegen das Schienbein.

1943 kam mein Vater aus dem Kriegsdienst zurück. Er wurde entlassen, da er ansteckende Gelbsucht hatte. An seiner Stelle wurde Onkel Josef einige Zeit später für den Kriegsdienst verpflichtet. Damals musste ein Bruder in den Krieg, der andere nicht, damit sich jemand weiter um den Betrieb kümmern konnte. Als sogenannte Selbstversorger mit Pferd, Kuh, Schwein und Hühnern musste für alle etwas zum „Beißen" wachsen.

Vater August hat mit einer Hand-Drillmaschine Erbsen und Bohnen in die Weinberg-Junganlagen ausgesät, denn alle haben fürs tägliche Brot gearbeitet. Wenn die Polen aus dem Lager der Firma Koepp kamen, um im Weinberg zu arbeiten, gab es zuerst etwas zu essen. Man wusch die Wäsche nur montags im Kessel, da er sonst für dicke Suppen gebraucht wurde. Meine Mutter sagte im Zusammenhang mit der Suppe stets, sie stopfe allen die „Wurmlöcher". Sie meinte damit sicher: Davon werden sie alle satt!!!

Zu essen war immer etwas da. Zugegeben, die Auswahl war stark eingeschränkt, aber Zuckerrübensirup schmeckt auch auf Brot. Die Treppe zum Keller diente als Kühlschrank. Unten war das leicht Verderbliche, weiter oben das Haltbarere.

Augusts selbst gemachte Handkäse reiften auf dem Küchenschrank. Alles aus dem Garten wurde gegessen und eingeweckt. Ein Fest war es, wenn Sauerkraut-Anna, wie wir sie nannten, das Weißkraut schabte, um es einzulegen. Sie war eine Alterskameradin von Vater August. Aus dem Weißkraut wurde nach einem gewissen Gärprozess Sauerkraut.

Das Kriegsgeschehen spitzt sich zu

Im Herbst 1943 bekam unsere Familie Zuwachs durch die Familie Schlesinger aus Offenbach. Tante Kathi mit Sohn Peter, er war damals sechs Jahre alt, und Hermann, vier Jahre, waren wegen der Luftangriffe in und um Frankfurt am Main aus Offenbach zu uns geeilt.

Wir alle waren im Hof, als Mutter Josefine ihre ersten Fahrradversuche startete. Aufgeregt kam sie den langen Hof heruntergefahren, begleitet von unseren aufmunternden Rufen: „Bravo, weiter, und jetzt die Kurve noch linksherum!" Aber sie rollte ungebremst gegen das Kellergewölbe und fiel um. Mit verachtendem Blick zum Fahrrad war zu hören: „Auf das Ding setze ich mich mein Leben nicht mehr!"

Tante Kathi konnte nach der Kapitulation wieder nach Offenbach zurück, ihr Haus war nicht den Bombenangriffen zum Opfer gefallen.

Joseph Colleghia – unser französischer Kriegsgefangener

Zwischen 1943 und 1945 wurde uns ein französischer Kriegsgefangener zugeteilt, der tagsüber bei uns lebte und arbeitete. Eines Tages sollte Joseph Colleghia eine Lieferung mit Gemüse aus den Weinbergen ins Altenheim Clemenshaus bringen. Emma, unsere Hannoveraner Stute, stand bereit. Sie war einem leichten Einachshänger vorgespannt. Wir Jungs, Josef und sein Freund Rudolf Collong, Peter, Hermann und ich, wollten natürlich den Ausflug begleiten, was wir auch taten. Angekommen im Clemenshaus lud Joseph Colleghia das Gemüse ab.

Doch Josef und Rudolf hatten in der Zwischenzeit nichts Besseres zu tun, als das lammfromme Pferd am Schwanz zu ziehen. Das Pferd galoppierte ruckartig los. Die zwei Schwanzzieher blieben im Hänger liegen, aber Peter, Hermann und ich fielen aufs Pflaster. Als Joseph Colleghia zurückkam, fragte er: „Wo Pferd?" Ich erklärte ihm die Lage. Daraufhin hörte ich nur: „Mon dieu! Oh, là, là!" Und er lief hinterher.

Emma kam wohlbehalten zu Hause an. Die Schwanzzieher hatten das Weite gesucht und der Monsieur wurde in keinster Weise beschuldigt. Überhaupt war er, gegen den Willen des Regimes, ein Mitglied der Familie, der mit uns am Tisch aß, dem meine Mutter die Strümpfe stopfte und der Joachim auf den Schoß bekam, wenn der nicht im Weg sein sollte.

Joseph Colleghia in Ausgehuniform mit Widmung

So hat in unserer Familie, damals wie heute, das Menschliche im Vordergrund gestanden. Einmal sagte mein Vater August zu dem Monsieur, der Mitte zwanzig war: „Josef, du arbeitest, als gehörte es dir." Er antwortete spontan mit französischem Akzent: „Herr Eser, ich betrachte die Arbeit als Sport!!!"

Die nächtlichen Fliegeralarme

Neue Situation für uns Kinder waren die Fliegeralarme, die uns nachts zwangen, den Keller aufzusuchen.
Da saßen wir dann zusammen mit Leuten aus der Nachbarschaft. Mein Vater nahm mich, wenn die Sirenen Entwarnung gaben, mit nach oben. Vater August ging dann mit mir zum „Datzeberg" – hinter der Schmalgasse gelegen, einem höher gelegenen Platz, um zu sehen, was passiert war. Es war für mich ein Trauerspiel, das brennende Mainz oder das brennende Schloss Johannisberg zu sehen. Mein Vater sagte dabei einmal zu mir: „So ist es, wenn Völker sich bekriegen, statt in Eintracht zu leben." Damals war die Angst, Stellung zu beziehen, selbst gegenüber den eigenen Kindern groß, denn das Regime war

empfindlich gegenüber negativen Äußerungen.

In diesem Zusammenhang war für Vater August und mich ein Erlebnis schicksalhaft: Nachdem wir nachts schon lange im Keller waren, wollte Vater nach oben, um nach dem Rechten zu sehen. Er nahm mich an die Hand. Wir gingen um die Kurve im Keller und hatten bereits die erste Treppenstufe von circa fünfzehn Stufen erreicht, als eine starke Detonation eine riesige Druckwelle auslöste. Diese schnürte mir die Brust zu und schleuderte uns die Kellertür entgegen. Zehn Stufen weiter hätte es unser Tod sein können!

Was war passiert? In Oestrich war eine Mine auf die Oestricher Volksbank gefallen und alle umliegenden Dächer waren teils abgedeckt oder stark beschädigt worden, und die Fenster waren zu Bruch gegangen.

Zu einem späteren Zeitpunkt erfolgte die Bombardierung von Rüdesheim. Hier musste Vater August Aufräumarbeiten leisten. Nachdem er die eingestürzten Keller gesehen hatte, ging er bei keinem Alarm mehr in den Keller. Nur noch bei Artilleriebeschuss. Mutter Josefine regte sich zwar fürchterlich darüber auf, aber er blieb stur.

Das Käppi wird gesucht

Richtung Hattenheim war auf dem „Hohen Doosberg" eine Flagbatterie stationiert. Diese musste nachts von Zivildienstleistenden betreut werden. Das bedeutete für die Männer, die nicht eingezogen waren, dass sie abends dort Dienst hatten. Dazu musste Uniform getragen werden und eine kleine längliche Uniformmütze, das Schiffchen oder, wie wir es nannten, das Käppi.

Mutter Josefine, Vater August mit „Käppi", Schwester Marianne und ich am 14. Juli 1940.

Eines Abends, es war wie immer spät, das Fahrrad stand für August bereit, aber das Käppi war nirgends zu finden. Mutter Josefine und Tante Kathi waren ganz aufgeregt und fragten: „Wo ist das Käppi, Ludwig, Peter, Hermann, Marianne? Habt ihr das Käppi gesehen?" Wie es ausging, weiß ich nicht mehr.

Der Flagbatterieabend auf dem Doosberg

Lustig war die Erzählung von dem Ablauf einer Nacht in der Flagbatterie. Da waren Scheinwerfer in den Weinbergen zwischen Oestrich und Hattenheim installiert, die ausländische Bomberverbände beim Überfliegen anleuchten sollten, damit die Flak, die „Flugzeugabwehrkanonen", eingesetzt werden konnten. Dazu waren keine Soldaten, sondern Männer vom Vokssturm eingesetzt worden. Die Männer, durch die Tagesarbeit müde, hätten abwechselnd Wachdienst gehabt. Am nächsten Morgen – alle hatten ausgeschlafen, keiner hatte die Wachablösung miterlebt. Da gestand der ältere Peter Rothenbach mit seinem immer roten Gesicht, verschmitzt lächelnd: „Ich hab für euch alle die Nachtwache übernommen." Zum Glück war diese Nacht ohne Vorkommnisse, sodass es nicht schlimm war, dass alle geschlafen hatten.

Winter 1944, mein Lieblingsplatz auf dem „Wasserschiff"

Der Herbst und Winter von 1944 waren nicht nur an der Ostfront eisig, auch bei uns war die Weinlese im Oktober/November von Schnee begleitet und eine eiskalte Prozedur.

Wir Kinder waren mit einer kleinen Schere beim Traubenschneiden zugange und haben uns ein bisschen nützlich gemacht. Die Frauen haben getratscht, die Kleinen haben sich zwischendurch die Finger am Feuer gewärmt. Vater August hat Trauben gestoppelt, das heißt, er ging den Leserinnen nach, kontrollierte, ob alle Trauben abgeschnitten waren, und mit dem Spazierstock wurden die am Boden liegenden Blätter gewendet, damit die darunter schon abgefallenen Trauben aufgelesen wurden. Diese Aufgabe habe ich mir dann ausgesucht und ihn mit einem metallenen Leseeimer begleitet.

Ihr könnt es sicher nachempfinden. Was war für uns Kinder die Zeit von Herbst bis Weihnachten sooooooooo lang, und wenn Nikolaustag war und wir ihn total verstört überstanden hatten, zoooooooooooooog sich die Zeit bis Weihnachten gnaaaaaaaadenlooooos dahin!!! Während dieser Winterzeit ist mir das morgendliche Zeremoniell auf dem „Wasserschiff" unseres Küchenherds im Gedächtnis. Der Herd rechts unten mit seinem länglichen

Feuerraum für Holz und Briketts. Darüber die Stellflächen für Töpfe und Pfannen. Zwei davon hintereinander waren herausnehmbare Ringe, damit der Topf unmittelbar am Feuer war, das ging schneller und wurde heißer. Zum Backen war links die Klappe und es entstand eine Umlufthitze zum Garen der Nahrung im eisernen Bräter. Den Abschluss auf der linken Seite bildete das sogenannte Wasserschiff, eine längliche, herausnehmbare Wanne mit stabilem Deckel. Das war morgens mein Lieblingsplatz vor dem Anziehen. Denn man saß warm, lehnte mit dem Oberkörper am beheizten Kamin und mit den Füßen auf der Holzkiste. Der Platz war begehrt und man hörte das Holzfeuer prasseln. Ja, in den frostigen Nächten wurde mit Briketts durchgeheizt; denn an den Zimmerfenstern waren regelrechte Eisblumen entstanden.

Einige Male musste ich eine Prozedur über mich ergehen lassen, die mir in schlechter Erinnerung ist. Ich musste das Leibchen, ein miederartiges, selbstgestricktes Kleidungsstück für Kinder anziehen, an dem Strumpfhalter befestigt waren. Dieses kratzige Ding auf der Haut war eine Tortur. Ich sagte meiner Mutter unter Tränen: „Ich fühle mich wie ein Tier mit einem Kummet um den Hals." Daraufhin gab sie nach. Ich bekam lange Unterhosen und Kniestrümpfe, die einen Gummi hatten, der über den Waden Halt gab.

Brennholz holen

Im Krieg mussten die Anforderungen des Alltags gemeistert werden. Tante Lina konnte die Kuh melken. Mutter Josefine musste unter anderem für das Brennmaterial sorgen. Ich nehme an, dass das Brennholz zu dieser Zeit von der Gemeinde zugewiesen wurde. Es musste selbst im Wald abgeholt werden. So fuhr der Vater unseres Hausmädchens, Herr Herdt, der bei der Firma Koepp Schicht arbeitete, morgens zusammen mit meiner Mutter an die sieben Wegweiser. Pferd Emma war hierfür am zweiachsigen Deichselwagen vorgespannt. Ich war zum Helfen mitgenommen worden oder nur aus dem Grund, zu Hause nichts anstellen zu können.

Bei der Heimfahrt hatte ich eine ganz wichtige, verantwortungsvolle Funktion: Ich war zum Bedienen der Bremse bestimmt. Die Bremse bestand aus zwei starken Holzkeilen, die mit einer Zwingentechnik die Holzkeile gegen die Eisenräder drückte. Ich habe die „Hemme" bedient. Dabei war zu beachten, dass das Tempo bergab ruhig war, denn diese Keile erwärmten sich und konnten schlimmstenfalls zu brennen anfangen. Ich musste, dem Gelände angepasst, die „Hemme" linksherum drehen, um zu lockern, und rechtsherum, um fester zu ziehen. Dies war der übliche Ablauf beim Bremsen.

Bis zur „Alten Kniebrech" hatte ich den Bogen raus. Aber meine Nervosität stieg, je näher wir dem starken Gefälle kamen. Wir hielten an, legten Steine vor die Räder und ließen die Bremsklötze abkühlen. Emma wurde fleißig gestreichelt und bekam etwas von unserer Vesper ab.

Gott sei Dank war Emma eine lammfromme Stute, die dieser Aufgabe gewachsen war. Herr Herdt führte Emma am Halfter und meine Mutter versicherte sich, ob bei mir hinten alles klappte. Mit einem Stopp hatten wir das Gefälle gemeistert und waren heil, erschöpft, aber glücklich zu Hause angekommen.

Anfang 1945 – Besuch beim Volkssturm

Es muss in den ersten Monaten des Jahres 1945 gewesen sein. Vater August war vom Volkssturm rekrutiert worden. Kein Mann mehr im Haus, nur Mutter Josefine, Tante Lina, Tante Kathi und wir acht Kinder.

In dieser Volkssturmzeit habe ich mit Mutter Josefine ein kleines Abenteuer erlebt. Sie hatte erfahren, dass die Einheit von Papa aus dem Rheintal bei Sankt Goarshausen in Richtung Westwall verlegt werden sollte. Deshalb wurde Proviant vorbereitet und Mutter und ich fuhren mit der Eisenbahn nach Sankt Goarshausen. Dort angekommen, mussten wir zu Fuß zu dem oben liegenden Ort über Schleichwege der Einheimischen laufen. Da hieß es dann: „Die sind heute Morgen schon abmarschiert." So konnten wir Papa nicht mehr sehen. Aber die Männer, die Mama kannte, sollten später mit ihrem Pferdewagen zu der Einheit stoßen. So gab ihnen Mutter den Proviant mit. Im Gegenzug wollten sie uns ins Tal mitnehmen. Andere haben aber wegen der Tiefflieger dringend abgeraten, und so sind wir wieder über Fußpfade ins Rheintal gelangt. Die Entscheidung zu laufen war glücklich, denn das Fuhrwerk wurde tatsächlich angegriffen und es gab Tote.

Die Heimfahrt von Sankt Goarshausen wurde mehrmals unterbrochen. Verwundete, die teilweise sehr jung waren, waren überall zu sehen. Ein Elend! Ein Durcheinander! In Rüdesheim angekommen – es war schon dunkel –, mussten alle Reisenden in den Asbach-Bunker, denn es war Fliegeralarm! Spät in der Nacht kamen wir erschöpft zu Hause an. Doch der Wahnsinn tobte weiter!

Der Horst-Wessel-Platz, unser Treffpunkt

Der Horst-Wessel-Platz, der heutige Friedensplatz, war unser Spielgelände. Aus Lumpen wurden Stoffbälle gemacht und wir Anwohnerkinder konnten hier toben. Die Erwachsenen machten die Klappläden zu, und die Eser Bagage, die Collongs, Petrys, Wassermänner, Paulys, die Brüder Bibo und Mooses, teilweise die Hiltmänner aus der Nähe hatten freie Fahrt. Wenn der Gemüsehändler Rickes Reutershahn mit seinem Dreirad Marke Goliath kam, war die Gaudi groß, denn die Meute hielt das Gefährt fest und Reutershahn schnaubte wutentbrannt.

Horst-Wessel-Platz um 1905 (?)

An so einem Tag, kurz vor Kriegsende, kam ein älterer Mann mit einer Schelle, der als Gemeindeausrufer angestellt war. Unsere Mütter kamen herbei und der Schellenmann, der unter starkem Alkoholeinfluss stand, verkündete, dass wir den Ort verlassen müssen. Wir sollten uns im Dornbacher Graben, einem Bachlaufgelände, in den Weinbergen gelegen, einrichten. Wir Kinder johlten und sorgten so für Unterbrechungen seiner Botschaft. Die Frauen schrien: „Ihr Lumpen, wollt ihr uns das Dorf anstecken?" Wir Kinder waren uns nicht über den Ernst der Lage im Klaren und unter unserem Gejohle zog der alte Schellenmann ab.

Irgendwann an diesem Tag bin ich zur nahe gelegenen Hauptstraße an den Abzweig zur Gartenstraße gegangen, um mir die „Panzersperre" anzusehen. Da waren Baumstämme in der Fahrbahn verankert worden, die auf 2 x 3 Meter, in einer Höhe von circa 1,5 Meter, zusammengekettet waren, um die Militärfahrzeuge am Weiterfahren zu hindern. So ein lächerlicher Versuch, das Ende aufzuhalten!

Und es kam, was kommen musste! Die Hauptstraße war voller Menschen und bereitete den durchziehenden Amerikanern einen freudigen Empfang. Ich stand am Lebensmittelgeschäft Kling und bewunderte die Fahrkünste der Panzerfahrer, die versuchten, durch das „Scharfe Eck" zu kommen, ohne hängen zu bleiben. Die ersten Schwarzen, die ich sah, saßen auf den Panzern und lachten breit und freundlich über das ganze Gesicht. Sie warfen Schokolade und „orangefarbene Äpfel" unters Volk. Für mich war diese Frucht genauso neu und exotisch wie der schwarze Mann auf dem Panzer. Der Sohn einer Kriegswitwe brachte Tage später eine Frucht mit in die Schule. Ich wollte die Schale essen, aber irgendeiner wusste: Man isst die Apfelsinenschale nicht. Wieder was gelernt!

Der Einzug wurde wie eine Befreiung gefeiert. Später bekamen wir mit, dass die Amerikaner Quartiere organisierten. Wir lebten mit drei Familien und mit dem ausgebombten Mainzer Ehepaar Krause zusammen auf engem Raum, wie die meisten.

Vater August, der vom Volkssturmeinsatz wieder zurück war, hatte gleich eine Idee. Diese setzte er mit vollem Elan um. Es wurde ein Hausputz inszeniert, der alles so chaotisch erscheinen ließ, dass wir verschont blieben. Bei uns wurde niemand einquartiert.

Am selben Abend kam ein angetrunkener weißer Ami und wollte mit uns palavern. Man muss an dieser Stelle erwähnen, dass man die Häuser nicht abschließen durfte, sodass jedermann Zugang hatte. Aber unsere Russin machte ihm in gebrochenem Englisch klar: „Good people, no Nazi!", und komplimentierte ihn vor die Tür.

Geschehnisse aus den letzten Kriegsjahren

Was mir noch in den Jahren 1943–1945 aufgefallen war, dass bei Hausschlachtungen immer getuschelt wurde und die Türen abgeschlossen wurden. Die Nachbarn bekamen ein Fresspaket, das ich meistens ablieferte. Wie viele Schweine geschlachtet wurden, darüber spricht man nicht, war zu hören. Ich hab das ja kapiert. Mitbekommen habe ich ebenfalls, dass Vater August vom Volkssturm ausgebüxt war und sich zu Hause versteckte. Ich durfte ihm nicht das Essen bringen, das tat meine Mutter. Sie gab mir auch immer zu verstehen, dass ich nichts sagen sollte; dies tat sie, indem sie den Zeigefinger auf ihre Lippen legte. Da ich schon „groß" war, verstand ich sofort. Mein Vater hat sich erst wieder gezeigt, als das Ende des Krieges nah war. Nachts hat er den Feindsender BBC abgehört, was zwar verboten war, aber dort hörte man die Wahrheit. Die Propagandawelt des Adolf Hitler redete von einer Wunderwaffe, diese wurde aber, dem Schicksal sei Dank, nicht fertiggestellt.

An dem Tag, an dem die Leute zum Auszug aus Oestrich aufgefordert wurden, hat mein Vater heimlich Weinbergsarbeiten verrichtet. Als er abends in den Ort kam, kamen ihm Frauen entgegen und erzählten von der geplanten Evakuierung. Per Zufall kam auch der damalige Bürgermeister vorbei und mein Vater verlor die Fassung: „Ihr Lumpen, was wollt ihr noch alles mit den Leuten machen?" Später gestand er mir, dass er in diesem Moment leichtsinnig gewesen sei, denn der Bürgermeister habe noch die Macht gehabt, ihn abführen zu lassen.

Nach diesem Vorfall hatte ich mitbekommen, dass er gemeinsam mit dem alten Franz Herke am Friedhof und mit Josef Spreitzer in der Villa an der Hauptstraße nachts Kontrollgänge machte, um eventuelle Maßnahmen verhindern zu können. Dabei ist auf meinen Vater von der anderen Rheinseite aus auch geschossen worden.

Das Regime merkte, dass in diesem Stadium des Krieges das Volk passiven Widerstand leistete. Soldaten entfernten sich von ihren Einheiten, und die sogenannten Kettenhunde kamen zum Einsatz, die Lanzer ohne amtliche Papiere einfach erschossen oder aufhängten.

Mein Vater hatte sich folgendermaßen vom Volkssturm-Einsatz Richtung Westwall verabschiedet. Seine Einheit hatte den Rhein überquert und in Hirzenach wegen Fliegeralarm Unterkünfte aufsuchen müssen. Er lag mit vielen anderen Volksstürmern in einem Keller. Als der Befehl zum Abmarsch gegeben wurde, blieb er einfach liegen. Er hatte Zivilkleidung unter der Uniform, die er im Keller zurückließ. Als die Luft rein war, ging er zum Rhein, um ein Boot für die Überfahrt zu bekommen. Seine Schwester lebte zu dieser Zeit in Kestert gegenüber von Hirzenach. Durch die überfallartig erscheinenden Jagdflieger der Alliierten war die Fahrt über den Rhein sehr schwierig und gefährlich. Da erschienen zwei Offiziere, die ein Schnellboot von der anderen

Seite herbeiorderten. Mein Vater fragte, ob sie ihn mit rüber zu seinem Weinberg nehmen würden, aber die Offiziere lehnten ab: „Nein, Militäreinsatz!" Doch beim Einsteigen ist er einfach mit ins Boot gesprungen und im Sturm ging es auf die andere Seite. Kaum angekommen, kamen auch schon wieder die Tiefflieger durch das Rheintal. Bei Tante Margarete versteckte er sich einige Tage, dann ging es durch den Taunus Richtung Oestrich. Mit einer Hacke auf der Schulter, der Pfeife im Mund, sah er aus wie ein Bauer, der zu seinem Acker unterwegs ist. Er erregte keinen Argwohn bei den kontrollierenden Kettenhunden, und seine Entlassungspapiere von 1942 hatte er auch dabei. Er hatte Glück. Aber viele sind in diesen letzten Tagen des 2. Weltkrieges für Volk und Vaterland aufgehängt worden!

Passiver Widerstand

In diesem Zusammenhang möchte ich an die Menschen erinnern, die den für unrechtmäßig erachteten Krieg passiv durchlebten, die keinen Heldentod sterben, sondern leben wollten. Dazu gehörte auch Onkel Josef, der 1943 eingezogen wurde. Er war in Trier kaserniert, um dort zum Kraftfahrer ausgebildet zu werden. Aber immer, wenn eine Prüfung anstand, versagte er! In Trier waren Bomben gefallen, etliche Blindgänger, vor denen die Bevölkerung geschützt werden sollte. Onkel Josefs Vorgesetzte gaben ihm ein Schild, das er aufstellen sollte. Onkel Josef lief mit aufgesetztem dummen Gesicht, das Schild hoch erhoben vor sich hertragend, im Stechschritt durch die Straßen. Auf dem Schild stand zu lesen: „Vorsicht, Blindgänger!" Ja, auch in diesen schweren Zeiten konnten die Menschen darüber lachen!

Auch er kam in diesen Endtagen auf abenteuerliche Weise vor Kriegsende zu Hause an, er hatte sich aus dem süddeutschen Raum abgesetzt.

Der jüngste Bruder meines Vaters kam nicht zur Wehrmacht. Er überstand alle Musterungen als untauglich. Mit seinen Gichtknoten an den Händen hatte er zwar ein Alibi, aber seine Unbeweglichkeit war wohl zum Teil gespielt. Ich habe noch seine Schilderungen zu einer seiner letzten Musterungen in Erinnerung. Um die typischen Musterungsgriffe des Militärarztes geschehen zu lassen, ließ er die Hosen fallen; dann kam der schneidende Befehl: „Bücken und husten Sie mal! Hosen hoch! Abtreten!" Dann schlurfte er mit heruntergelassener Hose zu den Übrigen, die zur Musterung erschienen waren. Unter großem Gelächter bat er einen, ihm die Hose hochzuziehen. Wieder hatte er es geschafft!

Schilderungen von Vater August

Außerdem habe ich mitbekommen, wie eines Morgens, noch vor Kriegsende, unsere Russin weinend und ganz aufgelöst meinem Vater erzählte, dass ein geflohener Kriegsgefangener schwer erkrankt sei. Sie hatten ihn bei sich im Kriegsgefangenenlager versteckt und er konnte sich daher nicht krankmelden. Die Russin ließ meinem Vater den ganzen Tag keine Ruhe. Was konnte er tun?

Dr. Schäfer, unser Hausarzt, war eingezogen worden. Die Praxis hatte einen neuen Arzt, den mein Vater nicht näher kannte. Daher besprach er mit Frau Schäfer, die die Praxis leitete, was man tun könnte. Der Arzt war bereit, den Kranken zu besuchen, und bei Nacht stiegen sie in das Barackengelände ein. Sie wurden von einer Aufsichtsperson überrascht, ein Sangesfreund meines Vaters, der, als er meinen Vater sah, sich umdrehte und weiterging. Der Arzt konnte den Patienten behandeln, und wie ich von der Russin mitbekommen habe, hat er überlebt.

Nach dem Krieg schilderte mir mein Vater die Begegnung mit einem Alterskameraden von ihm, der auf dem Eichberg bei Kiedrich arbeitete. Wenn er zum Batteriewachdienst auf den „Hohen Doosberg" ging, begegnete ihm des Öfteren dieser Alterskamerad, der sturzbesoffen gen Oestrich taumelte. Auf die Frage: „Was ist mit dir?", bekam mein Vater keine Antwort, nur ein „Ach Gott, ach Gott". Später wurde dann die ganze Wahrheit publik: Das Regime hatte Experimente an geistig Behinderten durchgeführt. Kein Ruhmesblatt für die Medizin und die Männer, die einen Eid auf Hippokrates geleistet hatten.

Ich erinnere mich auch, dass ein Rheinbesuch für uns Kinder strengstens verboten war, denn es gab immer wieder Unfälle mit gefundener Munition. Besonders nach dem Krieg haben sich junge Männer beim Experimentieren mit Munition und Schwarzpulver das Leben verkürzt.

Einmal lagen im Feld zwei abgestürzte Piloten der Alliierten und wir liefen dorthin. Es war in der Nähe des Heiligen Häuschens, die Körper der Leichen waren vom Aufprall ineinandergeschoben, eine blutige Masse. Ich habe in respektvollem Abstand das Geschehen nicht verinnerlicht, aber mir klargemacht, dass man so im Leben enden kann. Furchtbar!

Wenige Jahre später habe ich mich mit Fragen über Schuld und Sühne an meinen Vater gewandt: „Wie bist du mit den Leuten, die so viel Unrecht getan

haben, umgegangen? Wie bist du dem Nazibürgermeister entgegengetreten? Wie mit den Akteuren der Reichspogromnacht umgegangen? Er hat mich dann verdutzt angeschaut und geantwortet: „Ja, dem Bürgermeister habe ich vor die Füße gespuckt, worauf einige, die das gesehen hatten, zu mir sagten: August, das hast du doch nicht nötig! Doch Bub, ich will dir eins sagen: Wir blickten nach vorn, stellten uns den Herausforderungen, die uns die Zukunft bringt. Dankbar waren wir, dass wir diese fürchterliche Kriegszeit in der Familie ohne Verlust von Menschenleben und ohne große materielle Schäden überstanden haben. Das biblische Wort: Auge um Auge, Zahn um Zahn, lass uns vergessen! Denn wer Liebe sät, wird Liebe ernten; wer Hass sät, wird …"
In meinem späteren Resümee, in einem Exkurs, werde ich noch auf einige persönliche Ansichten näher eingehen.
In der Nachkriegszeit soll nicht unerwähnt bleiben, dass die Menschen aus Hunger und blanker Not nicht mehr „Mein" und „Dein" unterschieden haben. Mundraub war an der Tagesordnung. In Gärten wurde eingebrochen, Bäume abgeerntet, stehende Güterwaggons mit Kohle oder Briketts teilweise organisiert entladen. Von den Feldern wurden Rüben, Kartoffeln, Gemüse und alles Essbare illegal beschafft.
Ein aus der Kriegsgefangenschaft heimgekehrter Bekannter meines Vater sprach ihn an: „August, warum habe ich nicht auf dich gehört, ich Rindvieh! Mein Material ist geklaut worden und das Ersparte ist auch weg!" Wie kam es zu der Erkenntnis? Vor Beginn des Krieges hatte dieser Bekannte Ziegelsteine auf seinem Bauplatz deponiert. Auf die Frage meines Vaters, ob er bauen wolle, hatte dieser mit Ja geantwortet, sobald er das Material zusammen habe. Den Rat meines Vaters: „Fang an, was gemacht ist, ist gemacht. Wer weiß, was kommt!", hatte er nicht befolgt.

Die Schule nach dem Krieg
Nach dem Krieg änderte sich für uns Kinder nicht viel, nur der Unterricht war wieder regelmäßig. Im August ging es für mich mit der 3. Klasse weiter. Ich erinnere mich an den Lehrer Herrn Michel, unseren Klassenlehrer Herrn Seufert aus Hallgarten und an eine Lehrerin, Frau Ensinger, die so ergreifend Märchen erzählte, dass diese für mich noch grausamer wirkten und ich laut zu heulen anfing.
Zu Hause setzte ich meiner Mutter oft stark zu. Für die Hausaufgaben war ich mit Schiefertafel, Griffel und Schwämmchen ausgerüstet. Lieber Leser, hier

zeigt sich, mit welchen vorsintflutlichen Gegenständen wir etwas bewirken sollten. Ich musste, wie meine Klassenkameraden, zu allem Überfluss ganze Sätze schreiben. Was ich mit vielen Fragen an meine Mutter tat. Josefine hatte aber vieles andere zu tun. Ich habe sie so genervt, dass sie mir mit einem Mal die Kreidetafel aus der Hand nahm und auf den Kopf haute. Im selben Atemzug erkannte sie: „Oh Gott, jetzt habe ich das einzige Schreibgerät kaputt gemacht!" Ich habe sie in diesem Moment wohl sehr verdutzt angesehen, denn sie drückte mich und sagte: „Du bist mir aber auch einer!"

Meine Volksschulklasse nach dem Krieg mit Lehrer Seufert, ich sitzend der Sechste von links.

Klavierspielen lernen

Es bahnte sich eine Wende in unserem Dasein an. Mutter Josefine war mit ihren 32 Jahren eine junge, ehrgeizige Mutter, die gern zu Hause in Rauental Klavier gespielt hätte. Sie konnte „Du, du liegst mir am Herzen" im Walzertakt spielen. Deshalb sorgte sie dafür, dass wir ein Klavier bekamen. Der Klavierlehrer war Alfred Stehr aus Berlin, der nach dem Krieg in unserer Gegend hängen geblieben war. Wo die Köhler Klavierschule, ein uralter schwarzer Schinken, herkam, wissen die Götter. In dieser Zeit, die man auch als Tauschbörse bezeichnen könnte, war alles möglich. Aber zurück zum Klavierunterricht.

Man fängt klein an, legt die rechte Hand auf die Klaviatur. In der Mitte der Tastatur befindet sich das C. Auf dieses C legt man den Daumen, um die Taste zum Klingen zu bringen. Den Zeigefinger auf das D, den Mittelfinger auf das E, den Ringfinger auf das F und den Kleinen auf den Ton G. Na toll! Jetzt das Ganze rückwärts und wieder vorwärts. Prima! Noch mal und wieder. Dann kommt die linke Hand dran. Da ist es genau umgekehrt: Der kleine Finger kommt zuerst dran und der Daumen zuletzt. Hin und her, auf und ab, immer wieder. Daraufhin hat der Herr Stehr in sein Brot gebissen und unter aufmunternden Zurufen und brotmahlenden Mundbewegungen mir das Ganze eine Oktave höher mit zwei Händen parallel vorgemacht. Das lern ich nie, dachte ich erst, aber das war schnell vergessen.

Mittlerweile war das Brot aufgegessen, die Flasche Wein getrunken, ich durfte wieder spielen gehen und meine Schwester Marianne kam dran.

Für Musik generell war mein Interesse geweckt. Den ersten Chorgesang habe ich immer sonntags mit Vater August bei der Kirchenchorprobe ab 14 Uhr erlebt.

Der Alltag

Im täglichen Leben gab es viele Aufgaben, die uns die Realität näherbrachte. Das Wasserholen am Wilhelmi-Brunnen, wenn die Wasserleitungen versiegten, oder Straßefegen waren nur einige. Ich musste den Teil der Straße vom Tor bis zum Hauseingang kehren; Kopfsteinpflaster mit tiefen Rillen, wo die Pferdeäpfel mit einem abgenutzten Besen nicht mehr erreicht werden konnten. Während des Krieges hatte Moose Hoppes aus der Dillmannstraße mit seinem Wägelchen die Pferdeäpfel aufgekehrt, zum Düngen der Tomaten. Er war ein kleiner Mann, mit zusammengekniffenem Gesicht, das eine Hasenscharte erkennen ließ. Dementsprechend besaß er eine quietschende Stimme. Ein Dialog zwischen ihm und meiner Mutter, an den ich mich erinnere, lautete so:

Meine Mutter fragte: „Na, Josef, bist du wieder fleißig beim Pferdeäpfel-Sammeln?" Daraufhin er: „Ja, ja, Frau Eser. Sage Sie mal, maane Sie nit aach, die Knittele warn ach schon mol fetter gewese? Na, dene Geil geht's aach so wie unseraaner: Montags Quellkartoffel mit Bäckerkees, Dienstag Bäckerkees mit Quellkartoffel und Mittwoch widder Quellkartoffel mit Bäckerkees, und da soll 'n kräftiger Mann davon satt werde."

Ja, und jetzt war ich dran am Saubermachen. Mühte mich redlich mit dem abgenutzten Besen, aber Tante Lina, die am Fenster ihres Schlafzimmers gestikulierte, konnte ich es nicht recht machen. Es kam zu einer Auseinandersetzung, an deren Ende ich den Besen in hohem Bogen über das Tor schmiss und bevor ich abhaute sagte: „Weißt du was? Du kannst mich am A… lecken!"

Die Jahre 1945–1948

Die Zeit zwischen Ende 1945 und Anfang 1948 verging unspektakulär. Morgens war Schule, hier kamen immer neue Gesichter, meist Flüchtlingskinder, hinzu. Man trug Lederhosen, und wenn diese schön speckig und benutzt ausgesehen haben, war es umso besser! Wir hatten jetzt Hefte, ein Lese- und ein Rechenbuch, die man pflegen musste. Daher machte Mutter einen Schutzumschlag drum. Auf diesen kam der Name. Mein Klassenlehrer war Herr Seufert aus Hallgarten, der, mit Mitte zwanzig, von den Mädchen verehrt wurde.

Es kam schon vor, dass er uns über der Bank den Po versohlte. Manchmal war ich auch dabei. Gern erinnere ich mich an die zwei bis drei Tage in der Woche, zu denen der Samstag zählte, an denen in der letzten Stunde Kopfrechnen angesagt war. Jakob Bibo, unser Nachbar vom Friedensplatz, und ich waren bei den Ersten, die nach einer richtig gelösten Aufgabe nach Hause gehen durften. Das war ein Ansporn, Kopfrechnen zu üben. Das kleine Einmaleins war für uns wichtig. Die gewonnene Zeit haben wir dafür genutzt, auf der Treppe beim Sattler Wilhemi schon unsere Hausaufgaben zu erledigen.

Mittags war immer ein großes Treffen auf dem Friedensplatz, wenn auch unterbrochen vom Kommunionunterricht, der Turnstunde und im Sommer vom Lauftraining. Bei diesen Aktivitäten begleitete mich stets der Wunsch, zu den Guten zu gehören. Menschlich, oder?

Der Kommunionunterricht wurde von Pfarrer Eufinger, der für uns Kinder eine Respektsperson darstellte, gehalten. Hierbei ging es um das Liebsein und das Einhalten der Zehn Gebote, die wir auch lernen mussten.

Das Einzige, was ich für mich und mein weiteres Leben mitgenommen habe, ist, dass mit diesen Zehn Geboten ein friedliches Zusammenleben von Familien, Staaten und der gesamten Völkergemeinschaft möglich wäre. Die Liturgie, der Ablauf des Gottesdienstes, war für mich, wie für alle Kinder, gewöhnungsbedürftig. Aber die Sprache und der Wortlaut einer guten Predigt beeindruckten mich. Ansonsten war immer Glauben angesagt.

Der Beichtspiegel, das Sündenregister, wurde im Kommunionunterricht besprochen. In Erinnerung bleibt mir der Satz: „Keuschheit ohne Ängstlichkeit", der aber nie mehr in irgendeinem Wortlaut so aufgetaucht ist. Entweder ist er aus dem Beichtspiegel des Gesangbuches verbannt worden, oder meine Erinnerung spielt mir einen Streich.

Die Normalität der Nachkriegszeit im Weingut

Allmählich kehrte überall wieder Normalität ein. So auch im Weingut Johann Josef Eser und Söhne. Der 1945er Wein war einer der größten Jahrgänge des 20. Jahrhunderts. Dank der neuen Erziehungsmethoden in den Weinbergen von Josef Kaspar Eser und August Johann Eser hatte man eine quantitativ gute Ernte einfahren können. Denn das Wichtigste für einen landwirtschaftlichen Betrieb sind gute Erträge. Diese ermöglichen Umsatz und Gewinn.

Normalweise hatten die Rebanlagen damals eine Zeilenbreite von 1,2 m und die Traubenzone war bei circa 0,5 m über dem Boden. Die Eser'schen Weinberge hatten eine Zeilenbreite von circa 2,4 m und die Reben waren wie Spalierobst auf zwei Etagen ausgelegt. Die untere Etage war circa 0,6 m und die obere Etage circa 1,2 m hoch. Die Zeilenbreite war erforderlich, damit ein normaler Schlepper zum Einsatz kommen konnte. Die höhere Traubenzone verhinderte, dass sich Unkraut in der Traubenzone ausbreitet und die Durchlüftung behindert. Vater August, redegewandt wie immer, verteidigte diese Idee mit den Worten: „Der Weinberg braucht Licht, Luft und Sonne!" Ein weiterer Vorteil der neuen Erziehung war, dass die Maifröste nicht so verheerende Wirkung haben, denn der Frost breitet sich in Bodennähe aus. Das war 1945 das große Glück!

Feste Mitarbeiter wurden gebraucht. Unser Fuhrmann wurde Herr Seidler, ein Bauer, der aus der Tschechoslowakei vertrieben worden war. Sein Sohn war der Fahrer des Traktors, seine Frau half bei den Bindearbeiten im Weinberg, aber auch im Keller beim Abfüllen. Frau Eng aus Ungarn war viele Jahre unser guter Geist. Mittlerweile kamen Vorkriegsmitarbeiter aus der Kriegsgefangenschaft zurück. So zum Beispiel Herr Kirsch vom Büro, Herr Josef Wagner, der für den Keller zuständig war, oder auch Herr Johann Dillmann, ein Schwager von Onkel Josef.

Das große jährliche Ereignis für uns Kinder war die Weinlese, die Heimfahrt mit der letzten Fuhre und die große Abschlussfeier mit Musik, Tanz und gutem Essen im kleinen Saal vom Hotel „Grüner Baum". Die Erntehelfer waren zahlreich und die Buttenträger waren eine akademische Riege von noch nicht entnazifizierten Staatsdienern, Beamten und Lehrern. Ich habe auf diesen Festen den Walzer tanzen gelernt. Reife Damen brachten ihn mir bei und ich hatte immer meinen Spaß.

In weniger guter Erinnerung habe ich Vater August, wenn er morgens aus dem Fenster heraus seine Anweisungen gab. Ich dachte mir damals: „Warum steht er nicht früher auf? Das werde ich mal besser machen."

Gut erinnere ich mich an einen Morgen, an dem Johann Dillmann seinem Kollegen Hans Seidler zurief: „Was zierst du dich dann so? Du kannst ruhig in die Scheiße treten, es ist genug da!" Was war passiert? Unsere Oldenburger Kuh hatte nachts eine Kolik gehabt. Der gute Onkel Josef hatte dem Tier Natron verabreicht. Dies hatte durch seine gaserzeugende Wirkung den Stau im Gedärm der Kuh aufgelöst. Das Mittel zeigt allerdings nur dann seine erfolgreiche Wirkung, wenn man die Kuh bewegt. Das hatte er die Nacht durch getan. Der Erfolg war am nächsten Morgen auf dem ganzen Hof verteilt, man konnte es riechen und es war nicht zu übersehen.

Die fehlende Aufklärung

Auch typisch für die Zeit war die Prüderie zwischen Eltern und Kindern. Wenn man ungewollt Mutter beim Anziehen überraschte, scholl einem ein markdurchdringendes „Uuuh!" entgegen. Die Erzählung vom Klapperstorch und den Bienchen entfacht bei einem elfjährigen aufgeweckten, hellwachen Beobachter die Neugierde und lässt nach Antworten suchen. Da, wo normalerweise Einbrecher fündig werden, nämlich im Wäscheschrank, habe ich in einem Anatomiebuch etwas über Mann und Frau gelesen und gesehen. Diese Unterschiede habe ich anschließend mit Cousine Barbara und ihrer ein Jahr älteren Freundin in Realität überprüft. Wir berührten uns, streichelten einander und stellten so kleine Regungen fest. Es war aufregend und von Mal zu Mal wusste jeder etwas Neues. Es war eben ein Herantasten, eine Reihe von Doktorspielen. Unsere Spielereien hörten mit dem Einsetzen der Periode von Barbaras Freundin auf. Dieser hatte man hierzu erklärt: Wenn sich Mann und Frau vereinigen, kann nun neues Leben entstehen. Na, jetzt waren wir ein Stück weiter. Aber noch nicht schlauer. Die Neugier ließ uns weiterstochern, auch wenn die Erwachsenen unfähig waren, darüber zu reden.

So kam die Zeit, in der sich mein Körper immer intensiver meldete. Das war wohl die Pubertät, wie ich in dem Buch gelesen hatte. Eines Morgens verkün-

dete mein fünf Jahre jüngerer Bruder am Kaffeetisch: „Bei dem wackelt morgens immer die Bettdecke!" Mutter Josefine war schlagfertig, wie immer: „Iss, Bub, du musst in die Schule!" Ich dachte, das Thema wäre ausgestanden. Aber ein bis zwei Wochen später, als ich mit Vater August unterwegs war, begegnete uns ein Mann mit Ast, das heißt einem krummen, verwachsenen Rücken. Nachdem die Männer im Vorbeigehen sich begrüßt hatten: „Gude!" „Ach, Gude!", sagte mein Vater allen Ernstes: „So was gibt's, wenn die Bettdecke wackelt." Ich war einige Tage sehr nachdenklich, immer mit dem Gedanken an die Beichte beschäftigt, und habe mich gegen die Gefühle gewehrt. Doch dann sagte ich mir: „Und wenn's einen Buckel gibt. Kraft des Mysteriums, des sinnlichen Verlangens. Die Natur hat mich besiegt."
Einige Monate später kam für mich ein Phänomen dazu. Es kam zur nächtlichen Ejakulation. Das muss ich beichten. Wie kann denn das sein, onaniere ich im Schlaf? Ich sprach darüber mit meinem Klassenkameraden Klemens. Der hat das auch bei sich so festgestellt. Wir begegneten unserem Kaplan, den wir darauf ansprachen. „Nein, so was kenne ich nicht, tut mir leid", war seine Antwort.
Man kann heute darüber lachen, aber damals hat uns das beschäftigt. Zu Weihnachten gab es dann zwei kleine Aufklärungsfibeln, eine für Mädchen und eine für Jungen. Ich hoffe, dass heute daraus eine Gesamtfibel geworden ist. Denn ich war doch sehr beruhigt zu lesen, dass unser Problem ein ganz natürlicher Vorgang bei einem gesunden Heranwachsenden ist. Sicher unterschiedlich, je nach hormoneller Veranlagung. Warum konnte keiner mit uns darüber reden?

Vater August und der Männerchor

Es war meistens in der Nacht von Freitag auf Samstag. Da hatte der Männerchor Oestrich, in dem Vater August der 2. Vorsitzende war, Gesangsstunde. Oft passierte es, dass alle Anwohner unter den sehnsuchtsvollen Klängen einer kleinen Gruppe Sänger wach wurden. Man hörte dann: „Ein braves Weib, ein herzig Kind, das ist mein Himmel auf der Erden!" Oder: „Ach, wie lieb ich dich, wie lieb ich dich mehr und mehr, du holder Schatz, mehr und mehr herzinniglich!" Und: „Immer, immer sing ich's wieder, ohne Rast und ohne Ruh!!!" Nach diesem Intermezzo auf der Straße ging es in den Keller. Ich hatte den Eindruck, die Männer wollten das Versäumte aus dem Krieg nachholen.

Es kam auch vor, dass wir morgens in die Küche kamen und die Männer waren noch beim Skatspielen. Nachbar Altenkirch soll laut August ein exzellenter Skatspieler gewesen sein, der nach drei Stichen, bedingt durch das Reizen und dem bis dahin erfolgten Spielverlauf, die Karten seiner Mitspieler kannte. Verwundert war ich, dass einmal Rickes (Heinrich Reutershahn) dabei war. Das war der mit dem Dreiradfahrzeug und einem kleinen fahrbaren Gemüseladen. Dessen Wagen haben wir Horst-Wessel-Plätzer öfter mit gemeinsamer Kraft festgehalten. Unser Schlachtruf war: „Viel schneller noch als Schiff und Bahn ist Rickes, Heinrich Reutershahn!" Er war ein Original und für seine Husarenstücke bekannt. Er war nicht zimperlich, übergewichtig und zu allen Schandtaten bereit.

So kursierte das Gerücht, er habe beim Metzger Ottes in der Wurstküche einen Ringel Fleischwurst aus dem kochenden Kessel stibitzt und hinter seiner ausladend gewölbten Latzschürze versteckt. Metzger Ottes hatte es dennoch mitbekommen und den Rickes mit einer dummen Bemerkung so fest an sich und seine Gummischürze gedrückt, dass der heiße Ringel sich auf der Haut vom Dieb eingebrannt hat. Das war der gerechte Schmerz für das Klauen!!!

Da fällt mir just von Rickes Reutershahn noch eine Geschichte ein, die sich während der Nazizeit im Gasthaus „Zur guten Quelle" zugetragen hat: „Ei, du hast geschlacht, lass dich nit lumbe, Rickes, hol was!", sagte einer der Anwesenden zu Rickes, der eine Straße weiter wohnte. Dieser holte von seiner noch nicht vollständig erkalteten Schlachtung. Die Bonzen der Nazis ließen es sich schmecken und man hörte die Runde nach mehr Wein rufen. Als alle satt waren, ließ Rickes die Katze aus dem Sack. Verschmitzt und mit seinen typischen, von zuckenden Bauchbewegungen begleiteten Worten klärte er die Runde auf: „Wisst ihr, was ihr grad gesse habt? Mein Leopold!" Daraufhin flüchtete die Hälfte auf den Abort. Doch die Hartgesottenen haben noch einen Halben draufgesetzt. Der Leopold war ein Riesenvieh von Hund!

Sonntagsausflug

Auch diese Ereignisse sollten nicht unerwähnt bleiben. Vater August hatte keinen PKW mehr, denn sein Opel war im Krieg beschlagnahmt worden. Dennoch konnte man mit der Pferdekutsche standesgemäß vorfahren. So waren sporadische Sonntagsausflüge mit der Kutsche nach Rauenthal, der Heimat von Mutter Josefine, im Programm.

Dazu wurden Kutsche und Zaumzeug des Pferdes auf Hochglanz gewienert und die Familie sonntäglich gekleidet. Für Emma, unsere Stute, war diese Kutschfahrt ein besonderes Erlebnis. Ein Schnalzen genügte, um bis nach Eltville im leichten Trab die Landschaft zu genießen. Nach Rauenthal hoch war Schritt angesagt, aber wenn die Glocken zu läuten anfingen, zogen wir, einschließlich der Emma, mit stolzem Haupt in die Heimatgemeinde meiner Mutter ein.

Nachdem das Pferd versorgt war, ging es zur Kirche. Der Pfarrer war schon auf dem Weg zur Kanzel, um zu predigen, als wir die Kirche betraten. Nach der Messe begrüßte er uns und Vater August lobte ihn für seine profunde, ausdrucksstarke Predigt. Darauf reagierte Pfarrer Scheuermann augenzwinkernd: „Ja, als ich den Weingutsbesitzer Eser aus Oestrich in die Kirche habe kommen sehen, habe ich mir gedacht: Jetzt musst du aber dein Bestes geben!" So war er halt, der Pfarrer Scheuermann, der in Weinkreisen geachtet war, denn er hatte dem Negus von Abessinien, einem zum König ernannten Herrscher, eine große Partie des 1937er Weines aus dem Pfarrweingut verkauft. Später, im Zusammenhang mit einem Kirchenchorausflug nach Rauenthal, in dem wir das Hochamt gestalteten, bekam jeder Sänger und jede Sängerin einen Schluck des sogenannten „Negusweins".

Die Weinlese in Rauenthal 1929: vorn meine Mutter mit 15 Jahren,
hinten mit Schürze mein Opa Jakob und der Dritte von links mein Patenonkel Alois.

Manchmal haben wir auf der Rückfahrt von unseren Familienausflügen unseren Opa Körner mit nach Oestrich genommen. Er hatte schlechte Augen, war für uns Kinder recht wortkarg, und Marianne und ich mussten ihm helfen, die Erbsen und Bohnen aus der Schale zu pellen. Diese waren nach der Ernte aus unseren Jungfeldern auf dem Speicher zum Trocknen ausgelegt worden. Da hingen auch Augusts Tabakblätter zum Trocknen, die er aber selbst schneiden musste, um sie in der Pfeife zu rauchen. Ja, ja, diese Sucht! Und erst der Gestank!

Das Jahr 1948 und die Währungsreform

Am 20.06.1948 fand im Deutschland der Westalliierten die Währungsreform statt. Jeder Bürger bekam 40,- DM Kopfgeld und später noch einmal 20,- Deutsche Mark. Plötzlich gab es über Nacht wieder fast alles zu kaufen, denn die sogenannten Hortungslager hatten ihre Türen geöffnet.

Wir Kinder waren elf, zehn und sechs Jahre alt und haben das nicht registriert. In den folgenden Sommerferien verbrachte ich mit Mutter Josefine, Schwester Marianne und Bruder Joachim eine Woche in Oberreifenberg im Taunus – direkt hinter dem Großen Feldberg.

Joachim, Marianne und ich gegenüber von Hotel Reifenberg, diese waren Kunden von uns.

Eins ist noch in Erinnerung: Das drei bis vier Kilometer entfernte Hotel Sandplacken, eine vornehme Herberge selbst für Frankfurter, war nachmittags zur Kaffeepause unser Wanderziel. Auf dem Heimweg sagte Mutter Josefine zu uns: „Jetzt haben wir fast so viel ausgegeben, wie wir an Kopfgeld bekommen haben." Ja, die Preise waren lange stabil, denn sie waren von Anfang an recht hoch.

Wie das wirtschaftlich ineinandergriff, ist schwer darstellbar. Es gab viel Armut, aber auch ein gemeinsames Zupacken und viel Optimismus.

Die „Schrottelzeit" vor 1948, das war ein Tauschen von Waren zum Überleben. Wer was zum Tauschen hatte, war im Vorteil. Bei uns habe ich nichts Gehortetes finden können. Zwei Achsen mit Vollgummirädern lagen jahrelang auf dem Betriebsspeicher herum und wurden dann entsorgt. Die Luftbereifung hatte sich auch für die Landwirtschaft durchgesetzt.

Im selben Jahr bestand ich die Aufnahmeprüfung am Gymnasium in Geisenheim nicht. An dieser Stelle muss gesagt sein, 1937 und 1938 waren starke Jahrgänge, somit war die Kapazität an den Schulen eingeschränkt. Ich kam bei der Prüfung in die engere Wahl, aber bei der Frage nach Adjektiven fiel mir nur „lieb" ein; bezeichnend für mich, aber nicht ausreichend.

Danach verordnete mir Mutter Josefine Nachhilfeunterricht. Dies führte zu ihrer Entlastung, aber Vater August setzte sich mit der Schulauswahl durch. Im kommenden Jahr ging es in die Mittelschule Eltville. Rückblickend eine gute Entscheidung, denn laut Lehrplan war die Mittelschule die Basis für technische und praktische Berufe. Im Gegensatz dazu war das Gymnasium für das Studium ausgelegt.

Die Realschulzeit ab 1949

Ab 1949 ging es auf die alte Lateinschule gegenüber vom Krankenhaus, am Ortsausgang von Eltville. Wir waren mit 57 Schülern die stärkste Klasse im größten Raum der alten Villa. Der Lehrkörper war alt bis uralt. Rektorin war die energische Frau Schmidt. Die ersten Wochen hatten wir keinen Klassenlehrer, denn Lehrer Beuter musste erst noch entnazifiziert werden. Sein Sohn war aber bereits bei uns. Der einzige jugendliche Lichtblick war unser Lehrer Merkel. Er war etwa 30 Jahre alt und unterrichtete Sport und Geschichte.

Lehrer Merkel

Was die Klassenzusammensetzung angeht, so habe ich nur Erinnerung an meine Abschlussklasse aus dem Jahr 1955. Da waren wir 17 Jungen, acht aus dem regulären Jahrgang 1938 und neun aus dem Jahrgang 1937. Es waren 31 Mädchen, die fast alle 1938 geboren waren.

Meine Schulklasse: ich links in der hinteren Reihe im schwarzen Pullunder.

Allen Eltern, die vor der Frage stehen, wann sie ihr Kind einschulen sollen, sei gesagt: Die neun Mitschüler aus dem Jahr 1937 waren eindeutig weiter in ihrer Entwicklung mit besseren Leistungen als die des regulären Jahrgangs. Mit etwa 16 oder 17 Jahren mischte sich das.

Wir wurden für meine Begriffe gefordert, der Unterricht wurde fast jede Stunde von einer anderen Lehrkraft gehalten. Es war Disziplin angesagt und für den Nachmittag gab es im Schnitt Hausaufgaben für zwei bis drei Stunden. An Samstagen, die ein voller Schultag waren, gab es etwas mehr zu tun, denn wir hatten ja den freien Sonntag. Ja, da herrschte richtig die Ansicht: „Learning by doing." Unser Klassenlehrer hakte jeden Morgen die Hausaufgaben ab. Wir mussten Gedichte lernen, von denen ich heute noch profitiere und mit denen ich oft Eindruck schinden kann. Englisch war Pflichtfach, und ab der 3. Klasse in der Mittelschule kam Französisch dazu, für jeden, der wollte.

Wir waren zeitweise so mutig, eine eigene Meinung zu haben. Die Einsicht war vorhanden, dass wir nicht für die Schule, sondern für das vor uns liegende Leben lernen. Obwohl mir zu dieser Zeit klar war, beruflich in die Fußstapfen meines Vaters zu treten, war es für mich erstrebenswert, eine gute Allgemeinbildung zu haben, um mich verbal äußern zu können und den Sinn der Gedichte und der Literatur zu begreifen und zu verinnerlichen.

Die Schule begann um 7.50 Uhr. Der Zug ab Oestrich-Winkel ging um 7.01 Uhr. Auf dem zehnminütigem Weg zur Bahn fuhr die Mutter einer Klassenkameradin, Renate Boltendahl, immer zur gleichen Zeit an mir vorbei. Sie war auf dem Weg zur Arbeit, und obwohl sie Teilhaberin bei Asbach Uralt war, war auf sie immer Verlass. Das war für mich ein Zeichen für Disziplin. Die Schule endete um 12.50 Uhr, mit Ausnahme des Mittwochs. Unser Mittagessen stand gewärmt auf dem Herd, sodass wir gegen 14 Uhr essen konnten. Meine Mutter hat sich riesig gefreut, wenn ich ins Haus kam und richtig gerochen hatte, was es zum Essen gab.

Im Anschluss wurden Hausaufgaben gemacht und Mutter fragte: „Hast du heute schon Klavier geübt?" Nervig für mich waren beim Üben ihre Zwischenrufe: „Falscher Ton!" „Danke, höre ich selbst!" Dann ließ sie mich wissen, dass am Abend die Vokabeln abgehört werden. In dieser Hinsicht war unsere Mutter sehr streng. So verliefen die Tage mit vielerlei Aktivitäten im Wechsel der Jahreszeiten.

Die Radtour 1949

1949 war eine Frau Jahn bei meiner Tante Lina im Haushalt angestellt. Sie war ein Flüchtling und eine Bekannte eines mittlerweile entnazifizierten Studienrates. Er war verwitwet und wohnte mit seinem Sohn, Manfred Gold, bei unserem Lehrer Michel in Oestrich. Manfred Gold war vierzehn, ein wirklich feiner Kerl. Wir planten zusammen mit Walter Michel (elf Jahre alt), dem Sohn des Lehrers, und Klaus Fuchs (zwölf Jahre alt) eine Radtour. Mit Klaus Fuchs war ich befreundet. Sein Vater war Studienrat in Frankfurt, wo er die Woche über lebte. Seine Mutter – eine charmante Frau – war im väterlichen Weinkommissiongeschäft Herke in Oestrich tätig und meinem Vater wohlbekannt. Mein Vater erzählte mir einmal mit einem Augenzwinkern, dass er in jungen Jahren gemeinsam mit seinem Freund Fritz Rothenbach die drei Töchter des Hauses Herke beobachtet hatte. Vom Haus Rothenbach aus konnte man, wenn man die Dachziegel anhob, einen Blick in den eigentlich nicht einsehbaren Garten erlangen. In diesem haben sich die drei hübschen, wohlgebauten jungen Damen freizügig bewegt. Angetan war Vater August von der Tatsache, dass die Mutter den drei Grazien das damenhafte Schreiten beibrachte. Dazu hatten sie ein Buch auf den Kopf gelegt bekommen und mussten dann mit stolz geschwellter Brust den aufrechten Gang, eben das damenhafte Schreiten üben.

Diese Schilderung hat mich dazu gebracht, mir die Damen, die ich bei Besuchen kennenlernte, unter diesem Aspekt genauer anzusehen. Da war schon was anders, der Unterschied war erlebbar. Heute würde man von Sex-Appeal sprechen.

Aber zurück zur Radtour. Sie sollte nur vier Tage dauern und am Rhein entlang bis Koblenz verlaufen. Dann linksrheinisch von Koblenz durch den französisch besetzten Teil nach Ingelheim.

Bevor meine Mutter, die ein Rauenthaler Bergkind war und nicht schwimmen konnte, ihre Einwilligung gab, musste mein Vater meine Stromschwimmkünste abnehmen. In den Sommerferien konnte die Tour losgehen. Leider sind mir nicht mehr viele Einzelheiten bekannt, aber ich weiß noch, wir hatten den Tornister (Rucksack) auf dem Gepäckträger und darüber eine Zeltbahn. Diese konnte man dann zu einem Zelt zusammenfügen. Campingplätze gab es nicht, man hat sich einen schönen Platz ausgesucht, ein Lagerfeuer mit herumliegenden Holzabfällen angezündet und Nudeln gekocht. Gegessen wurde, was uns die Eltern so mitgegeben hatten.

Es war für uns vierzehn, zwölf und elf Jahre alte Knaben ein Stück Freiheit, die Natur erleben, eben Lagerfeuerromantik. Nach vier Tagen kamen wir in Ingelheim-Nord an und bestiegen in Frei-Weinheim eine kleine Personenfähre, die uns nach Mittelheim in heimische Gefilde brachte. Den Ort Frei-Weinheim kannte ich schon, denn hierhin war ich in der Schrottelzeit mehrmals zum Spargelholen geschickt worden. Kinder haben die französischen Besatzer nicht kontrolliert und so konnte ich zwei Flaschen Wein gegen zwei oder drei Kilo Spargel eintauschen. Was einem alles beim Recherchieren und Schreiben so einfällt!

Die Radtour 1950

Ich war mittlerweile dreizehn Jahre alt und konnte in den Osterferien mein Taschengeld verdienen. Der Ferienjob bestand aus dem Heraustragen der abgeschnittenen Reben und dem Verbrennen derselben. Es war für uns Sträflingsarbeit. Man war am ganzen Körper verkratzt. Die Weinbergböden wurden nach der Weinlese mit dem Pflug umgebrochen. Dabei wurde die Veredlung an den Reben zugedeckt, damit der Winterfrost keine Schäden verursachen konnte. Der Boden war im Frühjahr sehr hart und schollig und wir torkelten mit unserer Last zu den Feuerplätzen oben und unten am Weinberg. Aber was soll's, es gab 70–80 Pfennig die Stunde, und das machte uns frei für die Sommerferien.

In der Schule hat Lehrer Merkel mit seiner Klasse, Jahrgang 1935, eine vierwöchige Radtour geplant und Hans Peter Trepte aus meiner Klasse und mich dazu eingeladen. Ich brauchte Tornister, Zeltplane und Wasserflasche, wetterfeste Kleidung und Seitentaschen am Fahrrad. Ein Anfangsvorrat war ebenfalls dabei. Nach einigen Vorgesprächen ging gleich zu Beginn der Ferien die Fahrradtour mit 15 Schülern und dem Lehrer los.

Die 15 Schüler, mit Lehrer Merkel.

Die erste Etappe war Bensheim oder Weinheim an der Bergstraße. Nachdem wir jeweils vier Zeltbahnen zu einem Zelt zusammengeknüpft hatten, einen Wassergraben drum herumgezogen und Holz für ein Lagerfeuer gesammelt hatten, war endlich ein Schwimmbadbesuch zur Abkühlung angesagt. Nach den Runden im Becken – ich werde es nie vergessen – kam einer der Älteren auf die Idee, vom Zehnmeterturm zu springen. „Wer geht mit? Ihr Feiglinge!", sagte einer. Drei waren bereit, und der kleine Eser, der aufgefordert wurde, ließ sich natürlich nicht lumpen! Als ich oben stand und ins Wasser unter mir blickte, wäre ich gern die Treppe wieder runtergegangen. Aber mir war klar, ich hätte es für den Rest der Zeit verschissen gehabt. So schwor ich mir, mich nie mehr im Leben zu etwas überreden zu lassen. Dann ließ ich mich mit erstarrter Haltung und Todesverachtung ins Wasser fallen.

Von Freiburg ging es dann das Höllental hoch, am springenden Hirsch vorbei. Die Gruppe war auseinandergezogen, ich bildete das Ende der Gruppe. Auf der letzten Steigung vor dem Titisee passierte es dann: Kraftvoll schob ich, quasi auf Zehenspitzen, meinen Packesel. Dabei brach mein rechter Schnürstiefel regelrecht durch. In Titisee mussten neue Stiefel gekauft werden. Das Geld legte Lehrer Merkel vor. Meiner Mutter habe ich telefonisch von dem Malheur berichtet. Sie hat die 35,- DM telegrafisch übers Postamt angewiesen. Damals die einzige Möglichkeit, unterwegs an Geld zu kommen. Nach zwei Tagen ging es am Großen Feldberg vorbei in Richtung Schluchsee. Bei der Abfahrt segelte Peter Jost aus einer Kurve, die Böschung hinunter. Natürlich sorgte das für Aufregung bei unserem Lehrer, der die Verantwortung für uns hatte. Außer Abschürfungen an Peter und Verbiegungen am Fahrrad war die Sache glimpflich verlaufen. Die Tour ging weiter an den Bodensee. Wir haben auf einer Wiese unsere Zelte aufgebaut. Die Lagerfeuerromantik konnten wir mit unseren Gesängen unter den Klängen der Klampfe (Gitarre) unseres verehrten Lehrers ausleben. Einem Bauern am Bodensee hat das nicht gefallen. Wir sollten die Zelte abbauen. „Da beißt die Maus kein Faden ab", tönte es in seinem alemannischen Dialekt. Aber unser Lehrer Merkel, ein blonder Hüne, der im 2. Weltkrieg Panzerkommandant war, sagte: „Morgen früh geht es weiter! Basta!"

Die Rückreiseroute der Tour ist mir nicht mehr in Erinnerung. Ein immer wiederkehrendes Zeremoniell meines Heimkommens war dieses: Meine Mutter begrüßte mich und drückte ihre Wange an mein Gesicht. Ihr Körper berührte mich dabei nicht, denn gleich darauf wurde das Badewasser angestellt und gefragt: „Und, Bub, wie war es?" Ich verstand es ja!!!

Sommer 1951

Schnell war wieder ein Jahr vorbei; wir sind im Sommer 1951. Es gab keine Schwimmbäder, aber der Rhein war zum Schwimmen geeignet. Beliebt war das Anschwimmen auf die gezogenen Frachtschiffe der Hugo Stinnes Flotte. Dann ein Köpper und auf das nächste Schiff. Wenn die Matrosen grinsten, dann Vorsicht, meist war dann frisch geteert. Unser Lehrer Hans Merkel ging mit uns Knaben aus der Handballmannschaft und anderen Interessierten zum Baden. Wir trafen uns am Anleger des Eltviller Rudervereins. Er forderte uns auf, an einer seichten Stelle zusammenzubleiben. Auf einmal wurde ein Schüler vermisst. Er hatte sich entfernt, war von der Strömung mitgenommen worden und ertrunken. Furchtbar! Natürlich gab es diverse Fragen, unter anderem: Darf ein Lehrer ohne schriftliche Erlaubnis der Eltern einen Schüler mit zum Schwimmen nehmen? So weit mir bekannt, ging der Vorfall ohne große Vorwürfe seitens der Eltern des Ertrunkenen glimpflich ab. Bei der anstehenden Sommertour mit den Fahrrädern musste allerdings jeder eine Einwilligung seiner Eltern vorlegen.

Ankunft auf der Nattersbergalm bei Reit im Winkl.
Hans Herber rechts von mir.

Die Fahrt nach Ulm, Kempten und Reit im Winkl stand nach diesem Vorfall unter keinem guten Stern. Sie stellte kein besonderes Erlebnis dar. Rückblickend hakte ich sie unter Fitnesstraining ab.
Doch was mir gerade noch beim Schreiben dieses letzten Satzes einfällt, ist die Turmbesteigung des Ulmer Münsters. Dieser höchste gotische Kirchturm der Welt mit 161,53 Meter übte auf mich und noch zwei bis drei andere aus meiner Gruppe einen besonderen Reiz aus. Dazu muss man wissen, dass ich mich zu Hause bei Dachreparaturen, im Krieg und auch danach, immer ge-

zwungen habe, das Gerüst zu besteigen. Ich ging stets mit aller Vorsicht auf das Dach, denn ich wollte meine Höhenangst besiegen. Trotz mulmigem Gefühl, ich musste es immer wieder tun!

So auch in Ulm. Wir gingen über 768 Stufen bis zu einer Höhe von 143 Meter. An diese letzte Strecke erinnere ich mich mit Grauen. Es war eine schmale, außen liegende Wendeltreppe, die Brüstung aus Sandstein sehr filigran geformt, von Stahlklammern gehalten. Wenn da einer hart dagegenkommt, fällt die Brüstung um, dachte ich, und dann kamen da auch noch welche von oben runter, und keiner wollte außen vorbeigehen. Wir schlichen vorsichtig aneinander vorbei und wir wurden mit einem fantastischen Ausblick über Ulm und die Donau samt ihrer Landschaft belohnt. Das war der „Lohn der Angst" – oder?

Winterzeit 1951/52

Natürlich gab es in unserer Jugend nach dem Krieg auch die Winterzeit, die wir vielfältig nutzten. Die Wintertemperaturen waren bedeutend niedriger als heute. Es war keine Seltenheit, dass es im November/Dezember bereits fror. Zwischen Oestrich und Mittelheim waren Wiesen parallel zum Rhein, ein natürlicher Retentionsraum, der bei den sogenannten Adventshochwassern in Verbindung mit Frost eine Eisfläche entstehen ließ. Unsere Schlittschuhe mussten an unseren Schuhen befestigt werden. Dabei wurde mancher Absatz und manche Sohle arg malträtiert. Wir drehten mit einem Schlüssel die Backen der Kufen fest. Diese legten sich mit jeder Umdrehung enger und enger um unsere Schuhe und sorgten so für einen stabilen Sitz.

Es machte riesigen Spaß, sich auf dem Eis zu tummeln, man wurde von Mal zu Mal sicherer und wir freuten uns über unsere Fortschritte. Mit von der Partie war eine Schulkameradin von mir, Gertrud Ottes, die Tochter des Freundes meines Vaters. Wir übten fleißig, wurden immer sicherer. Der Muskelkater wurde nach und nach erträglicher und irgendwann begannen wir mit dem Paarlaufen. Ich weiß nicht mehr, woher wir die Idee hatten, jedenfalls nicht aus dem Fernsehen.

Wir stellten uns nebeneinander, die Dame rechts, fassten uns an beiden Händen, und dann ging es nebeneinander mit einem Rechtsschritt los. Anschließend links vor und wieder rechts, das Tempo wurde zügiger, die Schritte entkrampften sich, wurden eleganter, lebendiger, und wenn sich unsere Blicke trafen, ließ sich erahnen, wie der Gleichklang der Körper ein Glücksgefühl auslösen kann. Eishockey hatte fortan bei mir keinerlei Chancen mehr; ich überließ dieses Spiel den anderen Jungs.

Das Skifahren haben wir ebenfalls versucht. Die Bretter wurden damals mit Bindungen an den Winterstiefeln befestigt. Der Verschluss, ein Federzug, hatte die Aufgabe, sich bei einem Sturz zu lösen, um Knochenbrüche weitgehend zu verhindern. Dann ging das Rutschen auf den Brettern los; der Stemmbogen musste geübt werden. Durch Gewichtsverlagerung auf das linke Bein erreicht man eine Linkskurve. Umgekehrt verhält es sich mit den Rechtskurven. Somit war eine Richtungsänderung möglich. Bis zu dem eleganten Telemarkschwung war es allerdings ein weiter Weg! Unsere Übungsgelände waren „Monte Preso" (Presberg) und der Wambacherstich hinter Schlangenbad. Bei den ersten Rutschversuchen bei „Monte Preso" wollte tatsächlich ein Baum nicht aus dem Weg gehen und es kam zu einer schmerzhaften Unterleib-Bein-Umarmung. So galt und gilt noch immer: „Aller Anfang ist schwer!"

Nattersbergalm bei Reit im Winkl, Silvester 1951/1952

Über Silvester 1951/1952 bin ich mit drei oder vier Kameraden und Lehrer Merkel auf die Nattersberg-Alm, eine Jugendherberge bei Reit im Winkl, zum Skilaufen gefahren. Der Schnee war ein Traum und Silvester wurde eine feuchtfröhliche Angelegenheit. Ich war mittlerweile vierzehn Jahre alt und durfte Wein probieren. Wir sangen, tanzten und ich ließ es mir nicht nehmen, einige Lieder zum Besten zu geben, zumal einige nette junge Damen anwesend waren, die es zu begeistern galt. Sie ermunterten mich regelrecht zum Singen. Nach einiger Zeit zeigte der Alkohol seine Wirkung bei mir. Ich musste nach draußen an die frische Luft. Zum Glück nahm sich eine Dame liebevoll meiner an und knuddelte mich, was ich genoss. Dann erschien Lehrer Merkel und sagte vorwurfsvoll: „Wenn man mit den großen Hunden pinkeln gehen will, muss man auch das Beinchen heben können!" Sie sagte zu ihm: „Seien Sie nicht so streng mit ihm, das kann doch mal passieren!"

Alles in allem machte das Skilaufen Fortschritte, wurde jedoch nicht zu meiner Lieblingsdisziplin, weshalb ich mich später auf Langlauf beschränkte.

Abschlussfahrt 1952 an die Nord- und Ostsee

Aber diese im Winter erfolgte Körperertüchtigung wurde ein Jahr später gut gebraucht. Die Klasse von Herrn Merkel plante für 1952 ihre Abschlussfahrt an die Nord- und Ostsee. In diesem Jahr waren fast sechs Wochen hierfür eingeplant und ich war wieder dabei. Die Etappen waren zwischen 66 und 80 Kilometer lang. Es sollte wieder gezeltet werden. Selbstversorgung war vorgesehen, aber auch Essengehen in Lokale. In den Städten übernachteten wir in Jugendherbergen.

Am ersten Tag kamen wir über Bad Schwalbach das Aartal hinunter nach Diez und dann an der Lahn entlang nach Wetzlar. Die Route verlief über Gießen, Marburg, Edersee und an der Weser entlang nach Minden. Von dort ging es über Rotenburg in Westfalen nach Hamburg. Dort war die Besichtigung eines Bananenfrachters angesagt.

Der Stadtverkehr Hamburgs war damals erträglich, von der Reeperbahn hatten wir keine Ahnung und die Frachterbesichtigung war ein Erlebnis für uns Landjungen. Mit den Bananen, auf die wir uns gefreut hatten, war es nichts, denn die waren grasgrün! Wieder was gelernt! Bananen werden auf dem Seeweg gekühlt und sollen erst am Zielort reifen. Na ja, aber schade war es doch!

In Hamburg unternahmen wir außerdem eine Dampferfahrt nach Cuxhaven, eine Stadtrundfahrt mit Besichtigung des Elbtunnels, der Michaelskirche und des Rathauses.

An Büsum und die raue Nordsee mit ihren Deichen kann ich mich gut erinnern, denn am nächsten Morgen haben wir die Nordsee gesucht. Ach ja, es gibt Ebbe und Flut! Doch nicht an der Ostsee, die wir an der Schlei entlang über Kiel, Laboe und Timmendorfer Strand erreichten.

Am Friedrich-Wilhelm-Kanal 1952.   Fleißige Buben beim Kartoffelschälen in der JH Kiel

Lübeck und sein Holstentor sowie ein Besuch in einem feinen Speiserestaurant haben sich mir ins Gedächtnis gebrannt. Als umerzogener Linkshänder war es meiner Mutter nicht gelungen, dass ich die Gabel in die linke Hand nahm. Lehrer Merkel, an dessen Tisch ich saß, bestand auf Folgendem: „Heute isst du richtig, sonst gibt es nichts zu essen!" Sich zu weigern war zwecklos und er sagte nach dem Essen: „Na, geht doch!"
Plön und die Ratzeburger Seenplatte haben wir im Dauerregen erlebt. Wir beneideten unseren Chef, denn der hatte ein gummiertes Regencape. Nachts blieben uns nur freundliche Gastwirte, die uns ihren „Festsaal" zur Übernachtung zur Verfügung stellten. Auf der harten Bank, den Tornister unterm Kopf und mit dem Rest an trockener Decke zugedeckt, kamen wir uns wie versprengte Landser vor. Auch das muss man erlebt haben.
Über Hannover, Wesel und Köln ging es wieder nach Hause. Fast sechs Wochen waren wir eine gute Gemeinschaft, mit einem Lehrer, den wir verehrten und der seine Vorbildfunktion voll erfüllte!

Alltagsallerlei Anfang der 50er Jahre

Wenn ich hier so begeistert von meinen Ferienerlebnissen in den Jahren 1950–1952 berichte, könnte man meinen, so sei mein Alltag abgelaufen. Nein! Wir bekamen neben der Schule auch mit, dass die Eltern etwas für ihre Existenz leisten mussten. Im Verlauf eines Jahres ist in einem Weingut immer irgendwo terminabhängiges Arbeiten angesagt. Es wurde das Haus modernisiert, es wurde eine Ölheizung installiert, mit der man die Räume mit Radiatoren beheizte. 1953 konnten die Gebrüder Eser ein altes kleines Haus von dem Schuster Ochs erwerben und abreißen. Es schloss sich direkt an die bestehende Packhalle an. Das Gelände wurde unterkellert und darüber entstand eine Halle, die die ersten Jahre als Kelterhalle und Gärkeller für die neue Ernte benutzt wurde.

Mein Interesse galt nicht dem Pferd, der Traktor hatte es mir angetan. Wenn mein Vater mit Traktor und Hänger ab 1947 den Stalldung in die Weinberge gefahren hat, dann durften mein Bruder und ich durch die Weinbergzeilen fahren. Mein Bruder rechts betätigte mit beiden Füßen die Bremse. Ich, links mit ihm in der Sitzschüssel, betätigte die Kupplung. Der Kriechgang und das Standgas waren eingerastet, dann ging es los und Papa verteilte hinten mit der Gabel Dung in der Rebenzeile. Wenn er nicht nachkam, musste ich die Kupplung treten. Das hat gut geklappt und uns Spaß gemacht. Und mit sechzehn Jahren, 1953, war die Führerscheinprüfung Klasse 4 für Traktoren. Auch Onkel Josef war von meinen Fahrkünsten überzeugt. Ich durfte daher auf dem Lenchenfest 1953 mit zwei Hängern durch Oestrich fahren. Dieses Fest wurde damals mit einem Winzerumzug aus der Taufe gehoben und unser Motivwagen hatte das Motto „Herbstschluss mit den Erntehelfern!". Diese Herausforderung habe ich, ohne hängen zu bleiben, gemeistert und so meine Fahrkünste bewiesen.

Noch einige Details zum Traktor. Der hatte natürlich noch keinen Anlasser, er musste mit einer Kurbel vorn am Motor angedreht werden. Die Anlaufphase wurde mit Benzin gestartet, der Motor hatte Zündkerzen, ein normaler Ottomotor. Da Benzin teuer war, hatte der Traktor einen zweiten Tank für Traktorentreibstoff. Nach der Anlaufphase wurde die Benzinzufuhr abgestellt und gleichzeitig die Treibstoffzufuhr geöffnet. Das war problemlos. Aber bevor man den Traktor ausstellte, musste der Vergaser mit Traktorentreibstoff leer und reines Benzin im Vergaser sein. Denn nur mit

Benzin sprang dieses Gefährt an. Und wann ist der Vergaser wieder mit Benzin voll?, fragt ihr euch jetzt sicher. „Nun, das musst du im Gefühl haben", hieß es.

Wir haben zu den Mahlzeiten keinen Wein mitgetrunken, aber bei den Verkostungen vorm Weinabfüllen haben wir genippt, um die Unterschiede zu erkennen und die Weinsprache verstehen zu lernen. Mein Onkel Josef war Meister in der Anwendung von Bibelsprüchen. Wenn du was nicht verstanden hast: „Jerusalem, Jerusalem, ach, wenn du es nur erkennen würdest, an diesem deinem Tage, der dir zum Heile dient!" Oder: „Den Seinen gibt's der Herr im Schlaf!" Oder auch: „Hüte dich vor Leuten, die Wasser predigen, aber Wein trinken!"

Meine Mutter war eine gute Köchin, die sich sehr viel Mühe gab, um uns immer abwechslungsreiche Mahlzeiten zu bieten. Sie war auch eine gute Resteverwerterin, aber mit Hund und Hühnern war das kein Problem. Freitag war natürlich fleischlos und es waren dicke Suppen, eben Bohnen-, Erbsen- und Linsengerichte angesagt. Und immer waren Kartoffelstücke dabei. August monierte das, aber Mutter Josefine war stur und tat die Kartoffeln immer wieder in die dicke Suppe. Ich hielt mich zwar diplomatisch mit meiner Meinung zurück, konnte aber auch empfinden, dass beim Kauen der Hülsenfrüchte ihr Eigengeschmack zu dem Kartoffelgeschmack gegensätzlich war und nicht harmonierte. Die Diskussion zwischen Vater und Mutter entbrannte immer wieder neu. August: „Ich will die Erbsen oder Bohnen schmecken und keine Kartoffeln!" Josefine: „Die gehören aber dazu!" „Nein, die gehören in die Kartoffelsuppe!" Als nach einer erneuten Diskussion August wie gewohnt nach dem Essen seinen Kurzschlaf machte, sagte ich zur Mutter: „Na, dann lass halt die Kartoffeln draußen." Beim nächsten Bohnensuppenessen fand August keine Kartoffeln in der Suppe. Sein Kommentar: „Na, geht doch!" Als er selig sein Nickerchen machte, sagte sie mit triumphierenden Augen in die Tischrunde: „Er hat die Kartoffelstückchen doch gegessen, ich habe sie nur mit dem Sieb passiert." Wieder eine Lehrstunde: Wie ticken Frauen!?!

Ja, meinen Vater zu erleben, wenn er mit seinem Gesangsfreund Willi Ottes ein Schwätzchen machte, war amüsant. Willi war Metzgermeister aus der Nachbarschaft mit einer begnadeten Baritonstimme. In den Männerchorkonzerten sang er solo und mit Inbrunst:

Ich schnitt es gern in alle Rinden ein,
Ich grüb es gern in jeden Kieselstein,
Ich möchte es säen auf jedes frische Beet
Mit Kressensamen, der es schnell verrät.
Auf jeden weißen Zettel möchte ich's schreiben:
Dein ist mein Herz, dein ist mein Herz
Und soll es ewig, ewig bleiben!

Mir gefiel sein Gesang und das Timbre seiner Stimme sehr!
Ich stand dabei, als mein Vater seinem Freund erzählte, dass er einen Knollen mit dem Auto gemacht hat. Mein Vater konnte sich darüber richtig aufregen. Doch sein Freund Willi sagte darauf: „August, was regst du dich so auf? Denk dran, bis heute Abend musst du diesen Staat ums Doppelte beschissen haben." Ja, und zwischendurch kamen dann auch jiddische Vokabeln. Zum Beispiel ging August zum „Katzoff", um Wurst und Fleisch zu kaufen. Oder sie sprachen von einem, der gern „schaskelt", also trinkt, und wenn eine Sache nicht „koscher" war, war sie nicht in Ordnung. War einer „meschugge", dann war der Kerl verwirrt, und wer gern „trachetelte", der war auf Liebestour. Wenn die „Mischpoke", die Familie, sich traf, musste der ungebetene Gast ganz „stiekum" die Gesellschaft verlassen. Für meine Mutter war ein leichtfertiger, unzuverlässiger Mann kein Hallodri, sondern ein „Schwittjeh"!
So erlebte ich mehrmals, dass bei einem Gespräch, zu dem eine fremde Person dazukam, mit dem Wort „stiekum" ein anderes Thema angesprochen wurde.

Die Kurse bei Herrn Berg in Winkel

Was mich 1951 antrieb, einen Kurzschriftkurs bei Herrn Berg in Winkel zu machen, weiß ich nicht, aber am 14. November 1951 gab es die erste Urkunde im Alter von vierzehn Jahren. Bevor es dann am 1. Juni 1952 noch zwei Kurzschrift-Urkunden gab.
Im zweiten Kurs ging es bei der Stenografie um die Abkürzungen, genannt Kürzel. Ich hatte es nicht kapiert und mich an dem Übungsabend des Stenografenvereins mit den Worten „Mir ist nicht gut" zu Hause ins Bett gelegt. Als mein Vater an diesem Abend vom Kundenbesuch zurückkam, erzählte ihm meine Mutter Josefine davon. Er kam zu mir: „Mutter hat mir erzählt,

dass du heute nicht zu diesem Stenokurs gegangen bist. Was kannst du nicht?" Verlegen beichtete ich, dass ich das mit den Kürzeln nicht verstanden hatte. Psychologisch geschickt, wie es seine Art war, sagte er: „Wenn DU das nicht kapiert hast, haben es auch andere nicht verstanden, und wenn die wie du reagiert haben, hatte Herr Berg eine schwach besuchte Stunde. Geh das nächste Mal zum Unterricht und sag: „Ich habe das nicht verstanden, und er wird es euch bestimmt noch einmal erklären. Im Übrigen, wenn du im Leben vor Problemen immer davonläufst, dann bist du nicht mein Sohn, dann bleibst du ein Schisser!" Mit einem Klaps auf die Schulter und einem aufmunternden Lächeln und den abschließenden Worten: „Überleg dir es, gute Nacht!", ging er aus dem Zimmer.

Ich ging zum nächsten Kursabend. Bevor es losging, meldete ich mich und sagte vor versammelten Kursteilnehmern: „Herr Berg, mit den Kürzeln, das habe ich nicht verstanden." Wie mein Vater es prophezeit hatte, war zu hören: „Ich auch nicht, ich auch nicht …" Der Kommentar von Herrn Berg: „Deswegen waren wir beim letzten Mal so wenige. Ei, warum sagt ihr mir nicht, wenn ihr etwas nicht verstanden habt? Ihr seid doch alle freiwillig hier."

Mein Vater hatte es genau so vorhergesagt und ich durfte noch öfter seine psychologischen Stärken erleben. Ein Satz von ihm, der in einigen Lebenslagen sehr hilfreich und ermutigend für mich war, ist folgender: *„Es ist nichts so schlimm wie die Angst davor!"*

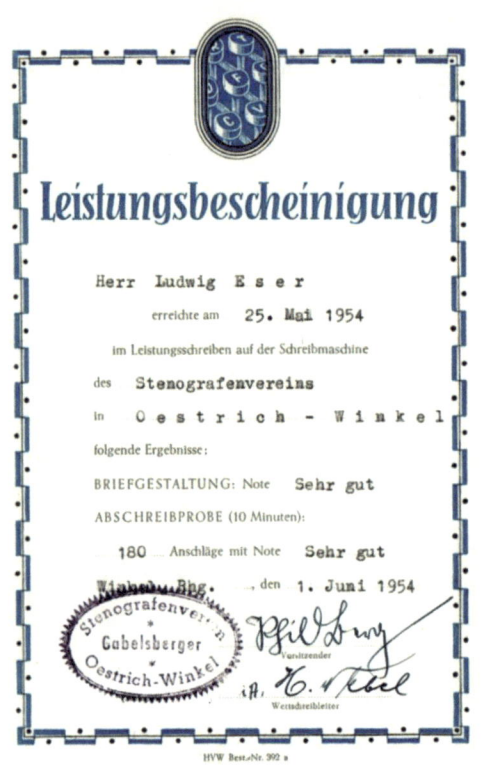

Erwähnt sei noch, dass man natürlich in den Jahren 1951/52 noch nicht die Weiterentwicklung im Kommunikationsablauf des Bürobetriebs erahnen konnte. Das Stenografieren wurde durch das Diktiergerät ersetzt, und nur noch bei bestimmten Gelegenheiten, zum Beispiel im Bundestag, eingesetzt. Doch das Angebot eines Schreibmaschinenkursus war für mich wichtig, das habe ich schon 1954 so gesehen, und daher das Angebot von Herrn Berg und Herrn Nebel gerne angenommen, zumal auch einige Mädchen daran teilnahmen. Für mich als Klavierspieler war die Herausforderung nicht allzu groß und die Fingerfertigkeit gegeben. So kam ich immerhin mit siebzehn Jahren zu einem Zeugnis mit 180 Anschlägen pro Minute und einem „Sehr gut" auf meiner Urkunde.

Eintritt in den Kirchenchor 1953

Ich war 1953 mit sechzehn Jahren willkommen im Kirchenchor. Meinen Stammplatz bekam ich neben dem Stimmführer Herrn Moos. Es wurde unter der Leitung von Studienrat Dormann anspruchsvolle Kirchenmusik einstudiert, aber solange ich noch in die Schule ging, musste ich nach der Gesangsstunde sofort nach Hause.

Der Kirchenchor suchte einen Kassierer, der die Beiträge der aktiven und passiven Mitglieder einsammelte. Es gab dafür eine Vergütung von zehn Prozent der erlösten Beträge. Vater August meinte: „Bei deinen vielen Touren kannst du das Geld gut gebrauchen, aber noch wichtiger ist, du lernst das häusliche Umfeld der Mitglieder kennen und kannst dir so ein Bild machen, mit wem du es zu tun hast." Das war einige Jahre für mich sehr interessant und informativ.

In der Zeit, als ich zum Kirchenchor kam, hatte mein Vater als 1. Vorsitzender bereits den reinen Männerchor in einen gemischten Chor umgewandelt. Das war für ihn gar nicht so einfach, denn viele Männer lehnten das Singen mit den Weibsleuten kategorisch ab. Es kamen wieder die Sätze zutage: „Seit mersch gedenkt, singe nur Männer zur Ehre Gottes." Aber wenn Vater August sich was in den Kopf gesetzt hatte, ließ er keine Ruhe, leistete Überzeugungsarbeit, und so kam es zum Zusammenschluss des katholischen Männer-Kirchenchors und des Frauenchors Oestrich unter der Leitung von Studienrat Dormann, der bis zum Jahr 1977 erfolgreich wirken konnte.

In den 50ern bis in die 70er Jahre war die Chormusik ein gesellschaftliches Ereignis und auch die Jugend war für das Vereinsleben zu gewinnen. Konzerte der Chöre aus den Nachbargemeinden wurden besucht, Gesangswettstreite zu besonderen Jubiläen ausgetragen, musikalische Freundschaften gepflegt. So war der Jugendfreund meines Vaters, der Vaters Cousine Barbara aus Erbach geheiratet hatte, nicht nur im Freundesbund Erbach, sondern auch im Kirchenchor Oestrich aktiver Sänger. Dieser Onkel Kaspar hatte eine helle Tenorstimme und sein Tremolo war in manchen Aufführungen markdurchdringend zu hören! So saßen wir nach einem Kirchenchorauftritt an Ostern beim Mittagstisch, meine Mutter resümierte den Gesang der Schubertmesse von den Männern und sie erwähnte, dass Onkel Kaspar wieder deutlich krähend zu hören gewesen sei. Wir sind mittendrin beim Essen, als der Onkel Kaspar zur Tür hereinkommt. Mein Bruder Joachim, circa sieben Jahre alt, empfängt ihn freudestrahlend mit den Worten: „Onkel Kaspar, du hast wieder gekräht wie ein Gickelchen!"

Was lernen wir daraus? Seid vorsichtig mit dem, was ihr sagt, wenn Kinder dabei sind. Denn das kann zu einem unangenehmen Bumerang werden. – Kindermund tut Wahrheit kund!!!

So gehörte auch Familie Moos zum Freundeskreis meiner Eltern, die gemeinsam in Erbach bei Onkel Kaspar ein neu zugezogenes Ehepaar kennenlernten. Ich war dabei, als Frau Moos meine Eltern am nächsten Tag besuchte und von den neuen Leuten so geschwärmt hat, wie sympathisch sie seien, der Mann ein so galanter Unterhalter, feine Leute! Mein Vater war in seinem Urteil zurückhaltender: „Ich weiß nicht, ob das alles so stimmt, wie es bei dir, liebe Else, so den Eindruck hinterlassen hat. Da war, für meine Begriffe, mehr Schein als Sein." „August, ich verstehe dich nicht, wie kannst du so über diese netten Leute urteilen?" Beim nächsten Treffen mit Onkel Kaspar und dem Ehepaar Moos kam dieses Thema wieder zur Sprache und Frau Moos wollte wissen, wie mein Onkel Kaspar darüber denkt. Der hörte sich die Beurteilung des neuen Ehepaares von Frau Moos an, schaute in die Runde und sagte: „Der August hat recht, letzte Woche hat dieses Ehepaar versucht, mich privat anzupumpen. Augusts Menschenkenntnis hatte wieder obsiegt."

Da meine Erinnerungen dem Leser auch **Lebenserfahrung** näherbringen sollen, sei erwähnt, dass der Kontakt des Ehepaares Moos zu meinen Eltern ganz eindeutig vorbei war, als mein Vater nicht mehr Auto fuhr und sie seine Fahrdienste nicht mehr nutzen konnten. Schade!!!

Meine fortgeschrittene Realschulzeit

Ich erinnere mich sehr gerne an meine Realschulzeit in Eltville. Ich fühlte mich dort gut aufgehoben. Der Unterricht war abwechslungsreich, und schnell war bei mir die Einsicht vorhanden, dass wir nicht für die Schule, sondern für das vor uns liegende Leben lernen. Zu dieser Zeit war mir schon klar, dass ich beruflich in die Fußstapfen meines Vaters trete. Es war für mich erstrebenswert, eine gute Allgemeinbildung zu haben, um mich verbal in allen Lebenslagen äußern zu können. Es fiel mir damals auf, dass die meisten Menschen der älteren Generation mit dem gesprochenen Wort große Probleme hatten. In Verbindung mit dem Dialekt hörte sich das dann so an: „Do hun ich gesaat, saat ich, des des nit weiter gehen deet, wie des ehemals so gewese is." Es fiel mir sonntagsmorgens beim Stammtisch im „Grünen Baum" auf und bei Versammlungen unterschiedlicher Vereine; sie hatten in ihrem Dialekt ein untrainiertes Verhältnis zur eigenen Artikulation. Das musste für mich besser werden!

Ich darf meinem Klassen- und Deutschlehrer, Herrn Beuter, ein Kompliment machen. Wir mussten Gedichte auswendig lernen und vortragen. Er achtete auf die Betonung und die Stimmführung. Als wir „Das Veilchen" von Johann Wolfgang von Goethe lernten, erzählte er uns, dass das Gedicht von der „unerfüllten Liebe" unseres Dichterfürsten erzählt:

Ein Veilchen auf der Wiese stand,
Gebückt in sich und unbekannt;
Es war ein herzigs Veilchen!

Da kam eine junge Schäferin,
Mit leichtem Schritt und munterm Sinn
Daher, daher, die Wiese her, und sang.
„Ach!", denkt das Veilchen, „wär ich nur
Die schönste Blume der Natur,
Ach, nur ein kleines Weilchen,
Bis mich das Liebchen abgepflückt
Und an dem Busen mattgedrückt!
Ach nur, ach nur ein Viertelstündchen lang!
Ach! Aber ach! Das Mädchen kam
Und nicht in Acht das Veilchen nahm,
Zertrat das arme Veilchen.
Es sank und starb und freut sich noch:
„Und sterb ich denn, so sterb ich doch
Durch sie, durch sie zu ihren Füßen doch.

Den Vortrag von Herrn Beuter muss man erlebt haben. Der Gesichtsausdruck, wie am folgenden Bild zu erkennen, und die süffisanten Worte zu dem Gedicht des Geheimrates, eine Soloeinlage unseres Lehrers!

Lehrer Beuter

Oder Annette von Droste-Hülshoff, „An meine Mutter":

So gern hätt' ich ein schönes Lied gemacht,
Von deiner Liebe, deiner treuen Weise,
Die Gabe, die für andre immer wacht,
Hätt' ich so gern geweckt zu deinem Preise.

Doch wie ich auch gesonnen mehr und mehr,
Und wie ich auch die Reime mochte stellen,
Des Herzens Fluten rollten drüber her,
Zerstörten mir des Liedes zarte Wellen.

So nimm die einfach schlichte Gabe hin,
Vom einfach ungeschmückten Wort getragen,
Und meine ganze Seele nimm darin;
Wo man am meisten fühlt, weiß man nicht viel zu sagen.

Wir lasen auch die klassischen Geschichten wie „Pole Poppenspäler" von Theodor Storm oder „Der Taugenichts" von Eichendorff, „Maria Stuart" von Friedrich Schiller und einiges mehr und mussten dann daraus die Quintessenz unter gewissen Voraussetzungen wiedergeben, entweder als Aufsatz oder innerhalb einer gemeinsamen Diskussion.
Ich weiß noch genau, dass ich mich hieran immer rege beteiligte und oft die richtigen Antworten auf die Fragen unseres Lehrers gab. Nach und nach bemerkte ich, dass er Probleme mit meinem Selbstbewusstsein bekam, denn wenn er Arbeiten oder Gedanken von mir erwähnen musste, kam immer zuerst die Feststellung: „Ehre, wem Ehre gebührt!" Na ja.

Darum, liebe Leser, möchte ich euch nicht den Brief vorenthalten, den mein Klassenlehrer am 21. Mai 1953 an meinen Vater schrieb. Anlass war wohl mein Verhalten bei einem Schulausflug. Der Brief war sicherlich gut gemeint, aber mein Vater machte sich keine Sorgen um meine Zukunft. Nehm ich mal an!?!

Wilh. Beuter
Eltville/Rhein
Rheingauer Straße 52

21. Mai 1953

Sehr geehrter Herr Eser!

Da sich Ihr Sohn Ludwig heute morgen demonstrativ langsam, gähnend und sich räkelnd erhob, als ich ihn zum Sprechen aufgefordert hätte, fragte ich ihn, wann er nach Hause gekommen sei, und erfuhr nun, daß er erst mit dem späten Zug heimgefahren war. Das Schiff war aber um 19.20 in Eltville, so daß er bequem den Zug um 19.58 hätte erreichen können, ganz abgesehen davon, daß er vernünftigerweise in Östrich das Schiff verlassen hätte. Da mir gestern auch sonst noch einiges an ihm mißfallen hat, möchte ich ihn von der Teilnahme an der nächsten Wanderung ausschließen. Er mag dann überlegen, ob es nicht doch empfehlenswerter sei,

sich den Anweisungen des Lehrers zu fügen als den Mitschülern u. besonders -schülerinnen fortwährend beweisen zu wollen, was für ein Mordskerl man, mit jenen verglichen, doch schon sei. Wenn auch Ludwigs Leistungen zur Zeit durchaus gut sind, bin ich doch auch in dieser Richtung besorgt, wenn ich immer wieder sein vorzeitiges und übertriebenes Interesse für die Mädchen zu beobachten Gelegenheit habe. Erfahrungsgemäß pflegt so etwas die schulischen Erfolge auf die Dauer zu beeinträchtigen. In Hinsicht auf das Wohlverhalten ist bei ihm jedenfalls schon ein Abstieg eingetreten. In der Hoffnung, Ihnen mit dieser Mitteilung gedient zu haben, begrüßt Sie und Ihre Gattin

hochachtungsvoll
Wilh. Beuter Mittelschullehrer
als Leiter d. Kl. 7a d. städt.
Realschule Eltville

Für mich war der Brief ein Beleg dafür, dass der Klassenlehrer mich für frühreif hielt. Doch ich sage dem Lehrer Beuter im Nachhinein, dass mit seiner Akzeptanz als Nazimitläufer noch acht Jahre vorher Sechzehnjährige den Heldentod sterben mussten, weil man sie für erwachsen genug hielt! So können sich Zeiten ändern!

Um noch einmal auf den Brief meines Klassenlehrers zurückzukommen, in dem er mir indirekt auch Imponiergehabe vorgeworfen hat: Ich habe früh gemerkt, dass die Mädchen eines Jahrgangs ihre gleichaltrigen Klassenkameraden überhaupt nicht ernst nehmen, ja kaum registrieren. Respektiert von den Mädchen waren vier oder fünf von uns Jungs. Darum haben wir kein Rad wie ein Pfau geschlagen, aber auf dem Schulhof unsere Saltos vorgeführt. Sicher wollten wir unsere Klassenkameradinnen beindrucken, wenn wir unsere spitzen Fahrtenmesser auf unseren gespannten Bizeps fallen ließen. Die Mädchen kreischten und wir hatten zugegebenermaßen unseren unreifen Spaß!

Schülern gesteht man heute zu, über ihre Lehrer frei zu urteilen. Wir taten das auch, aber unsere Lehrer kamen dabei nicht immer gut weg. Einmal hat sich unser Klassenlehrer eine Blöße gegeben. Ich kann mich nicht mehr an die genaue Thematik der Stunde erinnern, aber Gottfried Titze aus Kiedrich meldete sich, um zu sagen, dass unser Herr Beuter etwas Falsches gesagt hatte. „Du hast recht", sagte er. Ein paar Sätze weiter sagte Gottfried wieder: „Nein, Herr Beuter, das war so und so!" Doch bei dem dritten Einwurf von Gottfried passierte es dann: „Wenn du alles besser weißt, dann halte du doch den Unterricht!" Schwache Reaktion, wäre mir so nicht passiert.

Unser Lehrer für Mathematik, Physik und Chemie war Herr Feige. Seine Tochter tat uns leid, diese war mit uns in einer Klasse. Die Mathematik basiert auf der Fortentwicklung des zu Erlernenden. Es war bei ihm Methode, als Hausaufgabe etwas Neues aufzugeben. Das hat mich zwei bis drei Mal zur Weißglut gebracht, aber da die anderen Eltern auch nicht weiterhelfen konnten, war es mir dann egal. So ungeschickt und starr, wie er den Mathematikunterricht gestaltete, so muss er sich auch als Student in einer schlagenden Verbindung angestellt haben, denn sein Gesicht war von Mensuren übersät. Sein praktischer Unterricht in Chemie und Physik war anschaulich, aber Chemie war für mich schwer vermittelbar.

Meine Schulklasse mit dem Mathematiklehrer Feige. Ich bin vorn der Dritte von links, und links hinter mir Bernd, der Englandbegleiter.

Unsere Frau Direktor Schmidt war eine energische, sich durchsetzende Respektsperson, die uns Englisch lehrte. Es kam vor, dass kein Wort Englisch geredet wurde, da irgendein anderes Problem anstand. Sie konnte sich in die Dinge hineinsteigern, und wenn sie fragte: „Was denkst du darüber?", und man anderer Meinung war, dann war man dran! Unglaublich! Auf eine Frage von ihr antwortete ich einmal: „Ich habe es mir hier in dieser Anstalt abgewöhnt, eine eigene Meinung zu haben." Sie wollte loslegen, bekam dann aber noch die Kurve, denn sie machte uns klar, wie wichtig es im Leben sei, eine eigene Meinung zu haben. Die Englischstunde ging dabei wieder drauf.

Wenn mein Klassenkamerad und späterer Englandbegleiter, Bernd Hefner, von Frau Schmidt aufgerufen wurde, fing er an zu zittern und brachte kein Wort raus. Ich habe ihm was Gutes tun wollen und zu ihm gesagt: „Mensch, Bernd, stell sie dir doch im Nachthemd vor!" Das hätte ich besser nicht getan, denn als sie ihm das nächste Mal eine Frage stellte, kam keine Antwort, nur ein Grinsen, und sie hat ihn fertiggemacht. Nach dem Unterricht fragte ich ihn, warum er nicht geantwortet habe. Entwaffnend gestand er: „Ich hab sie mir im Nachthemd vorgestellt." Das war es dann doch nicht! Lächerlich hat sie sich gemacht, als sieben oder acht von uns zu ihr in das Direktorzimmer kommen mussten, um bestraft zu werden. Sie stellte sich auf einen Stuhl und einer nach dem anderen musste sich eine Ohrfeige bei ihr abholen.

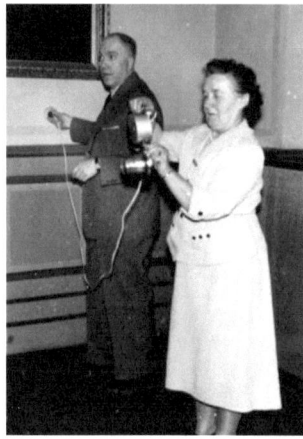

Frau Schmidt stellt die neue Pausenschelle vor.

Noch eins fiel mir im Laufe der Zeit auf. Immer am Morgen nach einem Friseurbesuch war Frau Direktor Schmidt auf dem Schulgelände zugange. Sie war gereizt, und wenn sie dich auf dem Kieker hatte, warst du dran. Deshalb haben wir den Eingangsbereich gemieden, sind über die Mauer an der Toilette rein und erschienen erst zum Antreten vor Stundenbeginn.
Mit der letzten Geschichte höre ich aber auf, über meine Lehrer herzuziehen. Es ging um Heiner Gröteckes Schal, den wohl irgendein Schüler mitgenommen hatte. Frau Schmidt fragte in die Runde: „Wer hat Heiners Schal mitgenommen?" Bei ihrem Blick in die Runde meinte sie bei mir ein Grinsen gesehen zu haben. „Eser, was grinst du?!" „Ich habe nicht gegrinst." „Du elender Lügner!" „Das hat in dieser Anstalt noch keiner zu mir gesagt!" „Dann sag ich es dir! Die Klasse raus!" Zum Glück rettete mich die Pausenklingel. Lehrer Merkel hatte Dienst und war von der lautstarken Auseinandersetzung, die wir uns lieferten, herbeigeeilt. Er packte mich im Genick und befahl: „Du gehst jetzt in die Pause!"
Bei Lehrer Merkel hatten wir montags zwei Stunden Sport. Im Winter in der Eltviller Turnhalle mit Ballspielen, Bockspringen und Gymnastikübungen. Während des Sommers war Laufen, Weitsprung und Ballwerfen auf dem Eltviller Sportplatz angesagt. Das Ganze begann immer mit dem Aufstellen der Größe nach. Die ersten Jahre stand ich noch im Mittelfeld, aber im Laufe

der Jahre kam ich immer mehr in den unteren Bereich. Das wurmte mich schon, stachelte aber meine Leistungen an. Ich wollte in allen Lebenslagen und bei allen Leistungen nie der Beste sein, aber im ersten Drittel fühlte ich mich schon wohl. Immerhin lief ich die 100 Meter gegen Rainer Hoffmann aus Walluf bei einer Größe von 1,65 Meter in 12,2 Sekunden. Weitsprung war auch okay, aber beim Ballwerfen war ich schwach. Ich war aber trotzdem in unserer Schulhandballmannschaft aufgestellt. Beim Spiel gegen das Gymnasium Geisenheim auf dem Eltviller Sportplatz hatten wir schnell einen Vorsprung erspielt. Auf Grund meiner Schnelligkeit und Sprungkraft habe ich im hinteren Mittelfeld die gegnerischen Offensivbälle abgefangen und unseren Stürmern über den Platz laufend zugespielt. Nach einigen erfolgreichen Attacken hörte ich den Geisenheimer Trainer rufen: „Passt mal besser auf den kleinen Mittelfeldspieler auf!" Wir haben dank unserer Ballvollstrecker das Spiel gewonnen.

Zu unserem beliebten Lehrer Merkel hatte ich aufgrund unserer gemeinsamen Radtouren einen guten Draht. Das nutzte mir aber gerechterweise gar nichts, als ich im Geschichtsunterricht seine Fragen nur mich windend und fabulierend beantwortete. Zugegeben, in Geschichte waren mir die Zusammenhänge suspekt. Im Gegensatz zu meinem Bruder, der da gut Bescheid weiß. Also sprach Lehrer Merkel zu mir: „Na ja, eine gute Leistung sieht anders aus." Darauf ich: „Herr Merkel, ich bin ein Mensch der Gegenwart und lebe für die Zukunft." „Gut gebrüllt, aber doch nur eine DREI!"

Herr Merkel hatte zu dieser Zeit ein Abonnement für das Staatstheater Wiesbaden. „Hast du Lust, mit mir Samstagabend ins Theater zu gehen?", fragte er mich. Meine Eltern waren einverstanden und ich bekam auch ein Abonnement, aber nicht im ersten Rang. Eines Abends stand Elektra von Richard Strauß auf dem Programm. Ich hatte den ganzen Tag im Weinberg gearbeitet und war während der Vorstellung selig eingeschlummert. Da brachte mich ein Aufschrei der Elektra zum Erwachen, und da ich dabei aufgesprungen bin, auch meine Sitznachbarn zu einem Lächeln. Erwähnen muss ich auch, wie bei unserem Flanieren über die Wilhelmstraße und im Theaterbereich die Frauen meinen Lehrer anschauten, und da ich es genau wissen wollte, sah ich, dass sie ihm auch nachschauten. Ich sagte bewundernd: „Sehen Sie die verehrenden Blicke der Damen?" Doch seine Antwort: „Lass mich zufrieden mit den Frauen!"

Es muss 1954 gewesen sein. Die Realschule feierte aus irgendeinem Grund ein Schulfest in der Eltviller Stadthalle. Es gab eine akademische Feier. Mein Beitrag dazu war, „Das Frühlingsrauschen" von Sinding zu spielen. Das Publikum im vollbesetzten Saal gab großen Beifall, und Herr Merkel wollte, dass ich ein Da Capo gebe. „Das ist eben gut gelaufen, Herr Merkel, ich mach nur noch eine Verbeugung." Anschließend kam ja noch mein Theaterauftritt. Sie hatten mir die Hauptrolle in Joseph Freiherr von Eichendorffs „Aus dem Leben eines Taugenichts" gegeben. Wie gut ich den Taugenichts verkörpern konnte, kann ich nicht beurteilen. Doch wenn die Ansichten der Romantiker, zu denen ja Eichendorff gehörte, so waren, dass den Menschen nicht nur kühler Verstand und berechnende Vernunft, sondern auch Fantasie und Gefühle auszeichnen. – Die Rolle könnte gepasst haben.

Mit dem Rad durch Südengland 1953

Im April 1953 wurde ich sechzehn Jahre alt. Bernd Hefner und ich planten in den Sommerferien per Rad nach England zu fahren. Woher wir Informationen für die Reise bekamen, weiß ich nicht mehr. Es wurde der Schüleraustausch propagiert, um einen Beitrag zur Völkerverständigung zu leisten. Irgendwie erfuhren wir, dass man für Belgien, England und Holland ein Visum brauchte. Ausgestellt wurden diese in Frankfurt, in den Konsulaten der jeweiligen Länder. Mittwoch war der einzige Tag, an dem die Schule um 12.10 Uhr endete. Also machten wir uns per Rad auf den Weg nach Frankfurt. Nachmittags erreichten wir glücklich das englische Konsulat. Aber wir standen vor verschlossenen Türen. Auf einem Schild war zu lesen: „Mittwochs geschlossen".

Abends führte ich einen Dialog mit meinem Vater, in dem ich ihn fragte, wann er wieder nach Frankfurt auf Kundenbesuch führe. Natürlich wollte er wissen, warum mich das interessierte. Ich erklärte ihm kurz, dass ich mit einem Freund in den Sommerferien mit dem Rad nach England fahren wollte. Drauf er: „Was wollt ihr dann in Frankfurt?" Also erklärte ich, dass man für die Reise ein Visum braucht und wir dieses bereits versucht hatten zu bekommen. Allerdings ohne Erfolg, da das Konsulat geschlossen war. „Da müsst ihr einen anderen Tag nehmen. Aber, mein Sohn, ich fahre euch nicht nach Frankfurt, denn ein besseres Training für so eine große Reise gibt es gar nicht." Er hat es süffisant abgelehnt, aber mich damit versöhnt: „Ich habe nichts gegen eure Fahrt, denn – Reisen bildet und baut Vorurteile ab." Erst

Jahre später wurde mir die Qualität dieses Satzes bewusst. Es könnte auch heute ein wichtiger Baustein für eine friedliche Völkerverständigung sein.

Die Tour sollte stattfinden. In der Schule wurde unser Vorhaben publik. Als unsere Englischlehrerin, Frau Direktor, davon hörte, dass wir bis Edinburgh wollten, lachte sie uns vor versammelter Klasse aus. Dazu später etwas. Tante Kathi aus Offenbach hörte ebenfalls von unserem Vorhaben und vertraute mir ihren vierzehnjährigen Sohn an, der noch einen Klassenkameraden mitnehmen wollte.

Formular zur Geldbeschaffung; für 200,- DM gab es 17,11 Englische Pfund,
für 30,- DM gab es 360 Belgische Franc.

Irgendwann hatten wir das Visum und Kartenmaterial beschafft, und Erfahrungen durch unsere Fahrradtouren hatten wir ohnehin schon gesammelt. Der Freund meines Cousins hatte für London die Adresse von jüdischen Emigranten, die Kontakt zu seinen Eltern hatten und die uns willkommen hießen.

Am Anfang der Ferien ging es los, den Müttern sah man an, dass das Loslassen für sie schwer war. Aber unser Optimismus war ansteckend.

Die ersten Nächte haben wir gezeltet. In Aachen waren wir in einer Jugendherberge. Dort in dem großen Schlafsaal hatte ich den Platz am offenen Fenster und habe mich natürlich prompt erkältet. Beim Frühstück am nächsten Morgen kamen vier Mädchen auf uns zu, die ebenfalls mit dem Fahrrad nach England wollten. Eigentlich wollten sie mit dem Zug durch Belgien. Da sie aber eine falsche Preisauskunft hatten, fragten sie, ob sie mit uns gemeinsam radeln könnten. Somit waren wir zu acht in einem Viermannzelt, was bedeutete, dass die Körper im Zelt waren, die Beine jedoch draußen hingen. – Was waren wir da noch so brav, gell!?!

Nach Lüttich, Gent und Brügge – wunderschöne alte Städte – kamen wir nach Brüssel. In der Nähe vom Manneken Pis habe ich mich von den anderen abgeseilt, um ein altes Hausmittel bei Erkältungen anzuwenden. Ich dachte an Schnaps und ging in eine Kneipe, um meine geringen Französischkenntnisse an die Frau zu bringen. Die fragte: „Du deutsch?" Ich bejahte ihre Frage und bat sie um Schnaps zum Gurgeln. Sie nahm mich an der Hand, ging mit mir in die Küche und sagte: „Du zu jung für Schnaps im Lokal, aber ich immer gut Freund mit deutsche Soldat, du gurgeln in Küche." Es hat gut getan, die Worte, wie auch der Schnaps!

Dann erreichten wir über Antwerpen den Hafen Ostende und bei rauer Überfahrt Dover. Gelernt haben wir dabei, dass man nicht gegen den Wind speit. Ich hatte Glück, aber als Essensgeruch über das Deck kroch, war ich froh, dass wir Dover erreicht hatten. Die Mädchen verabschiedeten sich dankbar, sie hatten ein Bahnticket nach London und wir suchten das Büro im Hafen auf, das uns die Lebensmittelkarten für unseren Englandaufenthalt ausgab. 1953 hatte England noch Lebensmittelkarten, bei uns gab es keine mehr. Das Schild „Drive Left" war nicht zu übersehen. Dann ging es auf der linken Straßenseite weiter.

In Canterbury hatten wir Platz in einer Jugendherberge gefunden. Beim Frühstücken, bei dem wir vor dem diagonal geschnittenen Toastbrot saßen, bemerkten wir gerade noch rechtzeitig, dass dieses nicht für uns allein war. Als wir London näher kamen, sagte ich zu den dreien: „Wir brauchen einen Stadtplan, sonst haben wir keine Chance, unsere Adresse zu finden." Kaum hatten wir die Karte, da erlebten wir, was uns die ganze Fahrt begleiten sollte. „CAN I HELP YOU?" Yes, you can! Ein freundlicher Engländer kreuzte uns dann die Strecke unter der Themse durch an. Am Piccadilly Circle, zwischen den doppelstöckigen Bussen, wären wir verloren gewesen, wenn da nicht ein freundlicher Fahrradfahrer uns die hilfreiche Frage gestellt hätte. Er sagte, er fahre mit uns, da es zu schwer zu finden sei. Es ging weiter in den Norden Londons. An jeder Ampel mussten wir anhalten, dann wieder anfahren, das zehrte an der Kraft. Bei der Adresse im Norden Londons angekommen, hing ein Schild an der Tür mit einer Entschuldigung und einer neuen Adresse. Diese war genau entgegengesetzt, im Süden Londons. Wir waren kaputt! Dennoch fuhr unser neuer Freund mit uns zur Jugendherberge und dem CVJM Christlicher Verein Junger Männer. Aber es gab keinen Platz mehr. Was tun?

Unser hilfsbereiter Begleiter lebte bei einer älteren Lady zur Miete. Diese hatte einen kleinen Garten und vielleicht dürften wir unser Zelt dort aufbauen, sagte er. Dies durften wir, sobald es dunkel geworden war. Sie wollte nicht, dass die Nachbarn etwas mitbekamen. Wir gaben ihr von unseren Lebensmittelkarten und sie kochte etwas für uns. Wir waren sehr dankbar für die Möglichkeit, bei ihr im Garten zu übernachten, und zogen am frühen Morgen weiter.

Lady von London

Wieder in Begleitung unseres neuen Freundes, suchten wir die neue Adresse auf. Freundliche Menschen stellten uns ihre Remise zur Verfügung, wo wir die nächsten Tage übernachten konnten. Unser neuer Freund fand uns sympathisch und ließ sich sogar eine Woche krankschreiben, um uns London zu zeigen. Dankbar zogen wir mit ihm zum Trafalgar Square, durch Parks, am Speaking Corner vorbei. Der Speaking Corner ist ein Platz, an dem jeder seine Meinung öffentlich machen darf. Dann ging es zum Big Ben, dem House of Parliament und zu Madame Tussauds, dem Wachsfigurenkabinett. Am Big Ben, noch immer eines der Wahrzeichen Londons, erlebten wir zum ersten Mal ein Self-Service-Restaurant. Unsere Offenbacher hatten die Butter unter dem Brot versteckt und an der Kasse haben sich die Kassiererinnen über unsere vollen Teller amüsiert. Ja, Appetit hatten wir genug! Gott sei Dank gab es überall Buden mit „Fish and Chips", wo wir uns satt essen konnten.

Unvergessliche Momente prägten unseren Aufenthalt in London. Wir vier waren natürlich in unseren Lederhosen unterwegs. Als eine Schar junger Mädchen uns entgegenkam, hörten wir: „Oh, look, really they're Bavarians from Germany!"

Unser Londoner Freund und ich vor einem Schilderhäuschen.

Einmal waren wir auf einem freien Platz, auf dem kein Baum, aber zahlreiche Schilderhäuschen für die königliche Garde standen. Der plötzlich einsetzende kräftige Hagel ließ uns nur die Möglichkeit, uns zu den Gardisten zu gesellen. Mit lautem Beineknallen und regloser Miene machten sie uns Platz und wir teilten uns auf einige Schilderhäuschen auf. Als der Hagelschauer vorbei war und wir mit einem freundlichen „Thank you!" gingen, glaubte ich ein kleines freundliches Grinsen bei einem Gardisten zu erkennen.

Was war das für uns ein Erlebnis, als wir vor der altehrwürdigen Tower Bridge standen, ihre Konstruktion begutachteten, als der Verkehr angehalten wurde und die Brücke unter Ächzen und Kettenrasseln sich langsam, eben majestätisch erhob. Als die Brücke wieder unten war, der Verkehr angelaufen, stellten wir fest, dass die zwei Offenbacher auf der anderen Straßenseite gelandet waren. Eine Verständigung war nicht möglich, doch ein Bobby erkannte unser Problem. Er ging mutig in den Verkehr, stoppte die Autos und die zwei Vierzehnjährigen konnten die Fahrbahn wechseln. Gentlemanlike, oder?

Nach acht Tagen London hatten wir bleibende Erinnerungen sammeln können und wir berieten, was wir weiter unternehmen sollten. Die beiden Offenbacher wollten in London bleiben, und so machten Bernd und ich uns auf den Weg nach Edinburgh. Ohne Fahrrad ging es mit dem Bus Richtung A 1 aus London raus. Jetzt war hitchhiking angesagt, Geduld gefragt, aber es ging! Die Jugendherbergen lagen so im circa 200-Meilen-Abstand. Wir erreichten unser Ziel, wenn auch mit viel Glück!

Es ging auf die schottische Grenze zu, wir saßen bei einem Gentleman im Auto, und nach den obligatorischen Fragen: „How are you? Where do you come from?", überraschte er uns mit: „How do you like the English people?" Ich drückte mich mit den Worten „Fine, fine" um eine Antwort. Der Zufall will's, bei der nächsten oder übernächsten Mitfahrgelegenheit kam die Frage, aber diesmal: „How do you like the Scots?"

Mir ging ein Licht auf, und ich erinnerte mich, dass unsere Englischlehrerin von den Animositäten zwischen Engländern, Schotten und Iren erzählt hatte. In diesem Zusammenhang erinnere ich mich meiner Worte: „Sorry, Sir, but I don't know the difference between a English and a Scot. You must know, I'm a sixteen years old German pupil and I want to be a good European." Er hat wohl meine Antwort – leicht verlegen – akzeptiert und jedem von uns ein Stück von seinem diagonal geschnittenen Toastbrot abgegeben. So gelangten wir an den Firth of Forth und Edinburgh mit seinem Castle, dem einstigen Wohnsitz der schottischen Queen Maria Stuart. An dieser Stelle rezitierte ich aus dem Drama „Maria Stuart" von Friedrich Schiller:

Eilende Wolken, Segler der Lüfte,
wer mit euch wanderte, mit euch schiffte.
Ihr folgt getreulich eurer Bahn,
ihr seid keiner Königin Untertan!

Ja, was tun? Was wir uns vorgenommen hatten, war erreicht. Ein kleiner Triumph für uns! Eilende Wolken ließen uns keine Ruhe und so ging es weiter. Unser neues Ziel war Thurso. Hafen und Ausgangspunkt für die Fähre zu den Orkney-Inseln. Um dorthin zu gelangen, mussten die Scottish Highlands durchquert werden. Über Aberdeen, Banff, Inverness am Loch Ness mit dem Ungeheuer vorbei.

Bernd Hefner und ich am Loch Ness.

Der Bewuchs bestand aus Latschenkiefern, Hecken, Dornen und Gras für die Schafe und die kleinen zotteligen Kühe, der Glancoe-Rasse, welche Fell bis zum Boden haben. Der Verkehr reduzierte sich auf ein, zwei Autos pro Stunde, sodass wir dankbar unsere Tornister auf Kohlelaster ablegten und uns zu dem schwarzen Mann ins Führerhaus setzten.

In Thurso angekommen, mussten wir den Wunsch, auf die Orkney-Inseln zu schippern, wegen Geldmangels begraben. Zusätzlich wurde uns klar, dass wir nicht mehr rechtzeitig zu Schulbeginn zu Hause ankommen würden. Wir hatten aber eine Idee, die wir in die Tat umsetzten: Wir schickten eine Ansichtskarte von Thurso an die Schule:

Liebes Fräulein Schmidt!
Die besten Urlaubsgrüße aus Thurso im Norden Schottlands. Nach London und Edinburgh haben wir viel Schönes erlebt, das englische Gentlemanlike kennengelernt und bleibende Erinnerungen gesammelt. Leider ist uns die Zeit weggelaufen, und wie es aussieht, können wir nicht rechtzeitig zum Schulbeginn da sein!
Mit herzlichen Grüßen von unserer Erkundungsreise nach England!
Bernd & Ludwig

Natürlich war die Anrede eine Respektlosigkeit, die man Sechzehnjährigen verzeihen kann. Wir dachten bei uns, dass wir doch einen kleinen Triumph auskosten könnten, so weit gekommen zu sein.
Ja, so war das nächste Ziel Glasgow mit seinen klapprigen, doppelstöckigen Straßenbahnen. Aber vorher war eine Bergwanderung auf den Ben Nevis angesagt. Es war Sonntag und in der Jugendherberge gab es außer Schokolade nur noch harte Kekse, unseren Hundeplätzchen ähnlich. So bestiegen wir, leicht hungrig, den Berg auf schmalen Geröllpfaden. Die Belohnung war ein toller Panoramablick.
Glasgow hatte für uns außer der Straßenbahn nicht viel zu bieten. Mit dem Bus fuhren wir dann am nächsten Tag aus der Stadt in Richtung Lake District. Nach einigen Stunden erfolglos am Straßenrand verharrend, tranken wir einen Tee in einem kleinen In. Beim Rausgehen sagte ich zu Bernd: „Heute müssen wir sicher die Nacht im Straßengraben verbringen." Da sah ich einen noblen PKW am Straßenrand stehen, der Fahrer war am Essen. Unsere Chance: „Can you give us a trip in direction of Lake District?" Wir müssen ihn so mitleidvoll angesehen haben, dass er nach einigem Zögern sagte: „Come in!" Er gab uns beiden von seinem Snack, und nach dem üblichen Small Talk ging es los. In der ersten Kurve landete ich in seinem Arm (Gurte gab es noch nicht). Er entschuldigte sich, sagte, er habe einen Termin in Kendal und sei in großer Eile. Das erklärte auch sein zögerliches Verhalten zu Beginn. Wir ha-

ben uns auf der Fahrt so gut unterhalten, dass er uns gegen 20 Uhr bis zur Jugendherberge fuhr. Mit den Worten „Thank you!" verabschiedeten wir uns. Es wurde also glücklicherweise nichts mit dem Straßengraben.

Am nächsten Morgen gab mir Bernd zu verstehen, dass er nicht mit nach Holland zu meinen Verwandten wollte. „Bernd, was würden unsere Eltern sagen, wenn sie wüssten, dass wir uns trennen?" Egal, er wollte partout noch einige Tage im Lake District bleiben. Daher verabredeten wir, uns zehn Tage später in Ehrenbreitstein in der Jugendherberge zu treffen. Von dort sollte gemeinsam heimgeradelt werden.

Ich machte mich gen London auf. Es ging zunächst durch das englische Ruhrgebiet zwischen Manchester und Liverpool, aufgrund der städtischen Straßensituation kein Hitchhiking möglich. Busfahren war angesagt, und dank der Hilfsbereitschaft der Briten gut zu schaffen. In Reih und Glied auf den Bus wartend kommt man gut ins Gespräch. Eine Lady wollte ganz genau wissen, wie es mir gehe, und steckte mir Geld zu. Ich lehnte ab, aber sie bestand darauf mit den Worten: „You must know, my son is now visiting Germany, and I hope, if he has any problems, somebody will help him, like I do." Bevor ihr die Tränen kamen, nahm ich mit einem warmen Händedruck ihr Geld an.

In London angekommen, waren die zwei Offenbacher schon auf dem Heimweg. Ich kündigte Bernd bei unseren Quartiergebern für später an, und am nächsten Morgen ging es circa 100 Meilen mit dem Rad nach Harwich, zu dem Fährhafen an der Ostküste. Bis ich aus dem Londoner Stadtgebiet heraus war, hatte ich schon drei rohe Eier ausgetrunken, altes Hausrezept, soll Kraft geben, die ich bitter nötig hatte. Auf den letzten Drücker erreichte ich nach elf Stunden Radfahren um 20 Uhr die Fähre. Total geschafft, schlief ich auf den Holzplanken selig ein und träumte meinen letzten Traum auf Englisch.

Hoek van Holland lag im Morgenlicht vor mir! Das Ziel für heute war Amersfoort, wo Tante Hedwig, Onkel Hans, Inge, Binny und Franz lebten.

Mutig wollte ich in die Pedale treten, schwang mich auf den Sattel, zuckte aber vor Schmerzen zurück, und das kräftige Hupen eines Autos machte mir klar, dass ich auf der falschen Seite fuhr. Unterwegs, nach der dritten Tasse Kaffee, fing meine Nase an zu bluten. Inge kam mir mit dem Rad entgegen, und ich muss wohl ziemlich mitleiderregend ausgesehen haben, denn Tante Hedwig umsorgte mich wie einen verlorenen Sohn.

Aber ich sollte zu Hause anrufen. Meine Mutter berichtete von dem Aufstand in der Schule wegen unserer eigenmächtigen Verlängerung der Ferien. Wir sollten umgehend mit der Eisenbahn heimkommen. Ich musste ihr beichten, dass Bernd noch in England war und wir uns in Ehrenbreitstein treffen wollten. „Bitte kein Wort zu Bernds Eltern, es wird schon alles gut gehen!"
Tante Hedwig hat mich in kürzester Zeit wieder aufgepeppelt. So fuhren Inge und ich mit dem Fahrrad den Rhein aufwärts, und tatsächlich schob Bernd 100 Meter hinter mir sein Rad zur Festung Ehrenbreitstein bei Koblenz.
Am nächsten Tag kam das Wiedersehen nach über sechs Wochen ohne irgendwelche Verbindungen nach Hause. Alle waren glücklich und zufrieden. Nur ein Gedanke plagte mich: Wie wird der erste Schultag!?! Wird es Konsequenzen geben?

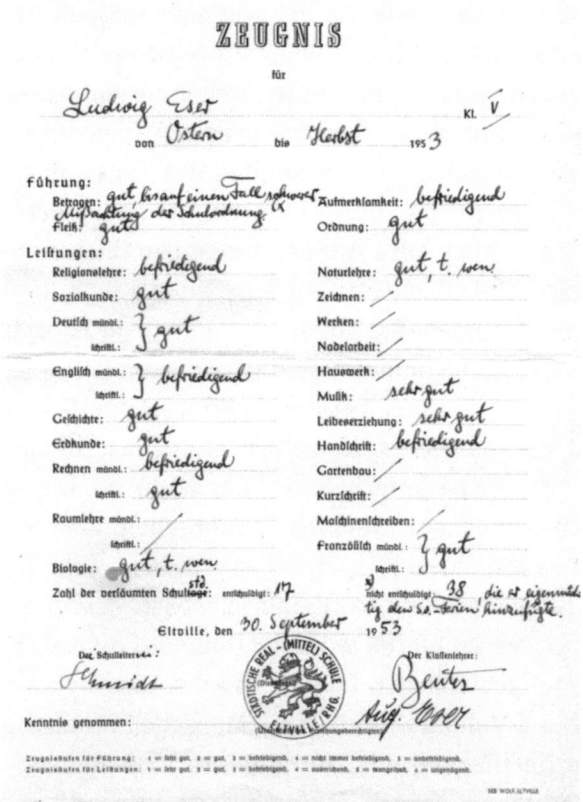

Besagtes Zeugnis mit Bemerkung

Wir haben uns reumütig und glücklich zurückgemeldet. Frau Direktor Schmidt hat uns zwar Konsequenzen angedroht, aber da unsere Klassenkameradin Renate Boltendahl im Jahr davor auch die Ferien überzogen hatte, habe ich uncharmanterweise dies zur Sprache gebracht und gemeint, dass der verlorene Unterricht von uns leicht wieder aufgeholt werde. Ganz schön selbstbewusst, oder? So blieb alles ohne Folgen. Wir hatten nicht mehr zu nehmende Erlebnisse und Erinnerungen. Da juckt mich heute noch nicht das Herbstzeugnis, auf dem zu lesen war: „Betragen gut, bis auf einen Fall schwerer Missachtung der Schulordnung!"
PS: Natürlich sollten Ferientermine eingehalten werden, denn auch ein Schulbetrieb braucht feste Zeiten!

Kundenbesuche 1954

Beliebt war bei mir, in den Schulferien mit Vater August auf Kundenbesuch zu fahren. Es war für mich interessant, wie man sich mit Kunden unterhält, wie man Verkaufsgespräche führt, wie man teilweise um den Preis feilscht. Aber bei einem vertrauensvollen Kundenverhältnis kommt auch viel Privates mit ins Spiel. So konnte ich als Sechzehnjähriger Folgendes erleben: Als wir um circa 10 Uhr zu unserem ersten Kunden des Tages im Hotel Weidenhof, Bad Schwalbach, kamen, war dicke Luft, die Eltern genervt, die Tochter in meinem Alter den Tränen nahe. Auf den fragenden Blick meines Vaters sagte die Mutter Joekel: „Herr Eser, was wir zur Zeit mit dem Kind durchmachen, es ist nicht zu beschreiben! Sie gefällt sich nicht, sie ist sich zu groß, nicht hübsch genug, ich weiß nicht mehr weiter."
Mein Vater, der die junge Dame bereits als Kind kannte, legte den Arm um ihre Schulter und mit väterlicher Geste sprach er: „Hast du einen Moment Zeit und Lust, dich mit uns zu unterhalten?" Das hatte sie. Die Worte von Vater August kann ich nicht mehr wörtlich wiedergeben, aber er hat die Unterschiede der Menschen, ihren Körperbau, ihr Aussehen, ihr Temperament, ihre Interessen, Neigungen und Vorlieben plastisch beschrieben. Nach ihren Vorlieben befragt, waren Pferde wohl ihr Ding und August in seinem Metier; es kamen die unterschiedlichen Rassen und ihr Aussehen zur Sprache: Kaltblut, Warmblut und Vollblut. Ihre für die Menschen nutzbar gemachten Vorzüge, die Kunst im Umgang mit Pferden, ihre Individualität und die Beziehung zu uns Menschen. August redete sich in einen Rausch, die Züge der jungen Dame wurden immer entspannter, und die gekonnten, nicht aufdring-

lichen Komplimente, die er ihr machte, konnten ihr sogar ein zartes Lächeln entlocken. Mit aufmunternden Worten klang das Gespräch aus. Um es vorwegzunehmen: Beim nächsten Besuch fiel Frau Joekel meinem Vater um den Hals und meinte: „Herr Eser, was haben Sie mit meiner Tochter angestellt? Sie ist wie ausgewechselt." Man sieht, Worte vermögen sehr viel zu erreichen.

An diesem Tag, beim dritten Kunden in Niederneisen an der Aar: Der Kunde, ein Herr Schmidt und seine Frau, hatten ein Gasthaus und eine Bäckerei. Ich kannte beide und wir wurden zuerst im Bäckerladen begrüßt, was wie immer sehr herzlich war. Persönliches wurde geredet: Was machen die Kinder? Wie geht's Ihrer Frau? Mit strahlenden Augen hat Frau Schmidt jedes Wort von Vater August aufgenommen. Als Herr Schmidt aus der Backstube kam, hat sich mein Vater sofort ihm zugewandt und ihn in ein Gespräch verwickelt. Als wir wieder im Auto waren, sagte ich zu meinem Vater: „Frau Schmidt freut sich immer sehr, wenn sie dich sieht." „Das hast du gemerkt?", entgegnete er und fuhr fort: „Mmm ... ja, die Frau Schmidt unterhält sich sehr gerne mit mir, sie ist eine charmante Frau." Ich nickte und fuhr halb fragend, halb feststellend fort: „Aber als Herr Schmidt kam, hast du dich demonstrativ nur mit ihm beschäftigt." Die Antwort meines Vaters: „Ja, weißt du, nicht jeder Ehemann sieht es gern, wenn sich seine Frau angeregt und freudig mit einem anderen unterhält, da muss man darauf reagieren. Merk dir eins, Bub: „Fang niemals im Leben was mit einer Kundin an; wenn es auseinandergeht, hast du einen doppelten Verlust. Die Lieb' ist hin und der Kunde auch." Wie wahr!

Ein lustiges, menschliches Erlebnis hatten mein Bruder Joachim und ich, als wir in den Ferien Vater August bei einem Kundenbesuch begleiten durften. Wir waren zum Nachmittagskaffee im Parkhotel Bender in Königstein. Ein stinkvornehmer Laden, mit einem Ober alter Schule im Frack, der uns persönlich bediente. Für uns zwei sollte es Sahnebaiser sein. Der elegante Ober kam an unseren Tisch, aber seine Bewegung war so schwungvoll, dass ihm die vier Sahnebaisers über den Teller rutschten und hörbar zu Boden klatschten. Ein Lächeln der um uns sitzenden Gäste war erkennbar, zwei Servicekräfte behoben das Malheur. Die neuen Baisers kamen, mein Bruder nahm seine Kuchengabel, setzte zum Einstich an, aber oje, das Baiser landete auf dem Parkett. Mein Bruder blickte erstarrt, doch mein Vater murmelte: „Da haben wir ja Glück, dass es uns der Herr Ober schon vorgemacht hat." Ich hatte das Gefühl, das Grinsen der Gäste war noch breiter geworden. Nun, ein neues Baiser wurde gebracht. Mein Bruder hielt jetzt das Baiser mit der linken Hand fest, drückte die Kuchengabel in das Baiser rein, und da hat er doch glatt die Gabelspitzen total verbogen. Da haben wir alle drei und mit uns auch die anderen Gäste herzhaft gelacht.

Deutschland wird Fußballweltmeister, Reise nach Holland

Erzählen muss ich auch, wie ich 1954 die Fußballweltmeisterschaft miterlebt habe. Es gab die ersten Fernsehgeräte in den Gasthäusern Kühn und im Grünen Baum, wo das legendäre Endspiel von Bern übertragen wurde. Im Gasthof Kühn war ich seit 1953 im Kirchenchor und traute mich dann als siebzehnjähriger am 4. Juli bei den vielen Fußballbegeisterten dabei zu sein. Zum ersten Mal Fernsehen und dann dieses spannende Ereignis live mitzuerleben. Das *Tooooor! Toooor! Tooooor!* des Reporters in den letzten Minuten bleibt mir in Erinnerung. Die Erinnerung will ich gerne mit einer Autogrammkarte dieses in die Fußballgeschichte eingegangenen Ereignisses dokumentieren, die ich anlässlich unseres Gastspiels mit den Mainzer Hofsängern aus Anlass des 80. Geburtstages von Sepp Herberger im März 1967 bekam.

Autogrammkarte

Ich vorne links im Kreise der Hofsänger und Fußballprominenz Fritz Walter, Horst Eckel, Helmut Rahn.

Nachdem ich Holland auf der Rückreise von England etwas kennengelernt hatte, wollte ich es im folgenden Jahr per Rad näher kennenlernen. Die Großcousine Inge hatte eine Route ausgearbeitet, Übernachtungen waren in Jugendherbergen vorgesehen.

Ich war also bei Ferienbeginn mit dem Fahrrad nach Holland gefahren. Von Amersfoort aus ging es mit Inge über Alkmaar mit seinem Käsemarkt, über den Abschlussdeich des Ijsselmeeres nach Friesland und wieder zurück nach Amersfoort. Der Gegenwind auf dem Abschlussdeich war schlimm, aber ich wurde dann von Tante Hedwig wie gewohnt verwöhnt. Die Meisjes waren auch sehr nett, aber es gab keine bleibenden Erinnerungen. Da fällt mir noch ein, Inge und ich hatten uns schon ab und zu leidenschaftlich geküsst, ich durfte ihr auch mal den Busen streicheln, das war's aber auch. Ich glaube, sie hat mich als erotisches Medium benutzt, um sich ihrer wohlbehüteten Kindheit zu entreißen?!?

Anders war es da auf der Kappes Kerb in Eltville 1954. Ich war mit einigen Schulkameraden verabredet. Der Kirmesplatz war damals auf dem alten

Sportplatz, heute Rewe-Gelände. Da trafen wir auch Doris aus der Klasse über uns. Wir zwei machten gemeinsam einige Runden im Autoscooter. Auf einmal waren wir allein, es wurde langsam dunkel und wir schlenderten eng umschlungen zum Rhein. Die Abendstimmung eines Spätsommerabends tat ihr Übriges. Der zarte Kuss, er wurde leidenschaftlicher. Ich merkte: Ludwig, heute Abend passiert was mit dir, du kannst dich nicht dagegen wehren, dein „erstes Mal", so ahnungslos, wie du bist, lass es geschehen!

Wie mir jetzt, geht es sicher vielen Männern in der Erinnerung. Das hätte besser sein können: Zu spät, aber auch die Erfahrung darf man als junger Mensch machen und lernen daraus, wie es für beide ein beglückendes Erlebnis wird.

Mein Lieblingsonkel

Ein Erlebnis aus dieser Zeit will ich nicht zurückhalten. Ich will damit niemanden diffamieren oder bloßstellen, aber Schwächen ansprechen, die bestimmt jeder von uns in seinem Leben durchlebt und dabei erkennt: „Nobody is perfect!"

So war aus dem abgerissenen Haus im Jahr 1953 ein Tankraum geworden. In dem circa 200 Quadratmeter großen Raum wurden acht Stahltanks à 6000 Liter platziert. Die ersten Stahltanks waren innen mit einer Emailleschicht ausgekleidet und als Vergärungstanks vorgesehen. Die Erstbelegung war der Jahrgang 1954, die Ernte war vorüber und der Most in den Tanks am Gären. Es kommt vor, dass ein Behältnis beim Gären überläuft oder aber Most nachgefüllt werden muss. Wie dem auch sei, irgendjemand hat dabei, eventuell beim Reinigen, den Tank mit dem Gewindeverschluss zugeschraubt. Die Gärgase konnten nicht mehr entweichen. Mein Onkel Josef hat bei einem Kontrollgang ein Rauschen, ein Rumoren gehört, da kam ich per Zufall in den Tankkeller. „Schnell, schnell, du musst den Deckel vom Tank aufmachen." „Wieso?" „Den hat einer draufgemacht." „Ja, dann läuft doch der halbe Tank leer." „Egal." „Hast du denn keinen leeren Tank, den wir mit einem Schlauch anschließen?" „Nein, nein, schnell, hier hast du einen Hammer zum Losschlagen des Deckels." „Onkel Josef, der Stahltank explodiert doch nicht, der reißt nur auf. Wo ist ein leerer Tank?" „Mach, mach! Hau den Deckel ab, sonst passiert ein Unglück!" Also hab ich mich auf die Leiter gestellt und hab angefangen, den unter Druck stehenden Verschluss aufzuhauen. Dann habe ich mich wieder zu ihm gewandt: „Muss das wirklich sein?" Da sehe ich ihn, es war nur noch sein Kopf zu sehen. „Mach, mach!", hörte ich ihn rufen und unter seinen anfeuernden Rufen flog dann der Deckel mit circa sechs Atü gegen die Decke. Er landete neben mir auf der Erde und über mich ergoss sich der junge Wein!

Er war mein Lieblingsonkel, aber nach diesem Vorfall ging ein Teil seines Charismas für mich verloren. Heute, mehr als sechzig Jahre danach, ist mir klar, dass viele Leute in Stresssituationen hoffnungslos überfordert sind. Um in der Lage zu sein, in allen Lebenslagen die Ruhe zu bewahren, ist ein Stück Lebenserfahrung, couragiertes Selbstvertrauen und gleichzeitig blitzartiges Erfassen der Situation vonnöten. Aber das schreibt sich leicht!

Um den Vorfall wurde kein Aufheben gemacht, denn mein Vater und Onkel Josef wollten den Betrieb aufteilen und jeder sein eigenes Weingut betreiben. Wenn ich mich recht erinnere, waren die Brüder Eser schon dabei, eine Hofreite zu finden. Das war dann das Anwesen am Rhein, heute im Besitz des Rheingau-Musik-Festivals. Über die Anwesen, wer was bekommt, hatte das Los entschieden und Vater August blieb am alten Standort. Er wäre lieber an den Rhein gezogen, aber ansonsten verlief der Teilungsprozess, wie auch später der mit meinem Bruder, reibungslos. Bei einem vertrauensvollen Verhältnis und einem ausgeprägten Willen zur Einigkeit sollten auch solche fundamentalen Ereignisse unter vernünftigen Menschen problemlos machbar sein.

Frankreichreise 1955

Im April 1955 war die Schulzeit endlich zu Ende, Mit achtzehn Jahren sollte die „Fronzeit", unbezahlte freiwillige Arbeit, im Weingut August Eser beginnen. Ich sollte auf Taschengeldbasis meine Arbeit anfangen, was ich kategorisch ablehnte. „Das kostet den Betrieb nur Geld, das sind Kosten, die man nicht braucht", tönte Vater August. So ist es, lieber Papa, aber diese Unkosten kannst du steuerlich absetzen, und wenn ich angestellt bin, habe ich eine Krankenkasse und eine Altersversorgung, argumentierte ich. Nach harter Diskussion willigte er ein, aber mein Verdienst sollte von der Mutter auf einem Konto verwaltet werden. Kein Problem für mich, denn die Volljährigkeit war ja schon in drei Jahren, mit meinem 21. Geburtstag, erreicht.

Mit mir fing ein Klassenkamerad, Karlheinz Steinbach, im Betrieb an. Er wollte auf die Seemannsschule nach Bremen, die erst im Herbst begann. Nachdem wir uns gut eingewöhnt hatten, machte ich mit Vater August einen Deal.

Ich wollte mit Klemens Pauly, der ebenfalls ein Klassenkamerad aus Oestrich war, eine Frankreichrundfahrt machen, sozusagen unsere eigene „Tour de France". Der Führerschein Klasse 3 war mit einer Fahrstunde in der Fahrschule Basting in Winkel am 02.06.1955 gemacht. Vater August hatte im Frühjahr 1955 einen neuen Opel Olympia Rekord, die sogenannte Pontonform, bekommen. Übrigens war das nach dem Krieg schon der vierte Opel, den er fuhr. Sein Grundsatz war: Neu ist getreu, und es gab für rund 2000 DM Aufzahlung alle zwei Jahre einen neuen Opel.

Aber nun zurück zum Deal. Ich sagte: „Papa, Klemens und ich wollen eine Frankreichfahrt machen, gerne mit unserem neuen Auto. Der Karlheinz ist dann für mich da, geht doch in Ordnung?!" Das ging! Er hatte Vertrauen zu seinem Stammhalter. Aber man muss wissen, dass es 1955 keine Selbstverständlichkeit war, Auto zu fahren. Es gab 1.747.555 PKWs in Deutschland. Bei einer Bevölkerung von circa 80 Millionen entsprach das einem Anteil von circa zwei Prozent. In Oestrich hieß das: Es gab circa dreißig bis fünfzig Autos.

Irgendwann im August ging es los. Mit Zelt, Kocher, Vorräten, Landkarten, Reiseführer von Frankreich an Bord starteten wir Richtung Süden und wollten durchs Rhonetal nach Marseille. Autobahnen in den Südwesten gab es nicht. Wir fuhren in Mainz über die Theodor-Heuss-Brücke und dann linksrheinisch in Richtung Basel. Beinahe wäre in Oppenheim unsere Fahrt zu Ende gewesen, ich hatte eine Vorfahrt nicht beachtet. Aber der andere hatte zum Glück aufgepasst.

Klemens und ich hatten eine Verabredung bezüglich unserer Ziele: Er sollte die wichtigsten kulturellen Punkte heraussuchen und ich die weinbaulichen Höhepunkte. So kamen wir über Mulhouse nach Belfort, Besançon, nach Beaune. Das Hôtel Dieu und seine Geschichte waren interessant, der Weinbau im Burgund sehr gepflegt und die Weinpreise für uns respekteinflößend. Da Burgund, Beaujolais und Mâcon von uns gut zu erreichen waren, haben wir das Gebiet mehr oder weniger komplett durchfahren. Über Lyon und Avignon erreichten wir Marseille.

Mein Auftrag war, den Kontakt zu unserem französischen Kriegsgefangenen wiederherzustellen, der sich zwar mal gemeldet hatte, aber zu dem inzwischen kein Kontakt mehr bestand. Am frühen Samstagvormittag erreichten wir Marseille und das Einwohnermeldeamt der Stadt. Mit unserem Schulfranzösisch und dem Namen Joseph Colleghia hatte ich dem Angestellten we-

nig zu bieten. Er fand drei Personen gleichen Namens. Ich hakte mit den Worten „prisonnier allemand" nach, woraufhin er mir eine Adresse gab.
Wir machten uns auf den Weg zur Rue Saint-Saëns 15. Es war mittlerweile Samstag gegen 15 Uhr. Im Hause 15 war ein geschlossener Schuhladen und auf das Klingeln bei Colleghia gab es keine Reaktion. Schade! Aus dem Nebengebäude drang Musik und durch einen bunten Fliegenschutz, wie in südlichen Ländern üblich, traten wir ein. Wir standen in einer Bar, fünf bis sechs Damen auf den Barhockern. Mein strohblonder Begleiter erregte das uneingeschränkte Interesse der Damen. Ich sagte: „Ich suche Monsieur Colleghia aus dem Nachbarhaus." Eine etwas reifere Dame sprach ganz gut Deutsch. Sie konnte nur leider nicht weiterhelfen. Aber sie lud uns ein, dazubleiben. Auf meinen Kommentar, wir seien noch zu jung, sagte sie: „Oh, là, là, mon cher, für die Liebe ist man nie zu jung."
Klemens, der ein Jahr jünger war als ich, war es sichtlich peinlich, und ich sagte beim Rausgehen zu ihm: Die hätten uns bestimmt was Gutes tun wollen. Na ja, verpasste Gelegenheit. Was gut ist, kommt wieder!
Weiter wollten wir auf unserer Reise nach Monaco. Der Hinweg sollte auf der Küstenstraße sein, und der Rückweg nach Marseille über die Berge. Daher ging es zunächst nach Toulon, über Le Lavandoux am Meer entlang erreichten wir die riesige Bucht von La Croix-Valmer. Hier erfuhren wir, dass die Alliierten 1945 in dem Gebiet um Saint-Tropez gelandet waren. Deswegen war 1955 noch immer amerikanische Präsenz in der Region. An Saint-Tropez fuhren wir vorbei. Das Fischerdorf wurde erst später Kult durch Gunter Sachs und Brigitte Bardot. Dann kamen wir nach Cannes, bekannt von dem Filmfestival, dass seit 1946 dort ausgetragen wird. Davon hatten wir gehört und schauten ehrfurchtsvoll auf die Kulisse, die diese Stadt bietet mit ihren Flaniermeilen und Stränden. Das Cap d'Antibes, die Felsenhalbinsel mit ihren teuren Villen und dem luxuriösen Lebensstandard, war ein Muss.
Nizza beeindruckte mit dem Blick auf das Cap Ferrat, dem teuersten Ort der Welt. Wir waren zufrieden. Es muss viele reiche Leute geben, war unsere einhellige Meinung. Na, wir arbeiten dran!
Das Fürstentum Monaco, eine Steueroase, bekannt für seine Spielbank, haben wir besucht, allerdings hatten wir kein Geld für ein Spielchen. Ein Jahr später hat Fürst Rainier Grace Kelly, die berühmte US-amerikanische Schauspielerin, geheiratet.

Zu erwähnen ist, dass es zu dieser Zeit wenige Fahrverbotszonen gab und sich keinerlei Parkplatzprobleme auftaten. Klemens erklärte, dass Monaco einmal ein Piratennest gewesen sei.

Die jungen Leute, die wir auf den verschiedenen Campingplätzen trafen, waren sehr nett und wir konnten unser Schulfranzösisch gut anbringen. Bei den Damen waren wir dabei leider nicht erfolgreich, aber wir trösteten uns: „Ça ne fait rien!"

Auf dem Rückweg nach Marseille durch die Berge hatten wir per Zufall noch ein tolles Kunsterlebnis. Wir sahen ein Plakat, das auf eine Ausstellung mit Werken von Pablo Picasso hinwies. Ob dies in Vallauris war, wo heute ein Museum von Picasso steht, ich weiß es nicht. Für uns war diese Ausstellung so interessant, weil sie den künstlerischen Werdegang eines von uns schon für seine abstrakte Malerei bekannten Künstlers sehr plastisch und überzeugend dokumentierte. Mir fehlt leider der künstlerische Intellekt, um dies adäquat beschreiben zu können. Wir sahen einen Meister, der die gegenständliche Malerei der Porträts sowie die menschliche Leidenschaft und Sinneslust von seiner Blauen Periode zur Rosa Periode, dem Kubismus, bis zur abstrakten Malerei beherrschte. Seine Aquarelle sind gekonnt farbenfroh, wie die Landschaft, in der sie entstanden sind.

Mit diesen Eindrücken ging es nach Marseille zurück. Diesmal hatten wir in der Rue Saint Saëns 15 Glück. Monsieur Colleghia war da und freute sich sehr über unser Kommen und versprach, dass wir in Verbindung bleiben. Dieses Versprechen hält er bis heute!

Nach erfülltem Auftrag wollte ich den netten Damen von nebenan noch einen Besuch abstatten, aber Klemens lehnte kategorisch ab. Er ging andere Wege und ich musste nachgeben. Adieu, mon amour!

Wir wollten weiter nach Biarritz an den Atlantik. Wir durchquerten die Camargue, eine flache Landschaft mit Sand, Wiesen, Dünen und Marschland und einer einzigartigen Flora und Fauna. Begleitet von Schafen, Rindern und großen Pferdeherden kamen wir zum Pont du Gard in Nîmes, einem fast 2000 Jahre alten römischen Aquädukt, das als Wasserleitung diente und ein großes Tal überquerte. Eine Meisterleistung, die wir ganz intensiv besichtigten. Wir liefen auf allen Etagen herum!

Pont du Gard, die römische Wasserleitung

Weiter ging es über Montpellier, Sète durch das Weinbaugebiet Languedoc, Narbonne nach Carcassonne. Dort erlebten wir eine mittelalterliche Festungsstadt mit wehrhaften Mauern auf einem Hügel gelegen!

Blick auf die Burg von Carcassonne

Wir hatten unseren Müttern versprochen, in Lourdes eine Kerze zu entzünden. So ging es weiter auf der Nordseite der Pyrenäen über Toulouse nach Lourdes.
Auf dem Weg zum heiligen Bezirk, zu dem auch die Grotte gehört, in der die Marienerscheinungen gewesen sein sollen, mussten wir 1955 an einer endlosen Reihe von mobilen Kiosken und Marktständen vorbei. Der christliche Kitsch, die Heiligenbildchen, die Kerzenvariationen haben uns schier erschlagen. Wir haben einer Messe beigewohnt, ein „Berufsbettler" war an vor-

derster Front, viele Leute mit Gebrechen, auf ein Wunder wartend.
Mich machte das betroffen. Ich möchte die Gefühle von Menschen, die an so etwas glauben, nicht verletzen, aber für mich als geborener „Thomas" war, ist und bleibt so ein Spektakel unverständlich. Die Kerzen haben wir nicht angezündet!!!

In Biarritz, an der Küste des Golfs von Biskaya, wurden wir mit einem Prachtwetter versöhnt. Wir tollten drei Tage in bis zu zwei Meter hohen Wellen und tauchten durch die wild schäumenden Wassermassen. Die Luftmatratzen waren unsere Paddelboote, die wir nach dem Wellenkamm einsetzen konnten. Einmal, ich war weit draußen, in schöne Gedanken träumend versunken, als mich der Westwind immer näher an den Wellenkamm lenkte. Jäh war der Traum zu Ende, ich wurde mitsamt der Matratze von einer der Wellen unbarmherzig durchgeschüttelt und ging baden! Trotzdem ein großes Vergnügen!

Ein nettes Erlebnis hatten wir auf der Fahrt durch das große Bordeaux-Gebiet. Die Weinberge sind dort ganz anders als bei uns, entweder als Heckenerziehung oder als ganz tiefe Drahtrahmenanlagen. Zu dieser Zeit war dort noch Handarbeit angesagt, und per Zufall kamen wir mit einem Vigneron, einem Weinbauern, ins Gespräch, der die Reben stutzte. Mit unserem jungen Französisch, verbunden mit viel Gestik, konnten wir uns ganz gut verständigen und erfuhren von ihm, dass ein Deutscher nach dem Krieg in Saint-Émilion geblieben ist, in ein Weingut geheiratet hat und sich freut, wenn er deutschen Besuch bekommt. Nichts wie hin!

Wir fanden das außerhalb von Saint-Émilion liegende Anwesen umgeben von Weinbergen. Im Hof eine riesige Voliere mit allerlei Vogelarten, mindestens zehn Katzen sprangen herum und mit offenen Armen und fraulicher Ausstrahlung begrüßte uns Frau Mazière mit einem erwartungsvollen „Bonjour". Wir sagten: „Nous sommes des vignerons d'Allemagne et nous voulons parler avec Monsieur."

Der Deutsche war mit einem umgebauten Wehrmachtsmotorrad am Spritzen. Der Beiwagen war über den Zeilenreihen am Motorrad angebracht und auf dem Beiwagen das Spritzequipment aufgebaut. Er hat uns alles gezeigt, mit seiner Frau gesprochen und uns für abends zum Essen eingeladen. Sein Tipp, wir sollten unbedingt die monolithische Kirche aus dem 12. oder 13. Jahrhundert anschauen, deren Innenraum, Altäre, Bänke wie auch Kanzel aus einem Kalksandsteinhügel als sogenannte Felsenkirche herausgehauen

wurde. Ehrfürchtig vor dieser Leistung machten wir uns Gedanken, wie so etwas und mit welchen Hilfsmitteln gemacht werden konnte.
Abends sind wir mit einer Flasche Riesling in der Hand zum Diner erschienen. Wir saßen im Hof. Die Patronin hatte schön gedeckt. Die Vögel zwitscherten, die Tauben gurrten und allerlei Fleisch samt Beilagen standen auf dem Tisch. Wir mussten zugreifen! Es wurde fleißig angestoßen und die Patronin hatte zwischendurch alle ihre Katzen auf dem Arm und sie am Bauch alle gestreichelt. Uns legte sie mit ihren Händen wieder und wieder Hähnchen auf den Teller. Das Baguette wurde mit der Hand gebrochen, und ich wollte meine kleinen Ekelgefühle, die langsam hochkamen, ertränken. Als die Patronin in die Küche ging und er Wein holte, mahnte mich Klemens: „Trink nicht so viel, du musst noch Auto fahren!" Aber so ist halt das südländische Laissez-faire!
Ja, dieses Erlebnis hat mich mein weiteres Leben begleitet, das habe ich von den Genen meines Vaters August geerbt. Mein Bruder schüttelt immer den Kopf, aber wenn ich ein Tier gestreichelt habe, gehe ich mit gespreizten Fingern zur nächsten Wasserstelle.
Über Poitier – Tours – Orléans war die Weltstadt Paris, die Stadt der Liebe, als Nächstes angesagt. Durch mehrmalige spätere Besuche in Paris sind viele Erinnerungen durcheinandergeraten. Wir konnten in Paris bequem mit dem Auto fahren, waren von der Architektur begeistert und der Tatsache, dass von dem Arc de Triomphe über die Avenue des Champs-Elysées bis zur Place de la Concorde, welche über Jahrhunderte erbaut wurden, die Durchsicht erhalten blieb. Die Ursprungspläne einer baulichen Großzügigkeit waren erhalten geblieben. An den Jardin des Tuileries schließt sich der Louvre an. Die Voie Georges Pompidou und den Quai François Mitterand gab es noch nicht. Aber die Mona Lisa, die Venus von Milo, die Felsgrottenmadonna von Leonardo da Vinci und weltbekannte Ölgemälde wurden im Louvre von uns gewürdigt. Der Eiffelturm war nicht zu übersehen, die Kathedrale Notre-Dame, eines der frühesten gotischen Kirchengebäude Frankreichs, hatte uns etwas Besonderes zu bieten. Ein Konzert atonaler Orgelmusik, gewaltige Klänge, schreiende Dissonanzen wurden nicht mit Fingern, sondern teilweise mit halben Ellbogen ausgeführt, wie uns schien.
Die nah vorbeifließende Seine mit ihren Clochards und ihren malenden künstlerischen Individualisten konnten wir hautnah erleben. Für Montmartre und das Moulin Rouge hatten wir gar keine Zeit und der Traum

der Stadt der Liebe blieb ungeträumt! Doch Paris – wir kommen wieder! Aber erst einmal ging es über Reims, Metz und Saarbrücken nach Hause, der Acker für das bevorstehende Leben, er muss noch bestellt werden!

Aktive Mitarbeit im Weingut ab 1955

Mit achtzehn Jahren sollte man sich über seinen weiteren Berufsweg Gedanken machen. Ihn konkretisieren. Vater August hatte sich zum 1. Juli 1955 im guten Einvernehmen wirtschaftlich von seinem Bruder Josef Kasper getrennt. Vater August übernahm die Wirte-Kundschaft und einen Teil der Privatkunden. Er hat die zwei Mitarbeiter übernommen. Herr Wengel, zuständig für den Keller und Versand, und Herr Seidler für die Weinbergarbeiten. Dieser Herr Seidler hat mir beim Reparieren einer Kiste, den Hammer in der linken Hand, zugesehen und meinte grinsend: „Ludwig, du kannst noch nicht zum Madel gehen." „Warum denn nicht?" „Du kannst noch nit nageln." Ganz unrecht hatte er nicht.

Eine Weinbaulehre wollte ich nach dem Ende der Schulzeit meines Bruders beginnen. Damals gab es die Regelung für Jugendliche mit mittlerer Reife, dass sie ihre Winzerlehre im elterlichen Betrieb machen konnten. Nur ein Jahr Fremdlehre in einem Lehrbetrieb war gefordert.

Im Jahr 1955 mit nunmehr achtzehn Jahren fing also für mich der „Ernst des Lebens" an. Mit dem Pferd als Zugtier umzugehen brauchte ich nicht mehr zu lernen. Wir hatten ja seit 1954 einen Schmalspurschlepper Marke „Varimot", der in der Pfalz von der Fa. Rodach gebaut wurde. Das Besondere an dem Schmalspurschlepper war der Allradantrieb. Er wurde nicht normal gelenkt, da die Vorderräder nicht beweglich waren. Gesteuert wurde der Schlepper mit einer sogenannten Panzersteuerung. Wenn das Lenkrad nach rechts gedreht wurde, blockierte die rechte Antriebsseite und man fuhr rechtsherum. Der Traktor war dadurch sehr beweglich. Er fuhr vorwärts und rückwärts, hatte eine Zapfwelle für Anhängegeräte und eine Hydraulikvorrichtung zum Heben eines Pfluges. Grubber oder Pflug wurden so am Zeilenende hochgehoben und in der neuen Reihe wieder eingesetzt. Der Grubber ging durch sein Eigengewicht oder teils durch Beschweren in den Boden. Der Ein- oder Zweischarpflug musste mittels Einstellung des Schaars auf der Unterseite des Pflugkörpers im Boden bleiben. War der Pflugkörper steil gestellt, das heißt die Spitze auf Angriff, ging er in den Boden; war die Spitze flacher gestellt, ging der Pflug weniger tief. Bis das funktionierte, musste man einige Male vom Traktor steigen und nachjustieren. Bei jedem Weinberg ist die Bodenbeschaffenheit eine andere, da ging es von vorn los! In einem großen Weinberg in der Lage Gottestal war der vordere Teil sehr steinig und ab der Mitte wurde der Boden lehmig. Dann konnte man mit der Hydraulik den Kettenzug anheben. Froh war ich, als einige Jahre später der Pflug starr mit der Hydraulik verbunden war.

Die Schädlingsbekämpfung war mit dem Traktor möglich. Ein circa 200 Liter großer Tank wurde hinter dem Fahrer auf dem Traktor befestigt, die Pumpe mittels der Zapfwelle angetrieben und die Spritzbrühe links und rechts aus den Düsen auf die Blattwand appliziert.

Das war schon ein Fortschritt und körperliche Erleichterung gegenüber vorher, als noch die schweren Rückenspritzen im Einsatz waren. In Rauental waren die Weinberge meiner Mutter nicht nur Direktzuglagen. In der Lage „Rothenberg" und „Alzern" war das Gefälle über 35 Prozent, also Steillagen. Da haben wir uns mit einer Schlauchleitung, die von einer Haspel abgerollt wurde, beholfen. Später kam eine Solo-Rückenspritze zum Einsatz, die aber leichter war. Bei der Bekämpfung von Oidium, dem „Echten Mehltau", wurde noch der Blasebalg eingesetzt. Der gelbe Schwefel brannte nicht nur die Pilzerkrankung an Blatt und Trauben weg, er brannte auch erbarmungslos in unseren Augen.

Die Steillagen in Rauental konnten natürlich nicht mit dem Traktor bearbeitet werden. Diese wurden zweimal im Jahr mit einem Karst, einer zweizinkigen Hacke, von Hand bearbeitet. Mit vier Personen waren wir zwei Tage beschäftigt. Mein Vater achtete darauf, dass die Erde nicht nach unten gezogen wurde, sondern auf der Stelle so gedreht wurde, dass das Unkraut nach unten kam. Nach den ersten zwei Tagen fragte mich der alte Herr doch tatsächlich: „Und, wie hat dir die Arbeit gefallen? Meine Antwort ließ ihn lauthals lachen: „Ich möchte wissen, warum ich eine weiterführende Schule besucht habe, damit ich jetzt auf den Boden hauen muss, der mir gar nichts getan hat." Grund genug für mich, nach einer alternativen Bearbeitungstechnik Ausschau zu halten.

Es war 1956, als die Solo-Hacke auf den Markt kam. Damit habe ich dann allein in einem halben Tag das Unkraut beseitigt. Aber zugegeben, ich habe mich gequält wie ein Hund. Abwärts hieß es das Gerät festzuhalten, und aufwärts musste es oft mit letzter Kraft hochgedrückt werden. Wichtig war, nicht zu viel Erde abwärtszubewegen. Geflucht habe ich fürchterlich, als ich nach getaner harter Arbeit beim Aufladen des Geräts mir den Arm am heißen Auspuff verbrannt habe.

Eine andere Modernisierung ergab sich aus meiner Trierer Zeit im Winterhalbjahr 1955/56. In der Landes-Lehr- und Versuchsanstalt sah ich ein stationäres Gerät, angetrieben von der Zapfwelle eines Traktors. In dem Gerät rotierte eine Walze und die abgeschnittenen Reben, die man hineinwarf, kamen kleingehackt unten heraus. Das Gerät wurde bei Stuttgart hergestellt und ich fragte an, ob es auch eine fahrbare Variante gebe. Es hieß, das ließe sich machen, und die Zeilenbreite unserer Weinberge war ausreichend, um während der Fahrt die Reiser seitlich in die trichterförmige Öffnung zu werfen. Die Frage war noch, ob der Traktor mit seinen 12 PS stark genug wäre.

Das Risiko sind wir optimistisch eingegangen und haben die Zerkleinerungsmaschine bestellt. Fortan mussten wir die Reißer nicht mehr aus dem Weinberg zum Verbrennen tragen, sie wurden in der Rebenzeile zerkleinert und dem Boden wieder zugeführt. Das Reißer-Recycling war somit von uns als erster Betrieb im Rheingau begonnen worden. Viele waren skeptisch, glaubten, es gäbe Schimmelbildung, aber die Reißer haben sich rückstandslos zersetzt und den Boden gedüngt!!!

Ich rede nur ungern darüber, aber ich konnte jetzt die anderen arbeiten lassen. Aber nur bedingt, denn ich musste darauf achten, dass nicht zu viel auf einmal in das fauchende Ungeheuer geworfen wurde. Dann verstopfte die Walze und ich musste sie wieder freimachen.

Diese Art, die Reißer zu verwerten, wurde erst circa fünfzehn Jahre später mit der Einführung der Mulschgeräte für jeden Winzer zur Selbstverständlichkeit. Jetzt konnten die Gründüngung und die Reißer in einem Arbeitsgang in den Boden eingebracht werden. Für alle anderen Weinbergarbeiten und um Material und Arbeitskräfte zum Einsatzort zu bringen, wurde unser alter Traktor Baujahr 1941 genutzt.

Dieser Traktor wurde dann Anfang der Sechziger von einem Winzerexpress abgelöst, der schneller nach Rauental und Rüdesheim unterwegs war. Denn unsere Weinberge lagen in einem Umkreis von 20 Kilometer in Hattenheim, Hallgarten und Oestrich-Winkel. Der Winzerexpress aus dem Hause Hanomag hatte hinter dem geräumigen Fahrerhaus eine Seilwinde, die wir fortan in den Steillagen einsetzten. Dahinter kam eine geräumige Pritsche mit Plane, unter der die Leserinnen und Leser Schutz vor Wind und Wetter hatten.

In den Sommermonaten war das Stutzen der Laubwand eine anstrengende Handarbeit. Mit Sichel oder Heckenschere wurden die Triebe gestutzt. Die Sonne warf ihr gleißendes Licht in die Rebzeile, kein Lüftchen wehte, die Sichel zischte seitlich an der Laubwand vorbei, die Blätter schwebten spielerisch dem Boden entgegen, der Arm wurde immer schwerer und, oh Gott, die Zeilen immer länger! Da kamen dann in den Achtzigerjahren die ersten Laubschneidegeräte auf. Vorn am Traktor, im Blickfeld des Fahrers angebracht, waren dann vertikale Mähbalken oder sich drehende Rotoren, die das Laub abschnitten. So exakt konnte man es von Hand gar nicht machen. Möglich waren diese Arbeitsgeräte nur, weil die neueren Traktoren mit modernen Antriebsaggregaten ausgestattet waren. So wurde das moderne Technikzeitalter eingeläutet, wie ihr es alle kennt.

In unserem Betrieb wurde der erste Schmalspurschlepper der Fa. Varimot von einem Holder Allradschlepper mit Knicklenkung anfangs der Sechziger abgelöst. Die Traktoren wurden immer stärker, schwerer und teurer, und die Zusatzgeräte anspruchsvoller. Da die Maschinen viel eingesetzt wurden, war im Turnus von circa zehn Jahren eine neue Maschine fällig.

Dank der Technisierung kamen die Weinbaubetriebe mit immer weniger Arbeitskräften aus, das Arbeiten wurde leichter und dadurch blieben die Verkaufspreise für Wein über all die Jahre relativ konstant.

Auch die Kellerwirtschaft war 1955 noch sehr verbesserungsfähig. Bei der Weinlese hatten wir jetzt dank der neuen Halle von 1954 die Traubenannahme in unserem Hof. Die Trauben, die in ca. 500-Liter-Bütten aus den Weinbergen kamen, wurden mit einer Gabel über eine Holzrutsche in die Traubenmühle geschoben. Diese Mühle stand auf einem Gestell. Darunter die Bütte, die wiederum auf einer dreieckigen Holzkonstruktion stand, die drei Eisenräder hatte. War die Bütte mit gemahlenen Trauben voll, wurde sie auf die Seite gerollt und es konnte eine neue Bütte befüllt werden.

Die Traubenpresse stand im Eingangsbereich der Halle und war in den Boden eingelassen. Die gemahlenen Trauben in der fahrbaren Bütte wurden an den zu füllenden Korb der Traubenpresse geschoben. Ein Wachstuch wurde über die Bütte und den Presskorb gelegt, damit beim Rüberschaufeln der Traubenmaische nicht so viel Saft verloren ging.

Unsere Traubenpresse war eine Doppelkorbpresse; dies ermöglichte, dass während der eine Korb unter Druck stand, der andere entleert und wieder befüllt werden konnte. Eine schweißtreibende Beschäftigung und klebrige

Angelegenheit. Erleichterung gab es dann ab 1967 mit der Horizontalpresse.

Fassweinprobe mit Küfermeister Wengel im Jahre 1960

In der Doppelkorbpresse beim Umstechen des Tresterkuchens

Auch was den Verkauf anging, waren Verbesserungen möglich. Ich kann mich sehr gut daran erinnern, wie es war, als Mitte der Fünfziger die Kunden zum Weineinkaufen kamen. Mit der Bestellung und einem sogenannten Flaschenbock auf zwei Rädern fuhr man mit dem Aufzug in den Keller. Auf der einen Seite wurde der Flaschenbock angehoben und man fuhr dann auf zwei Rädern an den Platz, wo die abgefüllten Weinflaschen in Eisenregalen lagerten. Jeder Wein hatte eine Nummer, die ihn identifizierte. Man entnahm die Anzahl der bestellten Flaschen, setzte sie auf den Flaschenbock und schrieb mit Kreide die Weinnummer auf die letzte Flasche. Dann kam die nächste Sorte dran und so weiter. Auf den Flaschenbock gingen fünfzig Flaschen, die wurden dann mit dem Aufzug hochgefahren und danach auf stabile Holztische gestellt. Da die Flaschen im feuchten Keller lagerten, waren sie schimmelig und mussten abgewaschen werden. Danach wurden die Flaschen trocken gerieben, es wurde eine Kapsel aufgesetzt und mit einem Heißluftgerät geschrumpft.

Die Stanniolkapseln für die gehobenen Weine mussten mit einer Anrollmaschine ihren festen Sitz bekommen. Dann wurden die Etiketten aus dem Etikettenschrank abgezählt, Sorte neben Sorte auf den trockenen Teil des Tisches gelegt. Ein altes Fenster wurde mit einer Art Tapetenleim bestrichen. Die Etiketten wie ein griechisches Omega gefaltet und so circa fünfzehn übereinanderliegende Etiketten auf die geleimte Glasscheibe gesetzt. Eine Stoffschürze wurde umgehängt, mit der einen Hand die Flasche gegriffen, die andere packte ein Etikett von der Glasscheibe, setzte das Etikett auf die Flasche, eine Fingerdicke über den unteren Flaschenrand. So gelangte der meist noch feuchte untere Rand der Flasche an die Schürze, wurde dadurch trocken und mit zwei Händen wurde das Etikett auf seine Position gezogen und angedrückt. Zu viel an Leim wurde mit den Fingern beseitigt und an der Schürze abgeputzt. Das war aber noch nicht alles, denn zu dieser Zeit trugen die Flaschen noch ein Halsetikett für die Jahrgangsangabe. Erst nach dieser langen Prozedur war die Flasche fertig „angezogen".

Damals war es noch gern gesehen, wenn der Kunde auch leere Flaschen mitbrachte. Aus dem jeweiligen Behältnis des Kunden wurden die Flaschen ausgesetzt und die frisch etikettierten Flaschen vorsichtig eingesetzt.

Geneigter Leser, um auf diese Weise fünfzig Flaschen zu verkaufen, musste man sich über eine Stunde tüchtig sputen! Das musste anders werden, aber wie?

Im Keller konnte man wegen der hohen Luftfeuchtigkeit keine etikettierten Flaschen lagern, also musste ein Platz in der Packhalle geopfert werden. Die Firma Moskopf aus Neuwied bot Flaschenregale verschiedener Größen an, die aus Bimsstein der Eifel gefertigt waren. So fiel uns die Entscheidung leicht. Auf circa zehn Quadratmeter Grundfläche, direkt neben dem Aufzug in der Packhalle, wurden die Regale mit Zementspeis ineinandergefügt. Unten waren links und rechts je vier genormte Flaschenbetten mit Fächern für zweihundert Flaschen. Darüber waren die Fächer für hundert Flaschen und dann kamen Fächer für fünfzig Flaschen. Prima, jetzt konnten wir auf Vorrat etikettieren und hatten so auf kleinem Raum Platz für über dreitausend versandfertige Flaschen. Nachdem wir so gute Erfahrungen mit dem Moskopf-Flaschenlagersystem gemacht hatten, entschlossen wir uns, die alten, teils verrosteten eisernen Flaschengestelle im Keller auszutauschen. Die Entscheidung fiel schnell, als ein marodes Eisenlager nachgab und einige Flaschen zu Bruch gingen. Im Großangriff wurde dann der Flaschenkeller direkt am Aufzug mit Moskopf-Regalen für rund 80.000 Flaschen bestückt. Die unteren Fächer waren für sechshundert Flaschen ausgelegt, dadurch waren sie höher und man musste sich nicht so tief bücken. Die Fächer darüber hatten eine Belegung von vierhundert Flaschen. Alle waren mit der Weinnummer versehen. Über der oberen zweiten Gefachreihe war auf der ganzen Länge eine Eisenstange angebracht, an der eine Leiter eingehängt werden konnte.

Das Füllen der Flaschen wurde da vorgenommen, wo auch die gefüllten Flaschen in der Nähe gelagert werden sollten. Zum Füllen brauchte man einen Filter, der mit EK-Schichten bestückt war, eine Korkmaschine, eine Kreiselpumpe und ein Schlauchgeleit mit Gummischläuchen. Ende der Fünfzigerjahre gab es dann Kunststoffschläuche, die zwar noch sehr hart waren, auch nicht für Druckleitungen geeignet, aber kostengünstig, um weite Wege zu verbinden. Die Schläuche wurden nach dem Gebrauch mit Wasser durchgespült und auf einer schiefen Ebene gelagert, damit sie ausrinnen konnten.

Sauberkeit der Gerätschaften ist bei der Flaschenabfüllung oberstes Gebot, um Nachgärungen auf der Flasche zu verhindern. Wir hatten damit im Laufe meines aktiven Lebens nie Probleme. In den Fünfzigern produzierte die Firma Wigol in Worms diverse Reinigungsmittel zur Flaschenspülung und für die Geräte.

Als immer mehr restsüße Weine abgefüllt wurden, stieg auch die Gefahr einer Infektion und späteren Nachgärung. Mit den kleinen elektrischen Dampfgeräten konnte man dann in den Sechzigern mit Wasserdampf eine natürliche Sterilisation des Filters, des Korkschlosses und der Gerätschaften vornehmen. Alle Gefahrenquellen aufzuschreiben sprengt den Rahmen dieses Buches. Doch eine kleine Einführung des Füllens sei gestattet. Die Gummischläuche wurden nicht gedämpft. War die gesäuberte Schlauchleitung gelegt, wurde als Erstes Leitungswasser durch das Geleit geschickt, um die gedämpften Asbestschichten zu wässern und den Asbestgeschmack zu nehmen. Wichtig war, die Luft aus dem Geleit zu bekommen. Das bedeutet, mit wenig Druck zu starten, vor dem Filter die Luft aus den Schläuchen zu lassen und langsam das Wasser durch den Filter zu leiten. Die Poren der Schichten im Filter durften nicht durch den Luftstrom zerrissen werden. Schmeckte das Wasser am Filterausgang normal, wurde der Schlauch an dem zu füllenden Fass angeschlossen. Es ging los, mit dem Finger wurde das Wasser abgeschmeckt und der Wein dann mit Stützen à zehn Liter aufgefangen. So wurden dreißig bis fünfzig Liter, je nach Länge des Geleits und Filtergröße, wieder zurück in das Fass gegeben. Mittlerweile waren gut zwei bis drei Stunden Vorbereitungszeit vergangen und die Flaschenfüllung konnte beginnen.

Am Anfang war am Filterausgang eine sogenannte Füllglocke mit einem Zweiwegehahn angebracht. Eine Flasche lief voll, die volle Flasche wurde abgezogen und eine leere Flasche untergestellt. Wenn man zu spät kam, lief die Flasche über, aber da die Flaschen in einer flachen Bütte, der sogenannten Brenke standen, wurde der Wein aufgefangen.

Die Füllglocke, die nur sieben Zentimeter in die Flasche ragte, hatte den Nachteil, dass der Wein im freien Fall in die Flasche kam, dadurch die natürliche Kohlensäure des Stillweines entwich. So kam circa fünf Jahre später der „Mosel-Schwapphahn" in Gebrauch. Er hatte zwei Messingrohre, circa dreißig Zentimeter lang, da wurden die Flaschen darübergeschoben. So füllten sich die Flaschen von unten und der Wein kam mit weniger Sauerstoff in Berührung. Zur Abfüllung brauchte man mindestens drei Personen. Der Füller, der Korker und einen, der die Flaschen in die Regale setzte und leere Flaschen beifuhr. Bei einem gut eingespielten Team wurden auf diese Art bis zu achthundert Flaschen pro Stunde abgefüllt. Da kam man nicht mal zum Trinken.
Über den Sauerstoff sei gesagt: Er ist für uns Menschen das wichtigste Gut, aber in der Kellerwirtschaft muss man ihn vermeiden, das heißt also, ein Fass oder Tank soll voll sein, der Wein soll beim Abstich und bei Filtration von unten in das jeweilige Behältnis gepumpt werden.
Als Flaschenverschluss war zu dieser Zeit ausschließlich der Naturkork aus Spanien üblich. Die Korken mussten vor Gebrauch über Nacht in Leitungswasser eingeweicht werden. Beim Füllen wurden sie aus einem Weidenkorb entnommen, später aus einer Kunststoffwanne mit Löchern. Einzeln wurden die Korken mit der linken Hand in das Schloss der Korkmaschine eingelegt. Nach dem „Vordrücken" des Korkens im Korkschloss entstand auf der Unterseite des Korkens ein Tropfen aus der Feuchtigkeit des Korkens, der sogenannte Lohetropfen. Der wurde mit dem Mittelfinger der linken Hand abgestreift. So wurde verhindert, dass in den Flaschen eine kleine Wolke entstand. Zugegeben, das war nur ein bedingt steriles Arbeiten, aber man wusste es nicht anders. Die linke Hand des Korkers sah danach aus, als hätte er tagelang Nüsse aus der Schale geholt, aber mit Zitronensaft ging die Lohefärbung an der Hand gut wieder ab.
Das war ein kurzer Rückblick in die Fünfzigerjahre, aber auch in der Kellerwirtschaft blieb die Entwicklung nicht stehen und innerhalb der nächsten zwanzig Jahre gab es mehr und mehr vollautomatische Geräte zur Filtration und zur Abfüllung der Weine.

Arbeitsabläufe im Weingut, zugefrorener Rhein, Exerzitien

Sicherlich ist es für den Leser interessant, einmal die Arbeitsabläufe eines Weinbaubetriebs aufgezeigt zu bekommen:
Am Anfang eines Jahres war damals der junge Wein oft noch am Gären. Die

Fässer mussten bei abklingender Gärung nachgefüllt werden. Die Jungweine wurden regelmäßig probiert, bis es Zeit war, den ersten Abstich vorzunehmen. Die Kellertemperatur war zu dieser Winterzeit angenehm und Fass für Fass wurde der Jungwein von seinem Hefedepot getrennt. War es draußen nicht gefroren, wurde mit dem Rebschnitt begonnen, denn er musste im April beendet sein. Circa vier bis sechs Wochen nach dem ersten Abstich kam dann auch die Filtration, das Blankmachen der Weine.

Da wir in jener Zeit viele Gastronomiekunden hatten, waren monatliche Liefertouren zu leisten, die wir damals noch mit ortsansässigen Fuhrunternehmen durchführten.

Im Weinberg wurde nach dem Rebschnitt der Drahtrahmen der Weinberge kontrolliert, morsche Pfähle ausgewechselt, Drähte geflickt und die „Reihen" straff angespannt. Nachdem die Reißer verbrannt bzw. später gehäckselt waren, wurden die Weinberge geackert. Über Sommer wurden die Rebenanlagen gedüngt, gespritzt, gegipfelt (die Triebe gekürzt) und immer wieder das Unkraut klein gehalten.

Die Flaschenfüllungen haben wir meistens im Frühsommer vorgenommen, bevor die Keller sich erwärmten.

Die einzige Zeit in einem Weinbaubetrieb, in der der Arbeitsdruck sich in Grenzen hielt und auch heute noch hält, ist die Zeit vor der Weinlese. Die Arbeiten in den Weinbergen sind dann abgeschlossen, die Fässer leer, um die neue Ernte aufzunehmen. Da darf der Winzer auch an sich denken und privat etwas unternehmen.

Nach der Weinlese, die circa drei Wochen dauert und im Oktober/November stattfindet, muss der Rest des Jahres intensiv für den Weinverkauf genutzt werden. Was sonst noch passierte?

Erwähnung sollte unbedingt ein Naturereignis im Jahr 1954 finden. Der Rhein war im Februar von Mainz bis Oberwesel zugefroren. Große Eisschollen schoben sich ineinander, sie froren zusammen und waren so tragfähig, dass die reinsten Völkerwanderungen auf dem Rhein stattfanden. Da mussten wir uns zwischen den Eisplatten unseren Weg bahnen, so etwas bleibt in Erinnerung. Im Jahr 1956 war wieder Frost, es gab viel Treibeis, aber der Rhein war nur partiell zugefroren, und nun seit über sechzig Jahren gar nicht mehr!

Es muss 1954 oder 1955 gewesen sein, in Oestrich waren Exerzitien, katholische innere Einkehr. Auf dem Marktplatz war eine kleine Bühne aufgebaut, und der Redner des Abends war der Jesuitenpater Leppich. Es war wohl die Abschlusskundgebung und auf der Nordseite der Bühne standen die alteingesessenen Orts- und Kirchenpatriarchen. Pater Leppich, verbissen dreinschauend, mit sarkastischem Wortschwall, messerscharf artikuliert, mit einpeitschender Stimme vorgetragen, und dann kam das zutiefst verletzende Urteil über Frauen: Ihr Huren, ihr Säue!!!

Ich blickte total erschrocken in die Runde, ich sah wohl erstarrte Gesichter, aber keine Reaktion. Die Feiglinge, lassen sich von diesem giftenden, geistlichen Scharfmacher ihre Frauen beleidigen, auch ich meine Mutter.

Ja, die Kirche war zu dieser Zeit, wie es schien, unangreifbar. Der Respekt vor der Geistlichkeit ließ solche Exzesse einfach zu! So eine Person ist Speerspitze der Kirche? Er hatte sich für mich in unverschämter Weise selbst disqualifiziert. Ich ging kopfschüttelnd nach Hause!

Zwischendurch hatte mich meine Mutter immer wieder ans Beichtengehen erinnert. Da wir uns aber beim Ortspfarrer nicht mehr offenbaren wollten, gingen wir zu Pater Honnerath nach Marienthal. Die Buße war immer die gleiche bei ihm: „Ein Vaterunser, und mach so weiter, mein Sohn!" Nach diesem Vorfall lehnte ich das Anliegen meiner Mutter kategorisch ab: „Was ich zu beichten habe, tue ich immer wieder, und darum erkenne ich keine Sinnhaftigkeit des Beichtens." Das Kapitel war für allezeit geschrieben!

Lehr- und Versuchsanstalt Trier 1955/56

Ich hatte in Erfahrung gebracht, dass man zwei Wintersemester in Trier an der Landes-Lehr- und Versuchsanstalt belegen kann, die, weil man dort auch praktisch im Keller und Weinberg unterwiesen wird, als ein halbes Jahr Fremdlehre anerkannt werden. Beruhigend war für die Eltern, dass dort ein Internat angeschlossen war, in dem wir Kost und Logis hatten. Also ging es nach der Weinlese dorthin. Mit dem Zug über Koblenz und dann weiter nach Trier, eine Tagesfahrt!

Das Internat hatte im Erdgeschoss die Küche, Speisesaal, Aufenthaltsräume, und im großen Eingangsbereich stand eine Tischtennisplatte. Die Schlaf- und Waschräume waren im ersten Stock, die Zimmer wurden zu viert in doppelstöckigen Betten bewohnt. Die Internatsordnung sah vor, dass abends um 10 Uhr die Tür abgeschlossen und das Licht ausgemacht wurde. Na, wunderbar! Die meisten Mitschüler waren jünger als ich, um die sechzehn, aufgeweckte, clevere Burschen mit „Schalk im Nacken". Beim ersten gemeinsamen Essen im Internat sprach einer zu mir: „Neicher, giv mer mol die Krumbeere eriver!" Ich antwortete: „Kein Problem, aber was hättest du denn gern?" Er meinte Kartoffeln.

Der Unterricht in der Landeslehranstalt war sicherlich vergleichbar mit dem der Berufsschulen. Da ich mittlere Reife hatte, war ich zu Hause von der Berufsschule befreit. Hier gab es keine Lehrbücher, der Stoff wurde von dem jeweiligen Lehrer vorgetragen, einzelne schwierige Wörter an der Tafel angeschrieben, und die Schüler sollten ihre Notizen abends „ins Reine" schreiben. Kein Problem für mich, das gleich zu tun und abends dafür Tischtennis zu spielen.

Der Unterricht ging von 8 bis 12 Uhr, das Praktikum ging von 14 bis 17 Uhr und war mehr Anleitung als Arbeiten. Ich war der einzige Rheingauer unter lauter Moselanern, die den Ehrgeiz entwickelten, mir ihre Heimat und Betriebe vorzustellen.

Auf die Wochenendplanungen meiner Mitschüler hatte ich keinen Einfluss, sie sagten mir nur: „Am Samstagmittag fährst du mit mir!" Die Moselbahn, das „Saufbähnchen", war damals noch in Betrieb und die Kanalisierung der Mosel noch nicht angefangen. Die Gaudi startete in Trier, es ging mit diversen Stopps an einschlägigen „Kneipen" vorbei nach Ruwer, Longuich, Mehring, Klüsserath, Trittenheim, Bernkastel, Kues, Graach, Zeltingen, Ürzig, Kinheim, Kröv, Traben-Trarbach. Eine individuelle, circa zwei- bis dreistündige Fahrt brachte uns zu dem jeweiligen Ziel. Dort ging es meistens in den Keller zur Weinprobe. Danach wurde ich den Nachbarn vorgestellt, wo es dann mit Probieren, Klönen und mit Debatten um spezifische Anbau- und Ausbaufragen weiterging. Man muss wissen, dass durch die jährlichen Moselhochwasser ein großer Zusammenhalt bestand, dass ein Anwesen in das andere überging und vieles gemeinsam angepackt wurde.

So lernte ich am Wochenende Land und Leute kennen, und Schwestern hatten die teilweise auch! Wie schön!

Von meinem Zimmergenossen muss ich einen besonders erwähnen. Goswin, der einen sehr markanten, birnenförmigen Kopf und eine durchdringende, diabolische Lache hatte. Ich bewunderte, dass er sich beim größten Tohuwabohu in ein Fachbuch vertiefen konnte, aber nach ein bis zwei Stunden das Buch zuklappte und in die Runde rief: „Wer geht mit einen trinken?"

Einen Brauereiausschank gab es um die Ecke. Es wurde organisiert, dass im Erdgeschoss ein Fenster nur angelehnt wurde und das Heimkommen so, trotz des Verschließens der Tür, machbar war. Ich war meistens mit von der Partie, und eines Abends ist es dann passiert – das elfte Glas war ein Freibier, und ich wollte es auch mal schaffen. Der Heimweg war bitterkalt. In der Nacht fror es. Per Zufall entdeckte unser Direktor Hartrath am nächsten Morgen die schaumig erstarrte Bierstraße, die sich aus meinem Fenster ergoss. Wir waren aufgefallen! Wie bestellt kam einige Tage später ein Paket von meiner Mutter. Meine Zimmergenossen so neugierig wie ich: Hm, der Kuchen riecht aber gut, und darunter, was ist das? Ein Buch? Wie? Ein Benimmbuch, der „Knigge für gutes Benehmen". Goswin machte die Schranktür auf und unter Lachen von vier Männerkehlen flog das Buch in das hinterste Fach. Was hatte ich denn da zu Hause in den Weihnachtsferien wieder angestellt!?!

Mit Goswin war ich zu diesem Zeitpunkt noch nicht nach Hause gefahren. Eines Morgens kam eine Sekretärin des Direktors und forderte Goswin auf, nach draußen zu kommen, seine Mutter sei da. Vom Fenster aus sah ich eine große, elegant gekleidete Dame im Gespräch mit dem Direktor. Als Goswin dazustieß, fiel mir sein Verhalten gegenüber „seiner Mutter" auf. Eine gewisse Distanz glaubte ich zu erkennen, und auf meine abendliche diesbezügliche Feststellung bekam ich keine Antwort, sondern nur noch eine kräftigere „Lache". Aber irgendwann, vor einem Besuch in Zeltingen, hatte ich ihn „weichgekocht". „Du hast recht, ich bin erst vor einem halben Jahr zum Weingut Studert per Adoption gekommen. Ich bin aufgewachsen in einem Elektrobetrieb in Zeltingen und habe dort nach der Volksschule eine Elektrikerlehre gemacht."

Als ich dann beim ersten Besuch in Zeltingen seine Adoptiveltern kennenlernte, wurde mir einiges noch klarer. Vater und Sohn glichen sich wie ein Ei dem anderen. Goswins leibliche Mutter war gestorben, und im Ort war bei den Alteingesessenen bekannt, dass seine Mutter 1936 die Sekretärin im Weingut Studert war. Diese Sekretärin war aber zu dieser Zeit schon mit einem Elektriker verlobt, und so wuchs nach der Hochzeit der beiden Goswin als Kuckucksei bei ihnen auf.

V. l. n. r.: Ich, Goswins Adoptivmutter, Goswin und sein Vater, Herr Studert.

Der junge Goswin war kein Kind von Traurigkeit. Wo er war, war immer was los, und im Ort machten seine Eskapaden die Runde. Seine Adoptivmutter, die mit Herrn Studert seit 1939 verheiratet war, stammte aus Düsseldorf. Die Ehe war kinderlos. Ihr war nicht entgangen, dass da im Ort die Gene ihres ihr angetrauten Gatten lustwandelten. Sie war es, die ihren Mann an seine Vaterpflichten erinnerte.

Als ich ihn kennenlernte, war er sehr interessiert an meiner Herkunft und meinem Werdegang, aber es war etwas leicht Abgehobenes in seiner Art, den Jäger kehrte er raus. Er war ein Verschnitt von Macho und Neureich. Goswin gab sich Mühe, die Erwartungen zu erfüllen. Die Situation war für beide nicht einfach. Ich war noch einige Mal im Hause Studert, denn der Wüstling Goswin hat mir seine abgelegte Freundin zugeführt, die bei ihnen arbeitete. Echte Freunde, oder?

Nach dem ersten Wintersemester in Trier war ich zu Hause und Goswin machte ein Praktikum in einem Weingut an der Nahe.

Italienreise 1956

Unser einstiger Horst-Wessel-Platz war in der Zwischenzeit zum Friedensplatz umbenannt worden. Die einstigen Spielkameraden waren nur noch teilweise da.

Rudolf Collong war mittlerweile von seinem Vater, der Prokurist bei der Fa. Koepp war, auf ein Internat in Usingen im Taunus strafversetzt worden.

Dort gab es einen Mitschüler aus Frankfurt mit Namen Horst, der ein reicher Sohn des alteingesessenen Fotogeschäftes Weigel war. Die zwei planten eine Italienfahrt mit einem VW-Bus und luden meinen Cousin Josef und mich dazu ein.

Mit Zelt und Spiritusbrenner, diversen Vorräten und viel guter Laune ging es Richtung Bella Italia. Als wir München durchfuhren, fiel mir auf, wie sicher Horst die Stadt durchfuhr. Er war schneller als die Taxis. Großstädter, dachte ich halt. Über Innsbruck und den Brenner – auf den alten Passstraßen – genossen wir die Alpenlandschaft. Beeindruckend, welch ein Panorama, die Serpentinen, es verschlug uns den Atem. Über Sterzing und Bozen durch das Etschtal nach Trient. Vorbei an riesigen Apfelplantagen, am Terrassenweinbau mit Pergolaerziehung. Die Campanile ragten in den blauen Himmel, und der Gardasee, ein beliebtes Ziel in der damaligen Zeit, war erreicht. Mit der Ankunft in Viareggio, einer Stadt in der Region von Ligurien, kamen wir am Mittelmeer an. Neben der südländischen Landschaft, andersartiger Fauna und Flora, fielen uns die zahlreichen Damen in kurzen Röcken mit hochhackigen Pumps und einem grazilen Gang auf. Junge, Junge, uns platzte förmlich das Herz aus der Hose!

Bei Pisa hatten wir einen Campingplatz am Meer gefunden und abends haben wir uns auf die Promenade begeben. Uns fielen die zahlreichen Amerikaner auf. Schließlich landeten wir in einer Bar mit vielen Italienern und Amerikanern. Ebenfalls dabei waren einige Carabinieri, die mitfeierten. „Non parlare Italiano", sagte ich, aber da hieß es auch schon: „Ludwig, gehe mit Horst zum Campingplatz, mach den VW-Bus leer und kommt hierher zurück!" Die Stimmung war großartig, unser Bus war überfüllt mit Italienern und Amerikanern. Eskortiert von zwei mit Blaulicht fahrenden Carabinieri ging es durch das nahe gelegene Pisa. Es war ein Halligalli, der Rotwein floss in Strömen und der Abend endete für mich mit einem „Blutsturz".

Einkaufen in Italien war damals nicht mit festen Preisen verbunden, es wurde gehandelt. Wir lernten schnell: „Tropo caro" oder „Molto tropo caro" kam immer zum Einsatz. Einmal wollte uns ein kleiner Italiener übers Ohr hauen. Aber als unser Frankfurter ihn unter dem Hals packte, war es viel günstiger.

Nächstes Ziel war Rom. Wir wollten uns zwar keinen apostolischen Segen abholen, aber der Petersdom und die Werke Michelangelos beeindruckten uns. Sportlich haben wir die Kuppel des Petersdoms bestiegen und uns in die Katakomben auf der Via Appia begeben. Im Colosseum, dem größten Amphitheater der römischen Antike, waren wir von der Akkustik begeistert. Wenn man mit normaler Lautstärke gegen die Wand sprach, war es in 100 Meter Entfernung noch zu verstehen. 1954 war Rom zwar schon eine stark befahrene Stadt, aber unser Frankfurter Fahrer führte uns dennoch sicher hindurch. Das Geheimnis seiner von mir bewunderten Orientierung lüftete sich: Er hatte an der Frontscheibe auf der Fahrerseite einen Kompass angebracht, der für ihn sehr hilfreich war.

Das Flair der Stadt mit den vielen motorisierten Zweirädern haben wir genossen. Dabei das Forum Romanum, die Engelsburg, die Spanische Treppe besichtigt und das italienische Nationalgericht Spaghetti in all seinen Variationen probiert, vom Gelato ganz zu schweigen! Geld haben wir keins im Trevi-Brunnen versenkt, dafür aber lautstark, wo es passte, „O sole mio" gesungen.

Das nächste Ziel war Neapel, eine von Kriminalität geprägte Großstadt. Wir hatten noch alles, als wir nach Pompeji fuhren. An den Hängen des Vesuv war bereits wieder alles bebaut. Aber die Besichtigung dieser ausgegrabenen Stadt und die Vorstellung, was da 79 v. Chr. passiert war, beeindruckend! Pompeji wurde erst im 18. Jahrhundert wiederentdeckt und war nach 1500 Jahren Konservierung für die Archäologie und die Erforschung der antiken Welt ein Juwel! Neugierig waren wir auf die Besichtigung des antiken Freudenhauses mit seinen eindeutigen erotischen Wandmalereien, aber es war wegen Renovierungsarbeiten geschlossen. So legten wir halt einen Meter Mauer frei, keine schwere Arbeit, doch wir hatten unseren Spaß! – So was war zu dieser Zeit noch möglich!!!

Der Besuch der Insel Capri samt Bootsfahrt in die Blaue Grotte, die wir ohne Touristenrummel erlebten, war so romantisch, dass ich dachte: Hierher mache ich einmal meine Hochzeitsreise.

Den Heimweg habe ich nicht mehr in Erinnerung aber einige Fotos sind noch vorhanden. Ach ja, wir Buben hatten uns Bärtchen wachsen lassen und in Wiesbaden-Schierstein nach der Sektkellerei Söhnlein legten wir einen Fotostopp ein, um es für die Nachwelt festzuhalten.

Von links nach rechts: Josef, Rudolf und ich

Lehr- und Versuchsanstalt Trier 1956/57

Goswin und ich trafen uns nach der Weinlese 1956 in Trier wieder. Wir besuchten ab und an das Tanzlokal „Treveres". Die „Sim" in Trier, der Simeonsring, war Treffpunkt der Trierer. Wir gingen auch in die Sauna, da trafen wir dann die Gebrüder Reh aus Leiwen, den Karl und den Robert, zwei gutbeleibte, wortgewaltige Männer, vom Wein- und Geldadel der Mosel.

Unser Ältester in der Schülergemeinschaft, Lothar aus Winningen bei Koblenz, fuhr am Wochenende nicht nach Hause. „Da muss ich bloß in der Wirtschaft schaffe", sagte er dann immer. Er hat sich aber ins Herzchen einer Sekretärin geschmuggelt und war darum am Wochenende nicht einsam. Diese Verbindung sollte uns später noch sehr nützlich sein!

Es war im Januar 1957 und wir hatten den Aufstand geprobt. Arbeitsverweigerung!

Ich weiß nicht mehr weswegen. Vor 22 Uhr haben wir in stark angeheitertem Zustand, laut singend und ich im Handstand laufend, das Schulgelände betreten. Zu viert oder fünft sind wir der Anführerschaft bezichtigt worden. Herr Direktor Hartrath sah sich genötigt, unseren Eltern einen Beschwerdebrief zu schreiben.

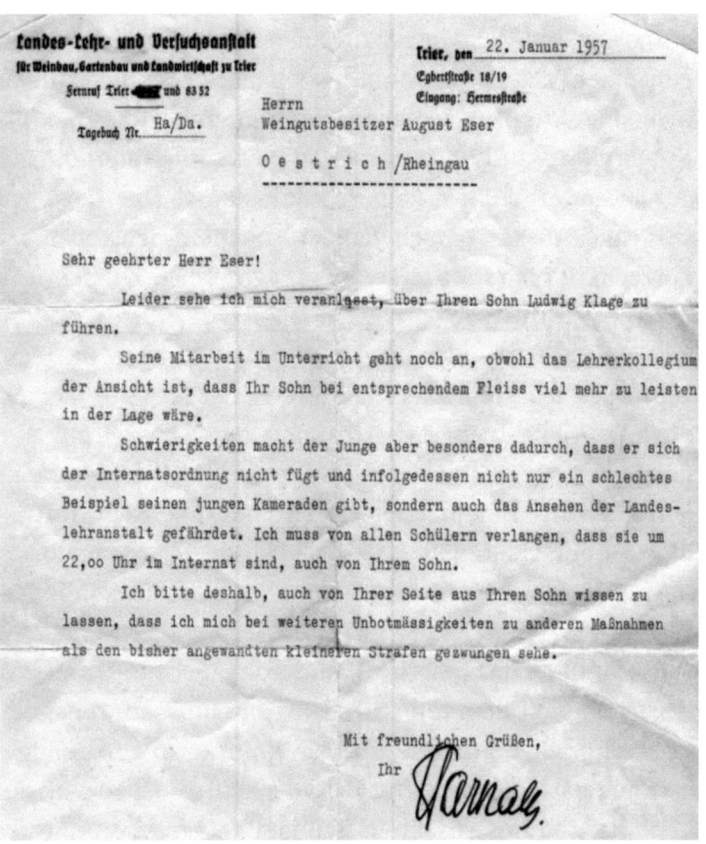

Die Freundin von Lothar, die Sekretärin der Schule, schickte die Briefe nicht ab. Stattdessen bekamen wir die Schreiben. Es bedeutete, wir mussten außerplanmäßig nach Hause, damit wir eine Resonanz auf das Schreiben selbst leisten konnten.

Samstags ging es früh in Trier zur Bahn. Als ich in Oestrich-Winkel ausstieg, lief mir meine Schwester in die Arme, man hat ja samstags noch gearbeitet. „Was machst denn du hier? Du bist gar nicht eingeplant", sagte sie, und ich fragte: „Zu was?" Sie erklärte mir: „Ich gebe eine Party, da kommen auch zwei Frankfurterinnen, zwei Schwestern, die ich in Aschau kennengelernt habe, zwei anständige, hübsche Mädchen. Dass du mir keine Dummheiten machst!"

„Ach, iwo."

Was ich mir für einen Vorwand für mein Kommen ausgedacht hatte, weiß ich nicht mehr, aber er war plausibel. Der Abend kam, die Freunde und Freundinnen meiner Schwester im angeregten Gespräch. Es wurde gut gegessen, getrunken, geschäkert, und die beiden Frankfurterinnen, adrette, attraktive Großstadtpflanzen, schienen nicht unnahbar. Ansgar (ein Jahr älter) und ich gaben alles, um den jungen Damen zu imponieren. Unsere Sprüche kamen gut an und irgendwie kam Erotik ins Spiel. Die Küsse wurden leidenschaftlicher und Ansgar entschwand mit seinem Schwarm in die Packhalle. Mein Partygirl – schon Mitte zwanzig – zog mich einfach in ihr Besucherzimmer und ich genoss es.

Nur ein Problem hatte ich danach: Sie war nicht mehr aus dem Bett zu bringen. Doch ich konnte den anderen überzeugend klarmachen, dass sie eben etwas zu viel getrunken hatte. Kann ja mal passieren!

Ach ja, wieder in Trier, bin ich zum Direktor und habe ihm heuchlerisch von den Vorwürfen meiner Eltern berichtet und dem Auftrag, mich in ihrem Namen zu entschuldigen. Hat so geklappt. Das Abschlusszeugnis war gut. Für mich war wichtig, mit dem Dokument ein halbes Jahr Fremdpraxis für meine Winzerlehre vorweisen zu können.

Wir schreiben das Jahr 1957 und Adenauer hatte den Wehrdienst eingeführt. Er startete mit dem Jahrgang 1937; ab Juli Geborene, die keine Kriegswaisen waren und den noch reduzierten Anforderungen genügten, wurden eingezogen. Ich hatte Glück, denn ich war acht Wochen vor dem Stichtag geboren. Mein Freund Goswin, im 2. Halbjahr 1937 geboren, war eingezogen worden zu dem Panzer-Aufklärungsbataillon in Kassel.

Nach der Grundausbildung, die Kompanie war angetreten, wurde ein Fotograf gesucht. Der schnelle Goswin – er dachte nur an Dunkelkammer – war mit der Hand oben. „Goswin, wie hast du denn das gemacht?" „Ganz einfach, ich bin in die Stadt, habe ein Buch über das Entwickeln von Filmen gekauft und den Kumpels angeboten, ihre Filme zu entwickeln." Bei zwei Filmen hatte er wohl Pech, aber er konnte die Filmer überzeugen, dass was an der Kamera sein musste. So hat er die Zeit gemeistert. Typisch Goswin.
Danach wurde unser Kontakt wieder regelmäßiger: Was war passiert?
Goswin hatte sich auf Annoncen von „Scharlachberg" in Bingen und „Henkell Trocken" in Wiesbaden beworben. Ich wollte wissen, als was. Na, kaufmännischer Angestellter, erklärte er mir. Ich wunderte mich und sagte: „Du hast doch eine Elektrikerlehre gemacht." „Ja, die Zeit habe ich auch angegeben, und ich kann bei beiden anfangen. Sie haben mich bei Henkell mit dem Betriebspsychologen getestet, der meinte, ich hätte im Bewerbungsschreiben zwar sehr dick aufgetragen, aber meine Ausdrucksweise muss ihn überzeugt haben. Bei Scharlachberg hätte ich zwar über 2000 DM verdient, aber als Sprungbrett erschien mir Henkell, wenn auch mit weniger Geld, sinnvoller."
Sein Aufgabengebiet war die Korrespondenz. Wieder wunderte ich mich und hakte ein: „Ja, aber deine Rechtschreibung lässt doch zu wünschen übrig." Da lachte er und meinte: „Ich brauche ja nicht zu schreiben, denn ich füttere zwei Sekretärinnen, die nach Diktat schreiben." Damals gab es Schreibmaschinen und Stenoblocks.

Die Lehrjahre in Weingütern und im Büro

Die ersten Jahre nach 1955 hat mein Vater noch Regie geführt, Mutter Josefine machte das Büro, tageweise unterstützt von einem Buchhalter für die Löhne, für die Buchführung und Umsatzsteuer. Ich hatte 1955/56 und 1956/57 zwei Winterhalbjahre die Landes-Lehr- und Versuchsanstalt für Weinbau in Trier besucht. Dort wurden alle relevanten Fächer für Weinbau und Kellerwirtschaft unterrichtet. Nachmittags war praktische Unterweisung. Diese beiden Winterhalbjahre wurden als ein halbes Jahr Fremdpraxis anerkannt. In der Wintersaison 1957/58 besuchte ich dann die Handelsschule Dr. Obermayr in Wiesbaden. Bei Stenografie und Schreibmaschine hatte ich frei, habe nur die Arbeiten mitgeschrieben. Für diesen Halbjahreslehrgang habe ich ein Schulgeld von 250 DM bezahlt.

PRIVATE HANDELSSCHULE
DR. OBERMAYR
STAATLICH GENEHMIGTE BERUFSFACHSCHULE
WIESBADEN

Abschlußzeugnis

Ludwig Eser

geboren am 30. April 1937 in Oestrich/Rhg.

hat vom 1. Oktober 1957 bis 31. März 1958

den **HALBJAHRESLEHRGANG** besucht.

I. VERHALTEN:

Betragen	befriedigend
Fleiß	gut
Aufmerksamkeit	gut
Form der schriftlichen Arbeiten	gut

II. LEISTUNGEN:

Pflichtfächer:		Wahlfächer:	
Betriebswirtschaftslehre	gut	Englisch	gut
Kaufm. Schriftverkehr	gut	Französisch	----
Buchführung	gut	Spanisch	----
Kaufm. Rechnen	gut	Englische Kurzschrift	----
Kunstschrift	gut		----
Deutsche Kurzschrift	120 S / sehr gut		----
Maschinenschreiben	220 A / sehr gut		----

Bemerkungen: ------

Wiesbaden, den 28. März 1958

Direktor   Klassenlehrer

Reihenfolge der Noten: Betragen: Sehr gut, gut, befriedigend, nicht immer befriedigend, unbefriedigend.
Fleiß usw. und Leistungen: Sehr gut (1), gut (2), befriedigend (3), ausreichend (4), mangelhaft (5), ungenügend (6).

Mein Abschlusszeugnis

Mein Bruder Joachim kam mit siebzehn Jahren nach seiner Mittelschulzeit 1959 in den Betrieb. Jetzt konnte ich mein zweites halbes Jahr Fremdlehre in der Sommerzeit antreten.

Ich begann im „Fronhof" in Nierstein beim singenden Winzermeister Heinz Seip. Bei ihm war ich mit mittlerweile zweiundzwanzig Jahren der erste Lehrling, den er ausbildete. Manchmal fuhr er mit zur Arbeit in die Weinberge, so auch bei dem Stöcke-Ausputzen. Mit der Hacke wurde von Hand zwischen den Rebstöcken die Erde in die Reihe gezogen, die beim Abzackern mit dem Pflug stehen blieb. Ein heißer Tag, wie 1959 üblich, eine Reihe war gemacht, die nächste wurde angefangen, der Chef setzte sich in sein Auto und las Zeitung. So weit okay! Als wir die zweite Reihe fertig hatten und was trinken wollten, kam er aus dem Auto und mit „A la Männer" ging es an die dritte Reihe. Nun, der Sommer wurde immer heißer: „Also, Männer, wir fangen jetzt um 4 Uhr am Morgen an und arbeiten bis 11 Uhr und nachmittags von 17 bis 19 Uhr." So der Chef. Ich wohnte in der Nähe des Betriebes unter dem nicht isolierten Dach eines alten Hauses. – Saunatemperaturen, die vor 12 Uhr in der Nacht nicht auszuhalten waren. Die Abende, bzw. was noch davon blieb, verbrachte ich am Niersteiner Rheinufer. Bei dieser Arbeitszeitkonstellation ist es dann am zweiten oder dritten Tag passiert. Der Wecker gab ungehört seinen Geist auf und ich kam erst um 7 Uhr aus den Federn. Es gab keine Abmahnung, sondern sofortigen Rauswurf. Zu Hause meine Mutter: „Das hast du jetzt davon, du selbstgezogener Rotzlöffel. Lehrjahre sind keine Herrenjahre, das weißt du doch!"

Das zuständige Amt für landwirtschaftliches Lehrlingswesen war damals in Frankfurt. Über das Weinbauamt in Eltville bekam ich die Telefonnummer des Sachbearbeiters. Ich rief an, schilderte die Situation und er hatte für mich Verständnis: „Ein Lehrling mit zweiundzwanzig Jahren und ein Lehrherr, der das zum ersten Mal macht, das kann nicht gut gehen. Setzen Sie innerhalb von vierzehn Tagen die Lehre in einem anderen Betrieb fort, dann geht die Sache in Ordnung."

Entspannt begann ich einige Tage später meine Lehrlingstätigkeit im Weingut des Grafen Schönborn in Hattenheim. Dort war die graue Eminenz Domänenrat Joa, der seit Frühjahr 1959 einen Verwalter, Herr Englert, aus Württemberg beschäftigte. Der riet mir: „Bestimmen Sie nicht das Tempo, passen Sie sich besser dem meiner Leute an." Lachend gestand er mir auch:

„Ich versteh die Welt nicht mehr, der Lehrling kommt im VW zur Arbeit und der Verwalter mit dem NSU-Motorrädle." Na ja, auch er hat es dort bis zum Domänenrat geschafft. Doch das gemeinsame Arbeiten mit den Gutsleuten war nur kurz, denn Graf Schönborn bekam auch einen Schmalspurschlepper, den ich dann fuhr. Da wurde ich sogar für meinen Fleiß gelobt.

Der Keller beim Grafen Schönborn wurde damals vom Küfer Gerhard betreut, der mit seinen Gehilfen einen Ganzjahresjob in diesem großen Betrieb hatte.

Da wir beim Abfüllen auch im Keller mithalfen, habe ich gelernt, wo die Küfer ihre Verstecke hatten, wo sie ihre Raritäten deponierten. Da wurde dann im kleinen Kreis das „besondere Fläschchen" aus 1953 aufgemacht.

Beim ersten Mal überraschten die Kollegen mich, brachten eine kleine 0,35-Liter-Flasche, drückten den Korken rein und die Flasche ging von Mund zu Mund. Beim nächsten Mal stieß ich sogar auf Verständnis, als ich sagte: „Wenn ich den Scheiß schon mitmache, aber dann bitte mit Korkenzieher und wenigstens ein Glas für diesen edlen Tropfen!" „Ei klar, wir sind doch keine Banausen", sagte da verschmitzt lachend der Lehrling Karl Engelmann, der Jüngste in der Runde.

1959, es reifte ein großer Jahrgang heran und mit ihm die Hoffnung, wieder alle Qualitäten bis zur Trockenbeerenauslese zu erreichen. Zu Anfang der Lese bei Graf Schönborn war meine Zeit abgelaufen, aber ich hatte noch ein interessantes Gespräch zwischen dem Küfer Gerhard, dem Domänenrat Joa und Verwalter Englert mitgehört. Die Herren amüsierten sich köstlich, als Küfer Gerhard zum Besten gab, dass sich die „Hofleute" in einem größeren Weingut in Hattenheim aus den Trestern einer 1953er Trockenbeerenauslese ihren Haustrunk gemacht hätten. „Ha, ha, ha, was hätte man da alles mit machen können!", waren sich die Herren einig.

Wieder zu Hause im väterlichen Betrieb, hatten mein Bruder und ich Mühe, unseren Vater davon zu überzeugen, dass zum Renommee eines guten Weingutes auch eine Trockenbeerenauslese gehört.

„Was für eine Arbeit!", meinte er. Wir setzten uns mit einer anderen Methode durch. Die edelfaulen, eingeschrumpften Rosinen wurden nicht von allen Leserinnen ausgelesen. Die Buttenträger leerten die Trauben auf eine Holzrutsche und drei versierte Frauen zupften die Edelbeeren von den Trauben ab. Jeden Tag kamen so immer mehr trockene, rosinenartig eingeschrumpfte Beeren in eine kleinere Bütte und wurden gestampft. Nach Tagen wurden die Beeren brühig, ein dicker, sehr süß schmeckender Saft war gewonnen, dessen Maische auf einer kleinen Spindelpresse per Handbedienung ausgepresst wurde. Der so gewonnene Saft kam in ein Viertelstück mit 300 Litern Inhalt. Jetzt mussten wir aber noch fleißig weiter die Rosinen aus den Trauben picken, damit das Fass auch voll wurde.

Gelernt hatte ich ja vom Zuhören, dass die ausgepresste Maische noch sehr wertvoll ist. Da in Weinjahren wie 1959 auch Qualitäten wie Spätlese und Auslesen geerntet wurden, kamen die aufgeribbelten, trockenen Trockenbeerenauslesetrester unter die Auslesemaische. Die außergewöhnlichen Aroma- und Geschmacksstoffe teilen sich so den Saft der Auslesen mit. Fantastische Aromen entstehen! Die Auslese-Trester wurden danach in eine Spätlesemaische verteilt, die dann noch die Restaromen aufnahm.

Im Laufe der Weinlese wurde das Fass voll, aber der edle Saft mit fast 200° Oechsle musste auch zum Gären gebracht werden. Spezielle Reinzuchthefe war vonnöten, die man in einer Menge von circa zehn Litern ansetzte, die zugfrei und auf einem warmen Platz zu gären begann und dann immer wieder mit dem Most aus dem 300-Liter-Fass aufgefüllt wurde.

Als dann fünfzig Liter gut gärten, wurden sie wieder dem 300-Liter-Fass zugegeben. Ein Gärtopf wurde auf dem Spundloch des Fasses platziert. Das ist eine Art Siphon, ein Geruchsverschluss, der das Eindringen von Sauerstoff verhindert, aber die Kohlensäure, die durch Wasser geleitet wird, entweichen lässt. Dadurch entsteht ein Blubbern, oder die Kappe auf dem Gärtopf hebt sich und man kann so den Gärverlauf beobachten. Wir wussten, dass die Gärung einige Wochen dauert, aber weit über Ostern des folgenden Jahres??? Das Fässchen lag in der Packhalle an der Heizung und war mit Decken abgedeckt. Hochzufrieden waren wir auch noch nach Wochen, wenn der Gärtopf sich morgens, abends oder mittags bewegte. Geduld bringt Rosen. Wir hatten etwas ganz Besonderes eingefahren und einen großen Beitrag zu unserem betrieblichen Renommee geleistet.

Wie man halt so als junger Mensch in einen Betrieb hineinwächst, bekam ich mit, dass Mutter Josefine abends fleißig in ein Buch schrieb. „Was machst du da?", fragte ich, als wir zusammen Fernsehen schauten. Sie schrieb in ein sogenanntes Fakturenbuch alle geschriebenen Rechnungen datumsmäßig ein. Name des Kunden, die bestellten Flaschen und die Preise mit Endsumme. „Warum diese Arbeit?", fragte ich. „Das Finanzamt verlangt diese lückenlosen Aufzeichnungen", sagte sie mir. „ Das kann ich noch abends machen, da brauche ich nicht dabei zu denken." „Du kannst doch die Rechnungen fortlaufend nummerieren, dann kann man auch keine verschwinden lassen", argumentierte ich. „Nein, nein, das muss sein."

In dieser Zeit bekamen wir auch einen Steuerberater, einen Dr. Neuy, der seine Anwalts- und Steuerberatungskanzlei in Wiesbaden hatte. Er bestätigte mir, dass die Nummerierung ausreichend sei. Ich interessierte mich für den Alltagsablauf im Büro, die Ablage der eingegangenen Rechnungen nach Alphabet und Zeitraum. Die Bankunterlagen mussten verwaltet werden und vieles andere brauchte einen geordneten Ablauf. – Lernt man auf keiner Handelsschule!

Ich sehe heute noch Vater August vor mir, wenn er am Morgen nach seinen Kundenbesuchen seine Abrechnung machte. Auf dem Zeitungsrand notierte er seine eingenommenen Beträge und drückte das Geld und das Büchlein mit den Aufzeichnungen meiner Mutter in die Hand. „Da mach mal!"

Da fehlte meist das Datum der Rechnung von dem eingenommenen Geld, das musste doch dazu, wenn sie die Zahlung in das Kassenbuch eintrug. Augusts Auftragsbuch war ein Notizbuch im Westentaschenformat, da stand der Name des Kunden, der Ort und die Flaschen, die der Kunde bekam. „August, wo kannst du sehen, was der Kunde schon hatte?" „Habe ich im Kopf", war die Antwort.

Das musste anders und besser werden, was mir auch gelang. An eine der ersten Bilanzbesprechungen in jener Zeit erinnere ich mich. Es ging um private Zahlungen, die man steuerlich berücksichtigen kann. „Herr Eser junior, Sie haben doch bestimmt Alimente zu bezahlen, die können wir auch von der Steuer absetzen", meinte Dr. Neuy. Ich schaute ihn wohl so konsterniert an, dass er die Frage noch zweimal wiederholte. So wurde mir schon bewusst, dass man im Leben nicht immer und nicht jeder so ein Glück hat!

Diese sporadischen Zusammenkünfte mit unserem Steuerberater und die daraus entstehenden Erkenntnisse sind für jeden Geschäftsmann sehr wichtig. Man muss die Aufgaben des Steuerberaters nicht können, aber man lernt, Zusammenhänge zu verstehen, man erkennt Gestaltungsmöglichkeiten und ihre steuerlichen Konsequenzen abzuschätzen. Auch darf man seinen Steuerberater ermuntern, Dinge von der Steuer abzusetzen, die nicht zweifelsfrei absetzbar sind, denn: Bei einer Steuerprüfung braucht der Beamte auch sein Erfolgserlebnis.

Die Entwicklung im Weingut August Eser ging also im Jahr 1959 sehr positiv weiter. Nicht nur mein Bruder war jetzt mit dabei, auch ein junger Mann, so alt wie ich, gehörte zu den Mitarbeitern. Darum sollte ich verstärkt Mutter Josefine im Büro unterstützen. Doch bei so mancher kurzen Nachtruhe ließ die morgendliche Frische zu wünschen übrig. Wenn morgens ein Einmachglas mit Mirabellen oder Kirschen leer war, wusste Mutter schon Bescheid. Morgens war mein erster Gang auf die Post, an einem kleinen Tante-Emma-Laden vorbei. Wenn ich da eine Flasche Hohes C verlangte, hörte ich von der Inhaberin: „Na, haste wieder gesoffe, mein Lieber?"

Es war in dieser Zeit, ich hatte um 16 Uhr einen Zahnarzttermin und bin frisch geschniegelt an der Nachbarin Bibo vorbei: „Da kann man mal sehen, die jungen Leute gehen am hellen Tag geputzt spazieren." „Ja, so ist das, Frau Bibo. Sie wissen doch: Jeder gute Betrieb verträgt einen Faulenzer." Ihr Mann, der gerade dazukam, hat fest mitgelacht.

Die ersten Jahre habe ich mit meiner Mutter Inventur gemacht. Die Flaschenbestände mussten gezählt werden. Da lag schon zwei Jahre eine große Füllung aus dem Jahr 1956, von der noch keine Flasche verkauft war. „Hm, ob wir die noch verkauft bekommen?", fragte Josefine resigniert. „Und gähne mir nicht laufend was vor. Geh abends früher ins Bett, aber auch schlafen."

Der Jahrgang 1956 war wie später der 1965er ein kleiner Jahrgang mit kräftiger Säure, die lange Lagerzeit brauchte. Um es vorwegzunehmen: Der 1956er Wein war nach dem großen Jahrgang 1959 zum richtig angenehmen, rassigen Trinkwein für jeden Tag geworden und in den Jahren 1960/61 der Renner im Verkauf.

Wir probierten im Frühjahr und im Herbst unsere gesamten Flaschenbestände, um die Entwicklung der Weine zu erleben und das Angebot für die neue Frühjahrs- bzw. Herbstliste zusammenzustellen. Der neue Jahrgang wurde nach Gutdünken zwischen die älteren Weine der Liste platziert. Immer nachmittags ging es los: riechen, schmecken, beurteilen, einordnen. Bei den ersten Proben, die ich so mitmachte, wurde diskutiert, es wurde palavert, die Zeit war um und wir mit unserer Arbeit nicht fertig. August sagte: „Genug für heute, morgen geht es weiter."

Am nächsten Tag ging es wieder von vorn los und die Reihenfolge vom Tag vorher wurde wieder verändert. Das habe ich zweimal miterlebt und dann entschieden: „Unsere Aufgabe ist eine vergleichende Probe und die Beurteilung der Weine, wie sie sich im Moment präsentieren. Der ältere Wein kann sich über Nacht durch den Sauerstoffeinfluss negativ verändern, der junge Wein hingegen verändert sich oft zum Positiven, da er sich öffnet." Darum,

Feierabend ist, wenn wir fertig sind! Basta!

Schnell war mir klargeworden, dass an diesen Probenachmittagen mit open end keine Termine mehr machbar sind. Allein durch das mehrmalige Riechen an circa achtzig bis hundert Proben nehmen wir über die Nasenschleimhaut sehr viel Alkohol auf, und obwohl wir die Proben ausspucken, setzt uns der Alkohol sehr zu. Da wurde dann nach einer Probe der Nachdurst am besten mit einem Bier gelöscht.

In späteren Jahren war es für uns immer eine Selbstverständlichkeit, den Senior August zu den Proben zu bitten. Einmal, ich erinnere mich genau: Er hatte schon den zweiten und dritten Wein probiert und kein Ton gesagt. „August, was ist?" „Gemach, mein Sohn, du weißt, bevor Wein in ein Fass kommt, wird es sauber und frisch gemacht, eben „weingrün". Das Gleiche tue ich eben mit meinem Mund, meiner Zunge, meinem Gaumen; die Geschmacksknospen, sie werden neutralisiert und sensibilisiert, um feine Geschmacksnuancen zu registrieren." Wo er recht hat, da hat er recht!!!

Ja, es gibt schon einiges beim kritischen Weinverkosten zu beachten. Man sollte neutral gegessen und auf eine Süßspeise verzichtet haben und während der Probe höchstens einen Bissen Weißbrot zum Neutralisieren zu sich nehmen. Zwischendurch ein Glas Wasser trinken macht Sinn. Beim Probieren wird am Weinglas gerochen, ein kleiner Schluck über die Zunge gerollt, gekaut und elegant mit spitzem Mund in einen Spucknapf katapultiert. Aber damit wir uns verstehen, der, der optisch beim Spucken gut besteht, muss nicht unbedingt die sensibelste Zunge haben.

In diesem Zusammenhang eine kleine Episode einige Jahre später: Es war im Kloster Eberbach, Weinpräsentation der Prämiierungsweine, Sonntagnachmittag. Die Probetische waren vorbereitet und mein Großcousin Gerhard Eser probte seine mitgebrachten Weine. Ich konnte beobachten, wie er mit total unglücklichem Gesicht seine Weine probierte. Da kam er zu mir: „Lass mich mal bei dir probieren." Ich fragte: „Gerhard, was hast du für ein Problem?" Seine Antwort: „Ich weiß jetzt, was schuld an meinem komischen Geschmack ist. Ich habe mir nach dem Essen die Zähne geputzt und bedingt durch die Zahnpasta noch keinen Geschmack."

Kritisches Probieren ist nur in einem neutralen Geschmacksumfeld möglich. Alle Weine müssen gleich temperiert sein und zur gleichen Zeit geöffnet, und sie sollten innerhalb der Qualitätsgruppen in aufsteigender Restzuckerfolge probiert werden.

Ein kleiner Exkurs in die Welt der Weinzensur

Sehen – riechen – schmecken

Beim Sehen ist die Farbe und Klarheit im Blick. Junger Riesling steht hellgrün im Glas. Mit den Jahren wird er dunkler und gelber und Raritäten generieren sogar eine bräunliche Farbnote.

Beim Riechen strömt uns das Bukett des Weines, seine Aromastoffe, sein Duft in die Nase. Auch einen Korkschmecker erkennt unsere Nase, so wie sie verhindert, dass wir Verdorbenes in den Mund nehmen. Selbst bei zwischenmenschlichen Beziehungen bringt sich die Nase mit ins Spiel: „Den oder die kann ich nicht riechen!"

Beim Schmecken des Weins sind alle unsere geschmacklichen Empfindungen gefordert. Am Anfang erkennen wir auf der Zunge die mehr oder weniger vorhandene Restsüße, in der Mitte zeigt sich die Fülle des Weins, das Kriterium für den Preis, und im Abgang erkennt man seine Säurestruktur. Diese wird geprägt von dem Reifeprozess des betreffenden Jahrgangs. In guten Jahren entsteht eine reife, fruchtbetonte Säurenote, und in weniger guten Jahrgängen kann die Säure sehr markant und herzhaft betont sein. Wichtig ist, bei dem Endprodukt muss für jeden Geschmack etwas dabei sein.

Doch bevor ich es vergesse, wenn Sie das jetzt Beschriebene einmal bei Ihrem nächsten Weingenuss Revue passieren lassen, geben Sie Ihrem Gaumen Zeit! Nur dann kommt es zu einer gewissen Verführung und Lust auf den nächsten Schluck, und nur dann werden Sie zum Wiederholungstäter! – Davon leben wir Winzer!!!

Die Weiterentwicklung des elterlichen Weinguts ab 1960

Wir schreiben das Jahr 1960 und ich habe am 28. März mit befriedigend 2,44 Punkten meine Winzergehilfenprüfung bestanden. Ab 11.04.1960 besuchte ich als Gasthörer das Sommersemester in der Lehr- und Forschungsanstalt in Geisenheim. Ich hatte bei Professor Troost Kellerwirtschaft, Kellertechnik und Wein-Kostprobe belegt. Er war als Koryphäe auf dem Gebiet der Kellerwirtschaft international anerkannt und ein Praktiker dazu. Man musste ihn erlebt haben, und sein Buch „Die Technologie des Weins" ist in weiten Teilen noch immer gültig.

Sein Unterricht war anschaulich und bei der Wein-Kostprobe wurde zuallererst das ästhetische Spucken gelernt: Es wurde ein Schluck Wasser in den

Mund genommen, über die Zunge gerollt und dann gebündelt aus dem Mund in einen Spucknapf katapultiert. Das wurde geübt, bis keiner mehr gesabbert hat.

Der Testierschein, ein Beleg für Gasthörer, mit 150,60 DM Gebühr

Der 1959er, ein Jahrhundertjahrgang, war mittlerweile auf Flaschen abgefüllt, der 1960er schon am Stock und versprach ein mengenmäßig starker Jahrgang zu werden. Wir hatten zuvor unser Tanklager erweitert, aber es stellte sich heraus, es war zu wenig. Die alte Winzerweisheit bewahrheitete sich wieder: Wenn es viel gibt, gibt es mehr, als man denkt! Oder: Wenn es wenig gibt …

Vater August war in seinem Element, aber Tanks oder Fässer waren nicht mehr zu bekommen. Er schlug vor: Unsere Miete in der Scheune ist doch leer, da waren die Runkelrüben für das Vieh drin. Die ist stabil mit Backsteinen gemauert, die Wände sind trocken. Die werden verputzt und mit Kelterlack gestrichen." Auf was warten wir noch! Ein Anruf beim Maler Pauly und am nächsten Tag ging es los mit dem Verputz. Ein Heizöfchen wurde hingestellt und am vierten Tag konnten wir schon den Kelterlack auftragen.

Ausgemessen war schnell, da bekamen wir knapp 25.000 Liter unter. Die Mostpreise waren im Keller und fielen weiter. „Ihr Buben", hörten wir Vater August sagen, „in solchen Situationen muss man kaufen, denn im Einkauf liegt der Gewinn. „Wo willst du den Most lagern?" „Ganz einfach, wir lassen uns von der Firma Maus zwei 5000 Liter große Klärgruben kommen, die Firma Rösinger liefert und legt die einzelnen Ringe in Zementspeis. Platz für die beiden Behälter ist neben dem frei liegenden Aufgang zum Hallendach. Das einzige Problem ist noch die säurebeständige Plastikplane, mit der wir die Behälter ausschlagen." Ein Anruf in der Lehr- und Forschungsanstalt bestätigte, dass es die säurebeständige Folie gab, und sie konnte auch rechtzeitig geliefert werden. Wieder war Platz für 10.000 Liter Most.

So weit, so gut! Das Telefonat mit unserem Steuerberater bestätigte meinen Verdacht, dass wir als landwirtschaftlicher Betrieb nur einen gewissen Prozentsatz zukaufen konnten, ohne ein Gewerbebetrieb zu werden. Also wurde auf meinen Namen 1960 eine Weinhandelsfirma eröffnet. Das Ganze machte Sinn, denn wir machten zu dieser Zeit circa fünfzig Prozent unseres Umsatzes in der Gastronomie mit Literweinen. Da wir 1959 keine Literware geerntet hatten, wäre ein Engpass in der Belieferung entstanden. Die Konsequenz für die Zukunft war: Die Literweine wurden unter Weinhandel Ludwig Eser verkauft. Für die Gastronomie war dies kein Problem. Von da an war mein Job im Büro und Verkauf.

Im Frühjahr 1961 wurden zeitig die noch nicht gefüllten Altweine abgefüllt und in die vom Weihnachtsgeschäft frei gewordenen Gefächer gesetzt. Auch wurden die ersten Literweine des neuen Jahrgangs gebraucht, die teilweise zwischen eiserne, rechtwinklige Eckeisen gesetzt wurden. Alle Lücken wurden genutzt, und die Erkenntnis reifte: Wir brauchen mehr Keller.

Mit dem Bau ging es 1961 los. Zwischen Wohnhaus und Packhalle entstand ein großes Loch. Unser Glück war, dass alle tangierten Gebäude stabile Fundamente hatten. Anfang August war der Keller fertig und mit Moskopf-Flaschenlagern ausgestattet und wir hatten wieder Platz für circa 80.000 Flaschen. Da konnte dann Schwester Marianne am 5. August heiraten. Sie zog mit ihrem Mann nach Stuttgart-Vaihingen.

In diesem Zusammenhang redete ich mit meinem Vater darüber, unserer Schwester ihr Erbteil auszubezahlen. „Die hat erst Anspruch darauf, wenn ich einmal nicht mehr bin", sagte er mit Recht. Ich erwiderte: „Aber dann hat sie ein Anrecht auf das, was dann da ist, und da wir ja diesen Besitz vermehren wollen, teilt sie diesen dann auch mit."

Das war plausibel, wir setzten uns zusammen. Meine Schwester wurde ausbezahlt und sie konnte mit ihrem Mann ein Haus in Hildrizhausen bauen.

Private Perspektiven im Rückblick

Liebe Enkel, lieber Leser, jetzt habt ihr schon einiges von mir gelesen und gehört, was so rund um mich und mit mir passiert ist.

Die beruflichen Ziele sind abgesteckt, man lernt jeden Tag neu dazu, lernt neue Menschen kennen, bekommt Aufgaben zugeteilt. Man ist neugierig auf das Leben und die Welt, sie wird immer bunter.

Ich sitze ziemlich regelmäßig am Klavier, spiele Foxtrott, Tango oder Operettenmusik mit seinen liebestrunkenen Texten. Aus vollem Halse sang ich beim Spielen: *„Man müsste Klavier spielen können"*, oder: *„Ob blond, ob braun, ich liebe alle Frauen"*, *„Gern hab ich die Frauen geküsst"*, *„Jede Frau hat ein süßes Geheimnis"*, *„Kann denn Liebe Sünde sein?"*, *„Ich bin von Kopf bis Fuß auf Liebe eingestellt"*, *„Ich tanze mit dir in den Himmel hinein"*, um schmachtend zu enden: *„Du bist die schönste Frau für mich, du bist mein großes Glück, du bist mein Leben."*

Ich mit Anfang zwanzig am Klavier

So viele erfüllende, herzbrechende Texte und Melodien, sie müssen ein Teil des noch vor mir liegenden Lebens sein!?! Da klingt es aber auch im Modus Vivendi der Tenöre: *Treu sein, das liegt mir nicht, weil ich gleich den Kopf verlier, wenn ich nur ein Mädel spür, kann halt nichts dafür!!!*

Ach ja, da gibt es den Satz: „Der Kavalier genießt und schweigt!" Eine Selbstverständlichkeit!!!

Auch für die Liebe gelten Spielregeln, die es einzuhalten gilt: Man macht niemand durch Alkohol oder Drogen gefügig, man vergreift sich nicht an Kindern, man drängt sich nicht in eine Beziehung, man nutzt die Schwächen eines anderen nicht schamlos aus. Doch wie aufmunternd, wie belebend für alle Sinne kann ein Flirt sein! Doch der Flirt, er führt nicht immer zur großen Erfüllung. Aber die Suche und der Wunsch nach Liebeserfüllung, er ist in uns Menschen von der Natur angelegt, darum auch unterschiedlich intensiv.

Es gilt noch immer für uns Männer: Ein bisschen galant, ein wenig charmant zu den Frauen zu sein, es öffnet die Tür, um sich in ein Herz zu schmuggeln. Der verbale Weg des Flirtens mag sich verändert haben, aber mit den Augen beginnt das Spiel, und der Klang der Worte tut sein Übriges, wie auch ein gepflegtes Auftreten.

Zugegeben, wir kleinen Männer haben es nicht immer leicht, ein Herz zu erobern. Wenn Frauen über Männer reden, hörst du zu 90 Prozent: „Er ist groß …!!" Nicht entmutigen lassen: Wenn mir eine Frau sagte: „Du bist zwar ein netter Kerl, aber mir etwas klein", war meine Antwort: „Das fällt im Liegen gar nicht auf." Oder je nach Stimmung und Situation konnte sie hören: „Weißt du, ich kann gleichzeitig alle deine erogenen Zonen verwöhnen, ohne mir das Kreuz zu verbiegen."

Das Thema verdient sicher noch mehr Beachtung, aber es geht darum, sich selbst den Weg des Flirtens zu ebnen, denn Patentrezepte gibt es nicht. Aber der eigenen Intention und Erfahrung sollte man vertrauen. Ich für meinen Teil habe sehr oft auf dem Tanzboden mein Glück gefunden, denn die rhythmischen Tanzbewegungen sind für viele Frauen stimulierend. Meine Damen, verrate ich zu viel?

Darum habe ich mich entschieden, auch über meine diversen Amouren zu schreiben. Zum einen sind sie Bestandteile meines Seins und meiner testosterongesteuerten Veranlagung, die aber nie exzessiv gelebt wurde. Meine Arbeit, meine Verpflichtungen, meine Verantwortung hatten immer Vorrang vor meinem Liebesleben. Das Kribbeln im Bauch, die erfüllenden

erotischen Momente, sie kompensierten so manche fehlende Nachtruhe.
Zurück in das Jahr 1956. Bei meiner Cousine Barbara und ihrem Freund Eberhard Bode lernte ich Margot, die Tochter eines Kunden, kennen. Zu Beginn unserer Freundschaft wurde ich den Eltern vorgestellt, wie sich das so gehörte. Wenig später von der Mutter mit der Frage konfrontiert: „Junger Mann, unter welchem Sternzeichen sind Sie geboren?" „Kennen Sie sich mit der Sternenkunde aus?", war meine Frage. „Dann kann es nicht schwer für Sie sein." So kam prompt ihre Antwort: „Du bist ein Stier. Na ja, es gibt schlechtere Konstellationen für meine Tochter." Ermutigend, oder?

Von links nach rechts: Barbara und Eberhard mit Margit und mir.

Die Zeit war sehr schön, wir machten mit den Eltern von Margit Ausflüge in den Taunus, besuchten Tanztees und Feste.
Aufgefallen war mir, bei jedem längeren Halt machte der Vater die Motorklappe an seinem VW auf und holte den Verteilerfinger aus der Zündspule. Ein probates Mittel gegen Diebstahl.
Doch eine bleibende, für mich wegweisende Unterhaltung mit Eberhard werde ich nie vergessen. Es war im Zusammenhang mit einer abendlichen Feier, bei der auch meine Freundin eingeladen war und ich, jugendlich und unbedarft, so vor mich hin plapperte: „Ja, da können wir den Frauen schön einen einschenken, dann werden die sicher munter." Doch Eberhard unterbrach mich: „Das eine merk dir: Wenn du mal Großwildjäger werden willst,

dann darfst du nicht als Fallensteller anfangen." Das habe ich mir gemerkt.
Doch die schönste Zeit, sie geht einmal zu Ende, zum Beispiel wenn man sich noch zu jung fühlt für eine feste Bindung. Die Kunst ist es dann, vertrauensvoll und ehrlich darüber zu reden, plausible Argumente zu haben, sodass man trotz allem nicht im Zorn auseinandergeht.
Das Leben bringt uns oft in die Realität zurück: Man enttäuscht einen lieben Menschen, aber umgekehrt wird man im Laufe eines Lebens auch enttäuscht. Da ich alle meine erhaltenen Briefe aufgehoben habe, habe ich viele Erinnerungen wieder wecken können und dabei die Erkenntnis gewonnen, dass mit jeder erlebten Begegnung sich der eigene Horizont erweitert und man insgesamt reifer wird. Im Nachhinein bin ich darüber sehr glücklich, dass die meisten Beziehungen ohne Groll zu Ende gingen. Schön, dass sie gewesen!
Was auch noch für die Zeit ab 1956 festzuhalten ist, wäre unsere fast regelmäßige Stammtischrunde. Dort traf sich ein lockerer Freundeskreis: mein Alterskamerad Josef Zimmer, der Gärtner Ewald Krummeich und andere. Zu dieser Zeit gab es noch einen Morgenschoppen, wo sich Handwerker und Winzer zwischen elf und zwölf Uhr trafen. Die Alten nahmen uns ernst und wir konnten viele aufbereitete Nachrichten mitnehmen. Der „Grüne Baum", so hieß unser Lokal, war Treffpunkt für uns über viele, viele Jahre. Unsere liebe Wirtin Martha war eine Nachteule, die nie vor vier Uhr schlafen ging, und so war immer und zu jeder Zeit unser „Absacker" gesichert.
Jahre später hat mein Vater August, sicherlich vom „Grünen Baum" inspiriert, meine Freunde und mich als „morsche Äste" von einem gesunden Baum tituliert. Es war aber sicher nicht so ernsthaft gemeint, mein Freund Ewald lacht heute noch darüber.
Es war beim Frühstück, das gemeinsam mit dem Hausmädchen eingenommen wurde, als mein Vater mit großer Show erlebbar machte, wie mein Bett wieder einmal gerufen hat: „Ludwig, wo bleibst du denn? Ludwig, wo bleibst du?" Noch nicht richtig wach, gab ich ihm zur Antwort: „Was willst du denn von mir? Wenn du so alt wärst wie ich, du wärst doch mein bester Kumpel." Lachend sagte er darauf nur: „Wenn du wenigstens geschäftstüchtig wärst, denn du könntest ja dein Bett in der Saison vermieten."
Was mir noch in Erinnerung ist, dass ich immer mit Vater August diskutieren musste. Doch mein fünf Jahre jüngerer Bruder stellte ihn einfach vor vollendete Tatsachen. Er kam mit einem ausrangierten Moped eines Schulkameraden nach Hause. Er hatte es mit vierzehn Jahren von seinem Taschengeld ge-

kauft. Das gefiel Vater August. Also meldete ich daraufhin auch meinen Wunsch an, ich wolle ein Motorrad. Eine Vespa wurde dann am 14. April 1958 mein Eigen. So was fuhr man 1958 im Trenchcoat und fest sitzendem Hut. Das sah lustig aus! Machte aber im Sommer viel Spaß.

Ich mit meiner Vespa zum Neupreis von 1493 DM.

Ansonsten war ich oft zwischendurch mit unserem PKW unterwegs, um Wein an Kunden zu liefern. August machte mir das Ganze schmackhaft: „Du kannst doch deine Freundin dazu einladen. Du lernst die Gegend kennen. Was hätte ich das in meiner Jugend so gern getan!" Also wieder überredet! Apropos Freundin war sein Kommentar: „Du musst bei den Frauen nicht immer nach den Lärvchen schauen, sondern dich auch den Veilchen annehmen, die manchmal im Verborgenen blühen!" – Ach ja!?!

So kam 1958 Karneval ins Land und der Ball der Werkkunstschule in Wiesbaden. Es war freitagabends ein Highlight, das ich schon mit Klemens Pauly, der dort studierte, kennengelernt hatte. Goswin, der damals in Wiesbaden wohnte, wollte mich begleiten. Doch er kam unverrichteter Dinge von der Abendkasse zurück. Alles ausverkauft! Er hatte aber eine Adresse lesen können und sagte zu mir: „Du bist jetzt Herr Holger und holst sie ab." „Goswin, das geht doch nicht." Ich lachte und tat es dann doch. Es hat geklappt! Es war ein toller Abend und ich lernte meine erste große Liebe, Margot, kennen.

Margot und ich in der Werkkunstschule Wiesbaden.

Sie stammte aus Herne in Westfalen und war sechs Jahre älter als ich, im schönen Alter von siebenundzwanzig, und arbeitete als Chemielaborantin bei der Fa. Kalle in Biebrich. Sie hatte eine reife Ausstrahlung, eine herzliche Art, und sie verstand es, mich zu begeistern. Da wurden Emotionen wach, und die Frage kam auf, ob ich die Erwartungen einer reifen Frau würde erfüllen können. Doch wie schön war das Gefühl, morgens in ihrer kleinen Wohnung in Wiesbaden in ihren Armen wach zu werden. Wir konnten über alles reden. Sie hatte auch Kontakt zu ihrem ersten Freund, der in Graz studierte. Wir genossen viel Freizeit zusammen, fuhren gemeinsam auf der Vespa zu ihrer Verwandtschaft nach Aalen in Baden-Württemberg. Barbara und Eberhard fanden sie sehr nett und meine Eltern tolerierten sie als eine meiner Liebschaften.

Ja, der liebe Ludwig war also oft nach Feierabend auf der Vespa gen Wiesbaden unterwegs und musste feststellen, dass der Zugwind ihm doch stark zusetzte. Eine Erkältung jagte die andere. So ging ich zu Vater August: „Ich brauche beim Fahren ein Dach über dem Kopf. Ich interessiere mich für ei-

nen Messerschmidt Kabinenroller oder eine BMW Isetta." Da tönte aber Vater August: „Glaubst du, ich lasse dich mit einem solchen rollenden Sarg fahren? Das einzige vernünftige Gefährt ist ein VW. Aber das ist ja jetzt noch kein Thema, da musst du noch etwas sparen."
So rückte mein 21. Geburtstag immer näher. Ich hatte Kontakt zu einem Winzer am Mittelrhein, der im Hunsrück eine respektable Jagdhütte besaß, die ich mieten konnte. Am 30. April 1958 ging es mit Vaters Auto dorthin. Mit von der Partie war mein Klassenkamerad Klemens mit Freundin Helga, der späteren Ehefrau, Barbara und Eberhard, Margot und ich. Mein Kofferradio war wohl mit Tonband ausgestattet, denn es tönte die ganze Nacht: Junge Leute brauchen Liebe ... Jetzt war ich endlich volljährig!

Mein 21. Geburtstag auf der Jagdhütte im Hunsrück 1958

Am 29.10.1958 wurde die Vespa gegen einen neuen VW ausgetauscht. Ich war der Erste im Freundeskreis mit eigenem Auto. Am Stammtisch im „Grünen Baum" wurde meinem Vater vorgeworfen: „Wie kannst du deinem Sohn ein Auto kaufen?" „Das hat er sich selbst von seinem angesparten Lohn gekauft. Was soll ich machen?"

Ich mit meinem VW im Neuwert von 4972 DM.   Margot mit meinem VW.

Da war also jetzt der „flügge" Ludwig mit dem Auto unterwegs. Natürlich habe ich die Freundin in Wiesbaden besucht und dabei bemerkt, dass eine doch schon reife Frau höhere Ansprüche an Umgangsformen, Sprachgewohnheiten, Lebenskultur hat. Das hat mich dann schon angespornt, und ich habe ihr versprochen, mich bei meinen Briefen mehr anzustrengen. Gelegenheit dazu wäre gewesen, denn ich war Mitte Juli 1958 für knapp drei Wochen mit Tante Kathi, Onkel Heinrich und Sohn Peter zusammen auf einer Geschäftsreise in Schweden und Norwegen. Die Tante und der Onkel schliefen im Hotel und Peter und ich die meiste Zeit im Zelt.

Peter, Tante Kathi, Onkel Heinrich
und ich auf der Norwegenreise

In Schweden waren wir bei den Kunden auch oft privat eingeladen. Da habe ich dann erlebt, dass trotz Prohibition der Alkohol floss. Er war hinter einem Bild im Tresor versteckt. Es gab Asbach, verschiedene Sorten Whisky zur Auswahl und unsere Gastgeber haben kräftig zugeschlagen. So ist's halt, wenn etwas verboten ist.

Gelernt habe ich, wie Krabben lebendig ins heiße Wasser geworfen werden; sie verfärben sich rot. Mit einer Zange wurde der Panzer geknackt, der Kopf mit den Tentakeln abgedreht und der Krabbenschwanz entnommen. Eine charmante Hausfrau hat mir das sehr eindrucksvoll vorgemacht. Es waren lustige Abende.

In Oslo campierten wir an einem Badestrand der Osloer, da wo auch die Museen der Fram, dem Polarschiff von Fridtjof Nansen, und die Kon-Tiki, ein Floß, mit dem 1947 Thor Heyerdahl über den Pazifik segelte, liegen. Aber in unserem Reiseführer war erwähnt, dass man unbedingt die Umkleidezeremonie der Osloerinnen beobachten müsse. Das taten wir auch ausgiebig.

Die Eltern von Peter waren von Oslo aus für drei Tage weiter nach Bergen und zu weiteren Kunden gefahren. Wir haben dann in unserer Campingpfanne Walfleisch wie Rumpsteaks mit Zwiebeln gebraten, die wir aus dem Fischgeschäft von einem siebzig bis hundert Kilo schweren Walfischkoloss abgeschnitten bekamen. Hat geschmeckt wie Fleisch. Lecker!

Jetzt komme ich darauf zurück, dass reifere Frauen einen gewissen Anspruch an ihre Liebhaber stellen, der über das Sexuelle hinausgeht. Dazu gehören einige Zeilen aus den langen Briefen von Margot, die mich im Urlaub in Norwegen erreichten:

„Weißt du, meine Lieber, von dir bin ich ja sehr enttäuscht worden. Du hattest vorher so große Reden geschwungen von deinem Briefstil, aber die erste Karte war in dieser Richtung grauenhaft. Es erinnerte mich irgendwie an meine Pennälerzeit, damals haben wir solche Karten geschrieben. Von dir hätte ich einen wirklich guten und interessanten Reisebericht erwartet, woraus ich deine Reise in etwa miterleben konnte. Deine Eindrücke von Dänemark und Schweden hast du mir gar nicht geschildert. Wo habt ihr denn die Nächte verbracht? Auf welchen Zeltplätzen, meine ich! Wie war eure Reiseroute nach Norwegen, konntet ihr euch mit den Leuten verständigen? Sind sie eigentlich deutschfreundlich? Dies sind alles Fragen, die auftauchen, wenn man in ein fremdes Land fährt, und ich erwarte auch hierüber Aufklärung von dir. Leider wurden bis jetzt meine Hoffnungen enttäuscht!"

Natürlich habe ich im nachfolgenden Brief an sie viele Wünsche erfüllen können und die Lektion von ihr gelernt und auch verstanden.

Doch bei aller Liebe und Zuneigung, die folgende Begebenheit zeigt, wie wir Männer schwach werden, wenn es eine Frau darauf anlegt. Mit einundzwanzig Jahren ist halt die Neugier größer als die Vernunft.
Margot wohnte die erste Zeit noch in Wiesbaden in Bahnhofsnähe. Sie hatte ein kleines Appartement und ihre Nachbarn waren eine nette junge Familie, mit der wir einen guten Kontakt pflegten. Ich war unvorhergesehen Wein ausliefern und wollte Margot mit einem Besuch überraschen. Da sie nicht öffnete, schellte ich bei den Nachbarn. Große Begrüßung: „Komm rein, ich glaube, Margot ist zu ihrer Freundin und mein Mann auf Geschäftsreise. Du hast doch bestimmt Zeit auf einen Kaffee, und ein Kognak geht doch auch …"
Halb zog sie ihn, halb sank er hin, da war's um mich geschehen.
Wochen später: Mittlerweile war Margot nach Schierstein gezogen. Die Busverbindung nach Biebrich zu Kalle war einfacher und nach Oestrich war es auch näher. Der Zufall wollte es, Margot und ich waren in Wiesbaden einkaufen und Margot wollte ihren früheren Nachbarn guten Tag sagen. Wir schellen: „Hier Margot und Ludwig. Wir wollen euch kurz guten Tag sagen."
„Schön, kommt hoch!" Und die Hausherrin empfing uns in Slip und BH. Ich konnte das Gesicht von Margot nicht sehen und hielt mich total zurück. Doch auf dem Weg zum Auto begann sie: „Was hast du mit der Karin gehabt, wann, wie, wo?" In Schierstein habe ich Margot unter Tränen gestanden, was passiert war. Sie verzieh mir mit den Worten: „Du kannst deine Freundinnen haben, aber nicht mit „der da" ins Bett gehen!" Darum: SAUBER BLEIBEN – wenn es irgendwie geht!?!

Der Alltag nach Skandinavien 1958
Donnerstags war für lange Jahre im Gasthof Kühn Gesangsstunde des Oestricher Kirchenchors. Unter der Leitung von Oberstudienrat Peter Dormann sang unser gemischter Chor anspruchsvolle geistliche Kirchenmusik großer Meister. Diese geselligen Runden nach den Proben endeten nie vor zwei Uhr in der Nacht. Zu Geburtstagen und besonderen Anlässen gab es ein Ständchen mit anschließendem Umtrunk. So lernte ich viele Keller kennen und auch, wie so mancher ruhige Zeitgenosse nach zwei bis drei Gläsern Wein aus sich herauskam. Da schlummerten teils Talente, von denen wir

Jungen uns etwas abgucken konnten. Und die jungen Mädchen waren ja auch noch da, aber außer Schmusen, Händchenhalten und Küsschen war da nichts. Die jungen Frauen waren so erzogen, sie wollten geheiratet werden, und bei diesem Gedanken war ich noch nicht angekommen.

Das Thema Verhütung war auch ein Tabuthema und wir ahnungslos. Es gab erst später Kondomautomaten und in die Apotheke haben wir uns nicht getraut. So blieb nur, sich auf Petting zu beschränken oder den Koitus interruptus anzuwenden. Letzterer lässt halt oft die Frauen zu kurz kommen.

Es kam zwei- bis dreimal vor, dass der Altar der Liebe bereitet war, aber ich kalte Füße bekommen habe. Angst davor, dass die Begegnung Folgen haben könnte. Wie aus dieser fortgeschrittenen Situation wieder rauskommen, ohne die Frau zu brüskieren? Die Rettung: eine Kolik, sicher durch die Aufregung! Verständlich.

Wenn ich hier so freimütig über meine jungen frühen Liebeserlebnisse berichte, möchte ich damit manchem jungen Freund Mut machen, der Damenwelt entgegenzutreten. Denn auch heute noch gilt: Eine Frau will erobert werden, und die Wege zum Ziel sind so verschieden. Du brauchst Einfühlungsvermögen, die richtigen Worte, Geduld und Stehvermögen.

So hatte ich eines Tages in meinem Auto eine hübsche junge Dame nach Hause zu bringen. Wir kannten uns, sie war ihren Alterskameradinnen um einiges voraus. Hatte ein beschlagenes Mundwerk und ich traute ihr schon einige Erlebnisse zu. Wir redeten, wir schmusten und küssten mal stürmisch, mal nur zärtlich, die Zeit verging. Das Radio säuselte. Was ich auch tat, es schien hoffnungslos! Es waren fast zwei Stunden vergangen, da kamen aus dem Bauch heraus meine Worte: „Weißt du, was du bist? Im Prinzip ein ängstliches Mädchen, das nur laut und überlegen dahertönt, um ihre Schüchternheit zu verbergen, und auch noch gar nicht erwachsen sein will."

Der Weg war geebnet, meine Worte hatten wohl gewirkt, und sie wollte mir dann doch das Gegenteil beweisen, oder!?

Am Wochenende kam hin und wieder Goswin zu Besuch. Bei dieser Gelegenheit brachte er meiner Mutter immer einen Blumenstrauß mit, den er charmant überreichte. Dabei hatte meine Mutter noch während meiner Zeit in Trier gesagt: „Ja, der hat dir gerade noch gefehlt!" Dank der Blumen änderte sich ihre Meinung und sie genoss die Verehrung sichtlich. Dennoch überraschte es mich sehr, als sie mich fragte: „Wann kommt denn Goswin wieder?" Ich fragte sie, ob sie wieder einen Strauß Blumen wolle, aber sie antwortete: „Ach, iwo. Aber ich muss ihm beim nächsten Mal einen Kuchen anbieten können." So lernte ich früh, worauf Frauen Wert legen und wie man sie beeindrucken kann.

Von dem großen Weinjahrgang 1959 ahnten wir natürlich noch nichts, als meine Intimfreundin Margot, Cousine Barbara mit Eberhard und ich zum Jahreswechsel 1958/59 wieder in der vertrauten Jagdhütte im Hunsrück feierten. Unbeschwert und fröhlich haben wir ins neue Jahr gefeiert.
Bei mir war für 1959 das halbe Jahr Sommer-Fremdlehre angesagt, und Margot plante für den März einen Skiurlaub in Saalbach am Zeller See. Sie hatte mir am 14.03. und 24.03.1959 liebe lange Briefe geschrieben, und Goswin und ich beschlossen, sie zu besuchen.
Wir fuhren ihr also mit meinem VW nach. Der Schnee tut uns sicher gut, dachten wir. So lernte ich dann auch überraschend in Saalbach ihren ersten Freund Dieter kennen. Wir verstanden uns auf Anhieb, für mich war es kein Problem, und Margot sah nicht unglücklich aus zwischen ihren Galanen. Dieter spielte mit uns abends Skat und ich hatte tolle Karten. „So spielt man mit Studenten", hörte ich mich sagen, was zutraf, denn Dieter studierte in Graz. Wir sind bis heute beste Freunde und er hat mir die schöne Zeit mit Margot gegönnt.

Von links nach rechts: Dieter, Margot, ich und Goswin sowie seine Begleiterin links von ihm.

Ich wusste es wohl, aber es bewahrheitete sich mal wieder: Mit Goswin sind die Nächte lang, so auch in Saalbach.

Goswin und seine Karriere

Goswin überzeugte die Prokuristen der Feist-Belmontschen Sektkellerei in Frankfurt davon, dass sie auf seine Dienste nicht verzichten könnten, sodass Frankfurt zu seinem Einsatzgebiet wurde. Er hatte einen roten Ford, der ihm Mobilität sicherte. Er hatte auch einen neuen Kollegen, der von der Mosel stammte. Manfred Mechtel war ein Sektfachmann in der Kellerei. Er begleitete Goswin, wenn er sonntags in den Rheingau fuhr.

Eines Sonntags, sie hatten sich angemeldet, sodass Kuchen bereitstand, brachten sie eine reizende Brünette im Karmann Ghia Cabriolet mit. „Wer ist das?", fragte ich. Die beiden hatten die spazierenfahrende Dame auf der Autobahn angebaggert und auf einem Rastplatz davon überzeugt, dass sie unbedingt zum „lieben Ludwig" mit nach Oestrich fahren sollte. Zum Glück hat der Kuchen gereicht. Wir fanden heraus, dass die Dame Agnes hieß, gebürtige Kölnerin und Sekretärin in einem Betrieb auf der anderen Rheinseite von Oestrich war. Wir beschlossen, ihr Rüdesheim zu zeigen. „Ich bin noch nie Cabrio gefahren", sagte ich und setzte mich mit einem Augenzwinkern zu ihr auf den Beifahrersitz. Goswin und Manfred setzten sich brav in ihr Auto und fuhren uns nach. Da überkam mich der Schalk und ich fragte Agnes: „Verstehen Sie Spaß?" Sie antwortete mit einem „Ja". Ich erklärte ihr, dass ich nun meinen Arm um sie legen und so tun würde, als würde ich sie küssen. Gesagt, getan! Ihr hättet das darauf folgende Hupkonzert hören sollen. Wir im Cabrio hatten unseren Spaß.

Dank meinem Gag hatte ich nun einen Stein bei ihr im Brett. Ja, manch schöne Beziehung fängt mit einem richtigen Aufhänger an.

Neue musikalische Herausforderungen

Herr Stehr war 1958 nach Freiburg verzogen. Schade, denn mittlerweile hatte ich das Steinway & Son Klavier von Tante Kathi aus Offenbach zum Freundschaftspreis kaufen können. Damit kann man natürlich in die gehobene Liga aufsteigen! Doch es ergab sich eine andere musikalische Herausforderung.

Mit Musikern fanden wir uns sporadisch im Keller von Bernward Messer zusammen, wir hatten eine Tanzband gegründet. Der Hausherr Bernward mit

Saxophon und Klarinette, Peter Mühlbauer Gitarre, Richard aus Lorch am Bass, Peter aus Eltville am Schlagzeug und ich Klavier und Gesang. Wir machten Fortschritte und erarbeiteten uns das Repertoire für diverse Tanzveranstaltungen.

Ein kleiner Unfall im Betrieb

Anstatt eine Leiter an das Flaschenregal zu stellen, um eine Flasche zu entnehmen, sprang ich hoch, konnte die Flasche nicht fassen, sie fiel aber aus der Höhe direkt auf meine Oberlippe. Blutend zur Mutter. „Oh Gott, was hast du gemacht? Sind die Zähne noch drin?" „Ja, aber es blutet!" Meine Mutter: „Es tut mir ja wirklich leid, aber endlich hast du mal eins auf dein Mundwerk bekommen." Ein paar Tage früher hatte ich wohl unzufriedenerweise herumgenörgelt und gemosert, dass sie mich anfauchte: „Du bist unausstehlich. Ich glaube, du brauchst wieder mal eine Frau." – Recht hat sie, dachte ich mir. So geschah es, als ich beim Nachhauseweg vom Dämmerschoppen, von zwei Bierchen mutig geworden, der geschiedenen, fraulich adretten Schneiderin meiner Mutter begegnete. „Ich bring Sie nach Hause." Ich hakte sie unter. Sie lachte über meine Sprüche. Auf mein Drängen hin sagte sie: „Ein andermal." Aber mein werbender Gesang: „Heute Nacht oder nie", ließ sie schmelzen, und im trockenen Gras unter dem Kirschbaum vom Fehde-Peter stammelte sie nur noch: „Aber mach mir kein Kind!"

Was sich so liest wie jugendliche Sturm-und-Drang-Kapriolen war natürlich von täglich fast zehn Stunden intensiver Arbeit begleitet. Von 7–12 und 13–17.30 Uhr war die Kernarbeitszeit, nur Samstag war eine Stunde früher Schluss. Blaumachen gab's nicht! – Wer saufen kann, kann auch arbeiten! Es war rationelles Arbeiten angesagt und Flexibilität gefordert. Wenn das Wetter nicht mitspielte, mussten Innenarbeiten gemacht werden. Als Winzer ist der Blick zum Himmel unabdingbar. Planung und Mobilität die Ultima Ratio zum Erfolg!

Gespräche am Stammtisch

Am Stammtisch kam das Thema Tourismus und Rüdesheim zur Sprache. Grund genug, um mit engen Freunden in Rüdesheim die Fremdenverkehrssaison zu eröffnen. Die Drosselgasse – zu dieser Zeit die Reeperbahn am Rhein – hatte was zu bieten. Vereine und Clubs aus ganz Deutschland kamen zum fröhlichen Feiern an den Rhein. Gleich bei unserem ersten Besuch in der Drosselgasse lernten wir den „Bauchladen"-Mann kennen. Er verkaufte Zigarren, Zigaretten und diverse kleine Lampions, seine Frau war mit Blumen unterwegs. Er kam durch alle Lokale und wusste, wo Tänzer gebraucht wurden. Unsere Zigarrenwünsche erfüllte er mit großer Geste: „Für euch, meine Herren, die Zigarre nur mit Jungfernschnitt." Das ausholende, verkaufsfördernde Zeremoniell, wenn er die Zigarre anschnitt, war sehenswert. Die nächsten Jahre, wenn wir nichts Besseres zu tun hatten, erlebten wir den Fremdenverkehr wortwörtlich.

In der Sommersaison 1960 war Josef Zimmer mit seiner Hilde und ich mit meiner Jugendfreundin Traudi zu einem spontanen Besuch in Rüdesheim. Wir saßen gegenüber vom Hotel Lindenwirt im Drosselhof. Mit am Tisch saß ein gut gekleideter Herr, vor ihm eine kleine Flasche und aus seinem Glas lachte mich ein golden funkelnder Wein an. Der Herr war in Schreibarbeiten vertieft, wir tanzten mit unseren Freundinnen. Sie lernten auch den „Bauchladen"-Mann kennen; wir bekamen wieder die Zigarre mit Jungfernschnitt. Wir tanzten, erzählten und lachten. Als der Herr seine Schreibarbeiten beendet hatte, fragte ich ihn ganz kess, was er da Gutes im Glas habe. „Das ist eine 1953er Riesling Beerenauslese, ganz delikat", sagte er. Es stellte sich heraus, dass er eine Asbach-Vertretung für Kanada besaß, in Toronto lebte und auf Geschäftsreise war.
„Darf ich mal mit Ihrer Freundin tanzen"?, fragte er. „Selbstverständlich gerne, sie ist ja Lehrling bei Asbach." Schon kamen eine Flasche des 1953er Weines und vier Gläser auf den Tisch. Es wurde ein genussvoller Abend für mich, eingehüllt in die Rauchschwaden einer Havanna, den Gaumen tapeziert mit edelfaulen Aromen der Beerenauslese. Da gönnte ich dem Herrn doch die Tänze mit der Traudi.
Die anderen genossen auch das edle Getränk, und als unser Gastgeber bezahlen wollte, bekam ich doch ein schlechtes Gewissen. Da standen drei oder vier kleine Flaschen, die er ausgegeben hatte. Doch seine Brieftasche war gut gefüllt, er hatte einen schönen Abend mit uns erlebt. Seine Abschiedsworte waren: „Ihr Lieben, es war mir ein Vergnügen!" Ahnen konnten wir beide nicht, dass wir uns 1970 im Harmony Club in Toronto auf einer Konzertreise der Hofsänger wiederbegegnen würden.

Apropos „Bauchladen"-Mann, irgendwann am Anfang unserer Begegnung habe ich ihn gefragt, ob er auch Kinder habe. „Ja, eine Tochter, die ist in der Schule gut und sie treibt viel Sport." „Na, dann kannst du sie mir großziehen", bemerkte ich lachend. Wenn ich ihn sah, war immer meine Frage: „Wie geht's deiner Tochter?" „Gut, sie ist fleißig in der Schule, Sport macht sie auch gern." Doch zwei bis drei Jahre später bei Saisonbeginn in Rüdesheim antwortete er kopfschüttelnd, fast traurig auf meine Frage, was die Tochter mache: „Das wird nichts, es tut mir leid, aber die ist dir über den Kopf gewachsen." Da hatte mein Ego halt wieder einmal einen Kratzer abbekommen.

Der „Grüne Baum" mit seiner Wirtin Martha war für viele Jahre Begegnungsstätte, in der interessante Leute verkehrten und übernachteten, die unsere Region kennenlernen wollten. Ich kam vorbei, als die Wirtin sich mit vier Amerikanerinnen abmühte. „Gut, Ludwig, dass du kommst, die jungen Frauen wollen den Rheingau kennenlernen." Zwei wohnten abwechselnd bei mir und die zwei anderen im Zelt auf dem Hattenheimer Campingplatz. Na ja, da konnte ich mal wieder mein Englisch trainieren. Ich habe ihnen die Weinberge gezeigt, eine Weinprobe im Keller gemacht und natürlich auch Klavier gespielt und gesungen. Mit den vier Freundinnen war ich in Rüdesheim, habe eine Wispertalrunde gemacht und mit meinen Freunden gingen wir gemeinsam Tanzen.
Ich hatte mich dann bald in ein Herzchen hineingeschmuggelt und wir genossen die Zeit. Zum Abschied hörte ich das schönste Kompliment, was mir je eine Frau gemacht hat: „Ludwig, thanks for the beautiful time, you have such a nice voice. You play the piano so wonderful, and you are really a great lover!"
– Das tat dem Ego aber gut!

Eine gelebte Männerfreundschaft: Goswin und ich
Goswins Frankfurter Zeit war wild, bewegt und erfolgreich. Wie verflochten der Steigenberg-Konzern mit der Frankhof-Kellerei und der Feist-Belmontschen-Sektkellerei war, kann ich nicht sagen. Goswin, der diese Betriebe vertrat, machte mir den Vorschlag, einige Flaschen Sekt zu kaufen, damit ich in die Kundenkartei aufgenommen werde. Ich folgte seinem Rat und wir haben ein Abendessen im Henninger Turm auf Firmenkosten verbracht.

Außerdem stellte er mir den Leiter der Frankhof-Kellerei, Herrn Schamari, vor. Dieser war aus Johannisberg, ein echtes Rheingau-Gewächs, jemand, der hin und wieder die Dienste Goswins nutzte. An dieser Stelle muss ich wohl erklären, dass in den Sechzigerjahren, in denen Deutschland wiederaufgebaut wurde, noch vieles möglich war. Kunden, die zum Einkauf von Sekt oder Wein nach Frankfurt kamen, seien es Deutsche oder Ausländer, wollten auch das blühende Nachtleben Frankfurts kennenlernen. Die Kombination machte Goswin zum idealen Schlachtross. Er beherrschte die Szene und hatte ausreichend Stehvermögen für lange Nächte. Außerdem war er sich nicht zu schade, die Liebesdienste des Frankfurter Rotlichtmilieus zu vermitteln und daran teilzuhaben. Einmal erklärte er mir, er müsse kürzer treten, da sein Spesenkonto höher sei als das Gehalt der Prokuristen. Bei DEM Nachtleben kein Wunder!

Goswin brachte mir Frankfurt näher, wir besuchten die Äppelweinkneipen in Sachsenhausen und ich lernte das Nachtleben einer Großstadt kennen. Frankfurt in den Sechzigern war für mich eine andere Welt, wo einem Frauen begegneten, die uns sagten, was sie wollten. Goswin wohnte zur Untermiete bei einer attraktiven Kriegerwitwe mit zwei flüggen Töchtern. Da ging die Post ab, das waren schon die Vorboten der berühmt-berüchtigten „Achtundsechziger", wo es von der Prüderie zur gelebten sexuellen Freizügigkeit kam.

Wie dem auch sei, wir erlebten den Jahreswechsel 1960/61 zusammen in Frankfurt. Er nahm mich mit zu Freunden in eine Großstadtfamilie. Es wurde fleißig gezecht, die Frauen dieser Männerrunde hatten wohl selbst was unternommen, es wurde lauter, teilweise schepperten Gläser, und ich gab Goswin zu verstehen, mich auf der Straße etwas umzuschauen. Okay. Ich schlenderte also durch Frankfurts Gassen, keine Tageshektik, vereinzelt knallte ein Böller durch die Nacht. Ob das ein guter Jahreswechsel wird? Na ja, die Nacht ist noch jung.

Da kam eine Dame des Weges, machte einen seriösen Eindruck auf mich und ich fragte: „Na, so allein in der Silvesternacht unterwegs?" „Ja, ich bin eingeladen bei Freundinnen, doch da sind nur Frauen, darum habe ich es nicht so eilig gehabt." „Das trifft sich ja prima, denn wo ich hier um die Ecke bin, da sind nur Männer. Mein Vorschlag: Wenn Sie wollen, gehen wir gemeinsam zu meinen Bekannten und dann können wir mit meinem Freund zu Ihren Freundinnen gehen.

Das HALLO könnt ihr euch vorstellen, als ich mit der lichttauglichen Dame auftauchte! Mittlerweile war noch mehr Glas zu Bruch gegangen, und als Goswin hörte, dass die Freundinnen ohne Männer feiern, waren wir bald auf dem Weg dorthin. Wir waren willkommen, mischten die Runde auf und begrüßten das neue Jahr frenetisch. Na, jetzt hatte ich auch in Frankfurt eine Adresse, wo man „auf einen Sprung" vorbeikommen konnte. Eine zugängliche Freundin war manchmal auch da!!! Ja, diese Großstadtpflanzen! Manfred von der Mosel, Sektküfer und Kollege von Goswin, erzählte mir, dass er auch so ein schönes Verhältnis in Frankfurt pflege. Eine reifere, gut situierte Dame freue sich immer sehr, wenn er sie besuche. Beim Abschied drücke sie ihm immer einen Schein in die Hand: „Dann kannst du doch bequem mit dem Taxi nach Hause fahren, mein Lieber."

Im Nachhinein sollten Sie, liebe Leser, uns für dieses Verhalten nicht verurteilen. Halten Sie sich vor Augen, wir hatten in diesen Jahren einen hohen Frauenüberschuss, der Männeranteil der Jahrgänge 1927 und älter war durch den Krieg stark dezimiert. Bei den reiferen Frauen war auch die Lust auf Leben und Erleben erwacht und sie wollten daran teilhaben. Verständlich.

Wir waren zwar keine Achtundsechzigerrebellen, aber auch wir, die wir uns zum Establishment zählten, wollten verstaubte Lebensansichten ändern. Da mussten, gerade was die Sexualität betrifft, Tabus gebrochen werden, und wir machten schon die Fenster auf, um den angestauten Mief rauszulassen.

Erwähnenswertes und Erlebnisse von 1958–1962

Da denke ich gern an unsere Tanzkapelle zurück. Die ersten Engagements gab es bei den örtlichen Vereinen, die Familienabende organisierten. An Kerb und an Fastnacht gab es Tanzveranstaltungen. Im Saalbau Frankenbach in Eltville spielten wir für die örtliche Tanzschule. Wir trafen den Rhythmus der Zeit und man konnte gut zu unserer Musik tanzen. Wir hatten zwar eine Verstärkeranlage und Mikrofone, aber ich musste mir doch die Finger wundspielen, um am Klavier gehört zu werden. Die E-Gitarre haute ihre Töne raus, da hatte ich aus gutem Grund das Reglerpult am Klavier stehen.

Bei der mitternächtlichen Schmusemusik war es dann klar: Die Tänzer haben den Spaß und wir gehen leer aus. Der Blick auf die Gage relativierte das Ganze, und wie es bei Musikern passiert: Die Verehrerinnen geben sich manchmal zu erkennen. Wie schön!!!

Wir waren von Bernwards Vater engagiert, der Klinikdirektor in Wiesbaden war. Der Tagesausflug der Klinik sollte von uns musikalisch begleitet werden. Es ging zu einer Burg hinter Bad Schwalbach, im Aartal gelegen. In meinem VW war das Schlagzeug verstaut, neben mir saß der Schlagzeuger und wir fuhren durch einen Ort nahe der Burg. Da kam uns ein Traktor entgegen, auf dem Kinder saßen. Der Traktor hielt an. Ich erinnerte mich an Vater August, der immer sagte: „Beim Autofahren musst du kleine Kinder und alte Leute immer im Auge behalten." Ich fuhr noch langsamer als sonst, da sprang hinter dem Traktor ein kleines Mädchen direkt vor mein Auto. Der Vater auf dem Traktor schrie auf, ich schubste das Kind mit dem Auto um, aber ich kam zum Stehen. Ehe ich aus dem Auto kam, war das Kind wieder aufgestanden und weinte vor Schreck. Das war gerade noch mal gutgegangen. Ich gab für alle Fälle meine Personalien, die Eltern waren glücklich. Nach unserer Veranstaltung fuhr ich auf dem Rückweg nochmals zu der Familie, aber es war alles in Ordnung.

Die Ausflügler der Wiesbadener Klinik hatten dank unserer musikalischen Unterhaltung einen schönen Nachmittag. Die Sekretärin des Direktors unterhielt sich sehr angeregt mit mir. Wir scherzten, flirteten, dann bekam ich ihre Adresse und wir erlebten gemeinsam einen erotischen Abend bei ihr zu Hause. Musikerglück, oder?

Wir hatten für einen Verein eine Veranstaltung im Parkhotel in Rüdesheim zu spielen. Der Inhaber, Herr Kreis, engagierte uns 1962 für alle seine Fastnachtsveranstaltungen in seinem Hause. Das Parkhotel war damals der Treffpunkt der Rheingauer Hautevolee während der närrischen Tage. Wir hatten die Fastnachtstage zur vollen Zufriedenheit des Hausherrn und seiner Gäste gemeistert. Leider musste ich danach Adieu sagen, denn ich gehörte mittlerweile dem Mainzer Hofsänger-Ensemble an, und noch zusätzlich Tanzmusik machen, das gibt zu viele Überschneidungen. Die Freunde verstanden dies, leider haben sie keinen Ersatz gefunden.

Was wäre ab 1960 noch erwähnenswert, neben der Gehilfenprüfung im März und dem Sommersemester in der Forschungsanstalt Geisenheim? Natürlich die Reise mit der Jungen Union nach Paris und der Besuch des NATO-Hauptquartiers am 23. August 1960.

Die Pariser Reisegruppe der Jungen Union

Meiner Jugendfreundin Traudi wollte ich Parfum aus Paris mitbringen. Ich also in ein Parfumgeschäft. Keine Kunden da, aber drei attraktive Verkäuferinnen. „Mesdemoiselles, s'il vous plaît, je cherche un parfum pour ma Traudi." Das armfreie Hemd bot jede Menge Platz für all die Düfte, die mir die drei Damen verabreichten. Mon dieu! Als ich wieder zu der Gruppe stieß, meinte mein Freund Ewald: „Mann, du riechst ja wie ein dreistöckiges Freudenhaus." Was soll's, ich hatte meinen Spaß und ein spezielles Geschenk, kein Soir de Paris!

Wenn ich jetzt so gedankenversunken an die Sechzigerjahre zurückdenke, muss ich mir schon eingestehen: Ich war ein kleiner Hallodri, ein junger, unbeschwerter „Bruder Leichtsinn" und lebenshungriger Jüngling.
Da hatte ich auf der einen Seite ein schönes Liebesverhältnis mit Margot in Wiesbaden. Wir liefen im Taunus gemeinsam Ski, die Sommerwochenenden verbrachten wir, wenn es ging, im Paddelboot und Zelt, auf der Hattenheimer Aue. Auf der anderen Seite war ich aber auch noch neugierig auf die vielfältigen Reize der mich täglich umgebenden jungen Damen.

Unser Privatcamping an der Hattenheimer Aue.

Ans Heiraten hatte ich zu keiner Zeit gedacht. Margot hatte in einem Gespräch mit meiner Mutter die Erkenntnis gewonnen, dass ein festes Verhältnis keinen Sinn macht. Sie pflegte ja auch weiterhin den Kontakt zu ihrem ersten Freund Dieter, der beim Studium in Graz war. So entstanden damals wie heute offene Verhältnisse, die jedem seine Freiräume ließen. Wer will das kritisieren, wenn keiner dabei der „Loser" ist. Ich hatte also nebenbei meine kleinen Freundinnen, die sich so im Freundeskreis, in den Vereinen oder auch durch die Weinlese ergaben.

Junge Mädchen schrieben mir glühende Liebesbriefe, meine Antworten würden mich heute interessieren, aber die gibt es nicht. Kopierer gab es damals keine und mit Pauspapier beziehungsweise Kohlepapier wurde nur Geschäftspost geschrieben. Ich war also jetzt in dem Alter, für das sich sechzehn- bis achtzehnjährige Mädchen interessieren. So war eine junge Oestricher Neubürgerin mit ihren Eltern aus dem damaligen Jugoslawien hierher gezogen. Während der Weinlese bei uns war viel Zeit zum Schäkern. Ich habe die Irene nur „Circe moi" genannt, denn ihr war das Talent, Männer zu betören, in die Wiege gelegt. Dass Frauen, wie Männer auch, nicht unbedingt monogam sind, erfährt man auf verschiedene Arten.

Das andere Phänomen habe ich in der Tanzkapellenzeit erlebt. Ein junges Mädchen, nennen wir sie Ilona, verliebte sich in mich. Ich war selbstverständlich höflich zu ihr, nahm sie ernst, aber ich zierte mich damit, weiter auf sie einzugehen. Sie lässt nicht locker, ich wollte sie nicht „vor den Kopf stoßen", doch sie möchte auch das kennenlernen, was schon einige ihrer Freundinnen tun. Es passiert halt.

Zum Ende des Jahres 1960 hatten sich dann „meine" Margot und ihr Dieter entschlossen, im Frühjahr 1961 zu heiraten. Wir hatten weiterhin sporadisch Kontakt, denn Gefühle sind stark und die Sinneslust lässt sich nicht einfach abschalten. Die freundschaftliche Verbindung hatte auch nach ihrer Heirat Bestand und währt bis heute.

Im Anschluss an die Fastnacht 1961 war ihr Umzug nach Graz. Margot wollte wissen, wohin ich am Fastnachtssamstag zum Ball gehen würde. Nun, meine Schulstadt war Eltville, somit ging ich auf den dortigen Maskenball des Rudervereins in der Stadthalle.

Der Abend kam, viele schöne Masken forderten mich zum Tanzen, mit der ein oder anderen ging es an die Bar. Da tauchte Magot maskiert auf und wir tanzten. Schon in der nächsten Runde hatte ich eine neue Tänzerin im Arm. An dem Abend hatte ich richtig Chancen! Kurz bevor um 24 Uhr die Damenwahl endete, drückte sich Margot wieder in meine Arme: „Na, du Schlawiner, mischst ja wieder ganz schön die Frauen auf. Fährst du mich mit dem Auto nach Hause?" „Margot, bei aller Liebe, verzeih mir, aber an so einem Abend – und übrigens, wir wollten doch brav sein." Ich bekam noch einen Klaps auf die Wange und sie ging. Weiter verlief der Abend wie selten. Einer hübschen Wiesbadenerin machte ich den Hof, sie konnte faszinierend tanzen. Als ich ihr versprochen hatte, sie nach Wiesbaden zu fahren, ließ sie mit ihrer Freundin den letzten Bus sausen. Es war eine fantastische Stimmung!

Und schnell hatte ich wieder eine andere Tänzerin in den Armen. Wir tanzten flott und körperbetont: „Was für eine Frau!", dachte ich mir noch, bevor ich bemerkte, dass ich sie kannte. Sie war die Tochter des Weinhauses, in dem mein Vater Skat spielte. Eine tolle, reife Frau, ein Audrey-Hepburn-Typ. „Wow, das kann ja nicht wahr sein!" Ihre Ausstrahlung nahm mich gefangen und die Wiesbadenerin war vergessen. Sie war schlagfertig, selbstbewusst und hieß Margot. „Wenn das kein gutes Omen ist!" Bevor die Nacht ganz uns gehörte, löste ich mein Versprechen ein und fuhr gemeinsam mit ihr die beiden Wiesbadenerinnen nach Hause. Eine Margot war heute aus meinem intensiven Liebesleben getreten, doch eine neue Margot fiel wie ein Stern vom Himmel.

An dieser Stelle gestattet mir die Feststellung, dass es für jeden jungen Mann von Mitte zwanzig ein Glücksfall ist, einer reifen Frau mit gewisser Lebenserfahrung zu begegnen. Denn die etwas ältere Frau ist mit Mitte dreißig gerade auf dem Zenit ihres Lebens. Die schönste Zeit für sie bricht an und sie möchte begehrt sein. Da kann man Themen ansprechen, die für zwanzigjährige Frauen noch kein Thema sind. Der ungezwungene Umgang mit dem sinnlichen Verlangen kommt hinzu – da kommt doch Freude auf!

Im Sommer 1961 hatte ich mit meinem Bruder Joachim einen Besuch zur Traktoren-Firma SAME in Norditalien geplant. Die neue Margot war bei ihren Eltern beschäftigt und konnte so mit von der Partie sein. Mit zwei Zelten ging es gen Süden, wir genossen die Alpenüberquerung auf den alten Passstraßen. Am zweiten oder dritten Tag hatten wir die Werksbesichtigung. Wir bekamen die ersten Schmalspurschlepper zu sehen und die Geschäftsleitung lud uns zum Abschluss in eine Trattoria mit italienischen Spezialitäten ein. Bei der Rückreise, auf einem Campingplatz am Gardasee, sahen und hörten wir zum ersten Mal von den Festspielen in Verona. „Das ist ja gar nicht so weit weg von hier und morgen gibt es Aida von Verdi. Wie toll!", stellte ich fest. „Es gibt sogar die Möglichkeit, mit einem Bus zur Arena von Verona zu fahren, inklusive Stadtbesichtigung." Es wurde zu einem besonderen Erlebnis. Die Atmosphäre dieses gigantischen Bühnenwerks in dieser Arena mit Elefanten und Kamelen, mit einem riesigen Orchester und mit Starbesetzung der Sängerinnen und Sänger. Zudem bekamen wir hautnah mit, wie die Italiener so ein Ereignis, scheinbar im Familienverband, mit Speis und Trank feiern. Die warme Sommernacht, die Musik, das gesamte Flair war betörend. Wir nahmen Margot in unsere Mitte, ich kuschelte mich dicht an sie, ihre Augen strahlten, und in mir erwachte wieder die Vorfreude.

Von der anderen Margot und ihrem Dieter kam regelmäßig Post aus Graz und eines Tages die Mitteilung, sie erwarten Nachwuchs, einen Jungen. „Wir wünschen uns, dass du, lieber Ludwig, Pate wirst. Die Geburt ist um Silvester und die Tauffeier hängen wir unmittelbar hintendran."

Meiner Mutter habe ich zum Spaß einen Schreck versetzt, als ich ihr mit ernster Miene sagte: „Ich muss über Silvester nach Graz, mein Sohn wird geboren." Nein, liebe Josefine, natürlich nicht, das ging allein von dem zeitlichen Abstand nicht. Dennoch führte es dazu, dass ich nach Weihnachten 1961 wieder etwas vorhatte.

Margot, die Neue, konnte sich zwischen den Jahren freimachen und freute sich, mit mir zu verreisen. Am Weihnachtstag ging es los nach München. Ein kleines Hotel war gebucht und auf ging's zum Besuch ins Hofbräuhaus. Als wir aus dem Hofbräuhaus kamen, hatte es geschneit, die Straßen waren spiegelglatt. Ich hielt es für kein Problem und nahm selbstbewusst am Steuer

meines Autos Platz. Aber die Straße hatte Gefälle und ich rutschte über zwanzig Meter gegen ein Auto auf der Hauptstraße. Der Fahrer stieg aufgelöst aus dem Auto aus und sagte: „Mein neues Auto! Gerade ist mir schon einer hintendrauf gefahren und jetzt noch einer in die Seite!" Wir tauschten die Personalien aus und damit hatte sich das erledigt. Nur mein linker Kotflügel war dahin. Im Hotel empfahl man mir eine kleine Werkstatt, die von Toni Ungerer. Wir hin: Ja, das können wir machen, war die Nachricht. Mit Lackieren brauche man drei Tage, somit bis Freitag. Ich war einverstanden, denn ich wollte mit einem intakten Auto nach Hause kommen. Ich ließ Herrn Ungerer noch drei Flaschen aus meinem Vorrat und eine Preisliste da und fragte, ob ich die Rechnung überweisen könne, da ich nicht so viel Bargeld bei mir hatte. „Passt schon."
Freitags waren keine Spuren des Unfalls mehr zu sehen. Ich bekam eine humane Rechnung mit der Aufforderung, ihm für das Geld Wein zu schicken, denn ihm hatten die Proben fantastisch geschmeckt. So wurde aus Toni Ungerer über zwanzig Jahre lang ein treuer Rheingau-Riesling-Fan. Und so war aus einem Malheur über die Jahre ein Geschäft geworden. Treu dem Motto: „Wer weiß, für was es gut ist!"
Unser nächstes Ziel war Wien. Am Sonntag, dem 31.12., erlebten wir live die Wiener Sängerknaben in der Hofburgkapelle. Offiziell war ausverkauft, aber irgendwie haben wir uns durch die Sakristei einen Stehplatz ergattert. So nah dran, an so natürlichen, göttlichen Stimmen! Anschließend ging es direkt nach Graz zu der hochschwangeren Margot und ihrem Mann. Die geplante Silvesterfeier fiel aus, denn die Wehen setzten ein, und als zweites Kind in Österreich erblickte Michi am 01.01.1962 das Licht der Welt. Mutter und Kind waren wohlauf, doch bis zur Kindstaufe konnten wir nicht bleiben. Viele Briefe der glücklichen Eltern ließen mich an seiner Entwicklung teilhaben.

Mittelmeerreise 1962

In Goswin und mir wuchs der Wunsch, eine Schiffsreise im östlichen Mittelmeer zu unternehmen. Man stelle sich das vor: Nur einmal Koffer auspacken und doch sieht man viele Orte. Und die Mädchen können vor uns auch nicht weglaufen. Höchstens über Bord gehen. Noch heute muss ich lachen, wenn ich an unsere Gespräche diesbezüglich denke.
1962 war es so weit. Es ging nach Ägypten, über Kreta, den Libanon und Israel nach Alexandria und Kairo. Ich kann mich weder daran erinnern, wer die

Reise organisiert hat, noch ob wir sie in Genua oder Venedig begonnen haben.

Bei unserer ersten Seereise fanden wir uns auf einem griechischen „Seelenverkäufer" wieder. Aus Kostengründen hatten wir Innenkabinen gebucht. Der Weg dahin war sehr verwinkelt und gegenüber Goswin stellte ich fest: „Hoffentlich fängt es hier nicht zu brennen an." Prompt war seine entwaffnende Lache zu hören.

Im Speiseraum hatten wir eine amerikanische Lady als Tischdame. Goswin versuchte, diese mit Retsina abzufüllen. „Nice to meet you!", war die Devise.

Nach einem Tag auf See, an dem wir das Schiff und seine Gäste begutachteten, fand der erste Landgang in Kreta statt. Hierfür hatten wir einen Ausflug gebucht. In einem Pulk von Amerikanern hörten wir während der Besichtigung von Knossos immer wieder: „Oh, look! That's very old big history!"

Mit dem Schiff ging es gen Osten weiter, in Richtung Libanon. Der Libanon ist ein Land im östlichen Mittelmeer, welches im Süden von Israel und im Norden von Syrien eingegrenzt wird. Die Kulisse von Beirut an der Levante-Küste war beeindruckend: Der ganze Golf von Saint-Georges lag vor uns. Eine riesige Bucht mit edlen Villen in hochherrschaftlichem Ambiente. Man sah Wasserskifahrende, dies war in Mode, und die verschneiten Berge im Hintergrund ließen uns ein Märchen von Tausendundeinernacht erahnen. Da durfte ein Besuch im Kasino von Beirut nicht fehlen. Die gastierenden Bluebell Girls aus dem Pariser Lido ließen unsere Herzen höher schlagen und Frauen wurden noch begehrenswerter für uns. Aber der Reihe nach.

Zunächst stand ein Ausflug nach Damaskus auf dem Programm, aber wie die meisten fakultativen Ausflüge recht teuer. Im Hafen gab es genug Taxis und daher wagten wir mit einem Ehepaar zusammen einen eigenen Ausflug. Die Verständigung mit dem Taxifahrer war gut, die rote Felswand hinter der Stadt Damaskus beeindruckend.

Schon damals gab es in diesen Ländern reichlich Souvenirs und unser Ehepaar war ganz wild auf einen echten Damaszener Dolch. Die beiden baten uns, gemeinsam mit ihnen einen auszusuchen und auch beim Aushandeln des Preises behilflich zu sein. Wir hatten scheinbar auf die beiden einen kompetenten Eindruck gemacht. Schließlich fanden wir das gute Stück, einen mit Halbedelsteinen besetzten Dolch, eine wahre Augenweide! Nach dem Kauf zogen wir weiter und trafen uns schließlich am Taxi zur Rückfahrt zum Schiff wieder. Damals hielt sich der Autoverkehr in diesen Städten noch in Grenzen.

Aber im Orient war im Bazar der Pulsschlag für Handel und Wandel. Beim Abendessen auf dem Schiff sahen wir in die traurigen Gesichter des Ehepaares. „Was ist passiert?", fragten wir sie. Da erzählten sie uns, dass sie, als sie auf dem Schiff den Dolch ausgepackt hatten, einen ganz einfachen, schmucklosen aus dem Papier gewickelt hatten. „Aber wie kann denn das sein?" „Ja, die sind zum Einwickeln in einen Nebenraum gegangen", antworteten sie uns, und ich sagte: „Wie kann man denn so arglos sein?!" Leider war es nun zu spät. Die Lehre daraus: Beim Handeln immer fair bleiben. Leben und leben lassen, aber nicht zu vertrauensselig sein!

Der Besuch in Israel fiel aus irgendwelchen politischen Gründen aus und so ging es auf Alexandria in Ägypten zu. Dort war Ausbooten angesagt, das heißt, wir mussten in kleine Boote steigen, die uns dann ans Land brachten. Da standen wir nun am Ende der Schlange. Beim nächsten Mal bleiben wir noch am Pool liegen, wenn die anderen schon ausbooten. Die Zeit an Bord hatten wir bereits gut genutzt, um mit der Damenwelt anzubandeln. Zu dieser Zeit war zwar der Anteil an jungen Damen gering, aber es gab doch einige, die neugierig auf die Welt waren.

Renate und ich links, rechts außen Goswin mit Begleitung.

Wir hatten zwei nette junge Damen kennengelernt, die uns in Alexandria begleiteten. Da man bis spätabends zurück aufs Schiff kommen konnte, machten wir einen ausgiebigen Bummel durch Alexandria. Wir saugten die Atmosphäre der Stadt ein. Die Stadt umgab uns mit ihrem orientalischen Flair und ihren freundlichen Menschen. Wir bestaunten die Kleidung, die Kopfbedeckung, die Bärte, Frisuren, die Behausungen und das fremdartige Stimmengewirr. Zwischen all dem sahen wir Kamele und Esel, die zum Teil beladen, zum Teil vor ein einachsiges Gefährt gespannt waren. Mein Freund Goswin übernahm die Führung. Da ich ihn kannte, wunderte es mich nicht, dass wir im Kreis feiernder Araber landeten. Diese hießen uns herzlich willkommen, reichten uns Tee und sprachen zum Teil Englisch mit uns. Unsere blonden Begleiterinnen hatten es ihnen besonders angetan. Allmählich fanden wir heraus, dass wir einem Hochzeitsritual beiwohnten. Zwar war vom Staatsoberhaupt Nasser der Rauschgiftverzehr offiziell verboten worden, aber bei solchen Anlässen machte man zuweilen eine Ausnahme. Daher wurden wir in einer Runde um eine Wasserpfeife platziert, in der Haschisch geraucht wurde. Die Wasserpfeife wurde im Uhrzeigersinn von Mund zu Mund gereicht. Als ich in die bärtigen Gesichter der Männer mit teils spitzgefeilten Zähnen schaute, platzierte ich mich so, dass Goswin und die beiden Damen vor mir an der Reihe waren. Naiv, wie ich war, bat ich die beiden Frauen, uns mitzuteilen, sofern sie sich berauscht fühlen sollten. Und eines beruhigte mich in dieser Lage: Wir hatten unsere Papiere und Geld an Bord gelassen und nur einige ägyptische Pfund dabei. Die Wasserpfeife zeigte keine Wirkung bei uns.

Als ich mir eine Zigarette ansteckte, bemerkte ich, dass mir einer etwas in den Tabak tun wollte, und ich hoffte, dass es kein Marihuana war. Um ehrlich zu sein, sah es auch eher wie getrockneter Kamelmist aus. Beim Ziehen fiel mir nichts Verdächtiges auf, aber der Rauch machte meine Mundschleimhaut noch trockener als sonst. Goswin gegenüber bemerkte ich, dass mir ein Riesling nun doch lieber wäre, und er quittierte diese Aussage mit einem schallenden Gelächter. Die beiden jungen Frauen hatten so etwas auch noch nicht erlebt, und so war es für uns alle eine prickelnde Angelegenheit. Auf dem Rückweg zum Schiff kaufte ich zwei sogenannte Kamelhocker von einem Souvenirboot, diese waren bis spät in die Nacht aktiv. Somit waren die ersten Mitbringsel an Bord und mir wurde allmählich bewusst, wie gut es gewesen war, mit dem VW-Käfer zu unserem ersten Hafen gefahren zu sein. Denn sonst wäre ein Transport der Kamelhocker nach Hause gar nicht möglich gewesen.

Noch in derselben Nacht ging es weiter nach Port Said, circa 200 Kilometer östlich am Sueskanal. Mit kleinem Gepäck ging es von hier für zwei Nächte nach Kairo. Uns Passagiere teilte man in Busse auf und brachte uns in verschiedene Hotels. Unsere Begleiterinnen von Alexandria waren in anderen Bussen. Da wir keine Nobelklasse gebucht hatten und zu den Jüngeren zählten, bekamen wir im Hotel ein Zimmer ohne Klimaanlage. „Na, das kann ja was werden bei über vierzig Grad!", dachte ich.

Nach circa zwei Stunden hatten wir Kairo erreicht. Zuerst fiel uns auf, dass die Häuser gar keine Dächer hatten, und die Moscheen leuchteten uns im grellen Sonnenlicht entgegen. Die arabische Kultur umgab uns. Wir waren in einer lebendigen Metropole angekommen, der größten Stadt Afrikas.

Wir fuhren zur gut erhaltenen Zitadelle des Herrschers Salah ad-Din, welche das Herz des islamischen Kairo ist und von einem der größten arabischen Herrscher erbaut wurde. In Europa war Salah ad-Din seit den Kreuzzügen als Saladin bekannt, da der Herrscher die Festung erbaute, um die Stadt vor Eindringlingen, wie den Kreuzrittern, zu schützen.

Das Restaurant, in dem wir zu Mittag aßen, war schattig, von Grün umgeben. Die Hitze wurde für uns, da wir sie nicht gewohnt waren, unerträglich. Da kam uns ein Besuch des Ägyptischen Nationalmuseums im Herzen Kairos gerade gelegen, denn hier herrschte eine angenehme Temperatur. Wir schlenderten an riesigen Sammlungen von Schmuck, Statuen, Sarkophagen und Mumien aus 3000 Jahre Ägypten vorbei. Spätestens jetzt mussten wir uns eingestehen, dass es schon immer große Kulturen gab.

Abends stießen wir auf eine Gruppe kichernder weiblicher Teenager aus England, es handelte sich wohl um eine Schulklasse eines College, die an die ägyptische Kultur herangeführt werden sollte. In ihrer Mitte sah ich eine schwarzhaarige, südländische Erscheinung, die nicht mehr ganz jung war, dafür hatte sie aber eine unwiderstehliche Ausstrahlung.

An dieser Stelle muss ich erwähnen, dass ich mit 25 Jahren auf eben diesem Typ reifer Frauen stand. Deshalb flirtete ich munter drauflos und hörte mich irgendwann sagen: „Oh, you are such an distinguished lady, I could lose my heart to you." Sie erwiderte: „But here are so many nice young ladies." „Sorry, they are plumpudding for me, compared to you." Ein Funke war gesprungen. Goswin, der das alles beobachtet hatte, meinte schließlich zu mir: „Du läufst ja zur Hochform auf." „Ja, ist sie das denn nicht wert?", fragte ich zurück. Das spielerische Schäkern zwischen mir und der Südländerin wurde bei einem Drink immer gelöster. Sie schmolz förmlich dahin, wie das Eis in unseren Drinks. Ich stellte fest, dass Goswin sicherlich noch einen Drink zu sich nehmen wollte. Klug, wie mein Freund war, verstand er sofort, und ich entschwand mit meiner Südländerin in das nicht klimatisierte Zimmer.

Am nächsten Tag erwartete uns Gizeh mit den riesigen Pyramiden und der Sphinx. Wir waren beeindruckt von diesen letzten verbliebenen Sieben Weltwundern der Antike, erbaut vor mehr als 4500 Jahren als Gräber für die Ewigkeit. Eine der monumentalen Grabstätten der Pharaonen durfte 1962 noch bestiegen werden. Die Herausforderung für meinen Freund Goswin und mich. Ein kleiner Araber mit verbogenen Gliedmaßen wurde zu unserem Führer, um die Höhe der Pyramide von circa 140 Metern zu erklettern.

Goswin nach der Besteigung der Pyramide.

Der Weg zur Spitze der Pyramide war nicht so einfach wie gedacht. Treppensteigen war nicht möglich, da ein Quader der Höhe von etwa drei Treppenstufen entsprach. Das bedeutete Handauflegen und links- oder rechtsrum auf den nächsten Quader springen. Goswin ging beweglich wie eine Bergziege vorweg. Mit jedem Sprung kamen wir der Spitze etwas näher. Der Wind wurde stärker und die Sonne wanderte allmählich um das Bauwerk. Nachdem ich circa ein Drittel der Strecke zurückgelegt hatte, schaute ich mir den

Rückweg an. „Oje!" Mit einem Mal erkannte ich, dass auch der Rückweg nicht so einfach wie Treppensteigen werden würde. Man musste in die Hocke gehen, wieder Handauflegen und einen kontrollierten Seitensprung machen, um sicher auf dem Vorsprung anzukommen.
„Nein, nein! Mir reicht es! Goswin, wir brechen ab!", rief ich meinem Freund zu, aber Goswin war nicht aufzuhalten. Das hätte ich mir eigentlich denken können. Mit meiner Bitte, er solle vorsichtig sein, machte ich kehrt und besorgte in der Nähe eine Flasche Wasser. Trotz der frühen Stunde und der Tatsache, dass wenig los war, war die Kraft der Sonne spürbar, und so blinzelte ich dem besessenen Pyramidenkletterer nach. Nach mehr als einer halben Stunde kam er total ausgepowert zurück, nahm mir die Flasche Wasser ab und leerte sie in einem Zug. So war er halt, ein Draufgänger, der meine Nähe suchte, weil ich ihm, das glaube ich heute, Bodenhaftung geben konnte.
Anschließend fuhren wir nach Memphis, der alten Hauptstadt mit ihren Ruinen, der gefallenen Kolossalstatue des Pharao Ramses II. und zu der Alabastersphinx.

Ich bei den Pyramiden.

Zurück im Hotel erwartete uns freudestrahlend meine Südländerin Dolores Carmen. Ach ja, ich habe noch gar nicht von Ihr gesprochen. Dolores Carmen, wie ich sie nannte, war eine Argentinierin aus Buenos Aires, die seit eineinhalb Jahren Witwe war. Die Europareise und der Abstecher nach Afrika sollten ihr die Schönheiten des Lebens wieder näherbringen, und so machte es mich glücklich, ihr dabei helfen zu können. Mein verständnisvoller Freund Goswin überließ uns erneut das Zimmer …

Übrigens, wir konnten nicht klären, ob wir in Alexandria Haschisch geraucht hatten. Bekannt war uns, dass regelmäßiger Alkoholgenuss Opiate nicht merklich wirken lassen. Aber eins stellten wir in den drei anstrengenden Tagen in Kairo fest: Wir waren nicht müde. Zurück auf unserem griechischen Dampfer, genossen wir wieder das Laisser-faire eines Schiffsalltags, und die Damen waren auch wieder strahlend an Bord gelangt.

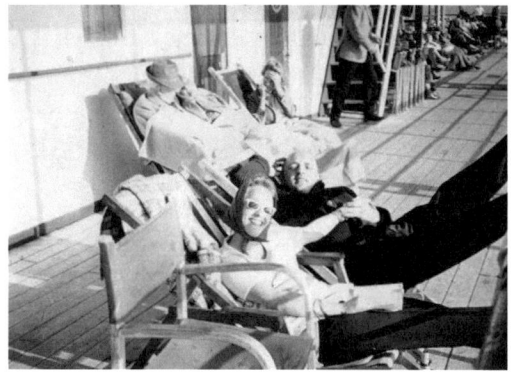

Renate und Goswin an Bord.

Unsere Mahlzeiten nahmen wir im Speisesaal ein. Hierfür hatten wir feste Plätze, und wie heute üblich, gab es ein abwechslungsreiches Unterhaltungsprogramm an Bord. Gymnastik, Tischtennis, Ballspiele wurden angeboten. Neu für mich war das Shuffleboard, ein Spiel, bei dem auf einem länglichen Spielfeld Scheiben mit langen Holzstöckchen möglichst genau von der Startlinie in das gegenüberliegende Zielfeld geschoben werden müssen. Goswin war in seinem Element, als zum Tontaubenschießen geladen wurde. Aus einer Wurfmaschine wurden entweder eine oder zwei Wurfscheiben herauskatapultiert und mit einer Schrotflinte im Flug darauf geschossen. Goswin brauchte immer nur einen Schuss, um die Scheibe zu treffen. Auch zwei Scheiben zu gleicher Zeit traf er mit zwei Schuss hintereinander!

Mein Freund hatte sich an Bord in eine rothaarige Luxemburgerin verguckt, ein Typ „männermordender Vamp", genau nach seinem Gusto. Meine Renate war eine gute Tänzerin, und so mischten wir die Tanzfläche auf. Auch zwei Tage heftiger Sturm konnte unsere gute Laune nicht verderben. Im Gegenteil, beim Tanzen war das Vergnügen groß, wenn wir auf der Scheitelhöhe der Welle drei bis vier Tanzumdrehungen machen konnten und dann quer über die Tanzfläche schlitterten. Dann begann das Spiel von vorn. Zu unserem Glück hatten wir viel Platz auf der Tanzfläche, weil nur wenige Paare anwesend waren. Wir hatten eine Theorie, wie man nicht seekrank wird, nämlich eine wohlgewählte Dosis Alkohol zu sich zu nehmen. Vielleicht gehören wir aber auch zu denen, die einfach nicht seekrank werden.

So ging unsere erste Seereise mit vielen positiven, freudigen Erlebnissen zu Ende, und unser Fazit war: Wenn wir weiter fleißig und erfolgreich sind, gibt es eine Wiederholung.

Meine aktive Zeit mit den Mainzer Hofsängern 1961–1991

Ich habe mit sechzehn Jahren im katholischen Kirchenchor mit dem Singen angefangen. Der Gesang, das Drumherum, die Aufführungen, all das hat mir viel gegeben, und in Verbindung mit dem Klavierspiel wurde die Musik zu einem erfüllenden Hobby.

Frau Moos und ihr Mann, Solisten im Kirchenchor, redeten mir immer wieder zu, Gesangsstunden zu nehmen. Frau Moos hatte Privatunterricht bei einer Frau Geise, wohnhaft in Winkel, die Gesangslehrerin am Peter-Cornelius-Konservatorium in Mainz war. Im Januar 1961 ging es für 30 DM Schulgeld pro Monat los. Einmal die Woche um 18 Uhr war Unterricht in Mainz im Konservatorium.

Von wegen singen! Atemübungen, Zwerchfellaktivitäten und zwischendurch „Ha, ha, ha, ha, ha, ha, ha" in Terzen eine Oktave rauf und runter singen. Schön, und jetzt „He, he, he ...", und weil es so schön war „Hi, hi,hi...", und noch mal „Ho, ho, ho ...", und zuletzt „Hu, hu, hu ..." „Eser, begreife doch, wenn du durch die Nase einatmest, muss sich explosionsartig dein Bauchraum dehnen, und dein Zwerchfell leitet die Luft kontrolliert an den Stimmbändern vorbei. Dadurch entsteht ein Ton." „Ja, aber ich will doch singen." „Kommt noch, junger Mann."

Im Nachhinein habe ich erkannt, dass es tatsächlich das wichtigste Rüstzeug eines Sängers ist und das Zwerchfell beim Singen eine wichtige Funktion hat. Doch mein rollendes „R", es war nicht da und sollte zum Leben erweckt werden. Dazu sollte mit speziellen Lauten meine Zungenspitze elastisch gemacht werden. Auf meine Frage, ob ich die Fähigkeit nicht auch beim Küssen erlangen könnte, kam nur: „Eser, Sie sind mir aber auch einer!"

Ich machte Fortschritte, und nach einigen Wochen durfte ich die ersten sogenannten Kunstlieder einstudieren: „Vater, Mutter, Schwestern, Brüder hab ich auf der Welt nicht mehr ...", oder: „Ich grolle nicht, und wenn das Herz auch bricht." Das war etwas aus dem Repertoire eines Dietrich Fischer-Dieskau, der sehr viel für die Verbreitung des hauptsächlich romantischen Klavierliedes getan hat. Bei diesem Liedgut ist nicht nur der Ton entscheidend, auch die Artikulation des Vortrags, Mimik und Gestik, die den in schönen Tönen gesungenen Text unterstreichen sollen. Rüstzeug für eine Karriere. Karriere zu machen hatte ich nie vor, aber Gestaltenkönnen sollte mein Leben schon lebendig werden lassen.

Wie sich so manchmal im Leben Zufälle ergeben, war ich an einem Samstag im August 1961 früher als gewohnt zu Hause und meine Eltern hatten noch

Gäste. Herr und Frau Moos waren dabei und mit von der Partie Herr Hohner aus Eltville, Dirigent einiger Rheingauer Chöre und zu dieser Zeit auch der Mainzer Hofsänger.

Ich musste vorsingen. Herr Hohner war recht angetan: „Sie könnte ich mir sehr gut als zweiten Tenor bei den Meenzern vorstellen." Herr Hohner war als großes Musiktalent anerkannt und für seine Liebe zum Riesling bekannt. Am nächsten Tag sagte mein Vater: „Bub, du hast zwar eine ganz gute Stimme, aber glaub mir, für die Hofsänger reicht es nicht." – So war er halt.

Es war November 1961, ich lieferte Wein aus und hatte abends Gesangsstunde. Es war noch Zeit, und da ich Hunger und Durst hatte, ging ich in das Lokal neben dem Konservatorium, ins „Keglerheim".

Da saß Herr Hohner mit einigen Männern am Tisch. „Herr Eser, was machen Sie denn hier?!" „Ich habe heute Abend Gesangsstunde im Konservatorium." „Das trifft sich gut, dann können Sie sich ja heute Abend bei den Hofsängern vorstellen." „Wenn Sie meinen, dann mach ich das."

Mit „Vater, Mutter, Schwestern, Brüder hab ich auf der Welt nicht mehr" gab ich mein Debüt. Noch mal ans Klavier und das Frühlingsrauschen gespielt, das war es. Beifall und Platz nehmen in der zweiten Reihe, beim zweiten Tenor. Das „Fastnachtspotpourri" galt es einzustudieren für die Kampagne 1962. „Also bis zum nächsten Mal."

Im Laufe des Einstudierens wurden die Soli verteilt. Hans Ackermann sollte das Playboy-Solo singen. „Na, des mach ich net. Da bin ich vor allezeit in Kastel der Playboy." – „Eser, du singst das, und mir war der Playboy ja auf den Leib geschrieben, so wie das unter den Hofsängern hieß. Der Text war unserem einzigen deutschen Playboy Gunter Sachs gewidmet, der damals mit Brigitte Bardot verbandelt war. Der Text dazu lautete:

> *Was es doch für Typen gibt, hier auf dieser Welt,*
> *glauben fast ein Gott zu sein mit ihrm bisschen Geld!*
> *Wenn es auch Millionen sind, leider nicht stabil,*
> *richten sie ihr Leben ein ganz ohne Maß und Ziel!*
> *In einer Nacht an der Côte d'Azur bei Black and White und Gin*
> *schmeiß ich Millionen vor die Tür, weil ich ein Playboy bin!*
> *Wenn Erhard spricht: Haltet Maß und Ziel, da hör ich gar nicht hin.*
> *Das übersteigt mein Horizont, weil ich ein Blödboy bin.*

Wenn ich was will, dann wird's gemacht, hat es auch keinen Sinn!
Mein Geld beweist mir Tag und Nacht, dass ich ein Playboy bin.
Doch für eine Nacht voller Seligkeit, langt all mein Geld nicht hin.
Ich tu mir ja schon selber leid, weil ich ein Playboy bin,
ja, ein reicher Playboy bin, nein, ein armer Blödboy bin!!!

Das Fastnachtsprogramm der Mainzer Hofsänger stammte vierzig Jahre lang aus der Feder des genialen, vielseitigen Karl Müller, der immer schon eine Melodie im Kopf hatte, wenn es ans Dichten ging. Der jeweilige musikalische Leiter machte dazu das Arrangement, zugeschnitten, wenn nötig, auf die Tonlage des Interpreten und auf seine brillante Klavierbegleitung.
Die Stärke der Mainzer Hofsänger war, ist und bleibt, dass durch die verschiedensten solistischen Einlagen die Vielfalt der einzelnen Stimmen zur Geltung kommt, der chorische Klang aber aus einem Guss scheint.
Ich stand die ersten Jahre neben Georg Dorberth in der zweiten Reihe und war immer wieder begeistert, wie er dem Chorklang das Sahnehäubchen aufsetzte. Einmalig! Links von mir stand unser Texter und ebenfalls zweite Tenor Karl Müller. Nach der Kampagne habe ich vom Zuhören das Jahresprogramm erlernt, weil keine Zeit war und es keine Noten mehr gab, um das Repertoire zu lernen. Die meisten konnten keine Noten lesen, aber es gab handgeschriebene Unterlagen beim Erlernen. Musikalisch waren wir alle, so war kein Pauken angesagt und das Auswendigsingen war ein fließender Übergang. Meistens wurden in dieser Zeit Opern- und Operettenmelodien mit eigenen Texten versehen. Um sich vom normalen Chorgesang abzuheben, musste das Arrangement pfiffiger, interessanter, moderner gesetzt werden. Dazu braucht man in der Mittelstimme musikalische Sänger, besonders im zweiten Tenor. Der erste Tenor hat meistens die Melodie, der zweite Bass markiert die Grundlage und mit „Dum, dum, dum" den Rhythmus. Also müssen die zweiten Tenöre die Halbtöne, die sogenannten schrägen Töne, gekonnt und auf den Punkt in den Gesamtklang einbringen. Es lässt sich schwer beschreiben, aber umso trefflicher in vielen Aufnahmen beweisen. Rhythmus sollen Sänger im Blut haben, aber Synkopen singen zu können, wie bei Fred Raymonds „Sassa", bleibt für viele eine Herausforderung. Wichtig ist, es muss alles spielerisch zum Zuhörer rübergebracht werden und der Funke zum Publikum muss überspringen.

Aber zurück zu den Anfängen. Ich war in der Gruppe mit fünfundzwanzig Jahren der jüngste Sänger, die meisten waren zehn bis dreißig Jahre älter und hatten den Krieg miterlebt, aber fast alle hatten den Funken Mainzer Humor im Blut. Die Fastnacht rückte näher, ich musste zur Anprobe meines Bajazz-Kostüms zum MCV. Das Potpourri lief gut, aber bei den Aufführungen, wenn einem bewusst wird, gleich musst du raus, schlägt einem das Herz bis in den Hals, man glaubt, die Stimme ist weg. „Den Text, den hab ich vergessen, wie fängt das noch an?"

Du glaubst es nicht, es ist das Lampenfieber. Darum ist es wichtig, Selbstvertrauen aufzubauen. Keine erstarrte Routine ist gefragt, sondern handwerkliches, musikalisches Können. Und ist auch das Fernsehen dabei, nicht an die vielen Zuschauer denken, und vor allem darfst du dich nicht vom Publikum ablenken lassen.Wenn du deine Verbeugung gemacht hast, auf deinen Platz zurückgehst und die Kollegen grinsen dich an, dann hast du es gut gemacht.

Bevor die Rheingoldhalle im Jahr 1969 eingeweiht wurde, waren die meisten Fastnachtsveranstaltungen im Schloss in Mainz, in der „Gut Stubb". In diesen Jahren hatte allein der MCV fünfzehn bis zwanzig Sitzungen, und je nach Länge der Kampagne gab es Termindruck. Die Mainzer Hofsänger hatten sich über die Jahre einen guten Ruf erarbeitet und sie waren als Schlusspunkt einer Sitzung nicht mehr wegzudenken.

Meist war es nach Mitternacht, wenn wir mit unserem circa fünfundzwanzigminütigen politischen Potpourri begannen. Danach kamen verschiedene Schunkellieder, um schließlich mit „Sassa" und „So ein Tag, so wunderschön wie heute" die Sitzung zu beenden. Im letzten Teil waren dann alle Akteure mit eingebunden, und unter den Klängen „Mainz bleibt Mainz" zog man gemeinsam mit der Garde aus.

Doch jetzt ist es spätestens an der Zeit, die Mainzer Hofsänger, im Spiegel der Zeitgeschichte, einmal vorzustellen. Ihr erster Auftritt war 1926 innerhalb einer Fastnachtssitzung der Musikhochschule Mainz, im „Keglerheim" am Rosenmontag. Der Deutsche Fastnachtschor, wie ihn Thomas Lissem, Kölner Präsident des BDK (Bund Deutscher Karneval), einmal bezeichnete, war gegründet.

1945 übernahm Jakob Fischer die Chorleitung. Mit ihm entstand 1947 der Titel „Sassa" aus der Fred-Raymond-Operette „Maske in Blau". Es folgte 1955 der Olias-Rothenburg-Schlager „So ein Tag, so wunderschön wie heute". Im gleichen Jahr fand der erste Fernsehauftritt der Mainzer Hofsänger statt: Im

Williamsbau in Köln sangen die Mainzer Hofsänger vor Millionenpublikum diese beiden Ohrwürmer, die längst zu einer Art Erkennungsmelodie geworden sind. Schon ein Jahr später erfolgte in Mainz der weitere, erfolgreiche Auftritt mit diesen beiden Titeln. Seit 1956 sind die Mainzer Hofsänger fester Bestandteil der Fernsehsitzung „Mainz bleibt Mainz, wie es singt und lacht!".
Die erste Fernsehfastnacht war 1955 vom SWF ausgestrahlt worden und dementsprechend wollten andere Fastnachtshochburgen die Mainzer Hofsänger in ihren Sitzungen zu Gehör bringen.
So reisten wir während der Kampagne, wenn der Terminplan es zuließ, nach Köln in den Gürzenich, nach Düsseldorf in die Rheinhalle, jahrelang mit ziemlicher Regelmäßigkeit nach Wattenscheid und Umgebung. In Ettlingen bei Baden-Baden verlieh man uns den Narrenbrunnenpreis.
Da unsere MCV-Auftritte immer spät waren, sind wir teils an den Abenden auch bei anderen Vereinen mit unserem aktuellem Programm aufgetreten: wie Mombach, Weisenau, Nieder-Olm, in Frankfurt im Zoogesellschaftshaus oder im Palmengarten, in Offenbach in der Stadthalle sowie in Wiesbaden im Kurhaus.
Der Unterschied war: Beim MCV sangen wir für den Ehrensold der Mainzer Fastnacht – Weck, Worscht und Woi. Bei den anderen Karnevalsgesellschaften gab es eine mehr oder weniger hohe Gage.
In der Endphase einer Kampagne konnte es vorkommen, dass wir samstags drei Auswärtsauftritte hatten. Wir kamen ins Schloss, zogen unsere Bajazze an, wurden geschminkt, dann den Mantel drüber und ab in den bereitstehenden Bus. Einsingen war nicht vorgesehen, wir haben ein Weinchen getrunken, mal gehustet und dann auf die Bühne. Wenn noch Zeit war, ging es auf die Toilette, und dann hörte man Karl Schmahl in der Terzfolge einer Oktave singen: „Steht dir dein Bibelche noch?" „Er is ja widder gut bei Schleim", sagten die Freunde und wiederholten das Gehörte oder husteten noch einmal kräftig. Das Schlimmste für uns Sänger war der Rauch, der wie eine Wand im Raum stand und später mit dem Applaus auf die Bühne geweht wurde. Nach circa dreißig bis vierzig Minuten, mehr oder weniger schwitzend, ging es von der Bühne, das Glas leer getrunken, den Mantel übergeworfen und ab in den Bus. „Männer, euren Schweiß könnt ihr nicht abputzen, höchstens tupfen, sonst geht eure Schminke ab." Dann kam der nächste Auftritt, es war fast wie bei den rheinländischen Fastnachtsprofis in Köln und Düsseldorf: Wenn die kamen, musste die Bühne für sie bereit sein. Aber auch bei uns musste schon

mal im Programmablauf ab- und zugegeben werden. Wir hatten trotz der Aufregung unseren Spaß. Wir lachten, nahmen uns manchmal gegenseitig auf die Schippe, aber sonnten uns auch im Erfolg.

Die Mainzer Hofsänger von 1962.
Am Klavier Prof. Hans Hohner. Ich, in letzter Reihe, Zweiter von links, schaue zu Boden.

Die Mainzer Hofsänger mit dem MCV-Ballett, ich zweiter von links kniend vor Christiane.

Wo wir in den ersten Jahren im Schloss unsere Räume hatten, weiß ich nicht mehr. Es gab ja neben der Gruppe der Mainzer Hofsänger mit circa achtzehn Sängern auch die Gonsbachlerchen in der gleichen Stärke. Das Ballett bestand aus acht jungen, gut behüteten Damen. Ihre Leiterin Aenne Willius-Senzer war nicht nur Ballettmeisterin, auch Zuchtmeisterin, comme il faut, die es verstand, ihre Mädchen vor den bösen Buben zu schützen. Doch auch sie konnte nicht überall sein.

Die Gonsbachlerchen waren eine tolle Truppe, damals noch mit Herbert Bonnewitz am Flügel. Sie verstanden es, ihr jeweiliges Thema, gespickt mit Clownerien, akrobatischen Turnübungen und mit Gesang, zu würzen. Eine unvergessene Attraktion der Mainzer Fastnacht. Wir waren zu verschieden in unserem Programm, als dass wir Konkurrenten gewesen wären.

Ich habe mich schon damals gewundert, wie unterschiedlich das Publikum sein kann. Wenn die Gonsbachlerchen am Ende des ersten Teils der Sitzung von der Bühne kamen und euphorisch waren, hatten wir es am Ende schwer, und umgekehrt hielt sich ihre Begeisterung in Grenzen, waren wir die vom Publikum Gefeierten.

Programmgestaltung ist nicht nur für Fastnachtsveranstaltungen ein Thema. Man braucht zu Beginn einen Beitrag zum Aufwärmen des Publikums, neudeutsch das Warming-up, und dann müssen Redner- und Musikbeiträge in bunter, aufsteigender Reihenfolge beim Zuhörer ankommen. Fakt bleibt: Auch bei gleichem Programm ist das Publikum jeden Abend anders.

Doch die Mainzer Fastnacht lebt ja nicht nur mit den Sitzungen, auch die Maskenbälle im Schloss in Mainz waren legendär, und da musste ich hin! Ich zog also mein Fellkostüm an und ab nach Mainz.

Ich im Fellkostüm

Bei Maskenbällen war Damenwahl, und mir blieb nichts anderes übrig, als abzuwarten, durch die vielen Säle zu schlendern, mich über die Treppen an schmusenden Pärchen vorbeizudrücken und im Großen Saal der Livemusik zu lauschen.
Ja, so geht es vielen Frauen auch, dachte ich mir. „Will denn keine mal mit mir tanzen? Ja, das gibt es doch nicht! – Doch, da drüben schlendert ja eine, vielleicht traut sie sich nicht. Wie dem auch sei, Ludwig, nicht verzagen, wenn Not am Mann ist, muss man aktiv werden." „Na, schöne Frau, auch allein?" Ob das die richtige Anmache ist, bezweifle ich. Ich ging auf sie zu und ich hörte mich lächelnd sagen: „Der Neandertaler will Sie nicht in seine Höhle entführen, aber gerne auf die Tanzfläche." Das hat geklappt und damals konnte man sich auf der Tanzfläche noch unterhalten. Mir fiel auf, dass sie sich im Gespräch immer wieder umsah. Sie wird sich vielleicht verabredet haben, dachte ich bei mir. Ich lud sie zu einem Glas Sekt ein, wir bummelten durch die Säle, wir tanzten zwischendurch. Sie wurde gelöster, zutraulicher, und als sie weit nach Mitternacht ihren Kopf an meine behaarte Brust legte, war das Eis gebrochen.
Gisela erzählte mir, dass sie direkt beim Schloss wohnte, an der Uni Mainz beschäftigt sei und vor dem Mauerbau aus Buttstädt bei Weimar geflüchtet war. Was ich von mir im Einzelnen erzählte, ich weiß es nicht mehr, aber sicher, dass ich bei den Mainzer Hofsängern bin und meine erste Fastnachtskampagne in Mainz erlebe.
Ich hab sie dann brav an die Haustür gebracht und wir haben uns für Sonntagnachmittag verabredet. Mit Blumen in der Hand kam ich aus dem Fahrstuhl, wurde mit offenen Armen empfangen und harmonische Jahre nahmen ihren Anfang.
Die Fernsehsitzung kam, wir erfüllten die an uns gestellten Erwartungen. Wenn man uns heute auf Youtube oder auch auf privaten Super-8-Aufnahmen sieht, staune ich immer wieder, wie gelöst und lächelnd wir am Mikrofon agiert haben. Doch ich weiß auch, welche Anspannung und Konzentration mit im Spiel ist.
Meine Cousine Edith hatte in Bremen mit ihrer Studienkollegin die Sendung gesehen und sagte: „Ja, der da singt, das muss mein Cousin Ludwig sein."
In Oestrich, meinem Heimatort, hat keiner Playboy zu mir gesagt. So hinter vorgehaltener Hand hörte ich „Unser Fernsehstar", wenn ich irgendwo auftauchte. Die Kirchenchörler klatschten, als ich ins Vereinslokal kam.

Ich im Bajazzkostüm

Dann kam Rosenmontag, Treffpunkt 10 Uhr an der Goetheschule. Damals war der einzige Straßenzugang nach Mainz über die Theodor-Heuss-Brücke. Die Fastnachter der Vororte von Mainz auf der rechten Rheinseite strömten schon über die Brücke, um einen guten Platz für den Zug zu bekommen. An der Goetheschule angekommen ging es in den Raum, in dem die Bajazzkostüme ausgegeben wurden, unsere Originale von den Sitzungen.

Weck, Worscht und Woi waren schon auf unserem Hofsänger-Prunkwagen deponiert, und dann musste man sich einen guten Platz sichern, um die Bonbons, Bälle und Kamillesträußchen unter die Leute werfen zu können. Dann war Warten angesagt. Offiziell ging der Zug um 11.11 Uhr los, aber mit unserer Zugnummer um die hundert mussten wir lange warten. Es wurde zur Ewigkeit. Weck und Worscht waren bereits gegessen, als es meistens nach 13 Uhr losging. Vorher noch mal schnell auf die Toilette gehen, dazu haben die älteren Hasen geraten, denn sonst halte man das nicht bis zum Schluss aus.

Endlich setzte sich der Zug in Bewegung, zu Anfang ein Stop-and-go, die ersten Zuschauer tauchten auf, wir konnten schon einmal Zielübungen machen. Den schönsten Frauen eine Kamille zuwerfen. Für die Kinder neben den Bonbons auch Bälle. „Sei nicht so verschwenderisch", sagte einer. „Denk an die armen Leute in der Altstadt. Man muss sich schon einteilen. Es ist schnell verteilt."

Dann kamen die Menschenmassen, ich hörte mich aus vollem Hals „Helau!" schreien und es brauste aus Dutzenden von Kehlen zurück. Da merkte ich, wie einige meiner Kollegen mich angrinsten, und mein Freund Otto Pirr kam zu mir: „Bub, wie lang willst du das mit deiner Stimme noch machen?" „Ei, Otto, ich kann doch hier nicht wie eine Holzpuppe stehen bei der Begeisterung, die die Leute uns entgegenbringen." „Richtig, Bub, guck mir mal zu." Er riss die Arme hoch, den Mund weit auf, und das Volk brach in ein begeistertes Helau aus. „Danke, Otto."

Das Trinken hatte ich wohl nicht genügend eingeschränkt, gegen 16 Uhr war der Druck schon ganz schön hoch. Es gab einen Stopp, ich sprang vom Wagen, und ein Mann, dem ich schon ein Zeichen gegeben hatte, ließ mich auf seine Toilette. Gott sei Dank! Das Resümee: Der Tag war ein Erlebnis, aber anstrengender als geschafft!

Nach der Kampagne musste meine Garderobe für die Auftritte während des Jahres in Auftrag gegeben werden. Ein schwarzer Smoking, eine graue Smokingjacke, eine grüne Winzerweste, später kam noch eine Lederweste für die Cowboylieder und ein Russenkittel für die russischen Melodien dazu. Das Ganze wurde für unsere Tourneen in einen schwarzen, aufklappbaren Lederkoffer gepackt, der wie ein Kleidersack funktionierte. Zusammen mit unseren grauen Reiseanzügen und den eleganten Reisekoffern sahen wir respektabel aus.

Die Mainzer Hofsänger sind ein halbprofessioneller Chor, geführt von einem Kapitän und einem musikalischen Leiter. Es gibt einen Kassierer und einen Schriftführer zur Unterstützung des Kapitäns.

Die Konzerte kamen über Agenturen und persönliche Anfragen zustande. Wir sangen viel bei Jubiläen von Gesangsvereinen, Karnevalsgesellschaften, Betrieben, Institutionen im Inland und deutschsprachigen Ausland. Gesungen wurde in Festsälen, großen Hallen, bei Festzeltveranstaltungen und in Konzertsälen.

Das Programm der Gruppe begann normalerweise mit einem Potpourri von Rhein- und Weinliedern, Operettenmelodien, Musicalmelodien, Cowboyliedern, russischen Liedern und Evergreens. Diese einzelne Blöcke wurden immer wieder ergänzt, die Zusammenstellung verändert. Wir beherrschten ein vier- bis fünfstündiges buntes Programm, das von unserem Conférencier und Sänger Karl Müller, dem Anlass gerecht, individuell zusammengestellt wurde.

Wenn wir auf die Bühne gingen, wussten wir aufgrund unserer Garderobe, welches Potpourri gesungen wurde. Die einzelnen Titel erkannten wir am Vorspiel. Ich erinnere mich, einmal hatte Herr Hohner ein unpräzises Vorspiel gemacht und keiner setzte ein. Ganz wichtig, wir lächelten ihn an, er schaute auf, und er wiederholte sein Vorspiel. Das hat im Saal keiner gemerkt. Bei Textänderungen innerhalb einer Gesangsnummer ging ein Druck der Ellenbogen durch die Reihen. „Achtung, Textänderung!", hieß das.

Ich habe in meiner aktiven Zeit von 1961 bis 1991 unter einigen Chorleitern gesungen. Wie bekannt, begann es mit dem Musikdozenten Prof. Hans Hohner von 1961 bis 1965. Ab 1965 stand der Mann mir den drei K den Sängern vor: Kapellmeister Kilian Kuchenmeister. Die Gruppe wurde von ihm bis zum Jahr 1968 geleitet. Im Jahr 1968 kehrte Prof. Hans Hohner wieder zu den Hofsängern zurück und leitete sie bis zum Jahr 1972.

Im Jahr 1972 kam dann wieder Carl-Hans Friess, der heutige Ehrenchorleiter der Hofsänger, als musikalischer Leiter zu den Hofsängern zurück. Bis zum Jahr 1986 stand er ihnen sehr erfolgreich vor, denn er war unaufgeregt, sachlich, in seinen Arrangements gehoben volkstümlich mit präziser Begleitung. Über viele Jahre war unser Eröffnungsgesang:

Ziehn wir durch die Straßen, Land und Leute fremd,
sind wir nicht verlassen, weil uns doch jeder kennt!
Kein Haus zu klein, kein Hof zu groß, egal ist die Fasson,
sind wir erst da, ist etwas los, in unserem Salon.
Öffnen sich die Fenster, wenn ein Lied erklingt,
öffnet auch die Herzen dem Sänger, der da singt,
das schlichte Lied, dem Volk gebracht aus Lust und Fröhlichkeit,
hat nur der Herrgott selbst erdacht für jetzt und alle Zeit.
Darum ziehn wir hier, keine Ruh mehr hier, singen, spielen Tag und Nacht.
Heute viel Geld, morgen keines mehr, wie es grad das Glück gebracht.
Keine Sorgen um das Morgen, immer heiter und vergnügt.
Zehnmal, hundertmal, tausendmal singen wir ein Liedchen,
dass die Welt in Freuden liegt. Hallo.

Dann trat Karl Müller in Aktion. In charmanter, intellektueller Mainzer Manier begrüßte er die Zuhörer und führte durch das Programm. Sein Markenzeichen der besonderen Art: Alles Gesprochene war in Versform. Einmalig!

Er konnte auch bei Gesprächen schlagfertig in Versform antworten. Ich bewunderte ihn für dieses Talent.

Die verschiedenen Chorleiter in meiner aktiven Zeit von 1961 bis 1991 habe ich bereits vorgestellt, aber unsere Kapitäne dürfen keinesfalls fehlen. Wir Mainzer Hofsänger nennen unseren demokratisch gewählten Vorsitzenden unseren „Kapitän", der mit geschickter Hand unser Hofsängerschifflein nicht nur durch die Wogen des Karnevals, sondern auch durch die Stürme des profanen Alltags sicher lenkt und leitet, wie es Karl Müller formuliert hat. Als ich 1961 zu den Hofsängern kam, war Hans Gebert unser Kapitän und unter seiner engagierten Leitung sangen wir 1962 zum 2000jährigen Jubiläum der Stadt Mainz. Dazu hatte der MCV zu einer „Open-Air-Sitzung" im Schatten des Doms geladen, die 10.000 begeisterte Zuhörer miterlebten.

Im Jahr 1963 fand unser erster Auslandsauftritt in Holland statt, in der Provinz Limburg. Der Organisator war Hubert Reumkens, Direktor der Interpolis, der niederländischen Raiffeisen-Versicherung. Diese Versicherung hatte damals ihre Versicherungssumme von über zehn Milliarden Gulden überschritten. Statt dies mit einer teuren Werbekampagne in der Presse zu feiern, lud Hubert Reumkens die Mainzer Hofsänger zu Konzerten an verschiedenen Orten der Provinz Limburg ein. Zu den jeweiligen Konzerten waren die Kunden der Versicherung und die ortsansässige Hautevolee und kulturtreibende Vereine eingeladen. Der Erfolg gab Hubert Reumkens recht, und so kamen im Laufe der Jahre circa siebzig Auftritte in Holland zustande. Im Anschluss an jedes Konzert gab es ein Essen zusammen mit den Geschäftsfreunden der Interpolis.

Wie mir mein Freund und Sangeskollege Dieter Thielen bestätigte, bekamen wir bei jedem Konzert ein Präsent mit nach Hause. Entweder einen Laib Rahmkäse, ein Körbchen Spargel oder anderes Gemüse und oftmals Amaryllis, die zum Teil heute noch in manchen Wohnungen blühen und gedeihen. Hubert Reumkens und seine Frau besuchten ihrerseits auch einige Male die Mainzer Hofsänger an den drei hohen Feiertagen in Mainz. Besonders gern fuhr Hubert beim Rosenmontagszug auf dem Wagen der Mainzer Hofsänger mit. Im Übrigen ist Hubert der einzige Ehren-Hofsänger.

Hubert Reumkens war ein Phänomen. Er konnte uns alle bereits nach dem zweiten Treffen beim Vornamen anreden, wusste Privates von uns, und wir alle genossen seine überaus große Gastfreundschaft gerne und oft. Seine charmante Frau Bertel war immer mit dabei. Sie hatte uns alle so ins Herz geschlossen, dass jeder von uns bei jeder Begegnung einen herzhaft feuchten Lippenkuss bekam. Ich habe beobachten können, wenn Bertel graziös erschien, wollte jeder der Erste sein, um sich seinen Schmatzer abzuholen. Versteht man, gell?!

Einmal gastierten wir bei einer Feier an der Universität Tübingen in der Zeit, in der die Damen ihre Nerzjacken trugen. Es war eine hochherrschaftliche Gesellschaft, die Professoren mit ihren Damen und erlauchte, geladene Gäste. Klaus Wunderlich an der Hammondorgel hat das Menü musikalisch umrahmt. Er, als erfahrener Bühnenhase, kam zu uns hinter die Bühne und sprach von einer eisigen Atmosphäre im Publikum. Unser Georg Dorberth mit zwei Händen in der Luft fuchtelnd: „Männer, Männer, da hört ihr es! Wir müssen uns anstrengen!" „Aber Georg, bitte", sagte ich, „sei nicht so destruktiv, wir sind doch gut." Erfahrungsgemäß waren unsere respektabelsten Auftritte, wenn etwas Bammel mit im Spiel war.

Und dann war da noch unser einmaliger Müller, der seinen Intellekt voll entfaltete, mit seiner Mainzer Art die Eiseskälte erwärmte, und wir, mit gepflegtem Gesang und einer überzeugenden Ausstrahlung, konnten die Herzen der erlauchten Gesellschaft auch dieses Mal erobern. Da staunte sogar ein Klaus Wunderlich.

Es war 1964, als wir mit Hans Bertram, dem Schallplattenproduzenten von Polydor in Köln, unsere erste LP machten. Ein Wochenende, also zwei Tage, waren dafür vorgesehen, die Musiktitel waren festgelegt, Noten an die Musiker übermittelt und wir standen Samstagmorgen um 10 Uhr im Aufnahmestudio.

In dieser Zeit wurden die Aufnahmen noch gemeinsam mit Orchester und Gesangstruppe gemacht. Die sensiblen Aufnahmegeräte registrierten alle Nebengeräusche, ein knickendes Notenblatt, ein noch so leises Räuspern, bei circa dreißig Akteuren eine an die Nerven gehende Herausforderung. Hochkonzentriertes Arbeiten war angesagt, so kam Titel um Titel in den Kasten. Herr Bertram war kritisch, es musste sein Rhythmus eingehalten werden. Manche Titel wurden drei- bis viermal wiederholt und im Aufnahmenraum laut abgespielt, um Fehler herauszuhören.

Bei meiner Playboy-Aufnahme lief alles glatt, auch nach dem Kontrolllauf war die Jury zufrieden. Herr Bertram meinte zu mir: „Na, sing es noch mal, dann nehmen wir die beste Version." Erschöpft ging es nach 20 Uhr ins Hotel, zum Essen und ins Bett, denn es erwartete uns noch ein anstrengender Sonntag.

Von der Qualität der Aufnahme kann man sich noch heute überzeugen, der Orchestersound ist mitreißend und die Zusammenstellung der Titel ein Querschnitt des musikalischen Schaffens der Mainzer Hofsänger.

Auf zur Weltausstellung in New York 1964

Das Ereignis des Jahres 1964, die Weltausstellung, die World Fair in New York, wurde allerseits beworben, und da durfte ich natürlich nicht fehlen. Von Southampton in England gab es eine siebzehntägige Schiffsreise nach Washington und Philadelphia.

Mein Ticket

Goswin war während dieser Zeit in England, da er einen Intensivkurs der englischen Sprache absolvierte. Laut dem Stempel in meinem Reisepass kam ich am 19. Juni mit dem Zug von Mainz über Dover an der Victoria Station in London an. Goswin stand am Bahnhof und hatte sich bereits schlaugemacht, wie wir zur Londoner Waterloo Station kommen, um anschließend mit der Schmalspurbahn nach Southampton zu gelangen. Bevor meine Reise weiterging, tauschten wir Neuigkeiten bei einem Drink aus.

Angekommen am Hafen von Southampton, blieb mir der Atem stehen. Vor mir lag das zweitgrößte Schiff der Welt mit seinen 48.000 Bruttoregistertonnen. Das Schiff war auf den Namen Canberra getauft, ein Linienschiff der P&O Company, welches normalerweise nach Australien fuhr, aber nun zum Besuch der World Fair eingesetzt wurde. Das war also mein neues Domizil – zumindest für die nächsten drei Wochen, und ich war bereit für mein nächstes Abenteuer. Gebucht hatte ich wie immer, eine preiswertere Innenkabine. Diese teilte ich mit einem fremden Passagier. Der Weg zur Kabine war nicht so verschlungen wie bei dem griechischen Dampfer und es erwartete mich eine geräumige Kajüte. Mein Zimmergenosse war ein freundlicher junger Engländer, bei dem mir gleich der Gedanke kam: „Das wird meinem Englisch guttun."

Mein Zimmergenosse, der Engländer

Unter Sirenengeheul und bunt geflaggt begannen wir unsere Fahrt gen Amerika. Den nächsten Tag nutzte ich, um das Schiff zu erkunden und den Alltag an Bord kennenzulernen. Das Angebot an Unterhaltung war vielfältig. Am zweiten oder dritten Tag kam ein Atlantiktief über uns, welches undurchdringlichen Nebel mit sich brachte. Auf Grund des Nebels ertönte fortan im Abstand von drei Minuten das Nebelhorn, markdurchdringend Tag und Nacht ohne Pause fast bis nach NY. Ich fragte, ob es denn kein Radar auf dem Schiff gebe, woraufhin mir erklärt wurde, dass unser Schiff dieses habe, aber noch nicht alle Frachtschiffe, die ebenfalls auf der Route unterwegs waren. Zum Glück gab es an Bord Sportprogramme, denn der Swimmingpool im Nebel war nicht das Wahre. Entertainment gab es auch, wo ich Heidi aus Bern kennenlernte. Wir flachsten und lachten um die Wette und ich lernte nicht nur Englisch, sondern auch Schweizerdeutsch.

So kam der Tag, an dem ich meinen englischen Zimmergenossen fragte, was er heute Abend zu tun gedenke. Er hat nicht gleich verstanden, worauf ich hinauswollte, aber dann nannte er mir eine Uhrzeit, zu der er aufs Zimmer wollte. Prima. Als ich ihm am nächsten Tag die gleiche Frage stellte, entlockte mir seine Frage „Ludwig, already again?" ein verlegenes Schmunzeln.

Als wir endlich in New York einliefen, hatte sich der Nebel verzogen und uns begrüßte die Statue of Liberty, das Wahrzeichen der Stadt, und die Skyline Manhattans.

An Einzelheiten des Programms kann ich mich nicht mehr erinnern, da sich meine Erinnerungen mit späteren NY-Besuchen vermischt haben. Schon damals ließen uns die gewaltigen Wolkenkratzer winzig klein erscheinen, und das Empire State Building befriedigte meinen Drang nach oben.

An den Besuch der Weltausstellung in New York kann ich mich fast gar nicht erinnern, dagegen sehr gut an das Mayflower Hotel in Washington. In dessen Lobby stand ich samt Handgepäck und schaute mich verloren um. So muss es Menschen gehen, die am Hauptbahnhof Frankfurt ankommen und nicht wissen, wie es wo weitergeht. Ebenso verloren fühlte ich mich jetzt auch in meinem luxuriösen Einzelzimmer. Aber die Welt hatte mir etwas zu bieten.

Einmal in Washington, gehören zum Pflichtprogramm das Capitol und das Weiße Haus. In Philadelphia die Liberty Bell und der Arlington Friedhof. Auf diesem wurde vor einem halben Jahr John F. Kennedy, der bei einem Attentat am 22. November 1963 starb, beerdigt.

Beim Bummel durch die Seitenstraßen Washingtons fiel mir auf, dass die Häuser nicht gepflegt waren, was mir bereits bei der Fahrt durch New York aufgefallen war. Es fehlte an Sauberkeit und die meisten Häuser hätten einen Anstrich gut vertragen. Dennoch war ich voll zufrieden, denn was ich pauschal für die drei Tage New York, Philadelphia und Washington bezahlt hatte, war geschenkt, gerade wenn man bedenkt, dass der Dollar 1964 zur DM 1 : 4 stand. Ich nehme an, Amerika nahm die Weltausstellung als Anlass, mit zivilen Preisen für den Tourismus im Land zu werben.

Zurück in New York unternahm ich noch einiges auf eigene Faust. Zum Beispiel eine Fahrt mit der New Yorker Subway, der dortigen U-Bahn. Von jüdischen Freunden meines Vaters, die uns nach dem Krieg besucht hatten, hatte ich erfahren, dass man mit unserem Pfennig die Automaten überlisten kann.

Also kaufte ich keine Tokens, sondern fuhr mit 1-Pfennig-Stücken im gesamten U-Bahn-Netz, welches bereits 1904 erbaut wurde.

Trotz der gesetzlich bestehenden Gleichberechtigung aller war mir bekannt, dass es Spannungen zwischen den verschiedenen ethnischen Gruppen, zwischen Schwarzen und Weißen gab. Das ist selbst heute noch ein Problem. Umso mehr überraschte es mich, dass junge Weiße ihren Platz älteren Schwarzen anboten. Umgekehrt konnte ich Gleiches beobachten. Auch im Straßengetümmel gab es eine gewisse Rücksichtnahme. Eine erfreuliche Beobachtung.

Auf der Rückreise von Amerika gab es keine besonderen Vorkommnisse. An Bord tauschte man sich über die Eindrücke und Erlebnisse in Amerika aus. Das Resümee von mir und meinen Mitreisenden war, dass wir die Vergangenheit nicht ändern können, uns aber bemühen sollten, jedem mit Respekt zu begegnen.

Im selben Jahr wollte mein Bruder heiraten. Grund genug, Heidi aus der Schweiz zu einem Besuch zu mir nach Oestrich einzuladen. Sie sollte meine Tischdame sein.

Berufliches und privates Kaleidoskop der Sechzigerjahre

Im Rückblick waren die Sechzigerjahre für mich eine berufliche Herausforderung. Gemeinsam mit meinem Bruder wurden alle sinnvollen Neuerungen für Weinbau und Kellerei in unserem Betrieb eingesetzt. Unser Vater mahnte immer: „Macht nicht zu viele Schulden, macht euch nicht abhängig von der Bank, die lassen euch über die Klinge springen, wenn ihr den Schuldendienst, aus welchen entschuldbaren Gründen auch immer, nicht mehr leisten könnt."

Doch ich rechne bis heute anders. Bei mir wird bei jeder sinnvollen Investition, die Arbeitskraft und Zeit erspart, die Anschaffungskosten um den Abschreibungssatz reduziert. Da hört sich die Investition nicht mehr so hoch an und die Abschreibungssumme reduziert sofort die zu zahlende Steuer. Darum ist ein Schuldendienst von circa zwanzig Prozent des Einkommens bei einem aufstrebenden Betrieb verantwortbar. Zudem sind Investitionen die Voraussetzung für Wachstum, denn Stillstand bedeutet Rückgang.

So bekamen wir gleich in den Sechzigern einen eigenen LKW, um die Touren flexibler zu gestalten, da die Umsätze stiegen. Mein Ressort war ab dieser Zeit Büro und Verkauf. Unser Vater besuchte die Gastronomie, schrieb die Aufträge und Herr Wengel und ich belieferten die Kundschaft. Es war ein vertrauensvolles Arbeiten mit den Wirten. Wir meldeten uns an, bekamen den Schlüssel für das Lager und keiner kontrollierte uns. Ging eine Flasche zu Bruch, meldeten wir das und bei der nächsten Lieferung wurde sie ersetzt. Dieses vertrauensvolle Verhältnis macht mich noch heute stolz und glücklich und wurde von uns nie bewusst missbraucht. Dennoch ist Kontrolle wichtig, da irren menschlich ist.

Die Liefertage waren anstrengend, morgens wurde der LKW in umgekehrter Reihenfolge der Fahrtroute beladen und im bereits vorgeschriebenen Lieferbuch festgehalten. Meistens waren pro LKW zwischen 1200 bis 1800 Flaschen zu laden, die sich auf 15 bis 20 Abladestellen verteilten. Es mussten die Flaschen in den Keller gebracht, ins Regal gesetzt und das Leergut wieder mitgenommen werden. In den ersten Jahren gab es noch keine Sackkarren für Kisten. Wir haben die 25-Liter-Kisten mit circa einem Zentner Gewicht zu zweit die Treppe runtergetragen. Sklavenarbeit! Wie waren wir glücklich und dankbar, als es die ersten Alu-Sackkarren, sogar mit Kufen für die Treppen, gab. Welch ein Fortschritt!

Ehe es zum nächsten Kunden ging, wurde die Rechnung abgegeben; es wurde kein Empfang bestätigt, oft die Rechnung gleich mit Skonto bezahlt. Unsere Kittel brauchten Taschen für das Lieferbuch und für die Geldbörse, denn die durfte nicht rausfallen, da waren oft 2000 bis 3000 und mehr DM drin. – Das war eine kleine Beschreibung des Liefertages, der meist über zwölf Stunden dauerte; da war abends kein Date mehr drin.

Es heißt so schön: „Der Mensch wächst mit seinen Aufgaben." Dazu gehört gutes Planen und Flexibilität, um das Unvorhergesehene zu stemmen. Das heißt: „Zupacken, nicht diskutieren!" Sie fragen sich sicher, wo da das Vergnügen bleibt. Das hatten wir auch, aber es ging natürlich oft vom Schlaf ab. Mein Privatvergnügen bestand ja ab 1962 aus vielen Aktivitäten mit den Mainzer Hofsängern. Donnerstags war Gesangsstunde im Kirchenchor, dem ich damals schon fast zehn Jahre angehörte. Von den Freunden war Josef Zimmer und Ewald Krummeich schon in festen Händen, aber ich noch immer auf „Freiersfüßen". Da war es bei meinem ausgefüllten Zeitplan ein Glücksfall, dass ich beruflich engagierte Freundinnen hatte. Mit Margot II. habe ich so manche gute alte Flasche Wein aus dem Fundus ihres Vaters genossen. Sie freute sich immer, wenn wir zusammen waren, und fragte mich nie, wo ich gewesen war oder wo ich hinging, wodurch eine jahrelange bereichernde Freundschaft entstand. Wurde ich deshalb zum Bonvivant?

Gisela an ihrem Lieblingsstrand in Italien.

Da hatte ich auch meine Begegnung mit Gisela beim ersten Karnevalsball in Mainz 1962. Es war der ultimative Kick, der vielen Männern fremd bleibt. Die ersten Wochen waren ein Rausch der Sinne und die Begegnungen sehr häufig, denn wir hatten im Schloss in Mainz über zwanzig Sitzungen zu singen. Auf dem kurzen Weg zu ihr kam mir immer Künneckes Singspiel „Die lodernde Flamme" in den Sinn: „Ich träume mit offenen Augen, ich träume, Geliebte, von dir!" Mich erwartete eine Frau, die wusste, wie man Männer verwöhnt, die charmant hingebungsvoll dir alles entlockte, was deine Gefühle schon immer geben wollten. Wir bauten im Laufe der Zeit eine besondere Beziehung auf und ich wurde zu ihrem Vertrauten. In dieser Zeit war Italien das Eldorado für alleinstehende Urlauberinnen, die sich von den Papagallos, den erotischen Abenteurern Italiens, verwöhnen ließen. So auch die liebe Gisela, die mich hautnah ihre Amouren miterleben ließ; da wurde sie so gesprächig wie die meisten Männer in gleicher Situation. Ich wusste auch, dass der Sonntag für den akademischen Sohn einer bekannten, renommierten Persönlichkeit reserviert war. Auch die Doktoranden der Uni machten ihr den Hof, was sie sehr genoss. Bei mir konnte sie ihrem Naturell freien Lauf lassen, ihre Leidenschaft ausleben, denn: Ihr Naturbursche war wieder auf einen Sprung da!, wie sie süffisant lächelnd mit triumphierendem Gesicht feststellte. Ein Detail, was ich auch meinen jungen Lesern nicht vorenthalten

möchte: Wenn du als junger „Hans Dampf" in einem örtlichen, überschaubaren Umfeld lebst, bekommen viele Menschen deinen Umgang mit. Bist du mit deiner Liebschaft in besseren Kreisen gelandet, spricht man darüber nicht, man begegnet dir neutral, bestenfalls betitelt dich einer lächelnd ironisch: „Da ist ja unser Sonnyboy!"
Eins rate ich euch jungen Männern: Nutzt die Zeit und flirtet mit der holden Weiblichkeit! Die Erfahrungen lassen sich ein Leben lang nutzen, denn zum Beispiel im Außendienst musst du die Vorzimmerdamen „charmant umgarnen" können, um zum Chef zu gelangen.

Teneriffa 1965

Heuer war keine große Reise angesagt, weder mit Goswin noch mit den Mainzer Hofsängern, sodass ich am 16. Juli für vierzehn Tage nach Teneriffa flog. Der große Flugplatz auf Teneriffa war noch im Bau, so landeten wir auf Las Palmas. Es ging mit einer kleinen Maschine, in die man von hinten einstieg, weiter. Unter dem Flieger stand die Crew und inspizierte das Museumsstück aus Kriegszeiten, wie mir schien. Mein Platz war direkt an den Tragflächen, und als der Motor gestartet wurde, konnte ich Öl über die Tragfläche laufen sehen. Neben mir nahm der Reiseleiter Platz. Ich machte ihn auf das Öl aufmerksam. Sein Kommentar: „Das ist normal." Ich starrte während des Fluges immer wieder auf die Tragfläche neben mir. Nach circa dreißig Minuten lief kein Öl mehr und ich sagte: „Das Öl läuft nicht mehr." „Das macht nichts, wir sind gleich da.", war die prompte, gleichgültige Antwort.
In Puerto de la Cruz wohnte ich direkt an der Calle de San Telmo im Hotel Oro Negro. Ein hoher Plattenbau, an dem die Brandung laut hörbar hochlief. Das Meeresschwimmbad am Telmo war noch im Bau und so gingen wir in die „Ui, ui, ui"-Bucht zum Schwimmen. Vorsicht war angesagt, denn es gab heimtückische Strömungen. Der Orotava-Garten war international. Mit einem Herrn mietete ich ein Cabrio und wir machten einen Ausflug zum Teide und nach El Medano. Der Strand dort war sehr windig. Im Urlaub war sonst nichts los, ich konnte mich erholen. Meiner Mutter brachte ich einige Strelitzien mit, die man zu dieser Zeit bei uns noch nicht kannte. Sie hat sich gefreut.

Goswins Französischkurs an der Sorbonne 1965

1965 hatte Goswin zwei Monate lang einen Intensivkurs in Französisch an der Sorbonne in Paris gemacht. Am Ersten Weihnachtsfeiertag kam Goswin mich besuchen und konfrontierte mich recht schnell mit der Frage, was ich momentan für eine Freundin hätte. Noch bevor er mich zur Antwort kommen ließ, teilte er mir mit, dass wir Silvester in Paris feiern würden. „Unmöglich! Ich muss am 3. Januar 1966 eine Arbeit für meine Meisterprüfung abgeben. Ich hab bisher nur das Thema und eine Gliederung." Goswin war wenig beeindruckt und meinte nur, ich solle ihn die Sache mal ansehen lassen. Ein wenig später sagte er dann: „Okay, ich mach das Vorwort und den Abschluss, den Fachteil musst du leisten. Lass uns anfangen!" Zwischen den Jahren kamen wir gut voran. Jetzt stellte sich nur noch die Frage, wen ich mit nach Paris nehmen würde.

Da war Margot II., die sich dies sicherlich einteilen könnte, da sie bei ihren Eltern in der Gastronomie arbeitete. Sie bot mir auch an, das Werk mit der Maschine ins Reine zu schreiben. Alles, was mir jetzt noch fehlte, war ein plausibler Grund, weshalb ich die Arbeit später abgeben würde.

Am 30. Dezember machten wir uns auf die Reise nach Paris, da die Arbeit gut vorangegangen war. Goswin nahm eine Freundin aus Frankfurt mit und ich Margot. Zusammen machten wir auf der Fahrt den letzten Feinschliff an meiner Arbeit.

In der Metropole an der Seine angekommen, bezogen wir das Hotel, das ich zu Hause telefonisch reserviert hatte. Bei der Reservierung hatte mich Goswin gebeten, alles auf meinen Namen zu machen, was mir erst ein wenig komisch vorkam, worüber ich mir aber keine weiteren Gedanken machte.

Paris mit seinem Eiffelturm, den Champs-Élysées und seinem Flair war für die Damen beeindruckend. Auch wie Goswin – rasanter als die Taxis – Paris erlebbar machte. Seine Vorführung im Kreisverkehr um den Arc de Triumphe, wo er im vier- oder fünfspurigen Kreisel den Blinker setzte, den Weg von außen nach innen fuhr, ohne dass sich auch nur ein Auto daran gestört hätte. Und weil das so schön war, ging das Ganze auch noch zwei Runden von innen nach außen. Ein Himmelhund!

Auch schön Essen war er mit uns und zum Abschluss ließ er zwei Kognaks bringen. Die Damen wollten nicht, und er sagte zu mir: „Wenn du errätst, was das für ein Kognak ist, zahle ich die Zeche." Die Kognakgläser, riesige Schwenker, machten Eindruck auf mich, die Farbe des Kognaks typisch, aber welche Sorte? Hm, ich roch, ich schwenkte gekonnt das Glas, ich roch wieder, hm, kann doch nicht sein bei der Farbe, riecht wie ein Trester. Erwartungsvoll schaute mich die Runde an und Goswin wollte eine Antwort.

„Lieber Goswin, es sieht zwar aus wie Kognak, aber wenn ich meiner Nase vertraue, riecht dieser Kognak wie ein Trester." Seine sympathische Lache erschallte: „Du hast recht, es ist ein Marc de Bourgogne, ein französischer Tresterbrand." Diese Runde ging auf ihn.

Goswin, Margot und ich.

Dann kam Silvester. Wir flanierten auf dem Montmartre, besuchten Sacré-Cœur und hörten den ganzen Abend die wild hupenden Pariser Autofahrer. Erschöpft brachten wir unsere Damen nach Mitternacht ins Hotel, aber Goswin wollte mir noch das etwas verruchte Nachtleben zeigen.

Auf meine Frage, warum die Anmeldung im Hotel über meinen Namen lief, kam wieder seine typische Lache, und es brach aus ihm heraus, dass er in seiner Pariser Zeit zwar tagsüber fleißig Französisch lernte, aber bei seiner Nachtschwärmerei wohl unter Falschspieler geraten war, die ihn ausgenommen hatten. Um nicht seinen Sprachkurs abbrechen zu müssen, hatte er dann gemeinsam mit diesen Betrügern Touristen betrogen. Da die Sache aber aufgeflogen war, befürchtete er, dass sein Name aktenkundig war. Goswin, wie konntest du nur? Als dann noch irgendein Schwuler Goswin anbaggerte und er ihn gewähren ließ, wurde ich streng und verordnete uns Bettruhe. Basta!!!

Der Kurztrip nach Paris, ein Genuss für Herz und Sinne, war alles in allem sehr schön verlaufen. Nach der Rückkehr habe ich fleißig mit Margot die sogenannte Jahresarbeit vollendet. Die Prüfung konnte kommen.

Eins will ich noch erzählen: Wir hatten im abgelaufenen Jahr, als Vorbereitung zur Meisterprüfung, zwei- bis dreitägige Schulungen, die wir mit einem gemeinsamen Lokalbesuch beendeten. Es muss im September/Oktober 1965, vor der Weinlese, gewesen sein, wir hatten wieder einen Lehrgang gehabt und mein Cousin Hans-Theo fragte: „Wo gehen wir heute hin? Ich muss noch was erledigen." Wir gehen in das Winzerhaus nach Kiedrich. Gesagt, getan, unsere Getränke hatten wir schon bestellt und die Kellnerin empfahl uns als Spezialität ihren Hirschbraten. Da kam Hans-Theo dazu: „Was, mitten in der Brunstzeit wollt ihr Hirsch essen?" „Mein Herr, den können Sie ganz beruhigt essen, der Hirsch ist ganz ohne ... Brunse." Unter unserem lautstarken Lachen lief die Kellnerin mit hochrotem Kopf davon. Der Braten hat gut geschmeckt, und die Kellnerin konnte auch wieder mit uns lachen.

Ja, da ist er doch!

Goswins Neuorientierung und die Donaufahrt 1966

Goswin hatte eine Vertretung für Spezialschuhe für Süddeutschland übernommen. Ich glaube nicht, dass die Parole von Willi Brandt und Egon Bahr im Jahr 1963, „Wandel durch Annäherung!". entscheidend war für unser Reiseziel Rumänien und die Schifffahrt auf der Donau. Neckermann Reisen war am Schwarzen Meer bereits präsent und wir waren neugierig auf eine Woche

Badeurlaub und die Rückfahrt mit einem russischen Dampfer auf der Donau. Im Reisebüro in Wiesbaden habe ich die Reise ausgearbeitet: Hinflug Juli von Wien-Schwechat nach Constanta. Sieben Tage Hotel in Mamaia und von Hirsova an der Donau Rückreise nach Wien. Als wir über den Preis sprachen, machte meine Beraterin ein Spezialangebot: Bei 250 DM Aufpreis habe sie ein Hotel inklusive Getränke und auf dem Schiff das gehobene Promenadendeck mit All Inclusive. Es war keine schlechte Entscheidung.
Goswin kam am Vorabend der Abreise zu mir und wir starteten in aller Frühe, er wollte auf der Fahrt noch bei Kunden vorbeischauen. Auf der Fahrt nach Nürnberg fragte er mich, wie viel Geld ich dabei habe. „Hm, mir ist zu Ohren gekommen, dass man von Constanta aus einen Tagesausflug mit dem Flieger nach Istanbul machen könnte." „Na, dazu brauchen wir aber noch etwas Geld." „Weißt du, ich habe bei meiner letzten Sauftour in München einen Bankmann kennengelernt, bei dem werde ich heute Mittag vorstellig."
 Der Kunde in Nürnberg war besucht, es ging über die Autobahn nach München, dort wollte er noch zu einem Großkunden. Aber erst fuhren wir bei der Bank vorbei. Ich fuhr das Auto, ließ Goswin an der Bank aussteigen, denn ich musste im Auto bleiben, weil wir in einer Einfahrt standen. Goswin kam zurück: Ich soll in einer halben Stunde noch einmal wiederkommen. Wir fahren jetzt erst noch zu dem Kunden. Der Banker wird sicher in Frankfurt meine Bank anrufen, ob das Konto gedeckt ist. Goswin erhielt das Geld und wir kamen so gegen 22 Uhr im Flughafenhotel in Wien-Schwechat an.
Nachdem wir noch etwas in Ruhe gegessen hatten, es war mittlerweile fast 23 Uhr, sagte ich: „Lass uns nach dem anstrengenden Tag schlafen gehen." „Geht nicht, ich muss noch mal ans Auto, meine Schreibmaschine holen." „Was willst du denn damit?" „Ich muss für meine Firma noch einen Wochenbericht schreiben, denn ich habe erst nächste Woche Urlaub eingereicht." „Ach, deshalb haben wir heute noch diese Kunden besucht. Aber wie willst du denn den Brief absenden?" „Die Kellnerin hier macht das schon für mich für ein schönes Trinkgeld." Kopfschüttelnd ging ich zu Bett. So war er halt.
Im Laufe des Vormittags ging der Flug nach Constanta, viele Neckermann-Touristen im Flieger, auch einer von den Gonsbachlerchen. „Ei Gude, wo machst du hi?"
In Constanta, der Stempel im Pass ist vom 05.07.1966, wurden wir in Busse verfrachtet und es ging nach Mamaia. Die anderen Urlauber kamen als Erste ans Ziel, ein Plattenbauhotel mit wenig Charme. Mal gespannt, wo wir lan-

den! Ja, da war das Hotel, drum herum ein schöner Garten angelegt. Als wir eingecheckt hatten, schritten wir über feine Perser in unser geräumiges Zimmer, wo die Teppiche erst in der Toilette endeten. Unser Gepäck brachten Hotelangestellte ins Zimmer. Ganz schön nobel für ein kommunistisches Land!

Jetzt aber zum Strand und hinein in das nasse Vergnügen. Das tat gut! Angenehmes Wasser!

Im Speisesaal hatten wir nicht nur einen eigenen Tisch, sondern auch einen eigenen Kellner, der uns den Stuhl unter den Hintern schob. Aber das musste doch nicht sein! Nach dem Abendbrot mussten wir natürlich noch einmal ausschwärmen. Wir gerieten unter junge Leute. Der Slibowitz, ein Pflaumenschnaps, wurde aus dem Wasserglas getrunken, und Goswin war in seinem Element, denn es galt, eine junge Schwedin mit Slibowitz abzufüllen.

Das fing ja gut an. Für den nächsten Nachmittag war eine Fahrt nach Murfatlar in eine Winzergenossenschaft mit rumänischem Weiß- und Rotwein geplant. Zum Abendessen sollte es dann in einen alten Steinbruch mit landestypischen Speisen und Getränken gehen. „Auf diese Aussicht können wir ja noch einen trinken." „Noroc – zum Wohl!", tönte es in der Runde. Der Slibowitz lief durch die Kehlen.

Am nächsten Morgen – der Abend war doch hart, meinte Goswin – war unser Kellner ganz unglücklich, weil wir nichts essen wollten. Ich ließ mich zu einem eingedickten Pflaumenfruchtsaft überreden, der gut schmeckte. „Goswin, jetzt hilft uns nur noch ein Gang ins Wasser, damit wir wieder fit werden." Gesagt, getan! „Mensch, ist das Wasser aber kalt. Haben wir denn so gesoffen? Das kann doch nicht sein." Ein Badegast hörte unsere Kommentare. „Ich kann Sie beruhigen", sagte er. „Heute Nacht war Wind, und da das Schwarze Meer sehr tief ist, rollte das kalte Tiefwasser nach oben, und das spürt man." So hatten wir doch eine plausible Erklärung.

Bei der Fahrt in die Winzergenossenschaft und den Steinbruch begleitete uns ein junger Schweizer, der mit seinen Eltern Urlaub machte. Wir haben wieder alles Gebotene probiert, Speis und Trank genossen, und es wurde im Steinbruch ein feuchtfröhlicher Abend.

Irgendwann hat bei unserem Schweizer Freund die Kondition nachgelassen, aber wir haben ihn gut in sein Zimmer gebracht. Ich werde nie vergessen, als wir am nächsten Morgen unseren Fruchtsaft tranken, wie der Schweizer Vater an unseren Tisch kam und mit breitem Schweizerdeutsch fragte: „Sagen

Sie mal, was haben Sie mit meinem Sohn gemacht?" „Ja, wir haben ihn heute Nacht ins Bett gebracht." „Da ist er auch, aber nicht vernehmungsfähig!" Goswin, wir müssen uns bessern!!!

Am nächsten Tag war sehr früh unser Flug nach Istanbul. Nach der Ankunft erlebten wir im Bus einen schwindelerregenden Verkehr auf beiden Seiten der einzigen Brücke über den Bosporus. Ein planloses Verkehrschaos, und ich war mir sicher, dass es noch einen Unfall geben würde. Doch wir kamen zur Hagia Sophia, zur Blauen Moschee, und wir hatten Zeit, um den Topkapı-Palast zu besichtigen. Dieser war im Laufe der Geschichte Heimat etlicher Sultane. Unserer Fantasie ließen wir freien Lauf, als wir durch die Haremsgemächer geführt wurden, und kamen erst wieder auf den Boden der Tatsachen, als wir die Schätze, die in diesem Palast zu sehen waren, registrierten. So ein reiches Land hatten wir nicht erwartet und so viele Schätze aller Art, die die Kronjuwelen wie kleine Accessoires aussehen lassen. Zum Abschluss noch der Große Basar, einer der größten und ältesten Märkte der Welt. Er ist eine nie versiegende Quelle der Wunder und einer der meistbesuchten Orte der Erde, so wie es ein Reiseführer beschreibt.

Man braucht bei so vielen Exkursionen einen guten Orientierungssinn, um sich zurechtzufinden. Unseren Bus zum Flugplatz haben wir rechtzeitig erreicht, dann ging wieder die wilde Jagd los, und wie befürchtet hat es dann auch gekracht. Ein PKW ist in die Seite des Busses gefahren. Wir kamen dennoch rechtzeitig am Flughafen an. Es ging zurück nach Constanta und in unser nobles Hotel, von dem wir erfahren haben, dass direkt vor uns bei einem Staatsbesuch der chinesische Außenminister Zhou Enlai residiert hatte.

Nach einem ausgiebigen Badetag machten wir am nächsten Tag dann wieder einen Zug durch die Gemeinde. Der Slibowitz lief wieder, als Goswin auf die Idee kam, eine Spielbank zu besuchen. „Was, haben die im Kommunismus eine Spielbank?", fragte ich zweifelnd. „Na klar!" Wir dahin: Ja, ohne Schlips kein Eintritt, sagt der Türsteher, und ich fing mit ihm zu diskutieren an. Schwupp, war Goswin drin, und mir gab ein Tourist den rettenden Tipp: „Mach doch deinen Schnürsenkel um den Hals." Das hat funktioniert. Als ich ins Halbdunkel der Spielbank trat, hörte ich noch: „Rien ne va plus", und kurz danach die mir bekannte Lache. Er hatte gesetzt und gewonnen, das war er, und ich habe an diesem Abend zum ersten und letzten Mal in meinem Leben an der Bar geschwächelt und ein Nickerchen gemacht.

Die Woche war vorbei und wir im Bus nach Hirsova an der Donau circa acht-

zig Kilometer entfernt. Unser russischer Dampfer war ein respektierliches Flussschiff – und wir bezogen unser Promenadendeck. Unsere Decknachbarn waren alle wohlsituierte Ehepaare, und aus ihren Blicken glaubte ich herauslesen zu können: „Hoffentlich machen die Jungs nicht so oft Budenzauber!"
An Deck trafen sich auch einige junge Leute, drei junge Frauen und eine Abiturientin mit ihrer sehr jugendlichen, bildhübschen Mama. Goswin, das wär's doch wieder mal. Aber der russische Kapitän hatte die besseren Karten, wie sich alsbald herausstellte.
Es ging los, heraus aus dem Donaudelta. Wir beobachteten die einzigartige Fauna und Flora. Small Talk mit den älteren Passagieren war angesagt. Die jungen Damen haben wir bewusst sich selbst überlassen, denn wir hatten einen dritten Mann zum Skat gefunden. Der hat uns zu Anfang etwas genervt, da er von uns die Spielregeln wissen wollte und Details zum Spielen erfragte. Man muss wissen, Skat spielt man um Geld, normalerweise um ein Zehntel der Punktezahl. Ich sagte ihm, dass er es hier nicht mit Falschspielern zu tun habe. „Das glaube ich euch, aber ich habe nach dem Krieg mit meiner Frau in Bayern Urlaub gemacht. In dem Gasthof haben abends der Apotheker, der Arzt und der Pfarrer Skat gespielt. Ich saß mit meiner Frau in der Nähe und habe ab und an den Spielern in die Karten geschaut. Eines Abends war ein Spieler nicht gekommen, und man fragte mich: ‚Spielen Sie auch Skat?' ‚Ja!' ‚Hätten Sie Lust mitzuspielen?' Meine Frau sagte nur: ‚Ich lese was.' Das Spiel begann, ich bekam an dem Abend Karten wie ein Weltmeister und dementsprechend stieg mein Punktekonto höher und höher. Als die Abrechnung kam, bekam ich eine Menge Geld, denn die honorigen Herren spielten um die ‚Ganzen'. Wenn ich verloren hätte, wäre ich nicht in der Lage gewesen zu bezahlen, so konnte ich noch eine Woche Urlaub machen."
„Diese Lehrstunde", sagte ich zu Goswin, „sollten wir nie vergessen, denn es erspart einem unangenehme Überraschungen." Wir genossen bei schönem Wetter das hundert Kilometer lange Durchbruchstal, das „Eiserne Tor", welches sich bis auf hundert Meter Breite verengt. Man sieht auf einer Seite noch Bahngleise und ausrangierte Loks, die früher die Schiffe gegen die starke Strömung flussaufwärts zogen.
Am nächsten Tag kamen wir in Novi Sad an. Die uralte Rundbogenbrücke war für die modernen Flussfahrtschiffe nur bei Niedrigwasser passierbar. Auf der anderen Seite lag schon das Zwillingsschiff, es hieß Koffer packen und umziehen. Na, es gibt Schlimmeres.

Auf dieser Donaufahrt erinnere ich mich an keine Landausflüge, weder Bukarest noch Belgrad. Ich nehme an, die Politik im Kommunismus sperrte sich, aber in Budapest liegen wir ja einen ganzen Tag und eine ganze Nacht vor Anker. Wir waren gespannt!!!

Nach dem Anlegen haben wir das Mittagsessen eingenommen und uns in unsere Anzüge mit Krawatte geworfen. Am frühen Nachmittag waren wir stadtfein unterwegs. Wir schlenderten planlos in Richtung Innenstadt, da fiel mir vor uns eine junge Frau auf, die graziös unterwegs war. „Goswin, ein Takt schneller, wir nehmen sie in unsere Mitte." Wir sahen in ihre strahlenden Augen, sie konnte gebrochen Deutsch, und ich fragte: „Haben Sie Zeit und Lust, uns das schöne Budapest zu zeigen?" Da kam ein plötzlicher Platzregen und sie zog uns in ein Café. Goswin fragte: „Hast du keine Freundin, die mit uns durch die Stadt zieht?" „Mal sehen!" Als wir Kaffee getrunken und der Regen aufgehört hatte, gingen wir wieder auf die Straße. Als wäre es verabredet gewesen, fuhr ein Linienbus vorbei und unsere Magyarin erkannte darin eine Freundin, der sie ein Zeichen gab auszusteigen. Es entstieg eine vollbusige, rassige Schönheit, die Goswin total abfahren ließ. Er nahm sie in die Arme. „Der Tag fängt gut an!"

So, wir waren jetzt wie gewünscht im Paris des Ostens, in Budapest, angekommen. Während wir die opulenten Boulevards entlangschlenderten, mit den beiden so richtig alberten, die Jugendstilbauten betrachteten und den Charme Budapests in uns aufnahmen, fragte mich Goswin: „Wie geht es weiter?!" Er hatte von Jägerkollegen gehört, dass Ungarn ein beliebtes Jagdrevier ist und auch der Kasinobesuch Pflicht!!! Ein Varietébesuch gehörte in Budapest zum Programm. Unsere Begleitung konnte uns dorthin führen, aber an der Abendkasse gab es keine Karten mehr. Meine Magyarin ging zum Schalter und kam tatsächlich mit vier Karten zurück. Wir saßen an Tischen. Auf der Bühne gab es zwischendurch Vorführungen. Eine Zigeunerkapelle machte gute Tanzmusik, und wir mischten mit unseren Damen gekonnt die Tanzfläche auf. Ich hatte den Eindruck, die vielen älteren Herren – vielleicht Jäger – verfolgten uns mit zum Teil neidischen Blicken. Wir aßen und tranken typisch ungarisch, wir hatten ja Empfehlungen aus erster Hand. Wir wurden immer gelöster und genossen mit allen Sinnen die „Sorglosigkeit der Jugend". Es war schon spät, als wir uns beschwingt zu unserem Schiff aufmachten. An der Wache gingen wir wie Ehepaare vorbei und gelangten ohne Probleme auf unser Promenadendeck.

Unsere Kajüte wurde zum Tempel der Liebe! Meine Magyarin, ein Typ, der die Umgebung erotisiert, lag neben mir. Ich bewunderte ihren bronzefarbenen Teint, eine Haut, die zum Berühren verführte, und ihren wohlgeformten Busen, der zum Streicheln einlud. Verzeiht, aber die Welt des Liebens, des Ineinander-Versinkens, nahm uns vier gemeinsam gefangen. Das Schiff war bereits wieder zum Leben erwacht, als die zwei wieder an Land gingen. Das Promenadendeck muss zum Teil unsere Orgie mitbekommen haben, denn zwei reifere, seriöse Herren wollten von uns wissen, ob es noch so ist, wie sie es auch schon erlebt hatten. Gute Frage, wenn man keinen Vergleich hat.
Festzuhalten bleibt aber die Tatsache, dass man durch solche Eskapaden für viele Menschen, aus welchen Gründen auch immer, interessanter wird und für Frauen begehrenswerter, so skurril es auch scheint. Ich hatte auf der Donaureise immer wieder mal mit einer Notariatsgehilfin aus Wien erfolglos geflirtet, aber danach dann doch ihr Herz gewonnen. Die besten Geschichten schreibt das Leben.

Konzertreise der Hofsänger nach USA und Kanada 1967

Im April 1967 startete unsere erste Tournee mit den Mainzer Hofsängern nach Amerika und Kanada. Der Grund für diese Reise war ein Herr Otto aus Detroit mit deutschen Wurzeln. Er war ein Freund von Herrn Eckes aus Nieder-Olm, dazu ein begeisterter Anhänger der Mainzer Hofsänger. Herr Otto war bereits jahrelang nach Mainz zum Karneval gekommen. Er hatte Herrn Eckes zu seinem sechzigsten Geburtstag nach Detroit eingeladen und wir sollten als Geburtstagsgeschenk die Überraschung für Herrn Otto sein. So weit, so gut, aber nur für einen Auftritt wäre das Ganze sehr aufwendig gewesen. Herr Baier vom Reisebüro Bartholomae aus Wiesbaden wurde gefunden. Dieser hatte Kontakt zu deutschen Heimatvereinen in Amerika, organisierte einige Konzerte und reiste mit uns in die Neue Welt.
So sind wir am 16. April gestartet. Nach neunstündigem Flug traf die Maschine auf dem New Yorker J.F.K.-Flughafen ein. Bereits wenige Stunden später stand Hans Gebert, unser Kapitän und Sprecher der Hofsänger, im Rundfunkstudio. In einer Livesendung stellte er die Hofsänger den Deutsch sprechenden New Yorkern vor und lud gleichzeitig zu einem Konzert ein. Dieses war am 23. April im Ballsaal des Baltimore Hotels. Es wurde ein riesiger Erfolg!

Von links nach rechts: Hans Ackerman, Karl Müller, Alfred Ysner, Georg Dorberth, Lorenz Riedel, Konrad Hollmann und ich.

Unser Hotel Abbey Victoria in Manhattan bezogen wir für drei Tage. Da Manhattan schachbrettartig aufgebaut war, kann man sich, auch wenn man mit der U-Bahn unterwegs ist, gut zurechtfinden. Der Central Park ist im Herzen Manhattans, die Avenues laufen von Süd nach Nord. Die First Avenue beginnt im Osten am East River und endet mit der 11th Avenue am Hudson River. Die Streets laufen von West nach Ost. Der Broadway teilt südlich des Central Parks Manhattan gewissermaßen in zwei Hälften auf. Im Süden Manhattans liegt China Town und dann beginnen die Streets von 1 über 250. Die Kinos zum Beispiel befinden sich in der 42. Straße. Steht auf dem Straßenschild E 42nd ST, bist du auf der Ostseite des Broadways, siehst du W 42nd ST, bist du westlich davon. Herr Baier hat uns das alles anschaulich erklärt, sodass wir in der Lage waren, uns in dieser Wolkenkratzer-Millionenstadt zurechtzufinden, egal ob allein oder in kleinen Gruppen.

Wir fuhren im Empire State Building bis auf die 102. Etage in circa 380 Meter Höhe. 1967 war dieses Gebäude noch das höchste der Welt, gerade mal 36 Jahre alt und in den Jahren 1930/31 in Rekordzeit erbaut. Unter uns lag eine fremde, atemlose, nie zur Ruhe kommende, von riesigen Hochhausschluchten geprägte Stadt. Mein erster Blick fiel auf das Chrysler Building mit seiner imposanten 56 Meter hohen Metallspitze. Dieser Stahlbau soll nur 30 Tonnen wiegen. Er ist eines der faszinierendsten Beispiele des Art Deco, das besonders am Abend beim Spiel des Lichts seine Wirkung zeigt.

Wir besuchten gemeinsam die Radio City Music Hall, die im Rockefeller Center liegt. Mit 5933 Plätzen und einer riesigen Leinwand war die Radio City Music Hall seit 1933 das weltgrößte Filmtheater. Bis zu vier Vorstellungen pro Tag zeigten Filme, die durch Livedarbietungen umrahmt wurden. Eine Riesenorgel machte beeindruckende Musik, die Showtanzgruppen waren für uns einmalig, ihre tänzerische Präzision und optische Gestaltung: „A big show of America."

Wir schlenderten über den Broadway, am Times Square vorbei, sahen die St. Patrick's Cathedral, die Brooklyn Bridge, und mit der Subway ging es nach China Town zum Essen, zurück über Little Italy. Wir erlebten so alles, was eine Weltstadt zu bieten hat, die Geschäfte, Einkaufspassagen, Imbissbuden und Schlemmertempel. Schlenderten durch das größte Kaufhaus der Welt: „Macy's".

Die Welt ist bunt und für einen Dreißigjährigen, wie ich es war, eine Herausforderung. Ist da noch was, was du nicht kennst? Hast du schon alle Erfahrungen gemacht?

„Mensch, schau mal diese hübschen Philippininnen, die bieten Massagen an, bei dem Stress, den wir jetzt schon zwei Tage haben, das können wir uns doch gönnen."

Ja, und beim Großstadtbummel wirst du öfter von weißen und schwarzen Frauen daran erinnert, dass du ein Mann bist. Und was es bei den Schwarzen so hübsche Mädchen gibt! Wow! Wir müssen auch unbedingt noch mal nach Harlem und in die Bronx. Das muss man doch gesehen haben! Vielleicht beim nächsten Mal.

Doch für heut ist's genug, die Leuchtreklamen werden immer greller, die Aufnahmefähigkeit siegt dahin. Die Sonne schien heute, aber durch die Wolkenkratzer war sie fast nicht zu sehen. Wir eilten durch Häuserschluchten und fanden uns in unserer Bettenburg, dem Hotel, gut aufgehoben wieder. Beim Betreten und Verlassen des Hotels Abbey Victoria fiel mir immer ein Rumpeln auf, denn da war ein Schlagloch, in das viele Autos fuhren.

Am vierten Tag ging es um 12.20 Uhr mit dem Flieger nach Washington D.C. Nach dem quirligen N.Y. war Washington fast wie eine Oase im Grünen. Die Stadtrundfahrt führte zum Jefferson und Lincoln Memorial, zum Heldenfriedhof Arlington und natürlich zum Capitol. Um 18.15 Uhr war der Weiterflug nach Detroit und um 19.35 Uhr der Transfer zum Hotel American.

Der nächste Tag war vorgesehen für eine Stadtrundfahrt und Besichtigung der General-Motors-Werke. Das sollte natürlich das Geburtstagskind Herr Otto nicht mitbekommen. Denn erst abends war seine Sechzigjahrfeier. An die hundert Gäste bildeten den Rahmen für das riesige Bankett. Mittendrin das Geburtstagskind, das nicht ahnte, welche Überraschung ihm bevorstand. Wir hatten uns hinter einer Falttür aufgestellt, die Gratulation war in vollem Gang, als auf ein Zeichen die Tür aufging und wir unser Geburtstagsständchen anstimmten.

Er drehte sich mit weit aufgerissenen Augen zu uns um, und Tränen der Freude liefen über seine Wangen. Da Begeisterung ansteckend ist, boten wir dem Geburtstagskind und seinen Gästen ein Livekonzert vom Feinsten, und das ohne Mikrofone! Unser Kilian Kuchenmeister, ein verhinderter Konzertpianist, brillierte auf dem Piano. Wie wir auf dem Foto sehen, steht unser charmanter Kilian eingerahmt zwischen dem Ehepaar Otto, und wir, gut gelaunt und „ausgeruht", geben eine gute Kulisse ab.

Ich, Siebter von links, mit oranger Weste.

Der Abend war für einige von uns noch sehr lang. Mit der Tochter von Herrn Otto haben wir die Korken knallen lassen, und unser bewährter „Nachfeiersänger" Otto Schlesinger mit seiner schwarzen Bassstimme sang sein „Als Büblein klein an der Mutter Brust" natürlich zwei Töne tiefer als das Original. Er hat uns nie blamiert, sondern die Herzen im Sturm erobert.

Am nächsten Tag ging es um 10 Uhr mit dem Bus nach Kitchener, circa drei Autostunden von Toronto, Kanada, entfernt. Dort leben viele Deutsche und wir erlebten einen gemütlichen, musikalischen Abend mit den Mitgliedern der Concordia-Chöre. Wir kamen so gut an, dass wir bei den folgenden Reisen immer wieder zu einem Konzert eingeladen waren.

Am darauffolgenden Tag ging es um 8.45 Uhr mit dem Bus zu den Niagarafällen und wir bewunderten die gigantischen Wasserfälle. Bevor wir im Hotel Lord Simcoe in Toronto eincheckten, machten wir noch eine Stadtrundfahrt, und nach dem Abendessen im Deutschen Haus gab es ein Konzert beim Harmony Club in Toronto.

Am Tag danach flogen wir um 11.15 Uhr von Toronto nach N.Y. und hatten dort um 18 Uhr unser großes Konzert im Ballsaal des Baltimore Hotels. Mit einer großen Bootsfahrt rund um Manhattan und einem Abschiedsbummel durch unser mittlerweile vertrautes N.Y. ging es um 16.30 Uhr zum J.F.K.-Flughafen zum Rückflug. Zunächst mit einer DC-8-Düsenmaschine nach Amsterdam, dann weiter.

Ich war in meinem Leben schon einige Mal geflogen, aber immer mit einem gewissen Respekt vor dem Flug. Auf dieser Amerikareise, mit seinen zahlreichen Flügen, hatte ich jedoch das Gefühl bekommen, ich steige nur in einen besonderen Bus ein. Der Mensch ist ein Gewohnheitstier, oder?!

Da waren die Deutschen Clubs im „Land der unbegrenzten Möglichkeiten", die wir auf unserem ersten Kurztrip nach Amerika und Kanada kennenlernen konnten. Damals waren diese Clubs, wie es uns schien, noch Lebensmittelpunkt der deutschen Auswanderer. Hier pflegte man deutsches Brauchtum, stützte sich gegenseitig bei Anpassungsproblemen, und die regelmäßigen Zusammenkünfte halfen auch gut gegen aufkommendes Heimweh. Wir hatten mit unserem Gesang ihre Herzen erreicht, und so hieß es von allen Seiten: „Ihr müsst unbedingt wiederkommen!"

Übrigens hatte während des Rückflugs Georg Dorberth hoch über den Wolken Geburtstag. Ein Ständchen war fällig, und in diesen Jahren floss bei den Fluggesellschaften noch reichlich Alkohol. Wir flirteten und tranken mit den holländischen Stewardessen. Als dann die Fluggäste irgendwann ruhen wollten, feierte unser harter Kern mit den Meisjes in der ersten Klasse weiter. Ich glaube, wir hatten die Vorräte ziemlich leer getrunken. Na gut, Kondition hatten wir, und wie immer ist keiner aus dem Rahmen gefallen. Gut so!

So hatte das Jahr 1967 mit unserer ersten Amerikareise erlebnisreich angefangen. Wie gewohnt liefen unsere Kurzauftritte über das Jahr verteilt weiter, aber bevor wir intensiv ab Oktober 1967 mit den Proben begannen, hatten wir noch einen Wochenendtrip nach Zagreb.

Die Hofsänger als Botschafter der Stadt Mainz in Zagreb

Kilian Kuchenmeister mit seinen singenden Botschaftern. Ich vorne links.

Mainz mit seinem Oberbürgermeister Jockel Fuchs hatte den Versuch unternommen, mit einer kommunistischen Stadt im Ostblock Kontakt aufzunehmen. So gaben die Mainzer Hofsänger bei der offiziellen Verschwisterung mit der Stadt Zagreb in Jugoslawien ein Konzert, denn Musik verbindet die Völker. Es wurde danach gut gespeist, Wein und Slibowitz genossen, und dann sind wir auch noch in einer Tanzbar gelandet. Man muss einem Junggesellen, wie ich es damals noch war, zugestehen, dass er die Völkerverständigung hautnah erleben will.

In gelöster Stimmung wurde getanzt, geschäkert, und im Laufe der Nacht erzählte mir meine polnische Dauertänzerin, dass sie „engagiert" sei, um für Umsatz zu sorgen. Dies gab es also im Kommunismus auch. Beruhigt war ich, als sie mir sagte: „Ludwig, du brauchst nicht zu trinken. Wenn du einen schönen Abend hast, freue ich mich, wenn du mir was gibst."

Am nächsten Tag war schon früh der Abflug geplant, aber am Flugplatz gab es Verzögerungen. Ich saß unausgeschlafen auf meinem Koffer, und die lieben Freunde, besonders Konrad Hollmann, hänselten mich: „Das erzähle ich deinem Vadder" – und die üblichen Sprüche gab er zum Besten. Alle lachten, doch verständnisvoll war mein Freund Otto: „Bub, die sind nur neidisch, die alte Böck, mach dir nichts draus."

Otto und ich saßen auf dem Rückflug in dem kleinen Flieger nebeneinander. Bei der Gelegenheit sei festgehalten, dass wir meistens bei den Übernachtungen den gleichen Zimmergenossen hatten, aber bei Fahrten oder anderen Anlässen gab es keine Sitzordnung. Fand ich gut so!!

Der Flug startete mit Verspätung von Zagreb, und nach einer halben Stunde bekamen wir Turbulenzen. Mein lieber Otto Pirr, ein gestandenes Mannsbild, wurde blass und blässer. Meine grinsende Beschwichtigung: „Otto, das ist nur ein Stück holprige Wegstrecke", kam überhaupt nicht gut an. Es holperte immer stärker, er ergriff meine beiden Hände: „Bub, wenn das gut ausgeht, nein, nein, das ist mein letzter Flug, und nach Amerika, nie mehr!" Meine Erklärung, dass es über den Alpen zu Turbulenzen kommen kann, quittierte er mit noch festerem Händedruck. Nach einer knappen Stunde normalisierte sich der Flug und Otto fing an, von seinen Kriegserlebnissen zu erzählen. Ich hörte interessiert zu:

Es war wohl zum Ende des Krieges, als Lastensegler, mit Fallschirmspringern aus England kommend, die Invasion der Alliierten unterstützen sollten. Die Aktion war vom deutschen Geheimdienst dechiffriert worden und Otto war bei den deutschen Bodentruppen, die die Fallschirmspringer in der Luft abschossen. Diese Erinnerung kam bei dem Flug über ihn und hat zu dieser Reaktion geführt.

Wie auch andere Zeitzeugen berichteten, war bei den meisten Kriegsveteranen eine gewisse Befangenheit vorhanden, über ihre Kriegserlebnisse zu reden. War es bei ihnen der Versuch, die unangenehmen Ereignisse nicht hochkommen zu lassen, waren es Schuldgefühle? Ich glaube, dass bei Menschen, die über Jahre täglich in das Antlitz des Todes schauen, der Überlebenstrieb kein Gut oder Böse mehr kennt, und die Verrohung der Sitten mit einer Abstumpfung einhergeht. Dann könnte auch Scham der Grund sein, dass viele schwiegen, aber es dann doch irgendwann herausbricht.

Es war in dieser Zeit auf unseren teils langen Reisen, wo das Thema Krieg und die Vergewaltigungen der Russen thematisiert wurden. Ich hörte aufmerksam zu und beobachtete Konrad Hollmann – beruflich bei der Kriminalpolizei –, wie er das Gespräch interessiert verfolgte. Sein anschließender Kommentar über die Vergewaltigungen war knapp, bestimmt und mit ernster Miene: „Wir waren nicht besser." Dieser Konrad hatte den Russlandfeldzug mitgemacht. Er war Fahrer eines Kombifahrzeugs, vorn mit normalen Rädern, doch hinten war ein Kettenantrieb. Das war in Russland bei den Bodenverhältnissen das ideale Fahrzeug, wie er erzählte. Er hütete es wie seinen Augapfel, und er verdankte diesem Fahrzeug, dass er schon 1945, kurz nach Kriegsende, in Mainz war. Als der planlose Rückzug von der russischen Front einsetzte, fuhren er und einige Soldaten mit diesem Gefährt Richtung Heimat. Was sich in den Weg stellte, wurde erschossen, Benzin wurde geklaut, nachts wurde auf alles, was sich bewegte, geschossen. So kamen sie bis Prag und in die Hände der Amerikaner. Dank des Kettenfahrzeugs wurden sie zur Räumung des Prager Flughafens befohlen mit dem Versprechen, danach die Entlassungspapiere zu erhalten. Die Amis haben Wort gehalten.

Bei anderer Gelegenheit erzählte uns Georg Dorberth von seinen Kriegserlebnissen. Er war an der Westfront im Einsatz, als die Invasion schon im Gange war. Sie inspizierten die Absturzstelle eines alliierten Flugzeugs. Neben den Toten lag auch ein blutender, bewusstloser Pilot mit einer Fliegerjacke aus braunem Leder. Während er dem amerikanischen Soldaten die Wunde verband, ließ ihn der Gedanke, dem Flieger die Jacke auszuziehen, nicht los. Er schaute sich in der Brustasche die Papiere an, sah die Bilder von dessen Familie und ließ den Gedanken wieder fallen, denn der Soldat würde schutzlos daliegen. Er stand also auf, um zu gehen, als er in die Mündung eines Revolvers blickte. Erschrocken zuckte er zusammen, doch ein schneidiges „Go off!" ließ ihn davoneilen. Georg war sich sicher, hätte er die Fliegerjacke genommen, wäre er umgelegt worden.

Von den anderen Sangesfreunden waren viele bei der Gruppenbetreuung engagiert, teilweise bei Fronttheatern und was es so alles beim Militär zum Erhalt der Kampfmoral gab.

Also die erste Jumelage mit Zagreb war gut über die Bühne gegangen und es sollten noch weitere folgen.

Wie auf dem kopierten Probenplan von Kilian Kuchenmeister ersichtlich, hatten wir in den letzten drei Monaten des Jahres 1967 noch einen strammen Übungsplan zu bestreiten. Wie heißt es so schön: „Von nix kommt nix!" Und mit viel Übung wird aus einer schönen Stimme ein rhythmischer, feinstimmiger, teils überzeugender Gesangsinterpret, der die Kunst beherrscht, sich in den Chorklang einzufügen, und der es versteht, als Solist seinen unverwechselbaren Klang zur Geltung zu bringen.

Probenplan Hofsänger

Monat Oktober

1. Am Freitag, den 27. Oktober 1967   um 18   Uhr
2. " Samstag, den 28.   "   "   " 14.30   "
3. " Dienstag, den 31.   "   "   " 19.30   "

Monat November

1. Am Mittwoch, den 1. November 1967   um 18   Uhr
2. " Freitag, den 3.   "   "   " 18   "
3. " Dienstag, den 7.   "   "   " 19.30   "
4. " Freitag, den 10.   "   "   " 18   "
5. " Dienstag, den 14.   "   "   " 19.30   "
6. " Mittwoch, den 15.   "   "   " 18   "
7. " Sonntag, den 19.   "   "   " 18   " (Volkstrauertag)
8. " Dienstag, den 21.   "   "   " 19.30   "
9. " Mittwoch, den 22.   "   "   " 10   " (Busstag)
10. " Samstag, den 25.   "   "   " 14.30   "
11. " Dienstag, den 28.   "   "   " 19.30   "

Monat Dezember
1. Am Samstag, den 2. Dezember 1967   um 14.30 Uhr
2. " Dienstag, den 5.   "   "   um 19.30   "
3. " Freitag, den 8.   "   "   " 18.00   "
4. " Sonntag, den 10.   "   "   " 10   "
5. " Dienstag, den 12.   "   "   " 19.30   "
6. " Donnerstag, den 14. "   "   " 18   "
7. " Dienstag, den 19.   "   "   " 19.30   "
8. " Donnerstag, den 21. "   "   " 18   "

Mainz, den 24. Oktober 1967

K.K.K.

Unser Probenplan im letzten Vierteljahr 1967. (Von nix kommt nix!)

Auf diesen Anspruch an die Sänger legte auch unser Konzertmeister Kilian Kuchenmeister, kurz KKK, großen Wert. Er war ein gutaussehender Mann, der den Erfolg genoss und lieber noch eine Verbeugung mehr zum Publikum machte. Er geriet sichtlich in Verzückung, worauf unser versgewandter Conférencier Müller bei seiner Absage ihn liebevoll auf den Arm nahm:

> *Unser Meister Kilian,*
> *als ein zweiter Karajan,*
> *liebt den Beifall ungemein,*
> *selbst im stillen Kämmerlein.*
> *Klatscht mal der Regen an die Scheiben,*
> *kann er niemals ruhig bleiben.*
> *Er springt auf und winkt hinaus*
> *Und neigt sich tief vor dem Applaus!*

So konnten wir mit unserem verehrten KKK schöne Erfolge feiern. Die gelungenen Abende im Mainzer Stadttheater, anlässlich unseres vierzigjährigen Bestehens (1966), oder unsere Fastnachtsauftritte als Damen im Minirock!

Die Hofsänger als charmante Frauen, ich der dritte von rechts.

Dabei konnten wir die vorgegebenen Rollen so richtig ausleben und hinter der Bühne ist so manche lustige Zote gefallen. – Na, ein bisschen Spaß muss sein!

Ein Kontrast dazu war natürlich unser Fastnachtskostüm im Jahr 1967, wo wir im Gehrock vergangener Zeiten – aber ohne Vatermörder – unser Potpourri sangen. Mit den Perücken und dem individuellen Gesichtsschmuck haben wir eine vergangene Welt zurückgeholt: Na denn!

Mein Solo

Der Alt-Herren-Chor, ich in der Mitte.

Dennoch sollte das Potpourri für 1968, an dem wir zum Jahresende 1967 so fleißig probten, wieder in einem vierfach bunten Bajazzkostüm sein. Der Karneval mag es bunt, und die Bajazze sind unser Markenzeichen.

Auch soll erwähnt werden, dass unser „Kilian" nicht nur gute Arrangements für uns schrieb und präzise einstudierte, er komponierte auch als echter Meenzer Bub schöne Stimmungslieder. So wurden zum Beispiel „Annemarie" und „Es Bobbelche" echte Hits, die wir auch schauspielerisch gut in Szene setzten.

Seereise ans Nordkap mit Goswin im Jahr 1968

Das Nordkap war angesagt! Mit dem Direktor des Reisebüros Bartholomae, auf der Wilhelmstraße in Wiesbaden, hatte ich durch die gemeinsame Reise mit den Mainzer Hofsängern nach Amerika einen guten Kontakt. Auf meine Frage: „Hast du eine kompetente Angestellte für eine Reise zum Nordkap?", empfahl er mir Frau Gretel Gottwalz.

Wir legten zusammen für Juli 68 eine Reise fest, die von Bremerhaven über Island, Spitzbergen zum Nordkap ging und zurück über Hammerfest, Trontheim, Bergen nach Bremen. Fräulein Gottwalz hatte mit diesem Schiff eine Kurzreise für Anfang Februar in südliche Gefilde geplant und wollte mir berichten. Ich bedankte mich mit einem Riegel „Mon Chérie", betonte aber, dies solle nicht als aufdringlich verstanden werden. Wir blieben in Kontakt. Sie berichtete mir von dem Schiff, und da ich sie recht attraktiv fand, lud ich sie zu einem Traberrennen in Niederrad ein. Bei dieser Gelegenheit konnte sie dann auch meinen Mitreisenden kennenlernen. Gretel war schick anzusehen mit ihrem dunkelblauen Kostüm und ihrer roten Kopfbedeckung, einem Tschako, einem Husarenhelm nachempfunden. Goswin war angetan. Bevor wir ihn auf dem Gelände trafen, habe ich mir mit Gretel gemeinsam die Traber Pferde angesehen. Nach der Begrüßung und dem Kennenlerntalk fragte Goswin mich gleich: „Hast du auch gesetzt?" „Ja, auf Sieg bei Attila." „Das ist doch der Außenseiter." „Der hat mir gefallen, und Gretel auch." Das Trabrennen startete, die Runden wurden immer spannender, und unser Attila gewann! „Gretel, du bringst mir Glück." So begann also unsere Beziehung auf der Trabrennbahn in Niederrad.

Goswin wollte, bevor wir die Reise am Kolumbusquai in Bremerhaven starteten, noch eine Woche auf Sylt Urlaub machen. „Was, du willst auf die Sehnsuchtsinsel der Promis?", fragte ich ihn. Bekannt war mir, dass Gunter Sachs dort sein Playboy-Dasein kultivierte und die Insel bis dato von Promis aller Couleur lebt. Wir fuhren mit der Eisenbahn über den Damm nach Westerland. Mit dem Auto erkundeten wir die Plätze der Reichen und Schönen und deren reetgedeckte Häuser.

Kampen und sein FKK-Strand hatte es uns angetan. Bevor wir dorthin gingen, lachten wir über den Gedanken, was zu tun sei, wenn wir Gefühle bekommen. „Na, dann robben wir halt ins Wasser und die Schleifspur tun wir mit den Beinen wieder ausradieren." So spielten wir mit den anderen FKKlern Ball und stürzten uns immer wieder in die Brandung, ein herausforderndes Spiel mit den Wellen. Wir räkelten uns in den ausgehobenen Sandmulden, die uns Windschutz boten.

Auch zwei junge braungebrannte Sylt-Urlauberinnen hatten es sich in unserer Mulde bequem gemacht. Sie redeten munter drauflos. Dabei öffnete sich nicht nur ihr Mund, auch andere intime Stellen lagen offen vor unseren Augen. Wir konnten es am eigenen Leib erleben, nackte Tatsachen sind alles andere als erotisch. Wir hatten uns mit den Damen zum Abendessen verabredet, doch Goswin meinte treffend: „Haben wir bei den beiden eigentlich noch etwas zu entdecken?" Bezeichnend, oder?

Goswin und ich mit gestreifter Badehose auf Sylt.

Gunter Sachs gab uns nicht die Ehre, so fuhren wir nach Bremerhaven, aber nicht ohne eine Nacht in Hamburg zu erleben. Vor der Einschiffung bekam ich Post am Kolumbusquai von Gretel.
„Was gibt es Neues?", wollte Goswin wissen. „Gretel ist schwanger!" „Hm, ich kenne da in Frankfurt einen Arzt ..." „Nein, Goswin, ich will!!!" An Gretel schrieb ich einen Brief, der ihr die Angst des Ungewissen nehmen und Zuversicht geben sollte. So starteten wir die Nordlandreise unter der Prämisse: Abschied vom Junggesellendasein!
Wir waren auf keinem Hurtigroutenschiff gelandet, hatten aber auch nicht die Ausstattung der heutigen Seefahrtdampfer. Es war für 1968 ein respektables Reiseschiff, ein großes Sonnendeck, ein Speisesaal. Dieser wurde in erster und zweiter Essensitzung genutzt. Man saß zu dieser Zeit noch nicht an einer Bar, es waren große Gemeinschaftsräume, die aber, wie auch die Messe, immer auf einem Deck lagen und sich nicht wie heute zum Teil über mehrere Decks erstreckten.
Wir genossen das Wetter, gutes Essen und Trinken. Östlich von England verlief unsere Route. Zwischen den Orkney-Inseln und Island fuhren wir an einem brennenden Eiland vorbei. Ein grandioses Schauspiel, was wir da aus nächster Nähe für circa zwei Stunden erleben konnten. Eine Eruption,

scheinbar aus dem Nichts entstanden. Die Welt gibt uns Rätsel auf. In der Realität zurück, hörten wir kopfschüttelnd das Gerede einiger älterer Damen: „Ja, wenn wir gewusst hätten, dass wir auf dem Weg zum Nordkap so lange auf See sind, wären wir aber nicht mitgefahren." – Da schweigt der Jugend Höflichkeit!

Auch einen dritten Mann zum Skat haben wir gefunden und er hatte uns gegenüber keinerlei Vorbehalte. Goswin erwähnte: „Über Geld spricht man nicht, Geld hat man." Den Satz, den dieser Herr dann sagte, habe ich verinnerlicht und schon oft zitiert: „Kein Geld zu haben ist keine Schande, aber nicht kreditwürdig sein, das ist schlimm." – Wie wahr!!!

Unser erstes Ziel war Island, eine Insel im Nordatlantik zwischen Großbritannien und Grönland gelegen und vulkanischen Ursprungs. Im Hafen der Hauptstadt Reykjavik angekommen, sahen wir zum ersten Mal die bunten, in knalligen Farben angemalten Häuser. Mit den Postbussen der Insel wurden 1968 noch die Passagiere ins Landesinnere gebracht, um die Geysire, die heißen Quellen, zu besichtigen. Geysire sind spektakuläre Naturereignisse und erfüllen uns immer wieder mit Aufregung und Staunen darüber, was der Planet hervorbringt, auf dem wir leben. Heißes Wasser schießt in regelmäßigen Intervallen in einer Fontaine aus dem Boden. Oh Mann, die Welt ist voller Wunder!

Im Landesinneren von Island.

Zurück nach Reykjavik, im Südwesten Islands gelegen, fuhren wir an einer kilometerlangen Pipeline mit Heißwasser vorbei. Sie war oberirdisch, stark isoliert und nahm das Wasser aus den Bergen mit 88 Grad Celsius auf, um es mit 86 Grad Celsius in der Stadt abzugeben. Alle Häuser der Stadt wurden damit geheizt, Gewächshäuser betrieben, Strom erzeugt. So atmeten wir hier Luft, wie sie reiner nicht sein konnte, und ich erinnere mich an keinen Schwefelgeruch in der Stadt.

Unser nächstes Ziel war Spitzbergen, eine norwegische Inselgruppe auf halbem Weg zwischen Nordkap und Nordpol. Es gab bei klarem Wetter und bei warmer Kleidung an Deck einen imposanten Blick auf die spitzen Berge, die verschneiten Kuppen, die Gletscher. Mit etwas Glück konnte man Walfische und Walrosse beobachten. Zur Fahrt um Spitzbergen herum kam es nicht, denn wegen Eisberggefahr wurde dieses Vorhaben vom Kapitän gestrichen. Vernünftig, oder?

Die Tage an Bord waren ausgefüllt mit sportlichen Aktivitäten, Gesprächen mit interessanten Menschen, neuen Eindrücken und dem Gefühl, dass das Leben lebenswert sei. Auch das „Schwofen" kam auf unseren Reisen nicht zu kurz. Beim Tanzen sprühten die Funken und das Adrenalin ließ die Hormone verrücktspielen. Die Herzen öffneten sich, um gemeinsam zu erkennen: „Schön ist die Welt!" Noch dazu, wenn es gar nicht mehr dunkel wird.

Als wir den Hafen zum Nordkap erreichten – es soll heute alles anders sein –, erwarteten uns am späten Abend wieder Postbusse, die uns auf das Nordkap brachten. Wir saßen erwartungsvoll auf der Rückbank eines solchen Busses, und als die ersten Serpentinen kamen, fühlten wir uns wie im Hochgebirge. Als die Haarnadelkurven so eng waren und wir über dem Abgrund hingen, vertrauten wir notgedrungen auf die Fahrkünste unseres Fahrers und auf die Sicherheit der Bremsen. Dann standen wir also auf dem Felsplateau, 307 Meter über dem Meer, und um Mitternacht blinzelte mir die Sonne entgegen, die über die Barentsee ihre Bahn zog. Einen Kiosk gab es auch und Einheimische verkauften Souvenirs. Mir hatte es ein Rentierfell angetan. Goswins Kommentar: „Willst du es gerne, wie die alten Wikinger es taten, auf dem Rentierfell erleben?" „Ja, Gelegenheit haben wir ja, oder?"

Den nördlichsten Punkt Europas hatten wir erreicht, und von jetzt an ging es wieder zurück an der Westküste Norwegens entlang. Am nächsten Abend, nachdem wir etwas länger geschlafen hatten, war ein JEKAMI-Abend angesagt. „Jeder kann mitmachen" war das Motto, und wir haben die Beiträge be-

lustigt, anerkennend, kritisch begleitet. Vielleicht hätte ich auch noch einen Beitrag geleistet, aber dazu kam es nicht mehr. Angesagt war ein circa siebzigjähriger Mann mit einem Gedicht: „Der krasse Fall". Er hat seinen Vortrag gut gemacht, und unter stürmischem Applaus nahm er wieder Platz. Wir hatten nach dorthin keine Sicht, aber es rumorte, und einer rief nach einem Arzt. Doch es kam jede Hilfe zu spät. Nach der Anspannung war der Mann auf seinem Stuhl einem Herzschlag erlegen. „Goswin, so schnell kann es zu Ende sein." „Ja", sagte er. „Lass uns noch einen trinken gehen." Am nächsten Tag wurde Hammerfest, die nördlichste Stadt Europas, angelaufen und der Tote im Metallsarg und seine Witwe an Land gebracht.
Das Leben geht weiter – und angesichts solcher Ereignisse oft intensiver, denn sollte uns so ein Schicksal ereilen, dann wollten wir vorher noch das Leben in vollen Zügen genießen. So wurde das Rentierfell doch noch Zeuge erlebter sexueller Phantasien und ausgelebtem Liebesleben. So kam es, dass wir in Bremerhaven anlandeten und die Koffer waren noch nicht gepackt! – „Aber das schaffen wir doch!"

So rückte mein Hochzeitstermin immer näher. Goswin, wie konnte es anders sein, wurde mein Trauzeuge. Meine Mainzer Hofsänger gestalteten das Trauzeremoniell, und auf dem Bild sieht man, wie Goswin mit dem Geld schmeißt. Da ich in meinem Buch auch viele Ansichten meines Vaters zu Wort kommen lasse, sei noch erwähnt, dass meine Eltern mit meiner Wahl zufrieden waren. Vater August hatte immer gesagt: Die Frau, die du mal heiratest, muss keine reiche Frau sein, aber wenn sie aus einer Familie mit Wohneigentum stammt, ist die Wahrscheinlichkeit größer, dass sie auch mit Geld umgehen kann!!! Da hatte ich ja Glück mit meiner Wahl.

Goswin links, neben mir und meiner Frau, wirft mit Geld um sich.

Sein Geschenk, typisch für ihn: eine Lederpeitsche, getreu Nietzsche: „Gehst du zum Weib, vergiss ..."

Mein Sohn Markus wurde am 30. März 1969 geboren.

Zwischendurch kam uns Goswin immer wieder mal besuchen. Wir sprachen von alten gemeinsamen Zeiten. Er war weiter in Deutschland unterwegs, mit der Mosel nichts am Hut, aber in Frankfurt stellvertretender Vorsitzender der Frankfurter Wirtschaftsjunioren.

Ich erinnere mich, meine Tochter Patricia wurde am 27. Mai 1972 geboren, und circa drei Wochen später kam Goswin vorbei, um zu gratulieren. „Du gefällst mir gar nicht. Was ist?!", fragte ich. „Ich weiß nicht. Ein befreundeter Arzt gibt mir Schmerztabletten." „Aber du weißt doch, dass das keine Therapie ist. Tu etwas, mein Freund!"

Im Nachhinein habe ich erfahren, dass er noch in unserer Stammkneipe eingekehrt war und auch einige alte Kumpel gesehen hatte. Von seiner Mutter erfuhr ich dann Einzelheiten: Circa drei bis vier Wochen vorher war wohl ein Blinddarmdurchbruch erfolgt, der sich aber nicht in den Bauchraum ergossen, sondern sich in einem Gewebesack verfangen hatte. Dies hatte dazu geführt, dass eine Entzündung erfolgte. Die Schmerzmittel waren eine verheerende Maßnahme, und als dann eine OP erfolgte, hatte die Medizin keine Chance mehr. Die Beerdigung fand in Zeltingen an der Mosel statt. Er hat schneller gelebt als die meisten, dafür musste er mit fünfunddreißig Jahren sterben.

Bauliche Aktivitäten von 1958–1970

Noch nicht erwähnt habe ich den Ankauf der ehemaligen evangelischen Kirche im Jahr 1958 nebst Pfarrhaus in Oestrich an der Hauptstraße, direkt neben der Firma Koepp. Ursprünglich war dieses Projekt eine kleine Winzergenossenschaft gewesen, mit Keller und Halle. Die Kirchengemeinde hatte in Mittelheim eine zentrale Kirche gebaut und das alte Gebäude stand zum Verkauf. Für 23.000 DM griff August zu, denn er hatte zwei Söhne und dann für jeden eine Hofreite. Der Bauplatz neben der Hofreite gehörte einem Schiffmann Becker, der gerne unseren kleinen Bauplatz an den Weinbergen haben wollte. Also wurden die Flächen getauscht. Der niedrige Preis des Anwesens war begründet durch Holzbockbefall im Dachstuhl. Expertenrat wurde eingeholt und ein Mittel eingesetzt, das die Holzwürmer gewissermaßen vergaste. Die Maßnahme war bis heute erfolgreich. Die zwei Wohnungen wurden vermietet.

Dieser Keller wurde 1961 mit vier Fuderfässern mit 1000-Litern- und einigen 3000-Litern-Kunststofftanks belegt, die es wieder zu kaufen gab. Der Most oder Wein wurde dann in Fässern, auf dem Lastwagen liegend, von Keller zu Keller gefahren. Die Holzfässer lagen dann auf einem Reifen, mit Holzkeilen arretiert. Abenteuerlich, bevor es Transporttanks aus Kunststoff gab. Der neue Keller war als Ausweichmöglichkeit bei starken Erntemengen gedacht. Der ehemalige Betraum neben dem Pfarrhaus wurde ab 1960 zur Halle, die als Flaschenlager genutzt wurde. Es gab zu dieser Zeit die ersten Kunststoff-Flaschenboxen der Firma Juno mit 500 Flaschen Inhalt. Diese konnten mit einem Hubwagen bewegt werden. Die Boxen wurden in unserem Betrieb von der Rampe auf den LKW gefahren und in der Halle auf einer hölzernen schiefen Ebene abgefahren. Die schiefe Ebene war abgestützt und die Paletten mussten mit drei starken Männern bewegt werden. 1962 kam dann ein handgeführter elektrischer Gabelstapler Ameise Junior von der Firma Jung-Heinrich/Hamburg ins Haus. Damit war dann ein Großteil der „Hauruck-Ära" Geschichte.

Die Entwicklung des Betriebs ging in den Sechzigern kontinuierlich weiter. Wo ein Weinberg zu kaufen war, wurde dies auf den Namen von einem der Brüder getan; wenn die Weinpreise günstig waren, wurde zugekauft. Unsere Vorratshaltung war nicht immer unter wirtschaftlichen Gesichtspunkten zu sehen, aber da Wein ein Produkt ist, dem ein Reifelager qualitativ guttut, hatten wir im Verkauf überzeugend schmeckbare Argumente.

Erblich war uns noch was in die Wiege gelegt: Wir können nicht von der Hand in den Mund leben, da muss immer Rückhalt und eine ausreichende Reserve da sein.

Im Jahr 1967 wurden dann Pläne wahr, den Rest des Hofes bis zur Scheune zu unterkellern. Mit dem Architekten Merbach aus Wiesbaden und dem Bauunternehmen Wald aus Geisenheim wurde der Kellerbau bis zur Ernte 1967 fertig. Die Keller waren unter der Erde alle miteinander verbunden. In dem neuen Keller wurde eine große Deckenöffnung eingebaut, um große Tanks mittels Aufzug in den Keller transportieren zu können. Der Aufzug diente während der Weinlese dazu, die 600 Liter großen Stahlbütten vom Fahrzeug zu heben und mit der Laufkatze über die Traubenmühle zu platzieren.

Das neue schonende Abkippen der Trauben

Mit einem kleinen Handflaschenzug wurden die Bütten dann über der Mühle gekippt und die Trauben fielen so ohne mechanische Beanspruchung in die Traubenmühle. Die gemahlenen Trauben rutschten dann in die Maischetanks der Firma Willmes unter der Kellerdecke. Nach einer gewissen Standzeit wurde die Maische dann in die seitlich unter den beiden Maischetanks stehende horizontale Traubenpresse der Firma Knod Traben-Trarbach gefüllt. Dazu wurde der Schieber an den Maischetanks aufgedreht und die Maische floss in die Kelter. Maximale schonende Maischeverarbeitung!

Die Maischetanks über der Presse

Die Trester, nach dem Pressvorgang, wurden auf eine verstärkte Segeltuchplane ausgetragen. Die Plane hatte an den vier Enden je eine Seilöse, die wiederum in den Haken an dem Aufzug eingehängt wurden. Der Aufzug zog die gefüllte Plane aus dem Keller und mit der Laufkatze des Krans konnten die Trestern dann über dem Hänger, durch Aushängen von zwei Ösen, ausgeleert werden. Welch eine Erleichterung!!!

Unsere Wohnsituation war nach meiner Heirat 1968 nicht ideal und so auch kein Dauerzustand, denn wir waren in meine kleine Zweizimmerwohnung gezogen. Mein Bruder Joachim mit seiner Frau Renée hatte eine schöne Wohnung innerhalb unseres Anwesens. Nachwuchs hatte sich bei ihnen noch nicht eingestellt. Unsere Vorstellung war weiterhin, gemeinsam den Betrieb zu führen. Darum haben wir geplant, den getauschten Bauplatz neben der früheren evangelischen Kirche zu bebauen. So wurde 1969 von uns ein Dreifamilienhaus dort gebaut, in das ich 1970 mit Frau und Sohn einzog. Wir hatten die Erdgeschosswohnung mit einem kleinen Garten bezogen, im Souterrain war ein geräumiges Gästezimmer und ein kleines Bad mit WC und Dusche entstanden. Das war geschafft!

Wir beschlossen, die Gelegenheit zu nutzen und die beiden Mieter aus dem ehemaligen evangelischen Pfarrhaus in die neuen Wohnungen einziehen zu lassen. So war das Pfarrhaus für eine Generalsanierung frei. Diese Maßnahme war sehr wichtig, denn um Mitarbeiter zu bekommen, musste man ihnen auch damals schon Wohnraum zur Verfügung stellen.

In dieser Zeit wohnte schon ein Mitarbeiter, Herr Heinz Gath, mit seiner Familie in der Rheingaustraße und zog dann in den zweiten Stock im Neubau der Wachendorffstraße um die Ecke.

Im Büro waren wir auf der Suche nach einem Mitarbeiter, der nicht nur den normalen Büroalltag stemmen, sondern auch die Kunden bedienen und betreuen konnte. Da haben wir dann mit dem Sohn meines Hofsängerkapitäns den richtigen Mann gefunden. Dieter Gebert zog mit seiner Familie über uns in den ersten Stock in der Wachendorffstraße ein. Wir wollten unseren Büroablauf modernisieren, zu jedem Wein eine Expertise drucken.

Im Jahre 1972 bekamen wir eine 32er- oder 34er-PC-Anlage der Fa. IBM aus Mainz, die fast so groß wie ein Schreibtisch war. Die Sicherung lief über Disketten und dauerte eine Viertelstunde. Aber der IBM-Mitarbeiter bekam sie innerhalb von circa vier Wochen zum Laufen. Auf mein Kompliment, dass es so gut geklappt hatte, meinte er nur: „Ich danke Ihnen, denn Sie wussten, was Sie wollten." Jetzt konnten wir die Kunden gezielt anschreiben, ihnen beispielsweise die Restposten oder interessante Angebote offerieren und mehr. Der Anfang war gemacht, das neue Etikett und unser Logo waren geboren: „Unserer Entwicklung stand nichts mehr im Wege!"

Die IBM-PC-Anlage, groß wie ein Schreibtisch!

Seit 1965 hatten wir den Küfermeister Kaspar Herke angestellt, denn unser bisheriger Küfer Herr Wengel war in den verdienten Ruhestand gegangen. Kaspar war ein kompetenter Weinfachmann, mit dem wir geschmacklich auf einer Wellenlänge lagen. Es war ihm nie zu viel, auch wenn es der fünfte Versuch war, den maximalen geschmacklichen Harmoniepunkt bei der Vorprobe der Weine zu erreichen.

Einen besonderen Glücksgriff machten wir Anfang der Siebziger mit einem Ehepaar Gählweiler von der Nahe. Sie hatten ihren kleinen Gemischtbetrieb aufgegeben, und ich konnte sie bei einem Besuch an der Nahe davon überzeugen, dass wir der richtige Betrieb für sie sind. Sie zogen in die frisch renovierte Parterrewohnung in der Rheingaustraße und blieben uns bis zu ihrer Pensionierung im Jahr 1988 treu!

Der 75. Geburtstag von Vater August im Jahr 1979. Die Familie und Belegschaft im Probierzimmer.

Von links nach rechts: Heinz Gath, Herr Gählweiler, Sohn Markus.
Dahinter: Kaspar Herke, ich, Vater August, Dieter Gebert, mein Bruder Joachim Eser

Corporate Identity

Das war 1970 zumindest in Deutschland noch kein geflügeltes Wort, aber wir wollten auch in unserem Erscheinungsbild einen Wandel herbeiführen. Unser altes Etikett hatte ein Wappen ohne heraldische Beziehung.

Mittlerweile hatte Agnes, die Sekretärin aus Gau Algesheim, geheiratet. Agnes, das war die junge Dame mit dem Karmann Ghia Cabriolet, die Goswin einmal sonntags zum Kaffee mitgebracht hatte. Ihr Mann war in dem gleichen Betrieb in der Werbung tätig. Er hatte eine Professur für Grafik und Design in Kaiserslautern. Wir waren befreundet und ich fand in Prof. Hans Ludwig den Fachmann, der mit uns den Weg der Veränderung gehen wollte. Seine Kernaussage war: „Der Schlüssel zum guten Rheingauer Wein!"

Ein Bartschlüssel, symbolisiert als Traube, wurde auf der rechten Seite des Etiketts plaziert, und alle weinspezifischen Angaben kamen in alter gotischer Schrift linksbündig dazu. Die Angabe „Weinberge in Oestrich, Mittelheim, Winkel, Hallgarten, Rüdesheim und Rauental" verlief senkrecht an der rechten Seite. Es war ein ganz anderes Etikett entstanden, mit einem hohen Wiedererkennungswert.

Das neue Etikett

Natürlich wurden auch die Rechnungen, die Briefbögen, die Kuverts mit dem Logo ausgestattet. Auf dem Etikett mussten wir den Zusatz „Rheingau" aus Wettbewerbsgründen streichen, aber es blieb „Der Schlüssel zum guten Wein".

Wichtige Voraussetzungen für weiteres Wachstum waren gegeben, und die personellen Aufstockungen und technischen Neuerungen waren in vollem Gange. Wir wuchsen langsam, aber stetig weiter, getreu dem Motto von Vater August: „Ein Betrieb muss wachsen wie ein Eichenbaum, langsam und tief verwurzelt, damit er nicht von wirtschaftlichen Turbulenzen umgehauen werden kann."

Meine Eltern Josefine und August Eser, 1979

Die Hofsänger in erneuter Leitung von H. Hohner 1968-72

Während der Kampagne 1968 wurden wieder Pläne gemacht für eine zweite Amerikareise. Herr Kilian Kuchenmeister war gesundheitlich sehr labil und wollte nicht ein zweites Mal die Strapazen einer Amerikatournee auf sich nehmen. Darum war er gerne bereit, die musikalische Leitung an seinen Vorgänger Hans Hohner zurückzugeben, aber mit dem Versprechen, uns als Ersatzdirigent zur Verfügung zu stehen.

So kam Hans Hohner, Dozent und Korrepetitor an der Hochschule für Musik in Frankfurt am Main, wieder zu uns zurück. Ein genialer Künstler, einer der Besten unter den Hofsänger-Dirigenten. Zu seinem Ausscheiden wäre es 1965 nicht gekommen, wenn der liebe Hans manchmal nicht so eigenwillig gewesen wäre. Seine Arrangements waren künstlerisch wertvoll, teils mit pianistischen Schnörkeln versehen, aber unserem Texter Karl Müller nicht volkstümlich genug, nicht immer fastnachtsgerecht. Meine Wertschätzung ihm gegenüber war groß, denn Hans Hohner war einer der wenigen Pianisten, die anspruchsvolle Gesangsliteratur aus dem Stand transponieren konnten, das heißt, er beherrschte die Kunst, einen Klaviersatz in der gewünschten Tonlage zu spielen. Wenn er an einem Sänger formbares musikalisches Talent erkannte, war er bereit, ihm kostenlos Gesangsstunden zu geben. Zu Geld hatte er kein Verhältnis, seine Liebe galt seinem Hund Chianti, der meistens dabei war, aber auch dem trockenen Riesling. Er war eine kleine, drahtige Person, der mit Chianti große Wanderungen machte und viele Straußwirtschaften kannte. Man konnte mit ihm „Pferde stehlen", solange die Pferde nicht mit ihm durchgingen, wie Karl Müller schrieb. Gegen Schmeichler hatte er etwas, und seine große Schwäche war, einen verdienten Applaus würdig entgegenzunehmen. Da war er der krasse Gegensatz zu Kilian Kuchenmeister, der in den Ovationen förmlich badete.

Hans Hohner, Willi Christen und ich kamen aus dem Rheingau, und ich holte sie in der Rheingaustraße in Eltville ab, um gemeinsam nach Mainz zu fahren. Wir lernten uns dadurch besser kennen, und ich sprach ihn auch auf sein Verhalten auf der Bühne an. Aber da kam es wieder aus ihm heraus, seine Lieblingsbezeichnung für viele: „Ach, diese philharmonischen Arschgeigen!"

Eine Geschichte ist mir noch gut in Erinnerung. Es war an einem Wochenende und wir hatten ein Konzert in Heilbronn, wo auch ein Mäzen der Hofsänger, Franz Marx, lebte. Wir waren im Inselhotel in Heilbronn untergebracht, und anschließend wurde heftig gefeiert. Im kleinen Kreis ging es weiter, und der Wodka in den Bloody Marys muss wohl umwerfend gewesen sein. Wir kamen erst gegen Morgen ins Bett und um acht Uhr war schon die Abfahrt nach Siegen zum nächsten Konzert. Mit Rauschausschlafen war nichts, und dank des Sohnes unseres Mäzens kam ich überhaupt aus den Federn.

Als wir zwei den nahe gelegenen Bahnhof erreichten, empfing mich der Zugführer, ein Herr Storch aus meinem Heimatort, der den Zug mir zuliebe fünfzehn Minuten später abfahren ließ. Es hieß: Alle Mann an Bord, und ich setzte mich zu unserem Kapitän Hans Gebert, der kurz vor mir den Zug erreicht hatte. Auch er hatte nicht gefrühstückt. Irgendwann bekamen wir Hunger. Kein Speisewagen in dem Bummelzug nach Frankfurt. „Hans, ich besorg uns was." Also ich zu jedem Einzelnen hin und hab tatsächlich was für uns zwei ergattert. „Du schlechter Bangert, wie hast du das wieder gemacht?", hörte ich unseren Kapitän sagen. Aber nach einiger Zeit setzte bei uns beiden ein unstillbarer Nachdurst ein. Hans meinte, das sei die Rache der Bloody Marys. An einigen Bahnhöfen versuchte ich an Wasser zu kommen, aber es war Winterzeit und das Wasser abgestellt. Ja, Durst ist schlimmer als Heimweh! Als wir gegen Mittag Frankfurt erreichten, war unser erster Gang in die Bahnhofswirtschaft. Als die Reise nach Siegen weiterging, waren wir alle gut drauf.

Doch unser Karl Müller konnte das nicht von sich sagen. Er wollte auf der Fahrt das Programm mit Hans Hohner durchgehen, als sich herausstellte, dass die Notentasche nicht da war. Was tun?! Hans Hohner zog den Kopf hoch, dass der Adamsapfel hervorquoll, und sagte: „Brauch ich Noten?" In der Siegerlandhalle angekommen, war gleich der Soundcheck angesagt und Hans Hohner gefordert. Es hat ohne Noten geklappt, aber Karl Müller bestand darauf, ihm einen Zettel mit der Reihenfolge der Titel des Programms zu schreiben.

Wir Sänger waren teils arg verkatert und hingen lustlos herum. Aber wie die Stehaufmännchen waren wir rechtzeitig fit und bei guter Stimme. Auf Grund der Umstände war Hochkonzentration angesagt, was wir profihaft durchzogen. Es lief bei unserem Maestro am Piano präzise, er wollte uns ja was beweisen. Da kam die vorletzte Nummer, Karl Müller sagte „Sassa" an, doch das Piano schwieg. Hohners Blick wanderte von der Klaviatur zu uns und unser Georg Dorberth gab ihm mit einer Handbewegung die rettende Erleuchtung. Denn Hohner begann immer beim „Sassa" mit einem „Glissando", einem kurzen Gleiten mit den Fingern über die Tasten vom Diskant des Pianos abwärts bis zur Tonart des zu spielenden Stücks. Erleuchtet machte er das Glissando, und mit: „Sei auch die Welt, wie sie sei, die Liebe ist manchmal frei …", folgte ein perfekter Einsatz von uns, und mit „So ein Tag" klang das ausverkaufte Konzert aus. Natürlich klärte unser Conférencier die Zuhörer über unseren Notenverlust auf, und der Applaus brandete erneut und noch stärker auf.

Dieses Mal hat Hans die Ovationen sogar mit einem entspannten Lächeln über sich ergehen lassen.

Einige Tage später kamen die Noten per Post an die Mainzer Hofsänger. Herr Hohner hatte die Notentasche wohl im Rausch in den Neckar geworfen und sie war an einer Schleuse angespült worden. Der Dank an den Finder war groß, die Noten hatten zwar teils Wasserspuren, aber sie waren noch verwendbar.

Aus gegebenem Anlass kam unser Kapitän Hans Schneider (hier fand zwischenzeitlich ein Wechsel statt) in einer Gesangsstunde auf mich zu und meinte: „Ludwig, du kennst den Hans recht gut, kümmere dich etwas um ihn, wenn wir unterwegs sind. Sorg dafür, dass er etwas isst, damit er den Alkohol besser verträgt."

Eine der ersten Reisen ging nach Norddeutschland, und wir gastierten auch auf Helgoland. Wir waren da zum Essen ausgeschwärmt, und als wir zurückkamen, war die erste Frage von Hans Schneider: „Was hat de Hohner gegesse?" Ich antwortete wahrheitsgemäß: „Fünf Krabben." Daraufhin ging er kopfschüttelnd weg. Doch Hans Hohner wollte noch ein wenig gen Oberland laufen und zur Langen Anna. So fanden ihn Feriengäste schnarchend, dicht neben einem Felsabhang. Wir weckten ihn auf, und gut ausgeschlafen nahm er noch rechtzeitig auf dem Klavierhocker Platz!

Die zweite Konzertreise der Hofsänger nach USA 1970

Wieder war Herr Baier vom Reisebüro Bartholomae mit von der Partie. Aus Kostengründen reisten wir innerhalb der USA mit dem Bus und übernachteten bei Clubmitgliedern, die uns auch recht herzlich empfingen. Viele kannten uns von unserer ersten Reise. Meinen Quartiergebern, denen ich zugeteilt war, machte ich klar: „Bitte keine Extrawurst für mich, ich esse, was auf den Tisch kommt. Bitte kein zusätzliches Programm, und ich schlafe nicht in eurem Ehebett." Das war wohl gut angekommen, denn bei den nächsten Reisen haben sie mich wieder genommen.

Aber nicht alle hatten so ein Glück. Denn einige Clubmitglieder waren zwei bis drei und mehr Autostunden entfernt zu Hause. Einer von uns musste so weit fahren, dass er nach circa sieben Stunden Schlaf wieder mit seinem Gastgeber zurückfahren musste, um rechtzeitig zur Abfahrt da zu sein. Doch diese Strapazen waren zu verschmerzen, denn wir erlebten eine solche Herzlichkeit, Gastfreundschaft, und die ehemaligen Landsleute waren so begeistert und angetan, dass manches Tränchen floss. Der „Way of Life" in Amerika unterscheidet sich von unserem. Die Amerikaner haben ja auch Nachbarn, aber ihr Privatleben findet im Club statt, mit den Höhen und Tiefen und den Querelen, die wir auch bei uns kennen. Wie die Amerikaner privat leben, konnten wir auf diese Art hautnah miterleben. Die Häuser damals waren aus Holz und Isoliermaterial erbaut, keine Bunker, aber teils geschmackvoll und praktisch eingerichtet. Jeder brauchte ein Auto, denn die Entfernungen waren zu groß.

Bei den Veranstaltungen verkauften wir unsere Schallplatten, es gab Widmungen dazu, die Georg Dorberth persönlich schrieb. Autogrammkarten hatten wir natürlich auch, aber unser Hans Hohner schrieb, was er wollte, ob Willi Birgel oder Charly Chaplin. Beleidigt war er, wenn seine Sitzgelegenheit am Instrument schlecht war oder der Flügel zu wünschen übrig ließ. In Kanada zum Beispiel sangen wir in einer Aula des Hamiltoner Gymnasiums. Dort stand ein wurmstichiger alter Kasten. Wenn Hans Hohner auf die Tasten drückte, klemmten sie, und er hatte seine Mühe und Not. Wir begannen mit einem Rheinlieder-Potpourri. Nach der chorischen Einleitung ging unser Tenorsolist, Bernd Horion, wie gewohnt nach vorn. Anstatt des Vorspiels zur „Rheinerzählung" kam aber vom Klavier die strenge Order: „Geh zurück, auf diesem Sch...ding kann ich das nicht spielen!" Bernd Horion stutzte und bat den Pianisten durch Kopfnicken, doch endlich zu spielen. Doch Hohner zischte: „Geh zurück!" Unser Bernd verneigte sich höflich vor dem Publikum, ging Schritt für Schritt nach hinten und murmelte: „Ich mach ihn kalt, ich bring ihn um!" Auch das muss man erlebt haben!

Persönlich konnte ich in Toronto erleben, wie klein die Welt ist. Wir gastierten im Clubhaus des Harmony-Clubs und hatten dort noch vor dem Konzert ein gemeinsames Abendessen. Mir fiel ein Mann auf, den ich zu kennen glaubte. Auf mein Personengedächtnis konnte ich mich immer verlassen, und tatsächlich, wir hatten uns 1960 in Rüdesheim in der Drosselgasse kennengelernt.

Nach erfolgreichem Konzert gingen wir zum gemütlichen Teil über, es wurde erzählt, wir haben getanzt, getrunken. Dann haben mir meine dortigen Quartierleute eröffnet, dass wir bald fahren sollten, denn wir hätten noch einen weiten Weg. Oh Ludwig, geht es dir heute so, wie teilweise den anderen, was soll ich machen?

Zweimal hatte ich schon mit einer alleinstehenden netten Dame getanzt. Wir fanden uns sympathisch und beim nächsten Tanz ging ich mutig in die Offensive: „Entschuldigen Sie, aber es ist normalerweise nicht meine Art, mit der Tür ins Haus zu fallen. Doch meine Quartiergeber wollen schon nach Hause, weil wir einen weiten Weg hätten." „Ja, das stimmt", sagte sie. „Aber ich möchte gerne noch mit dir etwas tanzen. Hast du eine Idee oder siehst du eine Möglichkeit, dass ich jetzt nicht weg muss?" Sie sah mich an und grinste. „Du hast Glück. Mein Sohn ist am Wochenende zu seinem Freund, es geht klar." Meine Quartiergeber hatten meine Absage verstanden, und so hatte ich noch einen erlebnisreichen Abend, und ich wurde im 11. Stock eines Wolkenkratzers auch von der Morgensonne wach geküsst.
Am nächsten Tag waren wir in dieser 2,6-Millionen-Einwohnerstadt Toronto zu einem Empfang im Rathaus eingeladen. Eine Stadtrundfahrt mit dem Besuch des Fernsehturms schloss sich an.

Unser nächstes Konzert war in Kitchener, etwa eine Autostunde südlich von Toronto. Ursprünglich war die Stadt eine Mennonitensiedlung. Aber im 19. Jahrhundert war sie stark von deutschen Einwanderern geprägt worden, sodass sie den Namen Berlin bekam und dadurch zur heimlichen Hauptstadt der Deutschen in Kanada wurde. Durch den 1. Weltkrieg ausgelöst, wurde die Stadt dann in Kitchener umbenannt. In der Stadt ist noch heute der deutsche Einfluss zu spüren, man feiert jährlich ein Oktoberfest und es gibt einen Christkindlmarkt. Man konnte sich wie zu Hause fühlen.

Dann erwartete uns der Besuch der Niagarafälle, ein gigantisches Naturereignis, das wir von der kanadischen und amerikanischen Seite hautnah erlebten. Mit Regencapes gingen wir sogar hinter die herabstürzenden Wassermassen, und auf einem Boot fuhren wir ganz nah an das Naturspektakel heran.

Wir fuhren wieder nach N.Y. zurück, dem Ausgangspunkt unserer Konzertreise, die uns über Washington, Philadelphia, Pittsburgh – eine Industriestadt, auch die Stadt der Brücken genannt – nach Kanada führte. Die Reise war wieder ein voller Erfolg und überall mussten wir versprechen, wiederzukommen.

In New York lernte ich dann Goldschmiede deutscher Abstammung kennen. Sie hatten nicht nur das knallige, opulente Design an Schmuckwaren. Ein ziselierter Goldring mit Weinlaubverzierungen hatte es mir angetan, und so hatte ich den Rest meiner Gage gut angelegt und konnte meiner Gretel ein adäquates Souvenir aus Amerika mitbringen.

Übrigens konnte ich feststellen, dass es das Schlagloch am Hotel Abbey Victoria immer noch gab, es war aber noch etwas ausgefranster.

Mittelmeerkreuzfahrt 1971

Für das Jahr 1971 hatte meine mir angetraute Reisebürokauffrau einen Reisewunsch. Sie wollte gerne eine Mittelmeerkreuzfahrt mit Besuch von Teneriffa, Lanzarote und Marokko machen. Ich freute mich mit ihr. Markus war zwei Jahre alt und von der Oma und Tante Renée gut betreut, so konnten wir am 18.05.1971 nach Barcelona, Flughafen Reus, starten. Einschiffung und Richtung Südwest ging es durch die Meerenge von Gibraltar zu den Kanaren. Schönes Wetter, gute Laune, Aktivitäten an Bord und informative Landausflüge.

 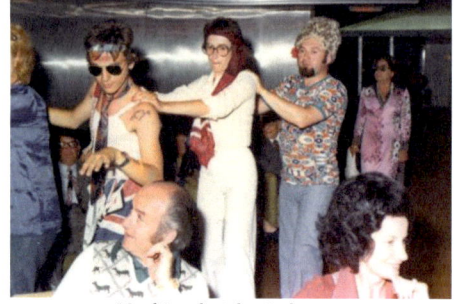

Galaabend an Bord   Maskiert bei der Polonaise

Auf der Rückreise hinter Gibraltar kamen wir in eine Schlechtwetterzone, die Ausläufer des Golfs von Lyon brachten unser Schiff ganz schön ins Schlingern. Über neunzig Prozent der Passagiere seekrank, meine Gretel auch. Da kann man nicht helfen, denen ist einfach schlecht.
Aber ich sagte zu ihr: „Ich gehe mit der Kamera nach oben und halte die brodelnde See mit meiner Super-8-Kamera fest." Gesagt, getan. Ich kam wieder in die Kabine. „Willst du einen Tee?" „Nein, ich brauche nur Ruhe." „Ja, da nehme ich meine Klaviernoten und spiele etwas in der Bar." Dort waren drei bis vier Passagiere und zwei von der Bar-Crew. Die freuten sich, als ich mich an das Klavier setzte und zu spielen begann. Auf einmal kam nach circa zehn Minuten eine Riesenwelle. Die Gläser stürzten aus den gesicherten Regalen. Drei der Passagiere gaben Erbrechentöne von sich. Der Flügel wurde schwerer und schwerer auf meinen Oberschenkeln, und gerade noch rechtzeitig neigte sich das Schiff zur anderen Seite. Das war's dann! Ich durch das menschenleere Schiff wieder zurück zu unserer Kabine.
„Wie geht's?" „Frag nicht!" Bis zum Mittagessen war immer noch Zeit. Ach, dachte ich, der Frisör hat sicher Zeit, mir die Haare zu schneiden. Als ich breitbeinig den Salon betrat, stand der Frisör an dem befestigten Stuhl gelehnt, mit einem von der Crew plaudernd. Auf meine Frage kam eine freundliche Handbewegung. Ich nahm Platz.
Was jetzt kam, muss man erlebt haben. Er war nur sporadisch an meinem Kopf und in der Lage, drei bis vier Schnittbewegungen an meinen Haaren auszuführen, dann wurde er von dem starken Wellengang des Schiffes von mir wegbefördert, um im nächsten Augenblick wieder an mir zu sein. Ich wollte aufhören, doch ihm schien die Prozedur nichts auszumachen. Mein Trost war: „Die Haare wachsen wieder." Doch DAS Erlebnis war es wert!

Dritte Konzertreise der Hofsänger nach USA 1972

Unser Versprechen, wieder nach Amerika zu kommen, lösten wir dann Ende April 1972 ein. Neben unserem Chorleiter Hans Hohner waren auch einige Mainzer Fastnachtgrößen mit von der Partie: Dr. Willi Scheu, Ernst Neger und natürlich unsere Margit Sponheimer, begleitet von ihrer Mama.

Bei den vorhergehenden Reisen hatten wir ja genügend Kontakte geknüpft und die Organisation in Amerika lag damals in den Händen von Fred Montag. Er war von Mainz nach Amerika ausgewandert und, wie seine zahlreichen Freunde, Mitglied der New Yorker Freimaurerloge. Das Programm in Amerika wurde von ihnen ausgearbeitet, die Reiseroute war identisch mit den vorherigen Reisen.

```
            EIN MEISTERABEND FROHER UNTERHALTUNG
                     unter dem Motto:
                "MAINZ WIE ES SINGT UND LACHT"

    dargeboten von:    MARGIT SPONHEIMER
                       ERNST NEGER
                   UND DEN MAINZER HOFSÄNGERN (CHOR UND SOLISTEN)
    musikalische Leitung: HANS HOHNER - Dozent an der Staatlichen Hoch-
                                        schule für Musik, Frankfurt/M.
    Gesamtleitung:     HANS SCHNEIDER
    Conference:        KARL MÜLLER - Sitzungspräsident des Mainzer
                                     Carneval-Verein

    1. Chor und Solisten: KLINGENDE GRÜSSE VOM RHEIN

                          Mit Rheinwein füllet die Becher ..
                          Wenn ich einmal der Herrgott wär' ..
                          Mädel, ich bin Dir so gut ..
                          Mein Sohn zieh' an den Rhein ..         u. a.

    2. Margit Sponheimer: MIT EINER REIHENFOLGE IHRER SCHÖNSTEN
                          ERFOLGSSCHLAGER

                          Gell, Du host mich gelle gern ..
                          Am Rosenmontag bin ich geboren ..
                          Mädche, wenn Du heirate willst ..
                          Bitte, sag' doch einmal dankeschön ..   u. a.

    3. Chor und Solisten: EIN BUNTER MELODIENSTRAUSS AUS ALLER WELT

                          Veronika ..
                          Wenn die Sonja russisch tanzt .. Kalinka ..
                          Sehnsucht .. Moskauer Nächte .. Eintönig hell ..
                          Geisterreiter .. Granada .. La cuccaracha ..
                          Mexico ..                               u. a.

    4. Ernst Neger:       DER SINGENDE DACHDECKERMEISTER AUS MAINZ
                          interpretiert seine großen Karnevalserfolge
                          von Toni Hämmerle u. a.

                          Heile, heile Gänsje ..
                          Hier am Rhein geht die Sonne nicht unter ..
                          Wenn eine alte Scheune brennt ..
                          Helau - so singt man nicht am Mississippi ..
                          Humta - humta - tätärä ..               u. a.

    5. Chor und Solisten: GESUNGENE ZEITKRITIK DER MAINZER HOFSÄNGER

                          Mit weltbekannten Melodien aus Operetten
                          und Musicals

    6. Großes Finale mit: MARGIT SPONHEIMER - ERNST NEGER -
                          MAINZER HOFSÄNGER

                          Wir machen noch ein Prösterchen .. Annemarie ..
                          Komm', gib mir Deine Hand .. Schöne Maid ..
                          SASSA .. So ein Tag, so wunderschön wie heute ..
                                                                  u. a.

                     VIEL FREUDE
                     ---------------------
                    (Änderungen vorbehalten)
```

Ein Mainzer Bürgermeister sollte uns auf der Reise begleiten, um in unseren Konzerten Grüße aus Mainz zu übermitteln, und die Fastnachter Margit, Ernst und Willi waren im Programm integriert. Wir freuten uns darauf, die drei außerhalb der Fastnacht so hautnah und privat erleben zu können.

In jeder Gesangsstunde machte unser Kapitän darauf aufmerksam: „Männer, achtet darauf, dass eure Pässe noch gültig sind!"

Der Abreisetag kam, in Mainz war Treffpunkt für alle und ein Bus brachte uns zum Flughafen Frankfurt. Irgendwann begann das Einchecken, doch auf einmal große Aufregung! Es bildete sich eine Traube um unseren Kapitän und seine Frau, deren Gesichter erstarrt waren. Ich bekam dann mit, dass ausgerechnet bei unserem Kapitän der Pass abgelaufen war. Eine Tragikomödie par excellence!

Gott sei Dank war ein Bürgermeister mit dabei, der auch an einem Samstag wusste, wo man seinen Pass verlängern konnte und dies in die Wege leitete. Aber es musste ein neuer Flug gefunden werden. Och, dachte ich für mich, da kommt noch einiges auf Hans Schneider zu. So war es auch.

Ich stehe am Schalter, vor mir Karl-Dieter, der Sohn von Karl Müller. Dieser war abgefertigt und die Dame machte den Schalter zu. Da stehen doch noch sieben Leute. „Ja, tut mir leid, aber wir haben keine Stehplätze." Klassischer Fall von Überbuchung. Na ja, dachte ich, hättest ja auch weiter vorn sein können. Aber glücklicherweise wollten auch noch Hans und Liesl nach Amerika. Wir fuhren also erst mal zurück nach Mainz. Ich bekam das Auto von Karl Müller und die Order, mich auf Abruf bereitzuhalten. Welche Überraschung für meine im achten Monat schwangere Frau, als ich am frühen Nachmittag wieder in der Tür stand.

Der Anruf kam, am nächsten Tag sollte ich um acht Uhr in Mainz sein zum Flug nach Amsterdam und dann mit einem Jumbo nach New York. Wie aufregend!

In New York wurden wir von Manfred Montag abgeholt und in zwei bis drei Stunden waren wir vor Ort bei unserem ersten Konzert. Die Freunde standen schon bereit zum Auftritt, wir in unseren Smoking und rauf auf die Bühne! Unser Konzertprogramm hatte nun durch unsere Mainzer Fastnachtsfreunde eine positive Erweiterung erfahren, die auch bei den weiteren Konzerten gut ankam.

Den Ernst Neger als urigen Typ kannte ich ja schon seit über zehn Jahren. Er hat mit seiner natürlichen Art die Deutschamerikaner mit seinen Liedern begeistert. Dr. Scheu mit seinen humorvollen, teils politischen Vorträgen sorgte für viele Schmunzler, und uns unterhielt er mit seinen Witzen, die er einmalig in Szene setzen konnte.

In New Jersey waren wir in einem Altenheim, die meisten machten einen Rundgang. Im kleinen Kreis saßen wir in einem schönen Aufenthaltsraum und Dr. Scheu spielte auf dem Klavier. Da erfuhr ich, dass er vor Toni Hämmerle den Ernst Neger begleitet hat.

Einer forderte mich auf, etwas zu singen. Geht nicht, ich habe keine Noten dabei. Doch Dr. Scheu: „Junger Mann, fang an, ich komm schon mit!" So erzählte er mir, dass er keine Noten kenne und nach Gehör spiele. Verrückt, würde mir auch genügen, wenn ich es denn könnte!

Unser Margitchen kam mit ihrer offenen, herzlichen Art bei ihren Gesangsvorträgen sehr gut an, und sich in Szene zu setzen war für sie kein Problem.

Es war einige Tage vor Muttertag, wir waren gerade einmal acht Tage von zu Hause weg, aber unsere Margit war zu Tränen gerührt. Sie hatte Heimweh! An Muttertag wurde Frau Sponheimer von uns geehrt, und auf meine Frage: „Ist die Margit ihr einziges Kind?", kam prompt die Antwort: „Meinen Sie nit, dass die langt?!"

In den Restaurants war der Kaffee im Preis mitenthalten, aber er wurde von Reise zu Reise dünner und geschmackloser. Ich wollte mir eine gute Tasse Kaffee gegen Bezahlung gönnen, aber das war schwierig. So war es nicht verwunderlich, dass sich die Starbucks Corporation ab 1971 gründete.

Auch in den Bars durfte man nicht hinschauen, wie die Gläser gefüllt wurden. Der Barkeeper hatte, wie an einer Tankstelle, den Schlauch mit Öffnungsventil in der Hand und drückte dann auf den jeweiligen Sortenknopf, entweder Sprite, Cola, Lemon Juice, Wasser etc. Die Getränke waren eisig, die Klimaanlage unbarmherzig zugig und kalt. Das eiskalte Bier kam meist von Anheuser-Busch, und der Wein war zu dieser Zeit in Amerika noch ein Stiefkind und hatte einen mehr oder weniger starken Bonbongeschmack.

Festhalten kann ich aber, dass der Gesamteindruck von N.Y. sich verbessert hatte, es war optisch einiges passiert, die Fassaden hatten neue Anstriche, aber das Schlagloch vor dem Hotel Abbey Victoria gab es immer noch.

Auch die schwäbischen Juweliere konnte ich mit meiner Restgage wieder aufsuchen. Da war so ein geschmackvoller Goldring mit Veilchendekor, der hat mich direkt angelacht, der wollte mich begleiten. DER wird Gretel bestimmt gefallen, oder!?!

Das Interesse der deutschamerikanischen Heimatvereine an den Mainzer Hofsängern war ungebrochen. Die Freunde aus New York, vor allem Manfred und Maria Montag, ließen nie den Kontakt abreißen.

Die Jahre 1973–1975

Diese Jahre waren weinbaulich gesehen gute durchschnittliche Qualitätsjahrgänge. Die Geschäfte haben wir mit allerlei Aktivitäten befeuert, und die positiven Entwicklungen gingen immer weiter. Die Investitionen hatten sich verlangsamt und mittlerweile hatte Vater August seinen Betrieb an uns verpachtet, ihn überschreiben wollte er noch nicht. Sicher hatte er auch bei Frau Guckes in Breithardt, einer Kundin von uns, den Spruch gelesen, den ich immer wieder bei ihr gelesen habe und auswendig kann.

Sag es dem ergrauten Vater, sag es auch dem Mütterlein,
soll der spätere Lebensabend einmal ohne Sorgen sein,
gib du die erworbenen Güter, nicht zu früh den Kindern ab,
sonst wirst du zu ihrem Sklaven und sie wünschen dich ins Grab!
Wer besitzt, den wird man achten, Kindesdank ist Seltenheit.
Brot zu nehmen heißt verschmachten, Brot zu geben Seligkeit!!!

Die Pachthöhe besprachen wir mit unserem Steuerberater, denn sie sollte so hoch sein, dass der Vater und jeder von seinen Söhnen die gleiche Steuerlast hat. Seine Pachteinnahmen wurden nach seinem Selbstbehalt wieder in den Betrieb investiert. Ganz normale, steuerlich saubere Transaktionen waren geboten, um nicht über Gebühr Steuern zahlen zu müssen. Die Eltern waren auf das Altenteil im ersten Stock gezogen und mein Bruder bekam die Wohnung im Paterre.
Jeder von uns hatte schwerpunktmäßig seine Aufgaben. Joachim war der technische Betriebsleiter, ich war zuständig für Büro und Verkauf. Unsere Frauen waren auch Angestellte im Betrieb. Wir waren gemeinsam mit unseren Mitarbeiterinnen und Mitarbeitern ein gutes, erfolgreiches Team. Alljährlich haben wir unsere gesamte Palette an Weinen bei der Landesweinprämiierung zur Bewertung angestellt und wir haben die meisten mit Gold- und teils Silbermedaillen bewertet bekommen. Auch bei der darauffolgenden Bundesweinprämiierung waren wir sehr erfolgreich und konnten diese Auszeichnung dementsprechend gut vermarkten.

Zufrieden konnten wir unseren Sommerurlaub 1973 in Italien antreten. Die Oma Meline, seit einem Jahr verwitwet, reiste mit uns. Es ging über schneebedeckte Alpenpässe nach Rimini, zum Lieblingsstrand der Deutschen an der Adria. Ein kleiner Italiener wollte der total verdutzten einjährigen Patricia den Bikini ausziehen, da hat er es aber mit dem Markus zu tun bekommen. Habe die Szene auf meiner Super-8-Kamera festgehalten. Auf dem Heimweg fuhren wir nach Luino am Lago Maggiore. Dort machte eine Cousine von mir mit ihrer Familie in ihrem Ferienhaus Urlaub. Sie hatten ein Boot, das auch zum Wasserskifahren taugte. Auf die Frage: „Hast du Lust?", war ich neugierig darauf.

„Also beim Start musst du schauen, dass die Skispitzen aus dem Wasser ragen. Wenn du aufhören willst, hebst du die Hand." Konzentration, die Spitzen hoch, mit dem Zug des Bootes den Körper in aufrechte Position und los. Das war geschafft. Nach einiger Zeit wollte ich dann etwas wie im Schnee wedeln. Also mutig seitwärts über die Wellen, die das Boot verursacht. Oh, das Tempo wird dadurch schneller, jetzt wieder zurück in die Mitte und nach links. Das macht ja richtig Spaß. Schön, noch eine Runde, das geht aber brutal aufs Kreuz. Nach circa zehn Minuten habe ich die Hand gehoben, Heinz fuhr am Landesteg parallel vorbei, ich ließ die Schleppleine los, Punktlandung am Steg. Heinz wollte nicht glauben, dass es mein erster Versuch war. „Doch, Heinz, hast du noch nie was von Dummenglück gehört?" Darum habe ich es auch nie mehr im Leben probiert.

Gerne habe ich mich auch an Weinbauexkursionen anderer Weinanbaugebiete beteiligt. So hatte der Rheinhessische Weinbauverband unter der Leitung von Ökonomierat Dr. Reinhard Muth als Präsident zu einer Rundreise durch die ungarischen Weinbauregionen im Jahr 1974 eingeladen. Eine Busreise ging zum Balaton, nach Budapest, südöstlich davon nach Kecskemét mit seinem Wein- und Obstbau und nach Tokaj, der bekanntesten Region mit seinen Weinen. Unter den Weinfachleuten war trotz Kommunismus eine entspannte Atmosphäre und es gab viele interessante Fachgespräche mit den Ungarn und den Pfälzern. Bei dieser Reise lernte ich Werner Sauer, einen Winzerkollegen aus Dirmstein, kennen, mit dem ich später auch eine große Argentinien-Chile-Reise gemacht habe. Wir haben bis heute nie den Kontakt verloren. Begegnungen, die einem etwas geben!

Hatten wir 1959 unsere erste Trockenbeerenauslese geerntet, war es bei uns 1973 und 1975 möglich, einen Eiswein zu ernten.

Die Lese bei minus neun Grad mit Frau Gählweiler und Frau Gath.

Nach getaner Eisweinlese ...

... freuen sie sich alle auf einen Glühwein.

Doch Erfolg gebärt auch Ansprüche, die man glaubt, sich erfüllen zu können. Man arbeitet ja so viel, Freizeit ist rar, und ich wollte doch sowieso nicht meinen Lebensabend in einer Wohnung in einem Dreifamilienhaus verbringen. So reiften 1975/76 die Pläne für einen Bungalow mit Schwimmhalle und Sauna. In Anlehnung an den bayrischen Baustil sollte der Bau in einem offenen Winkel gen Westen ausgerichtet sein. Schwimmhalle mit Ausgang ins Freie, daneben großer Hobbyraum, Heizungs- und Kellerräume. Im Erdgeschoss Küche, Bad, Schlafzimmer und wiederum im offenen Winkel Esszimmer und Wohnzimmer mit Platz für einen Flügel und offenem Kamin. Wenn schon, denn schon! Im ersten Stock, mit separatem Aufgang, die Kinderschlafzimmer, Gästezimmer, Bad und ein separates Gäste-WC. Das Gästezimmer sollte, von der Installation her, alle Versorgungsleitungen für eine Küche bekommen. Denn mein Plan war, nach Auszug der Kinder ohne großen Aufwand aus dem Obergeschoss eine separate Wohnung zu machen, die vermietet werden könnte.

Mit meinen Skizzen bin ich also zu unserem Haus-und-Hof-Architekten Herrn Merbach aus Wiesbaden und er machte Pläne. Einen Bauplatz hatte ich nicht, aber einen Weinberg direkt nach dem letzten Haus in der Mühlstraße. Der Weinberg musste vorher zu Bauland umgewidmet werden. Im ersten Anlauf gab es keine Bewilligung.

Nicht entmutigen lassen! Im zweiten Anlauf setzten sich dann Befürworter durch, die sagten: „Es ist sein Weinberg, und wenn er da bauen will, ist es seine Entscheidung." Wie hilfreich dabei meine Arbeit als Vorsitzender des Kuratoriums Lenchenfest seit 1965 war oder die Mitgliedschaft in der CDU auch seit dieser Zeit, kann ich nicht beurteilen. Doch in meinem Leben habe ich nur zweimal Sonderwünsche gegenüber der Gemeindeverwaltung gehabt. So konnte 1976 mit dem Bau meines Privathauses in der Mühlstraße 54 begonnen werden.

Vierte Konzertreise der Hofsänger nach USA 1976

1976 gab es einen besonderen Anlass zur erneuten Reise nach Amerika, denn es wurden 200 Jahre USA und 50 Jahre Mainzer Hofsänger gefeiert. Mit von der Partie war unser vielseitiger Kapellmeister Karl-Hans Frieß, der mit seinem gepflegten Aussehen und seinem ausdrucksstarken und rhythmischen Klavierspiel die Herzen des amerikanischen Publikums erobern würde. Die Reise wurde erweitert und dieses Mal sollte mit Los Angeles, San Diego und Las Vegas der Westen Amerikas dazukommen.

Wie immer starteten unsere Konzerte in N.Y. Auch unsere Gesangsgruppe verjüngte sich, wir hatten neue Sänger dabei, die N.Y. noch nicht kannten. Aus Sicherheitsgründen sollten wir unsere Papiere und unser Geld immer im Brustbeutel mitführen und so konnten die Neuen von unseren Erfahrungen lernen und Neues in Big Apple erleben.

So kam ich am zweiten oder dritten Tag von einem Stadtbummel ins Hotel, als mein Zimmergenosse ganz aufgeregt auf mich zukam. „Mein Geld, meine Ausweispapiere, alles ist fort!"

Kurz erzählt: Er war mit einer schwarzen Schönheit ins Zimmer gegangen. Sein Brustbeutel hat wohl gestört, er hatte aber vergessen, ihn mit ins Bad zu nehmen. Als er wieder rauskam, war die Liebesdienerin mit dem Brustbeutel verschwunden. Mein Zimmergenosse: „Du musst mit mir gehen, du kannst Englisch, die find ich wieder!" Das glaubte ich nicht, aber wie ich so vom Erzählen wusste, nehmen die Damen nur das Geld raus und werfen den Beutel auf den Boden. Er ließ mir keine Ruhe, wir sprachen einige der zahlreichen Lebedamen auf das Geschehnis an, doch nur Achselzucken. War mir klar. Ich sagte zu ihm: „Wir gehen an die Rezeption, wenn du Glück hast, sind die Papiere abgegeben worden." Ein aufmerksamer Angestellter an der Rezeption hielt uns schon den Beutel entgegen und drückte ihn ihm wortlos in die Hand. Ich glaube, das hat er sein Leben lang nicht vergessen. Er hing dann die gesamte Reise am Geldtropf seiner Freunde: „Ei, haste Durst, oder willste was esse?" „Ihr Bangert, ihr schlechte!"

Unsere Konzerte auf den Bühnen der letzen Jahre wurden weiter sehr begeistert aufgenommen und manche Träne der Rührung und der Wiedersehensfreude vergossen.

Die Ostküste haben wir wieder mit Bus bereist. Unser Endziel mit dem Bus war St. Louis, Mississippi. Einmalig habe ich in Erinnerung: „Das Tor zum Goldenen Westen!"

Ein monumentaler Bau aus Stahl mit einem 225 Meter hohen Bogen, der sich über 300 Meter Distanz spannt. Als ich in dem Glasaufzug saß, musste ich doch meine Angst bezwingen, besonders bei dem Gedanken, wie so etwas von Menschenhand erbaut werden kann. Gigantisch!

Vor dem abendlichen Konzert war bei unserem Operettenmedley eine Änderung vorgesehen. Georg Dorberth war indisponiert und wollte sein Tenorsolo „Schenkt man sich Rosen in Tirol" nicht singen. Dafür sollte Hans Schneider sein Baritonsolo „Dunkelrote Rosen bring ich, schöne Frau" singen.

Der Auftritt kam, Hans Schneider ging nach vorn und begann mit: „Schenkt man sich Rosen in Tirol". Karl-Hans Friess passte sich profihaft am Klavier an. Noch lief alles glatt, aber was gibt es, wenn er in die Höhe muss?

Na, unsere ersten Tenöre haben ihn nicht hängen lassen und waren gemeinsam zum Mikrofon gegangen und haben ein gefühlvolles hohes B hingelegt.

Da musste ich an einen anderen Auftritt denken, wo Willi Christen bei seinem Solo nicht aus dem Vorvers herauskam und wieder von vorn anfing. Damals zischte Herr Hohner: „Du Armloch!" Doch Georg Dorberth rettete die Situation. Er ging zum Mikrofon und sang beim zweiten Anlauf wie selbstverständlich mit. So was kann passieren und solche Situationen müssen gelöst werden!

Der Lapsus unseres Kapitäns während des Konzerts hat ihn doch im weiteren Verlauf beschäftigt, denn als er ziemlich am Ende der Veranstaltung sich auch bei seinem Chor für die gute Leistung bedankte, wollte er wohl sagen: „Meine Freunde, die hinter mir stehen", doch er sagte: „Diese wunderbare Gesangsgruppe, die hinter mir aufgebahrt ist!" Bei dem anschließenden Gemurmel im Saal wussten wir, dass unsere Zuhörer den Versprecher wohl mitbekommen haben. Doch unser Karl Müller setzte noch einen drauf: „Das war ein gutes Omen für uns Sänger, denn Totgesagte leben länger!"

Weiter ging es mit der Western-Air-Line nach Denver, Colorado, am Fuß der Rocky Mountains gelegen. Mit Sängern des Edelweiß-Clubs fuhren wir an einem Sonnentag in die nahe gelegenen Berge, circa 40 Meilen weiter nach Central City, eine alte Goldgräberstadt. Mit ihren Saloons und ihren Minen gibt sie Zeugnis aus der Gründerzeit des „Goldenen Westens" vor über hundert Jahren. Da durfte auch der Besuch im Buffalo Bill Museum nicht fehlen, bei diesem großen, echten Westernhelden!

Der Konzertabend im Edelweiß-Club wurde zu einem Erlebnis, und Holger und ich hatten privat noch bis in den Morgen hinein gefeiert und geschwoft. „Man wird ja einmal nur geboren, darum genieße jeder Mann!"

Am nächsten Tag flogen wir nach Los Angeles. Das Holiday Inn in Torrence am Pazifik war für einige Tage unser Zuhause. Der Abend am Swimmingpool bleibt mir im Gedächtnis. Wir waren ziemlich unter uns und Nacktbaden war angesagt. Die Kleider lagen auf den Liegen, aber als wir aus dem Wasser kamen, nicht mehr. Was tun? Ich nahm mein Toupet vom Kopf, hielt es vorne hin und war wie der Blitz auf meinem Zimmer!

Die Fahrt am nächsten Tag ging nach San Diego. Dazu gab es Fahrgemeinschaften in gemieteten Autos. Wir fuhren am Landsitz des früheren Präsidenten Nixon vorbei, und weiter ging die Fahrt zum größten Flugzeugträger der Welt, die atomgetriebene „Enterprise" im Hafen von San Diego. Nach dem Auftritt in San Diego folgte noch ein Abstecher über die Grenze nach Mexiko. Das war ein erlebbarer, sichtbarer Unterschied zu den USA.

Der Tag vor dem letzten Konzert beim Phoenix Club in Anaheim sollte zum Besuch des Disneyland genutzt werden, denn es liegt sozusagen vor der

Haustür des Phoenix Clubs bei Los Angeles. Disneyland ist an Phantasie und technischer Perfektion nicht zu überbieten. Die ersten 3D-Shows zu erleben war verrückt und der ganze Komplex bot unvergessliche Eindrücke für Alt und Jung.

Unumschränkte Zustimmung fand der Vorschlag, die letzten Tage in Las Vegas, der Spielerstadt in der Wüste von Nevada, zu verbringen. Die Mietfahrzeuge hatten wir noch, und so starteten wir nach einem erholsamen Tag am Pazifik nach Las Vegas. Auf einsamen, breiten Straßen ging es die meiste Zeit durch Wüstenlandschaften. Man hatte uns gewarnt, die Geschwindigkeitsregeln einzuhalten und auch nicht wild zu urinieren. Das mit dem Tempo hatten wir im Griff, denn wenn die Trucks überholten oder schneller fuhren, war man sicher. Die Fahrer hatten Walkie-Talkie-Funkgeräte und waren auch über mobile Geschwindigkeitskontrollen informiert.

Aber das mit dem Urinieren hätte ich nicht geglaubt. Bei einem Stopp, wir wollten uns etwas bewegen, ging auch jeder mal hinter einen Kaktus, und es dauerte nicht lang, da kam doch tatsächlich eine Streife vorbei, die ich aber in ein Gespräch verwickelte, und das Corpus Delicti war längst im Staub versickert.

Da fiel mir beim Einsteigen ins Auto auf, dass mein Nachbar Oswald Treber so traurig schaute und während der Fahrt noch keinen Ton gesagt hatte. „Ossi, was ist los? Geht's dir nicht gut?" Ich hab ihn aufmunternd an mich gedrückt, und gequält kam bei ihm heraus: „Ich hab so Sehnsucht nach meiner Wilma!" „Ossi, wir haben es ja bald geschafft."

Das Spielerparadies kam immer näher und unser Stardust Hotel mit seinen 3000 Zimmern war nicht zu übersehen. Beim Aussteigen hatte man das Gefühl, gegen einen Hitzeschild zu laufen, es waren 45 Grad Celsius. Schnell durch die Drehtür, raus aus der Hitze!

Ja, da waren sie schon, silbern glitzernd, die einarmigen Banditen. Ich bin resistent gegen jede Art von Glücksspiel, aber umso interessierter beobachtete ich die Spieler. Da war diese Frau, sie hatte keine Goldfinger, aber silbrig leuchtend waren sie von den Coins, die ihr im wahrsten Sinne des Wortes durch die Finger rannen. Und wieder und wieder mit hoffendem und bangendem Blick zog sie den Arm des Automaten. Oh Sucht, halte durch!

Viel Zeit verbrachte ich mit Zuschauen bei unserem Reiseleiter und Organisator Manfred Montag. Ich wusste von seiner Spielleidenschaft, und hier war er in seinem Element. Ob beim Black Jack, eine Variante des Siebzehnundvier, oder Roulette, er war ein kontrollierter Spieler. Die Drinks sind gratis.

„Hier, probier mal", und er reichte mir sein Glas „Ei, so fett, so alkoholisch sind die sonst aber nicht, mein lieber Manfred." Manfred zeigte beim Spiel kein Pokerface, eher ein charmantes Lächeln spielte um seine Gesichtszüge. Ist das die Mimik eines Gewinners?! Mit einer weltmännischen Nonchalance plazierte er die Jetons. Nach einem „Win" bekam der Croupier elegant seinen Jeton serviert. Er war gern gesehen an den Tischen.

Meinen Versuch, einen Bummel in Las Vegas zu machen, gab ich auf, es war eine brütende Hitze.

Aber da war ja noch unsere abendliche Show im Stardust. Wir hatten gute Plätze in den vorderen Reihen und genossen die Vielseitigkeit des Programms. Da war der türkische Zauberer mit seinen Küken, der mit seinen Probanden aus dem Publikum die tollsten Tricks vollführte. Das Gesicht eines Betroffenen, bei dem er die Küken aus seinem Hosenlatz hervorzauberte, ist unvergessen! Was auf einer Bühne technisch machbar ist, kann man sich nicht vorstellen. Als eine Wasserwand auf die Zuschauer zuraste, war ich abgetaucht und total beeindruckt. Die Musik, die Ballettshows in einer einmaligen Inszenierung, der ganze Abend: A big show of American entertainment!

Mit dem Besuch der Silbermine „Calicio" aus der Pionierzeit des Westens, fand die wohl schönste, längste und erfolgreichste Konzertreise der Mainzer Hofsänger seinen Abschluss. Von Los Angeles starteten wir den Rückflug nonstop nach Frankfurt.

Urlaub an der Ostsee und Beginn der Hochgebirgstouren

1976 ging mein Sohn Markus bereits in die zweite Klasse der Grundschule in Oestrich und Patricia war vier Jahre alt. Die Familie machte in den Sommerferien einen Kurzurlaub nach Damp 2000 an der Ostsee. Der Sommer 1976 war sonnig und wir genossen Sand und Meer und machten einen Ausflug ins Legoland nach Dänemark. Für einen Tag hatte ich mich zum Hochseeangeln angemeldet. Gretel mit den Kindern brachte mich an den Hafen, und ich versprach Markus und Patricia, dass wir am Abend frisch geangelten Fisch essen würden. Das hätte ich besser nicht gesagt, denn ich konnte noch so eifrig die Angel auswerfen, es biss kein Fisch an. Rund um mich waren sie alle erfolgreich, aber ich ein hoffnungsloser Fall. Die Fische haben wohl gemerkt, dass Angeln für mich keinerlei Sport ist. Aber wie stehe ich heute Abend da! Patricia kam mir im Hafen entgegengelaufen: „Papa, wo sind die Fische?" „Papa hat keine gefangen", worauf sie ganz traurig fragte: „Und was essen wir dann heute Abend?" Ja, so kann es gehen.

Privat waren Gretel und ich in dieser Zeit mit dem Ehepaar Prof. Ludwig, die in Wambach gebaut hatten, befreundet. Sie hatten auch zwei Kinder, das verbindet, und Agnes Ludwig war die Patin unserer Tochter Patricia. Hans erzählte mir, dass er gemeinsam mit Rudolf Bödige aus Mainz und Michael Buchheim aus Höchst 1975 in der Schweiz eine Hochgebirgstour gemacht hatte. Die Frau von Michael war Schweizerin und Bergtouren sind dort das Nonplusultra. Auf seine Frage: „Willst du 1976 mit dabei sein? Wir sind in der Gruppe maximal acht Wanderer." „Gerne", denn diese Herausforderung von Hochgebirgswanderungen kannte ich nicht. Aber ich sagte, dass ich nicht mit einer Seilschaft in die Felswand gehen würde. „Nein, wir gehen nur bei Gletscherüberquerungen aus Sicherheitsgründen am Seil. Die Routen werden von einem Bergführer begleitet und Michael ist ein Bergprofi. Spezielle Ausrüstung ist vonnöten, du bekommst alle Details schriftlich." Das war sie!! Die ultimative Herausforderung!!

Ich möchte von den Bergtouren, die immer im Spätsommer 1976/77/78 und 1979 stattfanden, nicht im Einzelnen berichten, aber von erlebten Herausforderungen, die ich mir nie im Leben zugetraut hätte.

Die Touren gingen über ein verlängertes Wochenende zum Beispiel in das Maderaner Tal oder zur Pilatus Gratwanderung, aber immer in die Schweizer Hochalpenlandschaft. Wir trafen uns meist donnerstags nach getaner Arbeit um 20 Uhr bei Michael in Höchst. Umladen in einen Bus und nach 22 Uhr Abfahrt gen Schweiz.

Mit drei bis vier Stunden Schlaf während der Fahrt erreichten wir gegen sechs Uhr Luzern. Dort tranken wir im Altenheim mit Michaels Schwiegermutter Kaffee, und mit ihren guten Wünschen ging es nach acht Uhr zu unserem Ausgangspunkt. Entweder ging die erste Etappe mit der Gondel oder dem Lift nach oben, und dann war Kondition gefragt. Der Rucksack mit Proviant und dem Nötigsten hatte schon Gewicht. Ich erinnere mich: Aus der Gondel raus ging es gleich eine Anhöhe rauf. Ich war der Kleinste und die Männer legten einen Zahn vor, der mich gleich forderte. Als Erstes wird es dir warm, zum Ausziehen musst du stehen bleiben, den Rucksack runter, Anorak am Rucksack festmachen und den wieder mit Schwung aufsetzen. Dann sind die anderen wieder hundert Meter weiter, die holst du nicht mehr ein. Doch während dieser Gedanken liefen die ersten Schweißtropfen den Rücken runter. Vorbei, jetzt heißt es Anschluss halten. Mensch, hoffentlich bleibt das Gelände nicht so steil ansteigend, ich spür ja schon, wie die Waden anfangen sich zu verkrampfen. Von denen da vorn macht aber auch keiner Anstalten, stehen zu bleiben. Doch das Gelände wird jetzt eben, da können sich meine Waden entspannen. Hat auch geklappt.

Oder: Es fängt an zu regnen, die Kapuze über den Kopf, alles andere ist egal, du bist ja sowieso schon durchfeuchtet. So erlebt: Die Hütte liegt vor uns, ist aber nur über Leitern zu erreichen. Wie können die so etwas machen??? Als die Hütte gebaut wurde, war sie noch auf der gleichen Höhe wie der Gletscher. Also die Leiter hoch. Die ersten Sprossen genommen, kommt doch grad mal ein Eisregen genau um die Ecke. Da bist du froh für die Handschuhe, die du anhast.

Ein andermal: Wie stehen auf einem Hochplateau, der Weg geht nach einer Steilwand circa 300 Meter in der Tiefe weiter. Wie soll ich da runterkommen??? Das kann ich nicht! „Die Bergwacht holt dich gerne, aber du musst das zahlen", sagt Michael. Hm, ein Drahtseil zum Festhalten ist ja gespannt, für die Füße sind Löcher in den Felsen gehauen. Tatsächlich, es geht, aber nicht nach unten schauen!

Oder bei der Pilatus-Gratwanderung. Wir sind an die 3000 Meter hoch. Vor uns sind einige Gamsen, die an der Felskante stehen. Wir ziehen ganz ruhig an den scheuen Tieren in circa 50 Meter Abstand vorbei. Ehrfurcht vor der Natur!

Etwas weiter, ich glaube es nicht, links und rechts fällt das Gelände steil ab und wir müssen einen Spalt mit einem großen Schritt überwinden. Schnee liegt auf der Erde, Konzentration gefordert, Blick auf den Punkt, wo der rechte Fuß aufkommen muss. Geschafft!

Doch wie geht's mit Eugen!! Er hat eine tolle Kondition, aber schlechte Augen. Sie nehmen ihn an die Hand, ich habe nicht zurückgeschaut – gutgegangen!

Eine andere Tour: Es war hoher Schnee gefallen und wir hatten die erste Nacht auf der Hütte verbracht. Am Morgen ging es ohne Führer los, er wollte abends zu uns stoßen. Die Markierungen waren teilweise im Schnee versunken, und nach der Hälfte der Wegstrecke kam dichter Nebel auf. Keine Orientierung mehr, wir müssen zurück, gewissermaßen in unseren eigenen Spuren. Auf der Hütte angekommen, legte ich mich um. Die anderen tollten mit dem Holzschlitten durch die Gegend. Um circa 15 Uhr, der Nebel hatte sich verzogen, kommt jemand anmarschiert. Das wird der Bergführer sein, meinte Michael. Eine halbe Stunde später war es Gewissheit. Der Bergführer machte uns klar, dass wir das ursprüngliche Ziel von heute noch erreichen müssen. Erneut marschierten wir los, jeder in den Fußstapfen des Vorgängers, und erreichten gegen 20 Uhr eine große, geräumige Hütte, die auch vom Schweizer Militär aufgesucht wird. Diese Hütten waren für jedermann offen. Man trägt sich in das Hüttenbuch ein und bezahlt seine Getränke. Nach dem Essen kein Hüttenzauber, Schlafplätze aufgesucht. Um 3.30 Uhr war Aufstehen angesagt, und um vier Uhr begann die Überquerung des Gletschers. Ich kam als Erster ans Seil, direkt hinter dem Bergführer. Was bedeutet das für mich? Soll ich ihn halten, wenn er in eine Gletscherspalte fällt? Was soll's, der wird schon wissen, was er macht.

Es muss lustig ausgesehen haben, wie wir uns teilweise hüpfend im Hochschnee fortbewegt haben. Kraft kostet das – auch wenn es bergab geht. Den Gletscher hatten wir um sechs Uhr überwunden. Bei der kurzen Rast hieß es: „Jetzt müssen wir schräg diesen langgestreckten Abhang hinauf. Ludwig, siehst du oben am Ende diesen schwarzen Punkt? „Das ist die nächste Hütte für heute Nacht." „Warum können wir denn nicht links weiter abwärts gehen?" „Schau mal genau. Siehst du, wie das Gelände in der Ferne zerklüftet wird? Da endet der Gletscher, den wir gerade überquert haben."

Versteh ich, jetzt aber schnell noch ein paar Dextropur lutschen, die Schnapsrunde war schon gewesen, und dann ging es los! Der Führer machte jeden Schritt doppelt, um den Schnee festzutreten. Ich wieder am Seil hinter ihm. Etwas zu viel Gewicht auf einem Fuß, schon war man eingesackt. Die ganze Seilschaft hielt! Den Körper auf die Seite zum Hang legen und dann versuchen, das Bein wieder aus dem Tiefschnee zu bekommen. Oh Kraft, lass nicht nach!!!

Bei mir muss wohl die Schuhgröße zu meinem Gewicht im Missverhältnis gestanden haben, denn ich war oft eingebrochen. Als wir dann um neun Uhr an die nächste Hütte kamen, war diese eingeschneit und nur auf der Stirnseite im Dach ein Fenster zu öffnen. Der Bergführer hatte seine Mission erfüllt und ging. Wir kamen zu dem Entschluss, nicht zu übernachten und ebenfalls abzusteigen. Dass Wetter war zu unbeständig und der Abstieg bei Nebel ohne Führer zu riskant. Die körperliche Herausforderung war stark, denn die Doppeltouren waren anstrengend. Zum Ende liefen wir in einem flachen Bachbett, da im Schnee laufen zu anstrengend war.

Solche Herausforderungen, lieber Leser, egal in welcher Art sie einem im Leben begegnen, muss man annehmen. Doch: Etwas wagen ja, aber nicht leichtsinnig werden. Sich etwas zutrauen, ohne sich zu überfordern ist die Maxime. Übrigens habe ich trotz meiner Begeisterung für die Bergtouren die geplante Tour zum Mönchmassiv und dem Jungfrauenjoch für 1980 abgesagt, denn die Herausforderung war mir doch zu beschwerlich. Freunde, versteht mich: „Bei der Besteigung der Jungfrau ziehe ich doch die leichtere Variante vor!!!"

... dann wollen wir doch mal! – Ich rechts.

So hoch hinaus?

Gemeinsam mit dieser Männerrunde haben wir uns in diesen Jahren zu Weinproben getroffen. Es gehörte dann noch Ernst Jungk von der Firma Poroton dazu und auch Hansjürgen Doss, ein Architekt aus Mainz mit Bundestagsambitionen. Wir trafen uns sporadisch abwechselnd bei den einzelnen Teilnehmern. Jeder brachte eine Flasche Wein mit, die verdeckt probiert und beurteilt wurden. Interessante Gespräche kamen auf, die jeweiligen Hausfrauen verwöhnten uns kulinarisch und es waren bereichernde Zusammenkünfte.

Nur ein Problem: Die Heimfahrt mit Alkohol wurde zunehmend problematischer. Darum trafen wir uns einige Zeit im Hotel Neugebauer in Johannisberg und übernachteten dort. In Erinnerung ist mir, dass in feuchtfröhlicher Runde Hansjürgen das Wort ergriff und einen Redeschwall vom Stapel ließ, rhetorisch brillant in Ausdruck und Stil. Er endete mit der Frage: „Wer von euch kann den Sinn meiner Worte wiederholen?" Nach kurzer Pause entgegnete ich: „Lieber Hansjürgen, du hast eine bewundernswerte Rede gehalten, aber ausgesagt hast du eigentlich nichts." „Du hast es erkannt, lieber Ludwig, aber mit diesen Fähigkeiten kommt man in den Deutschen Bundestag." Er hat es tatsächlich geschafft und war zwei oder drei Legislaturperioden Mitglied im Deutschen Bundestag.

Einzug ins neue Haus 1977

Noch rechtzeitig zur Kommunion von Sohn Markus konnten wir die Feier im ersten Stock abhalten. Zwar noch etwas provisorisch, aber alle waren zufrieden und unsere Gäste bekamen einen ersten Eindruck von unserem neuen Domizil.

Mein Alterssitz heute ...

... er wurde Wirklichkeit!

Urlaubsfreunde von Joachim und Renée, die Fa. Robert Rohleder aus Velbert, hatte den Innenausbau übernommen. Robert, ein Schreiner und Innenarchitekt mit gutem Geschmack und Fachkenntnissen, hatte uns erstklassig beraten. So wurde unser Interieur gediegen, geschmackvoll und zeitlos, eben Einbaumöbel in verschiedenen Holzstrukturen. Einbaumöbel ermöglichen den Frauen allerdings nicht, ihrer Neigung nach Veränderung nachzugehen. Eine Neueinrichtung ist eine echte Herausforderung und man kann sie nur gemeinsam mit viel Liebe zum Detail lösen.

Wir hatten uns schnell gemeinsam mit den Kindern eingelebt. Die Schule war für Markus und bald auch für Patricia sehr nahe. Ich hatte es bis zum Betrieb nicht weit und in dieser Zeit gab es auch noch über der Bahn Geschäfte für den täglichen Bedarf. Das war für Gretel angenehm, denn sie hatte ja neben Haushalt noch den Garten und auch nachmittags Dienst im Büro. Es gab immer was zu tun und es wurde nie langweilig.

Die Jahre 1978 und 1979

Doch die jährlichen Bilanzbesprechungen mit unserem Steuerberater brachten 1978 für mich einige nicht vorhersehbare Überraschungen. Dr. Neuy eröffnete mir, dass ab dem neuen Wirtschaftsjahr die Kapitalkonten von mir

und meinem Bruder verzinst werden sollten. „Welche Kapitalkonten, Herr Dr. Neuy?" „Ja, diese sind in der Bilanz ausgewiesen, waren aber nie ein Thema, da die Kapitalkonten von Ihnen und Ihrem Bruder gleich waren. Sie hatten beide das gleiche Gehalt, von dem Sie lebten, und die Kapitalkonten blieben unberücksichtigt. Sie haben aber auf Ihren Namen eine Villa gebaut und circa 500.000 DM dafür aus dem Betriebsvermögen entnommen. Mit anderen Worten, Ihr Kapitalkonto beträgt nur noch zehn Prozent von dem Ihres Bruders. Fairerweise sollten wir nun die Kapitalkonten verzinsen. Ob fünf Prozent oder höher bleibt Ihnen überlassen. Sie können aber auch Ihren Bruder überreden, ebenfalls zu investieren, damit sich die Kapitalkonten wieder ausgleichen."
Doch mein Bruder war mit seiner Wohnsituation zufrieden und hatte keinerlei Ambitionen, es mir gleichzutun. Nach vierzehnjähriger Ehe wurde seine Tochter Désirée geboren und warum sollte sie nicht seine Nachfolgerin werden könnnen!?!

Ansonsten verlief unser privater Alltag in des Dichters Worten: „Die Tage enteilen in Lust und Leid, wie Pfeile vom Bogen geschnellt!" Aber in der Retroperspektive fragt man sich sowieso: Wohin ist die Zeit entschwunden, wie haben wir das alles geschafft?
Sicher war für meine Frau Gretel die Herausforderungen eines Geschäftsalltags nicht immer ganz einfach, sie hat aber die Anforderungen einer Hausfrau und Mutter voll erfüllt und mich auch immer wieder mit ihrer Vielseitigkeit überrascht. Sie war gut aussehend, sportlich, musikalisch, perfekt Französisch sprechend und wurde von meinem Vater für ihren gepflegten Garten gelobt. Beim Tischtennisspielen hätte sie mich gerne mal verlieren sehen, aber die Freude konnte ich ihr doch nicht machen!?!
Gretel war in der Wetterau bei Friedberg groß worden und evangelischen Glaubens. Da wir im katholischen Rheingau leben wollten, hatten wir katholisch geheiratet und auch die Kinder katholisch getauft. Für meine Schwiegereltern war dies kein Problem und wir hatten über Jahre ein sehr gutes Verhältnis. Auch nach dem Tod meines Schwiegervaters war Oma Meline ein gern gesehener Gast, die Gretel gut bei der Arbeit unterstützte, die mit uns in Urlaub fuhr und viel Zeit mit uns und den Kindern verbrachte.
An besonderen evangelischen Festtagen gingen wir gemeinsam nach Mittelheim zur Kirche. Dort war zu dieser Zeit Pfarrer Reimann Pastor, dessen

Predigt ich gerne hörte. Er kaute in seiner Ansprache nicht das Evangelium wieder, wie unser katholischer Pfarrer Humm, sondern sprach aktuelle Probleme an. Thema waren oft seine Erlebnisse im Krieg und man hörte aus seinen Worten den Sozialdemokraten raus. Das war damals in der evangelischen Kirche keine Seltenheit, aber im Wahljahr von Willi Brandt bezog er eine so große, klare Position für ihn, die ich sehr einseitig fand. Er verabschiedete alle Kirchenbesucher nach dem letzten gemeinsamen Lied mit Handschlag. Ich nahm die Gelegenheit wahr, ihm für seine lebendige Ansprache zu danken, aber etwas ausgleichender in seinen Ansichten würde er den christlichen Glauben und seinen Zielen gerechter werden. Er wollte sich verteidigen, aber ich sagte: „Ein andermal unterhalten wir uns weiter." Das war kurze Zeit später, als wir uns zufällig vor unserem Haus in die Arme liefen. Er nahm die Einladung gerne an, und bei einer Flasche Wein konnten wir uns interessant unterhalten, respektive er musste mir zuhören, denn immer, wenn er reden wollte, sagte seine Frau: „Du hast in der Kirche deine Möglichkeit, dich zu Wort zu melden, heute hörst du mal Herrn Eser zu, was er zu sagen hat. Es war eine angenehme, bereichernde Begegnung, die auch Gretel diesmal ganz entspannt miterlebt hat.

Doch Gretel hatte es nicht immer ganz leicht mit mir und meinen Einstellungen. Wenn es etwas zu bereden gab, war mein Entschluss meistens schnell, oder ich sagte: Das hängt von dieser oder jener Entscheidung ab. Das Thema glaubte ich zufriedenstellend für sie beendet zu haben, aber sie kam teilweise immer wieder darauf zurück. Da braucht man Geduld oder Verständnis für die Pendelbewegungen einer im Zeichen der Waage Geborenen. Gretel hielt den Atem an, wenn ich bei von ihr hochangesehenen Leuten eine eigene Meinung hatte oder ihnen sogar widersprach.

So sangen wir mit dem Kirchenchor im Altarraum unserer Kirche. Der Chor stand teilweise auf den Stufen zum alten Altar, den Gläubigen zugewandt. Pfarrer Franzmann hielt seine Liturgie an dem kleinen Altar, näher an der Kirchengemeinde. Bei den Gesängen des Chores, zum Beispiel beim Kyrie, Gloria oder Agnus Dei, setzte er sich in den Betstuhl an der Seite.

Doch in dieser Messe, ich weiß den Anlass nicht mehr, sangen unsere Frauen den vierstimmigen Satz von Mendelssohn Bartholdy: Hebe deine Augen auf zu den Bergen, von welchem dir Hilfe kommt ...

Diese zu Herzen gehende Musik wurde von unserem Pfarrer total ignoriert. Die Messdiener, einer mit dem Weihrauchfass, der andere mit dem Weihrauchschiff, kamen zu ihm. Der Deckel des Weihrauchfasses wurde unter Rasseln emporgezogen, das Weihrauchschiff laut aufgeklappt, der Weihrauch auf die glimmende Glut gelöffelt. Der Deckel sauste danach unter lautem Rasseln nach unten, das Weihrauchschiff wurde mit einem Knall geschlossen. Ich kochte vor Wut über die Respektlosigkeit vor dieser so einmalig vorgetragenen Musik!

Nach der Messe, mein Zorn war noch nicht verraucht, eilte ich zur Sakristei: „Herr Pfarrer, wie können Sie bei einer solchen göttlichen Musik Ihre Liturgie fortführen, eine bewusste Diffamierung den Frauen gegenüber!" Er antwortete genauso gereizt und laut: „Es gibt keine göttliche Musik und die Messe ist vielen sowieso zu lang!" „Sehen Sie, das sind Empfindungen für geistige Musik, die Ihnen offensichtlich total abgehen. Leider!!!" Der Pfarrer sprach den Vorfall im Vorstand an. Festzuhalten bleibt, über das Verhalten unseres Pfarrers hatte sich nur eine Sängerin gestört gefühlt, eine Frau, die sich auch sonst nicht den Mund verbieten ließ, die von mir sehr geschätzte Marga Steinmetz.

Die Kinder machten gute schulische Fortschritte. Markus war fußballbegeistert. Und von Anfang an ein Schalke-04-Fan, der viel von Opa August angenommen hat. Der war ja auch 1904 geboren. Den Hintern habe ich Markus versohlt, als er beim ersten oder zweiten Kaminanzünden kleine Knallkörper, sogenannte „Nonnenförzchen", in das Feuer warf, die dann Brandflecken auf dem Teppichboden hinterließen. Mit Patricia gab es Aufregung, als beim Einschulungstest festgestellt wurde, dass die Beinlänge unterschiedlich war. Frau Dr. Salzig aus Geisenheim, unsere Kinderärztin, war für eine Behandlung im Streckbett und Gymnastik, um einer Wirbelsäulenverkrümmung vorzubeugen. Wir hatten aber darüber hinaus in Heidelberg in einer Spezialklinik einen Vorstellungstermin. Ich sollte mit dabei sein. Bei dem Gespräch stellte ich dem Arzt die Frage, ob das Problem wachstumsbedingt sei. Ja, das könnte sein, aber auf meine Frage, wie hoch die Selbstheilungsrate ist, wusste er nichts zu sagen. „Die Leute melden sich nicht mehr bei uns, wenn das Problem gelöst scheint." Es gibt so viele unsinnige Statistiken, aber in einem solchen Fall „Schulterzucken". Wir kamen gemeinsam mit dem Arzt überein, eine gezielte Gymnastik zu machen, aber ohne Streckbett, und die Entwicklung beobachten. Die Wachstumsanomalie hatte sich nach zwei Jahren so gut wie ausgeglichen. Wir haben dem Arzt in Heidelberg für seine Statistik eine Rückmeldung gemacht.

Die Aktivitäten in den 1980ern

In unserer Weinbauzeitung hatte ich gelesen, dass Prof. Becker von der Staatlichen Lehr- und Forschungsanstalt in Geisenheim wieder sehr erfolgreich eine Reisegruppe durch die Weinbauregionen Australiens und Neuseelands geführt hat. Während der Weinbautage im Januar 1980 fragte ich ihn, wann er wieder eine Reise in das ferne Australien mache. „Kannste Englisch? Dann brauchst du mich nicht. Ich habe immer australische Studenten, die mit dir eine Weinbaureise dorthin zusammenstellen können", meinte er, „und melde dich, wenn du es planst." Ich redete mit Gretel über die Australienreise, die natürlich begeistert war von der Idee und die wir für 1982 andachten.

Die Mainzer Hofsänger hatten zu dieser Zeit die fünfte Amerikareise in Planung, und die sollte wieder von Ende April bis 11. Mai 1981 sein. Für zwei so große Reisen fehlte mir aber die Zeit, und so habe ich mich frühzeitig von der Amerikareise der Hofsänger abgemeldet.

Frankreichreise 1980 und Erinnerungen an frühere Besuche

Im Oktober 1979 kam eine Einladung zu einer Frankreichfahrt vom 06.03.–10.03.1980. Eingeladen hatte die Firma Hartl in Oestrich, unser Landmaschinenhändler. Gretel freute sich auf die Reise, denn dann konnte sie wieder ihre französischen Sprachkenntnisse einsetzen. In dieser Zeit wurden noch sehr viele deutsch-französische Aktivitäten unterstützt und es fand ein reger Schüleraustausch statt.

So war bei dieser Reise eine Besichtigung der Kriegsgräberstätten in Verdun vorgesehen, um die Erinnerung an den Ersten Weltkrieg um seine unmenschlichen Gräueltaten wachzuhalten und um die Ziele der Versöhnung weiter zu pflegen.

Wir erreichten gegen Abend über die Autobahn Paris, bezogen das Hotel IBIS, um danach eine Rundfahrt „Paris bei Nacht" zu erleben.

Auf der Anreise nach Paris fiel mir auf, dass die Landwirtschaft gegenüber früheren Reisen intensiver betrieben wurde und auch weniger Angler an den Flüssen zu sehen waren. Ich hatte ja schon 1955 das Land näher kennengelernt, Paris mit der Jungen Union 1960 besucht, und zu siebt waren wir 1961 auf einer verlängerten Wochenendreise nach Rennes gefahren, um unseren Jugendfreund und Stammtischbruder Rudolf Collong zu besuchen. Der Rudolf hatte sich in Rennes in eine reife Französin verliebt, und die mussten wir natürlich begutachten. Bei dieser Gelegenheit fuhr dann Rudolf weiter mit uns nach Saint-Malo in die Bretagne. Saint-Malo war für uns alle ein Begriff, denn Herr Mohr vom Schreibwarengeschäft hatte dort den Krieg als Soldat verbracht, und wenn er in den „Grünen Baum" kam, war nach spätestens zehn Minuten von Saint-Malo die Rede. Dorthin hatte uns Rudolf zum Mittagessen eingeladen. Wir genossen den Wein und das gute Essen. Die Terrasse war an diesem schönen Sommertag gut von englischen und französischen Urlaubern besucht. In diese Stimmung hinein begannen wir leise und gepflegt einige Volkslieder zu singen, die von den Gästen mit freundlichem Applaus bedacht wurden, und gegen 16 Uhr brachte uns die Patronin eine Flasche Wein, bedankte sich und bemerkte zu Rudolf: „Die Engländer haben jetzt endlich ihre Flasche Wein leer getrunken." Da war der Gesang doch für etwas gut.

Doch zurück zur aktuellen Reise: Am nächsten Tag ging es zu SIMA, der internationalen Agrarmesse in Paris, und ein Stadtbummel schloss sich an. Der nächste Tag war den eigenen Vorlieben vorbehalten. Abends trafen wir uns zum gemeinsamen französischen Abendessen. Danach waren die Champs-Élysées angesagt und der Besuch der Nachtvorstellung im „Lido" durfte natürlich nicht fehlen. Da kam uns aus der Abendvorstellung unser damaliger Prominenter, Arndt von Bohlen und Halbach, entgegen. Das war er doch, der Krupperbe, geschminkt und gestylt, von seinen Freunden umgeben.

Der letzte Tag war der Besichtigung von Versailles vorbehalten. Bei Louis XIV. fühlte ich mich wohl, welch eine Anlage, welch ein Prunk! Da musste doch die Französische Revolution kommen, mit den hehren Zielen von Liberté, Egalité und Fraternité.

Am Abend waren die Damen geschafft, aber die Kerle wollten sich noch ins Nachtleben stürzen. Zum Place Pigalle, dem weltbekannten Vergnügungsviertel von Paris, war es nicht weit. Ja, da war ich auf einmal umringt von neugierigen Junggesellen, die was erleben wollten. Du kannst doch Französisch, mach doch mal! Also das Pariser Pflaster ist für Liebesabenteurer ein Eldorado! Wir schlenderten auf der Liebesmeile entlang, die einzelnen Kommentare nicht zu übersetzen, aber da liefen wir in die Arme von zwei Pariserinnen, die wollten für unsere Gruppe eine lesbische Show machen, mit allen Verführungskünsten und Liebesstellungen. Alle wollten da gerne zuschauen, auch ein älterer Engländer wollte dabei sein. Vom „Hörensagen" hatte ich damals schon gelernt, dass man in solchen Situationen nicht handelt, aber ich hatte mit den zwei Damen vereinbart, dass einer der jungen Männer die Jün-

gere, Hübschere anschließend in unserem Beisein noch lieben durfte.
Also der Liebeslohn war zusammengelegt und wir begleiteten gespannt die Frauen. Das Spiel der lesbischen Liebe war neu für uns. Pornofilme gab es in unseren Kreisen nicht, und überhaupt!?! Da ging es bei den beiden richtig zur Sache. Als aber unser Engländer nervös sein Brillenetui aus der Jacke kramte, sich die Brille aufsetzte und den Kopf ganz nahe an das Geschehen drückte, mussten die Akteurinnen doch herzlich lachen. Da kam schon aufmunternde Erotik ins Spiel, und man sah uns sicher an, dass da ein Verlangen wach wurde. So war nach diesem ästhetischen lesbischen Spiel einer der Jungen gerne bereit, sich mit den beiden in Amors Liebeswelt gleiten zu lassen.
Warum ich davon schreibe? Noch Jahre danach, wenn ich dem jungen Mann begegnet bin, hat er immer noch einen roten Kopf bekommen. Er hatte sich zwar geoutet, was damals keinerlei Folgen hatte, aber in der heutigen Zeit hätte bestimmt ein Bild oder gar Video die Runde gemacht. Darum, liebe Jugend, immer auch an die Konsequenzen denken, denn solche jugendlichen Eskapaden können irgendwann peinlich werden.
Erwähnenswert scheint mein Eindruck, dass wir damals solide, gut aussehende junge Frauen in dem Pariser Milieu antrafen. Mädchen vom Lande, die ihr Glück in der Großstadt finden wollten und auf der Straße gelandet sind?
Dank der Aufzeichnung meiner Frau Gretel kosteten die vier Tage 290 DM pro Person für Bus, Hotel und Frühstück. Für 800 DM bekamen wir 1800 FF. Gretel bekam Parfum für 96 FF, und insgesamt haben wir für Essen und Trinken und diverse Veranstaltungen rund 700 DM für fünf Tage ausgegeben. Geht noch, für eine Weltstadt wie Paris.

Der Blüthner-Flügel-Kauf 1980

Es war nach der Parisreise, ich besuchte Kunden in Wiesbaden, da führte mich der Zufall am Auktionshaus Jäger vorbei. Magisch zog es mich hinein, und auf die Frage: „Haben Sie zufällig auch einen Flügel im Angebot?", wurde ich fündig. Ein Blüthner-Flügel, ich spielte darauf und war schon verliebt. Der Chef kam dazu. „Was soll das Instrument kosten?" „Den Flügel haben wir vor zwei Tagen bei einem älteren Herrn abgeholt, der in ein Altenheim kam. Er soll versteigert werden." Ich noch mal gespielt. Auf meine Frage: „Lässt sich da nichts machen?", sagte er nur: „So wie Sie spielen, würde sicher auch der Vorbesitzer Ihnen den Flügel gönnen. Meine Leute und ich waren dabei, als der alte Herr sich von seinem Instrument mit seinem Spiel verabschiedet hat.

Wir waren gerührt. Kommen Sie zur Versteigerung. Ich tu, was ich kann."
Natürlich bin ich zusammen mit Prof. Hans Hohner noch mal nach Wiesbaden gefahren, um seine Meinung zu dem Flügel zu erfahren. Er war sehr angetan, er hatte auch einen Blüthner-Flügel zu Hause.
Der Versteigerungstag kam, der Flügel wurde aufgerufen, ein Angebot von 7000 DM kam. Ich bot darauf 7500 DM und hatte ihn! Laut Rechnung vom 21.03.1980 wurde er mit Anlieferung und Gebühr für 7791 DM mein Eigentum.

Besuch von unseren jüdischen Freunden aus New York

Im Sommer 1980 hatten meine Eltern wieder Besuch aus Amerika, das Ehepaar Hanna und Siegfried Hess. Hanna war eine jüdische Alterskameradin meines Vaters, die ab den Fünfzigern wieder ihre alte Heimat, den Rheingau, besucht hat. Ihren Mann Siegfried hatte sie in New York kennengelernt, er hatte einen Job an der Wall Street. Hanna war eine resolute Person, nicht auf den Mund gefallen und hatte das Herz am rechten Fleck.
Besagtes Ehepaar Hess und meine Eltern machten also eine Spazierfahrt durch das Wispertal und kehrten in der „Krone" in Assmannshausen ein. Hanna streifte wohl beim Eintreten eine Dame: „Sorry!" Die Dame entgegnete: „Sorry!" „Oh, you are also American." „No, I'm Australian, we are visiting German winerys." Da holte Hanna ihren Freund August dazu, der die Australier für den nächsten Tag einlud: „Also, Ludwig, da kommen heute Mittag zwei Ehepaare aus Australien, zeig denen mal die Weinberge und den Keller, mach eine Weinprobe, das sind australische Kollegen."
Am Nachmittag kamen die beiden Paare und ich konnte ihnen einige Weinberge, unseren Betrieb und unsere Weine vorstellen. Die Visitenkarte ließen sie zurück, verbunden mit einer herzlichen Einladung. Na, das passte ja gut in unsere Planung, schließlich wollten wir zwei Jahre später nach Australien reisen.
Einige Tage später fuhr ich mit Hanna und Siegfried zum Frankfurter Flughafen. Ich ging mit ihnen zum Schalter, um behilflich sein zu können, denn sie wollten nach Bremen fliegen. Die Bedienstete am Schalter war zu Hanna so schnippisch und kurz angebunden, dass ich kurz davor war, mich einzumischen. Doch ich wartete vergebens auf eine Reaktion von ihr, im Gegenteil, sie wurde gegenüber der jungen Frau scheißfreundlich und fast devot. Ich

habe mich danach bei den beiden für die Art und Weise der Angestellten entschuldigt und zu verstehen gegeben, dass ich gerne Hannas Erwiderung erlebt hätte. Darauf sagte sie nur: „Die hat Glück gehabt, dass du dabei warst, sonst hätte ich die mit Worten zusammengestaucht, dass ihr Hören und Sehen vergangen wäre." Daraufhin konnten wir wieder entspannt lachen, das hätte ich ihr auch zugetraut.

Die Italienreise 1980 mit den Rheingauer Verwaltern

Die Rheingauer Weingutsverwalter sind seit Generationen eine Vereinigung im Rheingau. Sie leiten die Geschicke der großen adeligen Betriebe, wie Landgraf von Hessen in Johannisberg, Graf Schönborn in Hattenheim, Graf Eltz und Landgraf von Simmern in Eltville, Fürst von Metternich'sche Weingüter in Johannisberg sowie Weingut Wegeler in Oestrich, um nur einige zu nennen. Auch die hessischen Staatsweingüter wurden von Verwaltern geprägt. Diese Verwalter sind oft „ehemalige Geisenheimer" oder aus der Praktikerschmiede von Weinsberg. Manch alter Rheingauer Winzer hat, wenn von Verwaltern die Rede war, schmunzelnd zum Besten gegeben: „Wenn eine Taube über das Gut fliegt, muss eine Feder für den Verwalter sein." Sollte man so nicht verallgemeinern. Für meine Begriffe bereichern sie die Weinkultur des Rheingaus, auch sie haben den Wettbewerb zu bestehen und müssen sich bewähren.

Wir hatten einen guten Kontakt mit Norbert Holderieth, Verwalter des Weinguts Wegeler in Oestrich, sowie seinem Kellermeister Wolfgang Beck, beide aus Württemberg. In diesem Zusammenhang muss man einmal klarstellen, dass wir uns nicht als Konkurrenten verstanden, sondern als Mitbewerber. Der aufgeschlossene Winzer weiß: Je besser unser Produkt im Allgemeinen wird, umso mehr Weinfreunde können wir gewinnen. Darum ist der Austausch von Erfahrungen geboten und die Tagungen und gemeinsamen Exkursionen ins Ausland oder Inland darum umso wichtiger.

Im September 1980 bekam ich die Gelegenheit, mit den Verwaltern die Toskana zu bereisen. Höhepunkte waren die Betriebe in Barolo, Barbarescu und Führungen, die man als Alleinreisender nicht bekommt. Es lebe der Unterschied, und es ist jedem selbst überlassen, Dinge zu übernehmen oder daraus zu lernen.

Ich glaube, es war in Siena, ich hatte mich für den Abend in Schale geworfen und war dieses Mal nicht der Letzte, der sich auf der Plaza vor dem Hotel einfand. Wir wollten noch einen Bummel machen, bevor es zum Abendessen ging. Da kam der Eser gerade richtig. „Herr Eser, Sie sind das erste Mal mit uns unterwegs. Es wäre ein guter Einstand, wenn Sie das Abendessen heute organisieren würden." – Na toll!

Da musste ich durch und ging zum Taxistand: „No, non parlo Italiano, ma lei parla Ingelese?" Da war einer, dem ich mein Anliegen vortrug. „Si", und es ging los durch winkelige Gassen auf eine Anhöhe. Die Chefin sprach Englisch. Also 25 deutsche Weinleute wollten typisch Italienisch zu Abend essen. „Si, si, non c'e una problema." Und sie führte mich in eine Pergola mit Blick über die Stadt. Bellissima! Also zurück zum Hotel, Befehl ausgeführt, in einer Stunde Abfahrt. Den Taxifahrer hatte ich gebeten, unserem Bus vorauszufahren, denn der Weg, den er mir gezeigt hatte, war für den Bus zu eng. Ich wollte bezahlen, brauchte ich aber nicht. Das ist gelebte Gastfreundschaft!
Es wurde ein phantastischer Abend mit vielen italienischen Spezialitäten und korrespondierenden Weinen. Die laue Septembernacht tat ihr Übriges. Jeder legte 25 DM auf den Tisch und der Eser hat seinen Einstand erfolgreich gegeben! Den Grappa aus der Chardonnay-Traube, den ich aus Barolo mitgebracht hatte, war mit fast 20 DM zwar teuer, aber im Geschmack einmalig! Wenn sich nach einem gutem Essen und einem Schluck dieses einmaligen Digestivs ein „Bäuerchen" ankündigte, konnte man das Menü noch einmal Revue passieren lassen. Ich ging geizig damit um!!!

Das Jahr 1981 und das Wiedersehen

Wir gehörten seit geraumer Zeit dem „Ordre de Saint Fortunat" – einer übernationalen, gemeinnützigen Körperschaft zu „Mainz e. V." an. Das war initiiert durch unseren Angestellten Herrn Gebert, dessen Vater sich beruflich und privat in dieser Körperschaft engagierte. Wir nahmen bei diversen Weinwettbewerben teil und unterstützten die Aktivitäten dieses Ordens. So kam 1981 eine Einladung zu einer Preisverleihung nach Wien, in der DLG-Sieger aus der Weinbranche, der Gastronomie und des Handwerks geehrt werden sollten. Ich sollte mit meiner Frau Gretel daran teilnehmen. Das Rahmenprogramm war ansprechend. Zum Auftakt gab es einen Opernabend in der Wiener Staatsoper, am zweiten Tag nach der Stadtrundfahrt ein Besuch in Grinzing beim Heurigen. Wir saßen am Tisch gemeinsam mit dem Restaurateur des Reichstagsgebäudes zu Berlin.

Die Verleihung im festlichen Rahmen.

Beim Heurigen das überraschende Wiedersehen.

Da entwickelte sich eine interessante Unterhaltung. Aber beim dritten Glas Heurigen trieb es mich zur Toilette. Zu mir gesellte sich ein Mann von einem der Nachbartische. Wir kamen ins Gespräch und ich fragte ihn, ob er auch morgen bei der Preisverleihung einen Preis bekommt. „Nein, ich nicht, wir sind nur mit unserem Nachbarn aus Rheinhessen mitgefahren, der morgen geehrt wird." Mittlerweile standen wir nebeneinander an den Urinalen, jeder mit dem Auspacken beschäftigt, als ich von meinem Nachbarn hörte: „Ich habe die Liste der Preisträger gelesen, und da ist mir ein Betrieb namens Eser aufgefallen. Vor vielen Jahren habe ich mit einem Eser eine Radtour nach England gemacht." Ich schaute zu ihm rüber, sagte: „Mensch, das war ich!", und mit heraushängendem besten Stück fielen wir uns in die Arme. Es war

tatsächlich der Günter Hasslinger, der Freund meines Cousins Hermann, der bei der Radtour nach London 1953 mit dabei war. Welch ein Zufall!!
Es wurde eine lange Nacht, und mit „Weißt du noch …?" fingen die meisten Sätze an.

Die Australienreise 1982

Mein Bruder Joachim, mit dem ich gemeinsam das Weingut August Eser führte, war von 1970–1987 Weinbauvorsitzender in Oestrich. Er hatte mit seinem Vorstand die Idee eines Weinprobierfasses am Rheinufer umgesetzt. Die Bewirtschaftung wurde im wöchentlichen Wechsel von Weingütern geleistet und das Weinprobierfass hat sich bis heute in vielen Gemeinden des Rheingaus erfolgreich etabliert.

Bei so einem Besuch am Fässchen in Oestrich traf ich Werner Steffen mit seiner australischen Frau Chris, der früher ganz in der Nähe in der Kranenstraße wohnte. Er war nach Australien ausgewandert, lebte bei Sydney und wollte seiner Frau seine alte Heimat zeigen. Schön, da wurde gleich auch eine Einladung für einen Gegenbesuch in Australien ausgesprochen!

Mein Klassenkamerad Karl-Heinz Steinbach, der 1955 ein halbes Jahr bei uns arbeitete, war Kapitän geworden. Er hatte nach der Heirat mit Anne aus Bremen und der Geburt zweier Kinder als Erster Offizier abgeheuert und war erfolgreich für eine Bausparkasse tätig. Aber er wollte auswandern und zu Jahresbeginn 1982 bei Sydney ansässig werden.

Ja und da gab es noch einen Wolf Blass, der seit zwanzig Jahren in Australien als Winemaker erfolgreich wirkte und eine in Weinkreisen internationale Reputation genoss. Man sprach von ihm als the Greatest Wine Blender of Australia. Just ihn hatte ich vor seiner Abreise nach Australien durch meinen Busenfreund Goswin in Oestrich kennengelernt. Er war Küfermeister in einer Weinhandlung in Frankfurt. Wir führten damals intensive fachliche Gespräche und er erzählte von seinen Plänen für Australien.

Also Kontaktadressen, Anlaufstellen für unsere Reise waren da, und so rief ich verabredungsgemäß Professor Becker in Geisenheim an. Der sagte: „Prima, ich habe zurzeit einen sehr engagierten australischen Studenten im Studium, den schicke ich dir vorbei." Richard Rowe kam einige Tage später. Wir legten eine Route fest, starteten von Sydney zuerst ins weiter nördlich gelegene Hunter Valley und dann in die südlich von Sydney gelegene Weinbauregionen nach Melbourne und Adelaide in das Barossa Valley. Ich bat Richard, keine festen Termine zu vereinbaren, uns als Winzerkollegen anzukündigen, die den australischen Weinbau und seine Menschen kennenlernen wollten. Er brachte uns die Kopien von zwanzig Schreiben an Winery's entlang der ausgearbeiteten Route, die auf dem Briefbogen von Herrn Prof. Becker geschrieben waren.

Natürlich haben wir uns über den australischen Weinbau schlaugemacht. Es gibt eine Weinbaufläche von circa 66.000 ha, davon entfallen circa 20.000 ha auf rote und circa 18.000 ha auf weiße Trauben für die Weinbereitung. Die restlichen circa 28.000 ha Weinbaufläche werden teils der Wein-, Trockenfrüchte- und Tafeltraubenproduktion zugeführt. Das Ganze wird von 7413 Weinbauern aus den Regionen Südaustralien, Victoria, New South Wales, Westaustralien, Queensland und Tasmanien bewirtschaftet. Die Jahresproduktion an Wein beträgt 1981 374 Millionen Liter. Davon werden 138 Millionen Liter Weißwein, 30 Millionen Schaumwein und 30 Millionen Liter Rotwein verkauft. Der Weinverbrauch beträgt knapp 18 Liter pro Kopf. Die Exporte australischer Weine erreichen 1981 einen Wert von 11,7 Millionen Dollar, aber für importierte Weine werden 20 Millionen Dollar ausgegeben.

Doch ganz wichtig, das hatte ich schon mitbekommen: Zur Australienreise gehört unbedingt eine aussagefähige Visitenkarte. Die sah dann so aus:

Vorderseite und rechts Rückseite meiner Visitenkarte

Na, dann kann es ja losgehen!!

So starteten Gretel und ich am 10.06.1982. Die Kinder waren in bester Obhut von Oma Meline, und im Betrieb war alles organisiert für die knapp vierwöchige Reise.

Unsere erste Anlaufstelle war Werner Steffen in Greenacre bei Sydney. Unser Flug ging über Abu Dhabi zum Auftanken und weiter nach Perth an der Westküste Australiens. Am Flughafen in Sydney wurden wir nach circa 24 Stunden Flug von Werner abgeholt.

Du hast das Gefühl, du bist in Amerika angekommen, die gleichen Holzhäuser, keine Vorhänge an den Fenstern, der Esstisch ohne Deckchen, nur Tasse, Teller und Besteck. Ob ich mich daran gewöhnen könnte?

Wir erlebten das erste Barbecue mit viel Fleisch auf dem Bratrost und Wein und Bier. „Werner, Gretel, schaut doch mal: Was machen die mit dem Fleisch? Sollen das Ledersohlen für Schuhe werden? Kann man das essen?" Aber Gott sei Dank, grillen kann jeder selbst und nach eigenen Vorstellungen.

Das Englische hat dort einen seltsamen Klang. Ist das der Australian Slang?

Werner war bei der australischen Atombehörde beschäftigt und seine Frau Chris angehende Ärztin in einem nahen Krankenhaus. Werner hatte große Umbaupläne mit seinem Haus. Auf meine Frage nach den hiesigen staatlichen Auflagen, hörte ich nur: „No problem, da kenne ich einige important people, das geht alles klar."

Werner war uns bei der Leihwagensuche für die bevorstehende Rundreise behilflich und bei der Planung für unsere ersten Winery-Besuche im Hunter Valley nördlich von Sydney. Am nächsten Tag fuhr er mit uns zu Karl-Heinz Steinbach, der nicht gar so weit von ihm wohnte. Karl-Heinz mit seiner Anne und den zwei Kindern lebten erst seit einigen Wochen im Lande und sie waren noch in der Eingewöhnungsphase. Beruflich wollte er den Australiern Stores für ihre Fenster schmackhaft machen, die Anne dann nähen sollte. Na, viel Glück!

Wir fuhren mit Karl-Heinz' Auto zu unserem ersten Winery-Besuch ins Hunter Valley. Dank der Aufzeichnungen dieser Studienreise vom 13.06.–10.07.1982 kann ich viele Einzelheiten beschreiben. Aber ich möchte sie nur auszugsweise, stichwortartig, wiedergeben. Der Empfang war überall sehr herzlich. Meine Gesprächspartner fachlich sehr interessiert, und in der ersten Winery wurde mir bewusst, dass mir die Fachbegriffe auf Englisch nicht geläufig waren. Karl-Heinz, der uns begleitete, der beruflich mehr Englisch sprach, konnte mir dort aus der Bredouille helfen. Am Abend galt es im Motel die englischen Fachwörter zu erlernen. Restzucker ist residual sugar, Säure – acid, Weinstein – tartaric, Maische – mash, und vieles mehr. Hat dann doch noch geklappt. Mein erster Eindruck hat sich später bestätigt, die wollten was hören von mir!

Kurz ein Blick auf die Notizen von Gretel auf der großen Tour Melbourne–Adelaide: Einer der ersten Betriebe war Arrowfield Wines in Jerry's Plain N.S.W., 400 ha Betrieb, Rotweinanbau. Hermitage (Shiraz), Cabernet Sauvignon, Weißweinanbau: Semillon Blanc, Rhine Riesling, Traminer, Blanquette, Chardonnay. Zu den Rotweinen kamen Holzspäne – Gesamteindruck etwas unsauber.

Am 17.06. morgens ging es zur „Rosemount Estate" in N.S.W. Betriebsleiter Ph. Shaw verwaltete insgesamt fünf Güter. Vertriebssitze in Sydney, Brisbane und Melbourne. Anbau Traminer, Riesling, Chardonnay, wenig Rotwein. Weine haben hohe Alkoholwerte, Säure ist beim Most 6–7 ‰ und wird auf bis zu 12 ‰ erhöht. Durch das Klima bedingt werden in Australien alkoholreiche Weine ausgebaut und die Säure muss erhöht werden. Während der Ernte im Februar ist es tagsüber so heiß, dass maschinell in der Nacht mit Traubenvollerntern gelesen wird. Die Trauben werden gemahlen und die Maische vor dem Abpressen schon gekühlt, um den Essigbakterien keine Chance zu geben. Man kann sich vorstellen, welche technischen Voraussetzungen und Kühlanlagen nötig sind, um solche Mengen zu kühlen.

So fuhren wir also mit unserem Leihwagen auf der linken Straßenseite von Winery zu Winery. An den Linksverkehr gewöhnt man sich gut, aber einmal habe ich doch tatsächlich auf einer Kreuzung den Überblick verloren und bin einfach in eine freie Straße eingebogen. Darauf Gretel: „Da wollen wir doch gar nicht hin, wir müssen rechts Richtung Melbourne." Ja, da kamen aber Autos und ich wusste nicht mehr, wer Vorfahrt hat. War noch mal gut gegangen. Doch im Nachhinein sei festgehalten, im Kreisverkehr fährt es sich viel leichter. Wenn von rechts frei ist, fährst du in den Kreisverkehr rein, willst du die nächste Ausfahrt raus, bleibst du links, fährst du erst bei der dritten Ausfahrt raus, fährst du auf die zweite Spur die Überholspur. Ist doch nachvollziehbar einfach, oder?

Das Bed-&-Breakfast-Angebot war gut. In den Restaurants muss man seine alkoholischen Getränke mitbringen, wenn sie keine Alkohollizenz haben.

Die Weingüter, die wir besuchten, waren recht unterschiedlich von der Größe, der Ausstattung, von der Betriebsphilosophie. Es gab Weingüter in Verbindung mit Restaurant- oder Barbecue-Plätzen mit angeschlossenen Vinotheken. Im Vergleich zu Deutschland waren die Betriebe im Durchschnitt viel größer, die Technisierung weit fortgeschritten, die Weinberge bestanden aus circa zwei Meter breiter Drahtrahmenerziehung. Ausnahmslos hatten alle Weinberge eine sogenannte „Tröpfchenbewässerung", die man bei uns nur versuchsweise kannte. Die Methode ermöglicht zwar Weinbau in regenarmen Regionen, aber die Rebe, die normalerweise ein Tiefwurzler ist, bleibt mit ihrem Wurzelgeflecht oben, denn da bekommt sie ja ihre Feuchtigkeit. Über die Auswirkungen auf die Bodenstruktur war man unterschiedlicher Meinung. Nebenbei bemerkt halte ich das Fluten der Rebzeilen, wie es in Argentinien Brauch ist, für die bessere Variante. Die haben natürlich ausreichend Wasser aus den Anden.

Erstaunt waren wir auf der ganzen Reise über die Wissbegierde unserer Gastgeber. Sie wollten über unseren Weinanbau sowie den Weinausbau alles wissen, waren bei den Weinproben auf mein Urteil erpicht. Oft waren drei bis vier Personen mit dabei, zuständig für den Weinbau oder die Kellerwirtschaft. Die meisten Betriebe hatten ein eigenes Weinlabor. Dort war Hochbetrieb, denn die frisch vergorenen jungen Weine mussten analysiert werden.

Wenn ich mir auch manchmal wie in einem Verhör vorkam, haben wir aber eine Gastfreundschaft vom Feinsten erlebt und Weiterempfehlungen für andere Betriebe erhalten. Man gewinnt den Eindruck, die Weinbaubetriebe sind gut miteinander vernetzt, man kennt sich nicht nur regional. Viele Fachleute haben internationale Weinbauerfahrung.

Nach Melbourne ging es in Richtung Ararat im Weinbaugebiet Victoria. Hier hatten wir doch die Visitenkarte von dem Weingut McRaes Montara Vineyard: Das sollte eine Überraschung werden und so kamen wir unangemeldet an dem außerhalb gelegenen Weingut an. Es war eingebettet in einer hügeligen Landschaft, großzügig angelegt und oben an der Straße gelegen war gewissermaßen das Pfortenhaus mit Büro und Vinothek. Mit fragendem Blick kam uns Frau Rae entgegen. Ich fragte sie: „You know me?" „You are from Melbourne?" „No, not from Australia." „Than you must be August Eser!" Die Aufregung war perfekt. Sie eilte zum Telefon. In kürzester Zeit kamen ihr Mann, ihre Kinder und innerhalb der nächsten halben Stunde auch das Ehepaar Barbara und Noel Hooper, die in Oestrich beim Besuch mit dabei waren. Die Überraschung war gelungen, es gab viel zu erzählen, wir wurden mit

Speis und Trank verwöhnt. „Was sind eure Pläne, wo wollt ihr noch hin?" Ich bemerkte, wie die Männer sich austauschten, es wurde telefoniert. Also in ein Motel durften wir nicht, wir waren Gäste bei Barbara und Noel.

Für den Abend hatten sie mit uns etwas ganz Spezielles vor. Es war nämlich der Männerabend der Region der Winemaker, wo diese in ihrem Beef & Burgendy Club ihr Treffen hatten. Diese Abendveranstaltung, nach englischer Tradition nur den Männern vorbehalten, bestand aus einem Sechs-Gang-Menü mit je drei korrespondierenden Weinen. Jeder Teilnehmer hatte die Aufgabe, sein Urteil über eine Speise abzugeben: Wie gewürzt, war die Sauce passend? Ein anderer beurteilte den Wein: Wurde er dem Essen gerecht? Wie beurteilst du den Wein für sich allein im Geschmack und Aroma? Welch eine tolle Herausforderung an den Gaumen der Einzelnen, welch eine Geschmacksschulung in der Gemeinschaft! Das kann man nicht besser machen. Und das Ritual bei jedem, der zu reden begann: „Dear Winemaster, dear Foodmaster ..."

Gretel und ich mussten da auch ran, denn die schätzungsweise fünfzig Winemaker wollten auch unsere Meinung hören. Schließlich waren wir Members of the Beef & Burgendy Club geworden, wobei Gretel als Ehrengast die erste weibliche Person war, die an einem solchen Clubabend teilnehmen durfte.

Sie hat ihre Beurteilung des Essens sehr gut gemacht, wie man am Beifall erkennen konnte, und meine Weinbeurteilung ist nicht an fehlenden Fachbegriffen im Englischen gescheitert, denn wir hatten ja zu dem Zeitpunkt schon einige Weinproben hinter uns gebracht. Mutig geworden habe ich darüber hinaus an das weinbauliche Selbstbewusstsein Australiens appelliert, das es nicht nötig hat, ihre Weine unter Johannisberger oder Rhine Riesling und Moselle Wein zu verkaufen. Man hat meine Botschaft wohlwollend verstanden. Mittlerweile sind diese Synonyme weitestgehend weltweit geregelt. So haben die Franzosen ihren Champagner und wir unseren Sekt. Vive la difference!

Erzählen muss ich noch, wie wir am Nachmittag nach der herzlichen Begrüßung zu Noel und Barbara fuhren. Das Leihauto mussten wir stehen lassen, die zwei Koffer wurden umgeladen in einen BMW, und ab ging es zum Haus von Noel. Seine Villa lag auf einem Hügel. Wir fuhren an zwei Tennisplätzen vorbei. „Oh, you are member of this tennis club?" „No, that's mine, Barbara plays tennis." Auf dem Vorplatz der Villa angekommen, waren Handwerker am Errichten eines seitlichen Anbaus. „Oh, what's that building?" „That will be the place for my billiard table." Nice! Angekommen in dem großzügigen Wohnzimmer, fiel mir der Flügel auf der Seite auf. „Oh Noel, you play piano!" „Yes, but I prefer to play saxophone." Sprach es, öffnete einen Fernsehschrank und spielte eine Aufzeichnung ab, wo er bei einem Jazzfestival am Saxophon fetzige Töne spielte. Wow!

Alles ist hier hochnobel, wo sind wir denn angekommen? Gretel war dabei in unserem Zimmer die Koffer auszupacken und Garderobe für den Abend auszuwählen. Ich hatte ja ein Notenbuch mit internationalen Evergreens dabei, also ich an den Flügel und gespielt. Habe dann wie zu Hause bei Weinproben ein Weinlied gesungen und mich dabei begleitet. Er war vom Singen angetan, nahm meinen Platz am Flügel ein und sagte: „Ludwig, please sing, I will play the piano." Er spielte meisterhaft vom Blatt. „Noel, wo hast du das gelernt?" Ja, kurz erzählt! Sein Vater hatte ein Lebensmittelgeschäft, er hatte noch zwei Brüder, und Noel wollte im nahen Melbourne Musik studieren. Das durfte er nach seiner Ausbildung zum Kaufmann. Er absolvierte das Musikstudium für Klavier und Saxophon und erfüllte sich seinen Jugendtraum. Nachdem aber in seiner Familie Pläne für den Bau eines Supermarktes reiften, setzte er diese gemeinsam mit einem Bruder um.

Am Tag nach dem Beef-&-Burgundy-Abend waren wir neugierig auf den Supermarkt auf der grünen Wiese am Rande der Stadt. Das hatte ich noch nicht gesehen und die Anordnung des Gesamtkonzepts war einfach so einmalig, dass es mir bis heute in Erinnerung ist. Von dem großen Kundenparkplatz ging es zum Markt, auf der linken Seite zu den Backwaren, daneben zu den Fleisch- und Wurstwaren, und im größeren Teil war die Lebensmittelabteilung. In der Mitte des Marktes, gewissermaßen auf Stelzen über dem großen Verkaufsareal, waren die Büroräume ganz aus Glas gebaut. Da war keine extra Videoüberwachung nötig. Auf der Rückseite des leicht oval angelegten Gebäudekomplexes war die jeweilige Anlieferung der Produkte und der Waren für die Großbäckerei, die Metzgerei mit Fleisch und Wurstwarenproduktion und der Lebensmittelmarkt. Kurze Wege, ich war begeistert!

Darüber hinaus ließen es sich Mr. MacRae und Noel nicht nehmen, uns zu der Winery „Best Wines" in Great Western zu begleiten. Geführt hat uns ein Trevor Mast, der in Geisenheim studiert hatte und außerdem Berater für drei weitere Kellereien war. Anschließend ging es zu „Seppelt's Winery", und wie in unseren Aufzeichnungen zu lesen ist, haben uns drei Fachkräfte des Hauses eine große Sekt- und Weinprobe gegeben. Es liest sich so: „Sekt 81er, 77er, 69er, der 77er war am besten, 81er kein Körper. Weine: Gewürztraminer, 80er schönes Bouquet, wenig ausgeprägt im Geschmack, 80er Rhein-Riesling fruchtig, schöner Muskat-Wein, eine Traminer Art. Rotweine: Voll und schwer, sauber, französischer Charakter, anstrengende Probe bis 18.15 Uhr. Big Boss des Hauses kam noch, um uns zu begrüßen." Es war stockdunkel und wir hatten Mühe, unser Auto zu finden. Ob da auch der Alkohol mit schuld war?

Im Nachhinein war ich Jahre später nicht verwundert, dass aus Australien die „Flying Winemakers" kamen, um in Europa und Amerika Weingüter zu beraten!

Nach einer herzlichen Verabschiedung ging es weiter Richtung Adelaide und ins Barossa Valley, um zu Wolf Plass zu gelangen.

Adelaide, eine wunderschön angelegte Gartenstadt, erreichten wir in der Mittagszeit, und ein Selbstbedienungslokal hatte es uns angetan. Diese Art der Gastronomie kannten wir aus Old Germany noch nicht. Es war die Präsentation der Speisen, wie wir es heute so kennen, aber der ganze Raum hatte eine gehobene Atmosphäre. Nicht nur wegen des gut gestimmten Flügels auf der Seite. Nein, der Raum war gestaltet mit amerikanischen Werbepostern der letzten Jahrzehnte. Da war der amtierende Präsident Ronald Reagan zu sehen, als er in jungen Jahren für die Zigarettenmarke Chesterfield Reklame machte. Ich wollte natürlich das Piano testen, und da kam ein Herr zu mir, der mich in Deutsch ansprach. „Spielen Sie weiter, junger Mann. Was darf ich Ihnen für die Stunde zahlen?"

Wir kamen ins Gespräch und er erzählte mir, dass er lange an diesem Konzept eines neuen Restaurantstiles gearbeitet habe und es gut angenommen würde.

Soeben ist mir seine Visitenkarte in die Hände gekommen, darauf: „HORST's Licensed Bistro for fresh natural cuisine, open from 7.30 a.m. Monday until Midnight Saturday. Er hat damals schon erkannt: „Man kann nur Geschäfte machen, wenn man geöffnet hat!" Doch durchgehend offen geht halt nur, wenn es keine Polizeistunde gibt. Wir erzählten ihm, dass wir zu Wolf Blass wollten, den sollten wir von ihm grüßen. Als er mir dann seine Visitenkarte mit der privaten Telefonnummer mit Namen Horst Salomon gab, war mir die angeborene Geschäftstüchtigkeit und Eloquenz schon klar. Zum Abschied seine Bitte: „Wenn ihr irgendwie Probleme bekommt, meldet euch bei mir, I do my best." Toller Mann!!

Wenn man im Barossa Valley ist, gehört ein Friedhofbesuch zum Programm. Im alten Teil auf den Grabsteinen sind teils Familiengeschichten zu lesen, mit Namen von deutschen Auswanderern. Ich werde immer wieder in solchen Situationen nachdenklich und besinnlich über deren Pionierleistungen und deren Biografien.

Dann kam am 28.06. um zehn Uhr unser Termin mit Wolf Blass, „the graetest Blender of Australian Wines". Er war gerade damit beschäftigt, seine Flaschenausstattung zu überarbeiten und Gretel konnte ihm einen Tipp geben. Er war ganz happy.

Er hatte kein eigenes Weingut, aber eine Kellerei, die ihre Weine in Adelaide abfüllen ließ, ebenso in der im Tal ansässigen Genossenschaft, der Kaiserstuhl Cooperative. Er war bei Prämierungen sehr erfolgreich. Ich musste einen BLEND beurteilen, der Nachfolger eines mit Gold prämierten Weines werden sollte. Augenzwinkernd gab er mir zu verstehen: Unter der Flagge müssen noch einige tausend Liter mitlaufen. Dass Goswin nicht mehr am Leben war, wusste er bereits. Bei Wolf Blass hatte der Erfolg Ansprüche geweckt. Er hatte sich ein Rennpferd zugelegt, die neue, dazupassende Frau gab es auch schon.

Jetzt bin ich neugierig, was aus ihm geworden ist: Laut Google ist Wolf Blass ein deutscher Önologe, der in den Sechzigerjahren nach Australien auswanderte und dort ein großer, eher höherpreisiger Weinhersteller geworden ist – er gehört mittlerweile zu einem australischen Getränkekonzern!

Gretel hat im Reisebericht notiert: „Nachmittags gemeinsamer Besuch mit Wolf Blass in der Yalumba Winery, der Familie Smith. Die fünf Söhne hatten außerdem einen berühmten Reitstall für australische Rennpferde." Das Weingut verfügte über ein großes Labor und eine EDV-Anlage von IBM. Der Senior sprach über die EDV von: „Many toys for my boys!"

Am nächsten Tag war um zehn Uhr Besichtigung von Orlando Wines, ein Betrieb mit 485 ha Rebfläche, der 180 Mitarbeiter beschäftigt, davon zehn im Labor. Wir sahen riesige Hallen und automatische Abfüllanlagen eines japanischen Herstellers für Softbags bzw. Bag in Box-Behältnisse, die täglich erstaunliche 80.000 Liter Wein abfüllten. Nachmittags war Penfold Wines angesagt, die sechs Monate vorher die Kaiserstuhl Cooperative übernommen hatten. Wieder sahen wir riesige Abfüllanlagen mit viel Technik.

Nach drei Wochen intensiver Besichtigungen und Weinproben hatten wir etwas Erholung verdient. So flogen wir auf Empfehlung von Adelaide nach Brisbane. Etwas Verschnaufen am Great Barrier Reef war angesagt. Riesige Bananenplantagen waren zu besichtigen und südlich von Brisbane waren die Trucks im Straßenverkehr lebensgefährlich! Warum? Die Hafenarbeiter in Sydney waren am Streiken und die australische Verwaltung ließ die Schiffe in Brisbane entladen. So rollte die Ware circa 1000 Kilometer in riesigen Trucks nach Sydney. Die Aufprallschutzvorrichtung an den Trucks war sehenswert, wurde aber vielen Kängurus zum Verhängnis.

Wir fuhren über die Ostküste zurück nach Sydney, erlebten das moderne und traditionelle Australien, und nach der Besichtigung von Sydneys Opera House und der Harbour Bridge ging es wieder mit einem circa 24-Stunden-Flug nach Hause.

Unser Resümee: „Eine hochinteressante Studienreise, eine wegen des Klimas hochentwickelte Technik, Traubenlese mit Vollernter nachts, da dann keine 40° C mehr. Der Most wird sofort gekühlt, um keine mikrobiologischen Probleme zu bekommen. Da der ph-Wert der Weine sehr niedrig ist, wird generell Säure zugesetzt. Alle Betriebe haben Weinverkauf an Passanten, oft in Verbindung mit Restaurantbetrieb. Da das Klima auch im Winter zum Grillen geeignet ist, gibt es überall Barbecue-Plätze, mit Gasflaschenbenutzung, Grillfleisch zu Bestpreisen, da es riesige Viehherden gibt, denen das „Heu" auf dem Halm wächst.

Im Dienstleistungsbereich sind Lücken, da den Australiern die Wochenenden heilig sind. Die Entwicklung des Landes stagniert, da die Forderungen der sehr starken Gewerkschaften die Wirtschaft des Landes lähmen. An deutschen Maschinen haben wir nur einmal Produkte der Firma Seitz/Bad Kreuznach in Schloss Tablick gesehen, sonst nur italienische Maschinen, die preiswerter sind. Die Weinwerbung scheint sehr erfolgreich und bemüht sich um Marktanteile bei den nur 16 Millionen Einwohnern. Ein hochinteressantes Land mit Zukunft auf dem Rohstoffmarkt, keine direkte Konkurrenz für deutschen Weißwein, da zu schwer und alkoholreich. Die natürliche Säure fehlt, darf aber zugesetzt werden. Der Rotwein kann mit den Spitzen Frankreichs, Spaniens, Italiens und Kaliforniens bestehen.

Übrigens: Ein so detaillierter Reisebericht ist nötig, um eine Studienfahrt mit der eigenen Frau steuerlich geltend zu machen. Auch Selbstständige dürfen sich weiterbilden, zum Wohle einer funktionierenden Volkswirtschaft.

Gedanken über eine Teilung des Betriebes

Es ist sicherlich dem langen Rückflug von Australien geschuldet, dass ich mir Gedanken über eine Teilung unseres erfolgreichen Betriebes machte. Ein wichtiger Grund war, dass mein Kapitalkonto nur noch zehn Prozent von dem meines Bruders war. Bei einer Verzinsung der Kapitalkonten von fünf Prozent laufen letztendlich die Konten derart auseinander, dass sich zwangsweise in einigen Jahren neue Besitzverhältnisse ergeben. Angenommen, ein Kapitalkonto von 500.000 DM erzielt bei einer Verzinsung von fünf Prozent nach nur zehn Jahren einen Betrag von 250.000 DM. In der Summe werden daraus 750.000 DM. Im Gegensatz dazu werden aus 50.000 DM nur 75.000 DM. Die Kapitalkontendifferenz beträgt 680.000 DM. Darum war für mich Handlungsbedarf angesagt. Um Personengesellschaften auf dieses Problem aufmerksam zu machen, schreibe ich so offen darüber.

Auch unser kaufmännischer Angestellter hatte sein Ausscheiden für 1983 angekündigt, da er sich mit einer Elektronikfirma selbstständig machen wollte. Was spricht gegen einen kleinen, gut durchorganisierten Betrieb, der mit wenig Arbeitskräften auskommt?

Meine Vorstellung der Aufteilung unseres Betriebes brachte ich während des Fluges zu Papier. Mein neuer Betrieb sollte auf dem Weinberggelände neben meinem Privathaus entstehen. Die Wirtkunden im Umkreis von sechzig Kilometern wollte ich übernehmen sowie die Privatkunden aus diesem Bereich. Bei den Weinbergen wollte ich mich auf die Lagen von Oestrich, Mittelheim, Winkel und Hallgarten beschränken, also mit Weinbergen im Umkreis, die mit dem Traktor gut erreichbar sind. Ich würde unseren LKW übernehmen, die Fässer und Tanks sollten aufgeteilt werden. Einen Traktor, eine Weinpresse und einen Maischewagen müsste ich neu kaufen. Die Abfüllung der Flaschenweine sollte im Lohnverfahren erfolgen. Die Füllung der Literweine würde mit einer mobilen Abfüllanlage mit integrierter Flaschenreinigung erfolgen. Ich hatte dieses Schreiben teilweise noch detaillierter ausgeführt und es meinem Bruder zur Stellungnahme vorgelegt. Nach einigen Tagen unterhielten wir uns, er und Renée hatten keine Bedenken, und so habe ich mir Gedanken gemacht, wie der Betrieb aussehen könnte. Für unseren Architekten Herrn Merbach machte ich wieder einmal eine Strichzeichnung, wie der Innenbereich aussehen könnte.

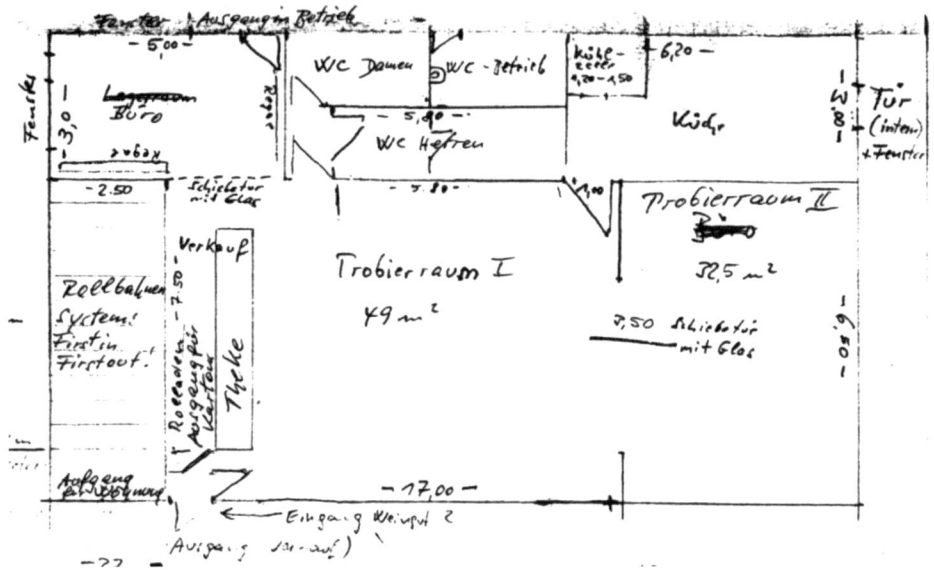

Also der Eingang zum Weingut ist auf der Westseite parallel zur Straße. Links die Treppe hoch geht es in die Betriebswohnung im ersten Stock. Die rechte Tür führt in die Probierräume I und II mit Plätzen für circa siebzig Personen. Links im Probierraum I ist eine Theke und dahinter Zugang zu den Rollbahnen, auf denen die Kartons für den Verkauf liegen. Diese können dann mit einer Sackkarre ebenerdig nach draußen gefahren werden. Der sich anschließende Raum ist mein Büro und die Verbindung in den Betrieb mit Flaschenlager und Tankkeller. Vom Probierraum geht es zu WC Damen und WC Herren, dahinter WC Betrieb. Der Raum neben Probierraum II (Küche) hat eine Tür auf der Südseite, für eine nahe Verbindung zu unserem Privathaus. Der Raum sollte eine begehbare Kühlzelle bekommen und alle nötigen Installationen für eine Küche.

Meine Vorstellung war, einen Weingutsbetrieb auf einer Ebene zu verwirklichen. Keine teuren Keller bauen, der Haupteingang für den technischen Betrieb sollte wegen der Sonneneinstrahlung auf der Nordseite sein, und der ganze Gebäudekomplex einschließlich Dach sollte mit 15 Zentimeter starken Dämmplatten isoliert werden. Günstig war, dass das Gelände nach der Nordostseite um circa 2,5 Meter anstieg. Das bedeutete, dass der Tankkeller dort bis zu 2,5 Meter Höhe im Erdreich lag. Darüber hinaus war es möglich, auf der Nordostseite eine Doppelgarage mit circa 40 Quadratmetern zu bauen, gewissermaßen im ersten Stock. Darin sollten die landwirtschaftlichen Geräte und der Traktor untergebracht werden. Die Zufahrt war über den angrenzenden Feldweg gegeben, sodass es bei schlechtem Wetter keine Erdverschmutzungen auf dem Betriebsgelände gab. Nachdem ich den Architekten noch die Maße der Tanks und die Maße der Flaschenboxen geben konnte, machten wir gemeinsam einen Plan für die Tankbelegung und auch für die Stapelung der abgefüllten Weine. So ermittelten wir eine Größe von insgesamt 600 Quadratmetern umgebauten Raum. Darüber hinaus legte ich Wert darauf, dass rundherum genügend Dachüberstand geplant wurde, wie in Bayern üblich. Auf der Nordseite entstand so ein überdachter Platz für den LKW. Es waren genügend Parkplätze planbar und auf der Ostseite entstand eine große gepflasterte Stellfläche für das Leergut. Jetzt konnte es losgehen!

Die Bauvoranfrage an die Gemeinde ging am 22.12.1982 raus. Den Bauantrag hatte Herr Merbach am 30.03.1983 fertiggestellt und bei den Behörden eingereicht. Meine Mutter hatten wir eingeweiht, Vater August sollte später seinen Segen dazugeben. Als der Weinberg zum Bau des Betriebes ausgehauen werden sollte, sagte meine Mutter: „Jetzt wird es aber Zeit, dass ihr es dem Vater sagt, denn er geht dort jeden Tag bei seiner Spazierrunde vorbei."

Ich habe ihm unsere Pläne erläutert. Nach circa zwei Minuten Schweigen hörte ich von ihm: „Das ist jetzt nicht die schlechteste Entscheidung, denn Betriebe, die zu groß werden, mit Erben, die sich nicht mehr mit dem Betrieb identifizieren, sind oft zum Scheitern verurteilt. Der reine, gut geführte Familienbetrieb ist die bessere Alternative. Bleibt beim Teilungsprozess fair und macht jeder für sich so weiter, wie ihr es seither gemacht habt. Merk dir eines: Gehe nie mit persönlichem Erfolg prahlerisch um, du ersparst dir die Neider auch unter den Geschwistern." Das hat sich doch gut angehört!

Doch 1983, nach dem Sommerurlaub meines Bruders in Italien, war bei ihm ein Muttermal auf der Brust aufgebrochen. In Mainz, nachdem ihm die Ärztin heftige Vorwürfe wegen des Nichtbeachtens der Symptome gemacht hatte, wurde das Melanom entfernt. Ich bot meinem Bruder an, die geplante Betriebsaufteilung abzublasen. Aber er war, unterstützt von unserem Vater, optimistisch, dass es gut geht. Vater Augusts Kommentar: „Wir haben gesunde, belastbare Gene, der Joachim schafft das." Ist bis heute gutgegangen.

Die Baugenehmigung wurde ungefähr im August erteilt und wir konnten loslegen. Ich wollte viel in Eigenleistung machen. Engagiert war ein Italiener mit Ein-Mann-Betrieb. Aber in dem Stadium – siehe Bild – riet mir der Architekt

Merbach, unbedingt ein vernünftiges Bauunternehmen zu verpflichten, denn das Objekt sei selbst ohne Keller anspruchsvoll zu bauen und nur von Fachleuten zu leisten. Wo er recht hat, hat er recht! Es ging also mit der Firma Schlotter/Rüdesheim weiter.

Der Grundriss ist gut erkennbar.

Markus kontrolliert die Estrichverlegung.

Das Richtfest ist angesagt!

Patricia beobachtet die Dachisolierung.

Es muss im Frühjahr 1984 gewesen sein, die Außenmauern waren so hoch, dass sie eingerüstet waren. Der Architekt war bei seinem Kontroll- und Planungsbesuch vor Ort, Bauleiter und Polier waren dabei, als mein Vater singend dazukam: „Wer soll das bezahlen?" Und noch hinzufügte: „Männer, macht gute Arbeit, und das Ganze nicht zu teuer!"
So erlebt, wir standen zusammen, um Baumaßnahmen zu erörtern, als ein Bauarbeiter vom Gerüst circa vier bis fünf Meter in die Tiefe fiel. Aufregung, doch er war auf Sand gefallen. Vorsorglich ins Krankenhaus, aber alles war gut. Ich bin nicht abergläubisch, aber es wäre kein gutes Omen gewesen.
Der Bau machte Fortschritte und gegen Herbst 1984 kam das Dach drauf und Richtfest konnte gefeiert werden!

Wichtig für den Bau war der strapazierbare Hallenboden. Es sollte ein Zementboden sein mit besonderer Zusammensetzung, einer perfekten Verdichtung, um auch bei Belastungen keinen Abrieb zu bekommen. Glatt sollte er sein, aber bei Nässe auch nicht rutschig. Priorität hatte jetzt die Wärmedämmung, denn sie war entscheidend für die Raumtemperatur. Ich wollte ohne Kühlung auskommen. Vorgesehen war eine Belüftungsanlage für die Lagerhalle und den Tankraum. Die Ventilatoren schalteten sich nachts ein, wenn die Außentemperatur kälter war. Selbst bei Hitzeperioden hatten wir so maximal 18° C in den Hallen. Einen Heizlüfter hatten wir für den Winter geplant, aber da wir bei Kälteperioden noch 11° C hatten, wurde dieser nicht gebraucht. Ein Heizungsraum war großzügig konzipiert, mit Feststoff-Heizkessel und 1000-Liter-Pufferspeicher. Der gesamte Wärmebedarf des Neubaus sollte von der Ölheizung in meinem Privathaus geleistet werden. Es war in den Büro- und Probierräumen sowie in der Betriebsleiterwohnung eine Fußbodenheizung vorgesehen. Durch die dadurch niedrigen Vorlauftemperaturen konnten wir die vorhandene Heizung in meinem Privathaus nutzen. Die Feststofffeuerung war für extreme Kälte gedacht.

Urlaub im Allgäu und das Aus bei den Hofsängern 1983

Bevor es mit der Betriebseröffnung losging, gab es eine sängerische Herausforderung für mich. Der frühere musikalische Leiter der Hofsänger, Musikdozent Hans Hohner, suchte für seine Uraufführung der Romanze „Das Lied vom Rosenstock" einen Sänger, der die Rezitative zur jeweiligen Einleitung der vier Jahreszeiten seines Stückes singt.

Lieber Hans, was traust du mir da zu? Ich habe zwar als Messdiener einige Jahre in der Liturgie des Karfreitags mitgewirkt, wo im Wechsel von verschiedenen Figuren ein berichtendes Rezitativ der Passionsgeschichte vorgetragen wurde, aber diese Herausforderung? Doch Hans blieb dabei: Du kannst das! Trau dich was, was soll's!!!

Die Aufführung fand innerhalb eines Frühlingskonzerts des gemischten Chors der Sängervereinigung 1854 Winkel und dem Männerchor Oestrich gemischter Chor e. V. am 24. April 1983 im Bürgerhaus Oestrich statt und wurde im romantischen, geschichtsträchtigen Innenhof der Eltviller Burg wiederholt. Mitwirkende waren Hedy Scherf, Sopran, Staatstheater Wiesbaden; Lothar Korn, Tenor; Armin Eigler, Bariton; Ludwig Eser, Bariton und Rezitativ. Am Flügel Dr. Albert Steuer; am elektrischen Pianostar Hans Hohner.

Aufgeführt wurden Lieder und Chöre von Ph. E. Bach, Beethoven, Schubert, Schumann, Mendelssohn. Dann folgte die Uraufführung von „Das Lied vom Rosenstock", eine Romanze für Sopran, Tenor, Bariton, gemischter Chor, Frauenstimmen, zwei Klaviere (Text: Melisander, Musik: Hans Hohner). Es war ein toller Erfolg.

Erinnern kann ich mich noch sehr gut, dass Ulrike Neradt bei unserer Probe in Eltville die Aufführung interessiert verfolgte. Durch ihre Mutter, die einen gepflegten Sopran sang, hatte sie Kontakt mit Hans Hohner, der ihr Talent erkannte und ihr viel Rüstzeug für ihren späteren Erfolg mitgab. Für mich ist Ulrike eine herausragende Künstlerin in der Chansonszene, bei der Mundartpflege und eine blendende Moderatorin, eine Diseuse für alle Anlässe!

Wir genossen in der Familie unseren Urlaub 1983 in Sonthofen im Allgäu Stern vom 20.07.–03.08.1983. Die Kinder waren gut betreut und hatten ihr eigenes Programm. Wir konnten in Ruhe wandern.

Aber ohne Aufregung geht es selten im Leben. Markus bekam einen Wespenstich am Kopf, die Augen quollen zu, ärztliche Behandlung war angesagt. Aber seit der Zeit wissen wir, er hat eine Wespenallergie. Der Allgäu Stern ist wie der Sauerland Stern ein Wochenendziel für Kegelclubs und Vereine aller Art, muss man erlebt haben. „KLEIN-BABEL." Für vier Personen in vierzehn Tagen bezahlten wir 3500 DM – laut Aufzeichnungen von Gretel.

Also in diesem Urlaub 1983 reifte gemeinsam mit meiner Frau Gretel der Entschluss, meine aktive Zeit mit den Mainzer Hofsängern ab sofort zu beenden. Unser neues Vorhaben, der Betriebsbau, forderte mich ganz, und die Anforderungen der Hofsänger waren darum schwer unter einen Hut zu bringen. Das Aufhören fiel mir nicht leicht, auch die Freunde bedauerten es sehr. Aber privaten Kontakt hatten wir ja weiter.

Urlaub 1984 an der Nordsee unter gesundheitlichem Aspekt

So war auch unser Urlaub vom 21.07.–04.08.1984 recht entspannt. Wir hatten eine Ferienwohnung im Nordseebad Horumersiel, das Wetter war durchwachsen. Gretel hat in ihren Aufzeichnungen immer Buch geführt, und vielleicht ist es für den einen oder anderen interessant, die Kosten für einen solchen Urlaub zu erfahren, für den wir 2184 DM bezahlt haben.

Die Nordsee hatten wir bewusst auch für mich gewählt, um etwas für meine Bronchien zu tun. Jede Erkältung hat sich bei mir in den Bronchien festgesetzt, was auch nicht durch regelmäßiges Saunieren besser wurde. Als ich dann ab und an wieder draußen bei den Weinbergsarbeiten mitgeholfen habe, hat mich der Heuschnupfen unangenehm befallen. Eine Untersuchung ergab eine allergische Reaktion auf Gräser und Roggenpollen. Mein Hausarzt hatte mir 1984 schon dreimal wegen infektiöser Erkältung Antibiotika verschrieben und mir dazu geraten, einmal eine Kur zur Stärkung des Immunsystems zu beantragen. Gesagt – getan! Dazu später mehr.

Das Gesicht des neuen Weinguts

Im Winterhalbjahr 1984/85 haben wir uns Gedanken gemacht, wie wir aus einem modernen Baukörper eine weinspezifische Atmosphäre schaffen. Holz als uriger Baustoff war schon im Dachgesims und Balkongeländer verarbeitet und war für die Innengestaltung tonangebend. Der vordere Probierraum hatte Sitzgruppen, überdacht mit Fassdauben, die auch dem Thekenbereich eine besondere Note gaben. Der hintere Probierraum hatte sein Gesicht durch einen geschnitzten Eichenschrank und dazu passenden Stühlen mit geflochtener Sitzfläche. Alte Weinbautradition gepaart mit modernem Ambiente.

Die Fahne hängt, der Vorgarten ist bepflanzt, Balkongeländer mit Fassdauben gestaltet.

Gekonnte Symbiose von Tradition und Moderne.

Die mit Fassdauben abgedeckten Sitznischen des Probierraums.

Mit der Familie am Thekenbereich, die Rollbahn im Hintergrund.

Natürlich wurde auch am neuen Erscheinungsbild des Etiketts gearbeitet. Mit Anregungen unseres Freundes, Prof. Hans Ludwig, haben wir eine Symbiose von Wein und Musik auf dem Etikett und den übrigen Werbemitteln hergestellt. Um sich von den damals noch elf Weingütern Eser zu unterscheiden, wurde der Name mit dem Zusatz „Der singende Winzermeister" versehen.

Das Wirtschaftsjahr für die Landwirtschaft ist in Deutschland vom 01.07.–30.06. festgelegt. Darum wollten wir den Neustart nach Ablauf des Wirtschaftsjahres 1984/85 planen.

Dank unserer funktionierenden EDV konnten wir die Umsätze der einzelnen Regionen nach Postleitzahlen ermitteln. Die Umsatzzahlen der Wirte und Privatpersonen im Umkreis von 60 Kilometer machten circa 50 Prozent des Umsatzes aus. Da mein Bruder keine Direktbelieferung machen wollte, sondern nur Speditionsversand, bekam ich einige Famila-Märkte im norddeutschen Raum dazu. Die Weinbestände waren durch die Verkaufspreise ja bewertet und wurden nach dem Bedarf für die jeweiligen Kunden der Weingüter aufgeteilt. Weine aus den Weinbergen, die mein Bruder laut Aufteilung hatte, übernahm er auch. So war für jeden Betrieb die kontinuierliche Belieferung der Kundschaft gegeben.

Die Teilungsmodalitäten kann man so nachvollziehen:

Es gab zwei Auflistungen, je eine für Joachim und Ludwig Eser. Die Weine wurden bewertet und geteilt, der DM-Wert für jeden stand somit fest. Genauso ging es mit dem Inventar und den Maschinen. Jetzt war für jeden von uns die Wertschöpfung dieser Maßnahme festgehalten. Der nächste Schritt war die Bewertung der vorhandenen Immobilien. Die Kaufpreise waren bekannt, die Kosten für Baumaßnahmen auch, der Preis für den neuen Betrieb war aktuell. Für solche Bewertungen kann man das Ortsgericht zur Hilfe holen, aber wenn kein Erbsenzähler unter den Teilungswilligen ist, geht es auch innerhalb von zwei Tagen wie bei uns.

Jeder Beteiligte bei einem solchen Teilungsprozess muss sich darüber im Klaren sein: Man kann niemals die exakten materiellen Werte ermitteln, es müssen für jeden Einzelnen die ideellen und pragmatischen Gesichtspunkte gewahrt sein. Beim Adel zum Beispiel erbt nicht ohne Grund immer der Erstgeborene!!!

Das neue Weingut und seine Vermarktung

Das Einrichten des neuen Betriebes wurde nach und nach gemeinsam mit allen Mitarbeitern geleistet. Die Weine des 84er-Jahrgangs wurden noch im alten Betrieb gefüllt. Wir beschlossen, die Weinlese und Kelterung des 1985er-Jahrgangs gemeinsam im alten Betrieb zu machen, den Most aber schon im neuen Betrieb zu vergären. Das ersparte die Investition für Kelter und Maischewagen im ersten Jahr des Auseinandergehens. Darüber hinaus war ich mit meinem Bruder einig, dass wir eine saubere finanzielle Trennung anstreben. Keiner sollte für den anderen in Regress genommen werden können.

Unser Ansprechpartner bei der Naspa/Eltville war ein Herr Rauscher. Auf mein Privathaus und meine Weinberge wurde eine Grundschuld zur Sicherung der Bankhypothek eingetragen. Natürlich hatte ich von Vater August gelernt, auch bei Bankgeschäften die finanziellen Spielräume auszuloten und auszukämpfen. Etwas Erfahrung in orientalischen Bazar-Methoden ist nicht von Nachteil und auch noch heute dringend geboten. Bei Bankgeschäften ist von beiden Seiten Seriosität gefordert, sind Termine und Zahlungsverpflichtungen einzuhalten. Bei Zahlungsproblemen, die passieren können, muss man das Gespräch mit der Bank rechtzeitig suchen und nicht den Kopf in den Sand stecken.

Zu der Zeit hatte ich schon eine fünfjährige Erfahrung als Schöffe beim hessischen Finanzgericht in Kassel. So circa zweimal pro Jahr musste ich dann zu Verhandlungsterminen nach Kassel. Es waren anstrengende Tage, von acht bis teils zwanzig Uhr war man als Laienrichter gefordert. Man erlebt anschaulich, was so alles „ums liebe Geld" passiert. Abschließend sei gesagt, dass viele Verhandlungen an Fristversäumnissen von Steuerberatern oder Anwälten scheiterten. Das müsste nicht sein.

In dem Zusammenhang möchte ich festhalten, dass jeder Bankkunde einer Bewertung seiner Bank unterliegt, die bei mir mit Triple AAA festgehalten ist. Da hat mich doch eine Schufa-Bewertung interessiert, die ich am 01.07.2015 erhalten habe mit der Basisscore von 99,71 %. Ein sehr zufriedenstellender Orientierungswert! – Chapeau, so soll es bleiben!

Alles, was sich bei der Gestaltung des neuen Weinbaubetriebes bis zur Mitte des Jahres 1985 so getan hatte, musste den Kunden erläutert werden. So ging der Hausprospekt in Druck. Wird er auch bei den Kunden gut ankommen? Auf jeden Fall will ich ihn in meinen „Erinnerungen" lebendig werden lassen.

Schon seit Jahrhunderten ist der Rheingau eine Landschaft voller Faszination. Neben dem milden Klima seiner sonnigen Südlagen findet hier der Riesling die besten Wachstumsbedingungen. In dieser Tradition sieht sich unsere Familie seit 1759 der fachmännischen Pflege und dem optimalen Ausbau des Rheingauer Riesling verpflichtet. Das Vertrauen der Freunde unserer Weine wird durch zahlreiche Auszeichnungen und Ehrenpreise bestätigt. Im Herzen des Rheingaus, dem malerischen Oestrich, finden Sie am Rande der Weinberge unseren neu erbauten Gutshof. Unser Weinbergsbesitz befindet sich in den besten Lagen von Oestrich, Winkel, Mittelheim und Hallgarten.

Wir halten für Sie – von verschiedenen Jahrgängen – eine große Auswahl an trockenen, halbtrockenen und harmonisch vollen Rieslingweinen in allen Qualitätsstufen bereit – vom Schoppenwein bis zur Trockenbeerenauslese sowie Lagensekte.

Rustikal gestaltete Probierräume bilden den geeigneten Rahmen für unsere individuellen Weinverkaufsproben, auch für Gruppen bis circa 70 Personen. Meisterlicher Sachverstand und musikalische Untermalung vermitteln Ihnen Wissenswertes über den Wein in unterhaltsamer und entspannter Atmosphäre. Gönnen Sie sich dieses unvergessliche Erlebnis inmitten der Rheingauer Weinlandschaft. Wir freuen uns auf Ihren Besuch und beraten Sie gern bei der Auswahl Ihrer Weine.

Ihr Winzermeister Ludwig Eser und Familie

Die Wirtschaftsgebäude von der Nordseite und westlicher Eingangsbereich.

Bevor wir mit dem Schreiben vom 12. August 1985 unsere Kunden von der Veränderung beziehungsweise der Aufteilung des Betriebes unterrichteten, war 1985 über Deutschland der Glykolskandal ausgebrochen. Ausgehend von Österreich wurde aber auch in Deutschland infolge von unerlaubtem Verschnitt bei der größten deutschen Weinfirma Pieroth vereinzelt Sorten mit Glykol infiziert. Alles, was die Firma Pieroth an positiver Imagepflege für deutschen Wein geleistet hatte, war dahin! In meinem Schreiben an meine Kunden ging ich auf das Thema ein: Mein Motto: „Fein, fein schmeckt uns der Wein", würde heute abgewandelt lauten: „Rein, rein bleibt unser Wein!!!"

Um es vorwegzunehmen: Unsere Kundschaft hat unsere Entscheidung voll akzeptiert. Bestehende private Verbindungen zu einzelnen Kunden hatten wir bereits berücksichtigt und auch den Kunden die Wahl überlassen, wo sie ihren Wein einkaufen möchten.

Darüber hinaus haben wir beiden Brüder weiterhin gemeinsam unsere Weine begutachtet und uns mit Rat und Tat unterstützt. Nebenbei gesagt ist das zu beobachtende Fusionsfieber in der Wirtschaft nicht immer zielführend. Probleme werden nicht automatisch gelöst, wenn man sie in ein größeres Umfeld verlagert. Synergieeffekte müssen oft herhalten, um die höheren Gehälter der Führungsetagen zu rechtfertigen. Tatsache ist jedoch, dass in der Landwirtschaft und im Weinbau die Betriebe immer größer werden, da Kleinstbetriebe aufgeben. Der Maßstab für die Größe eines Betriebes muss die Rentabilität sowie eine ausreichende Verzinsung des eingesetzten Kapitals sein.

Weingut
Ludwig Eser *der singende Winzermeister*
Mühlstraße 56
6227 Oestrich im Rheingau

Telefon 06723/5033

Weingut Ludwig Eser · Mühlstraße 56 · 6227 Oestrich-Winkel 1

Weinbergsbesitz in Oestrich, Winkel, Mittelheim, und Hallgarten

Verehrter Eser-Weinfreund!

12. August 1985

wie Sie aus obigem neuen Firmenzeichen ersehen können, haben wir uns entschlossen — nach 30-jähriger, erfolgreicher Zusammenarbeit der beiden Brüder Joachim und Ludwig Eser im väterlichen Weingut August Eser — dieses als Einzelunternehmen in gewohnter Weise fortzuführen.

Wir sind gemeinsam mit unserem Senior der Auffassung, daß ein Weingut nur als reiner Familienbetrieb Zukunft hat, in Verbindung mit der nötigen Liebe zum Beruf und dem Engagement für den Kunden.

Wir bleiben auf diese Weise der seit 1759 gepflegten Tradition treu!

Aus gegebenem Anlaß möchten wir Ihnen bei dieser Gelegenheit versichern, daß Sie auch weiterhin mit der gleichen Unbefangenheit jede Flasche Eser-Wein wählen können, um Sie vom ersten bis zum letzten Schluck zu genießen. Wir hatten uns schon für das Motto: „Fein, fein schmeckt uns der Wein . . ." entschieden, sonst würde es heute lauten: „Rein, rein bleibt unser Wein . . ."

GUTSCHEIN
zur Eröffnung unseres neuen Betriebes
für Ihre Bestellung bis
30. September 1985

ab 36 Fl.	1 Fl.
ab 72 Fl.	2 Fl.
ab 108 Fl.	3 Fl.

dieses Weines!

Bitte wenden!

Das Anschreiben vom 12.08.1985 an unsere Kundschaft

Der Neuanfang des Weinguts 1985

Mit dem 1. Juli 1985 ging also der Verkauf unter der neuen Firmierung Winzermeister Ludwig Eser los.

Als Mitarbeiter hatte ich Frau und Herrn Gählweiler übernommen sowie unseren früheren Lehrling Andreas Eser, der für die Traktorarbeiten im Weinberg zuständig war. Mit meiner Wirtekundschaft hatte ich vereinbart, die Aufträge telefonisch aufzunehmen und die Ware dann persönlich mit einer Hilfskraft zu liefern. Aufgrund der jahrzehntelangen Verbindungen war dieser Weg möglich, zumal ich durch meine Belieferung ja den Kontakt zum Kunden behielt. Die Rechnungen wurden per Hand mit den Daten aus dem Auftragsbuch geschrieben, sodass die Kundennummer sowie die Weinnummer und die Menge der verkauften Flaschen für die Buchhaltung ersichtlich waren. Mein Steuerbüro erhielt am Monatsende den Ordner der Rechnungen, das Kassenbuch sowie die Bankauszüge. Im Gegenzug bekam ich die monatliche Bestandsliste sowie eine Aufstellung der offenen Rechnungen. Selbstverständlich wurde für Geschäftskunden die Rechnungen per Schreibmaschine geschrieben. Der neue Weg war zwar kein weiterer Fortschritt, aber für mich ergab sich so eine flexiblere Handhabung.

Die neuen, repräsentativen Probierräume ermöglichten neue Aktivitäten für Neukundenwerbung. So konnte ich Weinproben bis zu siebzig Personen anbieten mit fachlicher und gesanglicher Umrahmung. An den Tagen der „Offenen Keller" war genügend Platz, um Weinkunden ein „Erlebniseinkauf" zu garantieren, wo in Ruhe die Vielfalt des Angebots erschmeckt werden konnte. Den Status eines Gutsausschanks wollte ich nicht, aber Wein-Events waren die Verkaufsphilosophie!

Der Lebensweg meiner Kinder

Unsere Kinder waren beide auf dem Gymnasium. Markus wollte kein Abitur machen, sondern nach der mittleren Reife 1985 mit sechzehn Jahren eine Weinbaulehre starten. Mein Sohn war nicht wie üblich im Weingut aufgewachsen, wo sich Interesse für Traktor und Arbeitsabläufe entwickeln. Er war fußballbegeistert und sein Interesse galt den Fröschen und Kaulquappen auf den Bachwegwiesen. Das Terrarium mit allerlei Lurchen und Kriechtieren ging ja noch, aber als er mir Schlangen ins Haus bringen wollte, musste ich doch ein Machtwort sprechen.

Seine erste Lehrstelle suchten wir gemeinsam. Ich hatte Kontakt zu einem Ingelheimer Winzer, von dem ich meinen Rotwein bezog. Er war ein guter Praktiker und ihn hatte ich favorisiert. Wir besuchten noch drei andere Betriebe, aber Markus war mit Ingelheim einverstanden. Hier konnte er mit dem Fahrrad über die Fähre gut hinkommen. Prima!

Nach circa sechs Wochen bekam ich einen Anruf von Emil Reisinger, dem Lehrherren von Markus. Ich war gespannt und ahnte schon. „Herr Eser, ich hatte noch nie einen so freundlichen Lehrling, noch nie einen so pünktlichen Lehrling, noch nie einen so ordentlichen Lehrling, noch nie einen so arbeitswilligen Lehrling, aber, es tut mir leid, noch keinen, der sich so dumm angestellt hat!" Jetzt musste ich meinen Sohn verteidigen: „Herr Reisinger, der Bub hat leider bisher nichts von einem Betriebsablauf mitbekommen. Es ist mein Versäumnis, aber, Herr Reisinger, darum habe ich ja Sie als Lehrherrn favorisiert, weil nur Sie ihm das beibringen können, was ihm fehlt. Und gute Voraussetzungen sind doch da, oder?" „Ja, ja, Herr Eser. Ich glaube, ich habe da zu große Erwartungen gehabt." Um es kurz zu machen: Nach einem Jahr Praxis war Emil, wie ihn mein Sohn nannte, doch sehr angetan, was er aus dem Jüngling für eine Fachkraft in Weinbau gemacht hat.

Das zweite Lehrjahr war dann beim Landgrafen zu Hessen in Johannisberg angesagt. Schwerpunkt war hier die Kellerausbildung. Sein Chef war ein Großcousin mütterlicherseits von mir. Das lief gut.

Nach der Lehre kam die Musterung, er war Kriegsdienstverweigerer und wollte seinen Wehrersatzdienst bei den Maltesern machen. Ich hatte die Pläne von meinem Sohn noch gar nicht so lange gehört, da kam ein junger Mann auf den Hof, wo mein Sohn und ich etwas gemeinsam arbeiteten. Der junge Mann im Outfit der Heilsarmee mit Schirmmütze entpuppte sich als ein Malteser, der Spenden sammeln oder Mitglieder werben wollte. Auf meine Frage, was er vor seiner jetzigen Tätigkeit gemacht habe, hörte ich, dass er ausgebildeter Landmaschinenmechaniker sei, also ein Praktiker. In dieser Zeit war gerade bei unserem Kellerei- und Weinbauartikelhändler aus Geisenheim eine gute Kraft, ein umsichtiger Mitarbeiter, in die kommunalen Dienste der Stadt Oestrich getreten.

Der junge Mann hat dann meinen Zorn darüber abbekommen: „Ja sucht ihr alle den schlauen Job, wo ihr euch nicht mehr die Hände schmutzig machen müsst?" Ich war und bin ob dieser Einstellung sauer!!

Als der Malteser unverrichteter Dinge wieder fort war, kritisierte mich mein

Sohn: „Na prima, das war's jetzt mit meinem Platz bei den Maltesern!?!" Dem war nicht so, denn fortan fuhr er mit noch einem Verweigerer im Namen der Malteser jeden Tag von Oestrich-Winkel nach Frankfurt, sammelte Blutproben bei den Arztpraxen ein und lieferte die in einer Untersuchungsstelle ab. Wirtschaftlich oder Beschäftigungstherapie!?!

Da überraschte mich mein Sohn einige Zeit später mit der Feststellung: „Ich mache mein Fachabitur." „Ja wie, du bist doch bei den Maltesern?" „Bleibe ich auch, ich kann das extern machen. Die Aufgaben bringt mir mein Winzerkollege Geibel vorbei." Na denn!

Er hat es ehrgeizig angefangen. Der Kollege ist gefahren, er hat auf dem Beifahrersitz in die Bücher geschaut. Wenn er einmal mit mir auf Liefertour war, das Gleiche. „Du bist doch fit", hörte ich von ihm. Er hat als Bester die Prüfung gemacht und dann sein BWL-Studium begonnen.

Unsere Tochter Patricia war zu dieser Zeit auf dem Gymnasium. Sie machte mir viel Freude, denn am Klavier war ihr Vorankommen nicht aufzuhalten und sie übte oft und gern.

Was mich betrifft, bin ich zum Ende des Jahres 1985 wieder aktiv zu den Hofsängern zurückgekehrt. Sie konnten mich weiterhin gut gebrauchen und ich hatte in den zwei Jahren Pause festgestellt: Du kannst zu Hause noch so gut sein, es klatscht keiner!!!

Die erste Kur 1986 in Bad Dürrheim nach der Fastnacht

Nach dem Prozedere eines Kurantrages war es dann 1986 so weit und ich kam vom 12.02.–12.03. in den Genuss einer Kur im Schwarzwald auf der „Hohen Alb" bei Villingen-Schwenningen.

Das Kurhotel Waldeck, am Waldrand gelegen, war ein repräsentatives, gut geführtes Kurhotel in Bad Dürrheim mit allen Anwendungen und großem Sole-Bad. Ich musste mich zwar mit einem kleinen Zimmer im älteren Teil des Sanatoriums zufriedengeben, aber dafür hatte ich einen separaten Eingang. Kann ja auch von Vorteil sein, dachte ich mir.

Also, ich lernte die Umtriebigkeit einer Kur kennen. Die Zeiten für die Mahlzeiten stehen fest. Nach der Erstuntersuchung wird ein Fahrplan für die Anwendungen erstellt. Von Wassergymnastik bis zur Massage ein buntes Programm und, ganz wichtig, die Inhalationen mit der Dürrheimer Sole, die die Atemwege freimacht und stärken soll. Die Langlaufski hatte ich dabei, und das war auch eine gern gesehene Anwendung, eben frische Luft.

Mit mir waren viele Personen aus der Landwirtschaft zur Kur, die auch allergische Probleme verschiedener Art hatten. Auch die Männer aus der gehobenen Laufbahn bei der Polizei machten hier Kur. Wenn man so zusammensitzt, kommen interessante Gespräche auf, man erfährt „Interna", die nicht veröffentlicht werden. Niemand soll die Wahrheit hören. „Trau keiner Statistik, die du nicht selbst manipuliert hast", habe ich gelernt. Schon aufschlussreich!

Doch die Wehwehchen der Einzelnen müssen auch psychologisch betreut werden. Das heißt, lasst uns den Alltag vergessen. Gemeinsam erlebt man verschiedene Therapien, und so gehört auch der Tanzabend im Kurhaus dazu. Das Kurhaus in Bad Dürrheim hatte zu dieser Zeit einen sehr guten Ruf, eine tolle einheimische Tanzkapelle, die auch viele tanzfreudige Frauen und Männer aus der Umgebung anzog. Hier war schon eine prickelnde Atmosphäre erlebbar, in der Romanzen gedeihen. Man konnte hautnah erleben: „Gelegenheit macht Liebe."

Doch nach zehn Tagen musste ich die Kur abbrechen, denn meine Frau Gretel war erkrankt und musste operiert werden. Doch ich komme wieder!

Zweite Kur in Bad Dürrheim 1987

Der 02.03.- 02.04.1987 war für mich ein Wunschtermin für die Kur. In dieser Zeit waren Kellerarbeiten so weit abgeschlossen, der Wein reifte, um im Frühsommer gefüllt zu werden. In den Weinbergen stand der Rebschnitt an, das ging auch ohne mich. Die Gastronomie war beliefert und ich hatte mich für vier Wochen abgemeldet. Planung ist alles – wird schon gutgehen!

Mit dem Auto, die Skier auf dem Dach, den Wagen mit Wein beladen, ging es nach Bad Dürrheim. Den Wein hatte mein Schwager Fritz bestellt, und den konnte ich in Hildrizhausen, an der Autobahn nach Singen gelegen, abladen. Man muss ja auch das Nützliche mit dem Angenehmen verbinden.

Diesmal hatte ich ein geräumiges Zimmer, der Alltag war mir schon vertraut, die Soleinhalationen hatte ich noch in guter Erinnerung, da man sofort Erleichterung in den Bronchien spürt. Schnee lag zu dieser Zeit auch noch in den Mittelgebirgen, und so ging es nachmittags nach den zahlreichen Anwendungen auf die Langlaufbretter. Es war eine beruflich bunt gewürfelte Gesellschaft, die sich da zum Langlaufen traf. Abends ging es dann nach dem Abendessen zum Schwofen. Um 22 Uhr hörte die Musik auf, und wenn ich mich recht erinnere, war ab 22.30 Uhr das Hotel abgeschlossen. Ordnung muss sein!

Tagsüber auf den Wegen zu den verschiedenen Anwendungen ist mir immer mal wieder eine schwarzhaarige, südländisch erscheinende Lady über den Weg gelaufen, die Eindruck auf die Männerwelt gemacht hat und von der mein Masseur schwärmte. Beim abendlichen Tanzen war sie nicht zu sehen. Das Besondere an einer Kur ist die normale Fluktuation, ein Kommen und Gehen. Mir ging es mit meiner Gruppe auch so. Da begegnete mir rein zufällig die schwarzhaarige umschwärmte Dame. Auf meine Frage: „Na, wohin so schnell, schöne Frau?", „Jo mei, geh weiter." Sie blieb aber stehen, und nach einem kleinen Schwatz, in Verbindung mit einem tiefen Blick in ihre schwarzen Augen und dem Spruch der Kurenden: „Man sieht sich!", gingen wir auseinander. Na, das klang ja urbayrisch.

Das Weitere ist dann Neugier, Schicksal, Jäger- oder Sammlertrieb. Muss ich mir verpasste Gelegenheiten irgendwann vorwerfen? So kommt es, wie es kommen muss. Bei einem gemeinsamen Abend und bei einem Glas Wein in lauschiger Umgebung fließen die Worte und Gefühle wie von selbst. Tanzen konnte sie auch!

1987: Der „liebe Ludwig" wird 50 Jahre alt

Termin: Freitag, den 1. Mai 1987, 16.30 Uhr

Treffpunkt: Rheinanlagen bei Hotel Schwan
Abfahrt von der B 42 nach dem Oestricher Kran
und Rheinallee folgen.

Ein Tag, der groß gefeiert gehört – oder?

Die Organisation war bereits vor meiner Kur abgeschlossen. Die Gesellschaft war so groß geworden, da war ein Schiff angesagt. Die „Robert Stolz" sollte in Oestrich vor Anker gehen. Es waren nicht nur die Mainzer Hofsänger dabei, zu denen ich seit 1985 wieder aktiv gehörte, sondern auch unser Freundeskreis, der Kirchenchor, meine besten Kunden und die gesamte Verwandtschaft.

Die Einladungsworte hat mein Freund Karl Müller gekonnt in Reime gefasst. Und alle, alle kamen!

> Zu einer Bootsfahrt auf dem Rhein
> lad' ich mir gerne Gäste ein
> und freu' mich auf den 1. Mai;
> die Hofsänger sind auch dabei,
> an Bord ein Ständchen mir zu bringen,
> sie werden manches Liedchen singen,
> daß froh es zu den Ufern schallt,
> denn ich werd' 50 Jahre alt.
>   Mit 50 fühlt man sich noch jung,
>   genießt das Leben voller Schwung –
>   und da ich Fachmann bin für Wein,
>   fällt mir dazu ein Gleichnis ein:
>   Zu messen ist des Mannes Kraft
>   nach Oechsle, wie der Rebensaft.
>   Wird Dir ein Riesling aufgetischt,
>   mit über 50 Mostgewicht,
>   der frisch und klar im Glase steht,
>   hat dieser Wein schon Qualität.
>
> So hoffe ich mit Gottvertrau'n
> im Lauf' der Zeit mich auszubau'n.
> Werd' ich dann über 70 sein,
> bin ich, verglichen mit dem Wein,
> die Oechslewaage sagt's korrekt,
> ein Kabinett, der köstlich schmeckt.
>   Macht meine Gretel mit die Kur
>   bei guter Kellertemp'ratur,
>   werd' ich mit 85 gar
>   zu einer Spätles' wunderbar,
>   und auch die Ausles' wird vielleicht
>   mit 95 noch erreicht.
> Ihr seht, die Qualität beim Mann
> fängt wie beim Wein mit 50 an!
>
> *Ludwig*

Am 1. Mai bei Sonnenschein und angenehmen Temperaturen bestiegen wir das Schiff. Nach dem Sektempfang ging es in ruhigem Tempo rheinabwärts bis nach Aßmannshausen, an der Burg Rheinstein, dem Mäuseturm, der Nahemündung und Bingen, dem Rüdesheimer Berg über Rüdesheim, Schloss Johannisberg, und an der Basilika von Mittelheim vorbei. Zwischendurch hat mein Freund Günther Neitzer, ein Fachmann per excellence, eine Weinprobe von reifen Jahrgängen aus dem Weingut August Eser humorvoll vorgestellt. Alle Gäste waren hochzufrieden ob der großartigen Idee, sie mit auf eine kleine Schiffsreise zu nehmen. Dr. Henkel, der Präsident vom Mainzer Carneval-Verein, konnte erst um 19 Uhr da sein. Wir landeten in Oestrich an und gemeinsam mit ihm ging es dann rheinaufwärts in die Hattenheimer Bucht.

Jetzt war das Abendessen angesagt, ein kalt-warmes Büfett, liebevoll von der Reederei van der Luecht vorbereitet. Danach kamen die offiziellen Gratulationsreden und der Auftritt der Mainzer Hofsänger. Alle waren von dem Gesang der Freunde angetan. Unser zweiter Bass-Sänger, Albert Demer, hat in Vertretung unseres Kapitäns die Geburtstagsrede gehalten. Ein Satz aus seinen Worten hat sich bei mir verinnerlicht: „Ja, Ludwig, fünfzig Jahre sind ein schönes Alter, jung genug, um noch Dummheiten zu machen, aber schon alt

genug, um die möglichen Folgen der Dummheiten zu bedenken." Stimmt!!!
Wir verbrachten den weiteren Abend bei gutem Wein in feuchtfröhlicher Gesellschaft mitten auf dem Rhein, zwischen den fast strömungsfreien Krippen bei Hattenheim. Als dann noch der Mond seine goldene Bahn über das Wasser zauberte und der Oestricher Kran golden funkelte, waren allesamt einig!
– Das gibt's nur einmal, das kommt nicht wieder!

Die neuen betrieblichen Herausforderungen ab 1986
Die Betriebsabläufe ab 1986 hatten sich gut eingespielt. Zur Weinlese 1986 war die Weinpresse gekauft und ein Maischewagen, der die Maische schonend in die Presse pumpte. Ich brauchte keine Erntehelfer mehr, die Trauben wurden mit einem Vollernter gelesen. Mit einem Westfalia Separator wurden die Trubstoffe im Most reduziert, um einer zu schnellen Gärung vorzubeugen. Ein Hefefilter wurde angeschafft, um den Hefetrub auspressen zu können. – Das Herbstgeschäft war jetzt entspannter.
Bei der Abfüllung der Weine haben sich meine Vorstellungen erfüllt. Für die Flaschenweine hatte ich einen Familienbetrieb gefunden, der zu einem Festpreis die Flaschen füllte. Das war so organisiert, dass wir in circa einer Woche alle Flaschen füllten, ohne dass ich Arbeitskräfte zur Verfügung stellen musste.
Das war bei der Literflaschenfüllung mit Flaschenreinigung anders. Der Betreiber kam mit seiner mobilen Anlage auf einem Tieflader mit circa fünfzehn Meter Länge. Dazu musste ich fünf Leute stellen. Mit dem Gabelstapler wurde das Leergut auf Paletten an das Band gefahren. Ein bis zwei Personen stellten die Flaschen auf das Band für die Reinigungsmaschine. Eine Person kontrollierte die Sauberkeit, und die Flaschen liefen weiter zur Füllstation und dann zur Korkmaschine. Die abgefüllten Literweine wurden in Fünfzehner Plastikkisten gesetzt, 540 Literflaschen auf einer Palette, das waren 36 à fünfzehn Literflaschen in Plastikkisten. Der Gabelstaplerfahrer war wie die anderen gefordert. Er musste Leergut herbeifahren, die gefüllten Plastikkisten auf einer Palette auf dem Stellplatz übereinanderstapeln.
Und das alles bei ziemlichem Lärm der Maschinen. Der Betreiber stand den ganzen Tag unter Hochspannung, denn bei so vielen Funktionen sind Störungen vorprogrammiert. Auch die Flaschen müssen in der Korkmaschine ihren Härtetest bestehen, da gab es öfter Bruch. Alles in allem war das für mich die anstrengendste Woche im Jahr, mit sechzehn Stunden Einsatz pro Tag. Aber

es war der günstigste Weg, meinen Jahresbedarf auf die Flasche zu bringen. Noch ein nicht zu unterschätzender Grund, den letzten Jahrgang vor Sommer zu füllen: Wein ist ein Reifungsprodukt, und ihm tut das Lagern in Ruhe gut. Ein Weg zum Erfolg!

Als Winzer schreibt dir die Natur vor, was und in welcher Reihenfolge die Arbeiten getan werden müssen. Das Übrige, das zum Leben gehört, musst du geschickt einschieben. Das bedingt Flexibilität, und Privates hat keinen Vorrang. Ob du beim Essen gestört wirst oder Kunden am Sonntag vorbeikommen wollen, du musst kompromissfähig sein, optimistisch Schwierigkeiten meistern und immer freundlich bleiben.

Um dieser Anforderung gerecht werden zu können, braucht der Mensch zwischendurch Ruhepausen. Darum ging ich nach der Fastnachtskampagne vom 28.02.–13.03.1988 zu einer Schrotkur nach Oberstaufen.

Wir hatten viel Schnee, und Langlauf war angesagt. Die Schrotkur mit den täglich feuchtkalten Wickeln mitten in der Nacht ist gewöhnungsbedürftig. Das Essen ist speziell salz-, fett- und eiweißarm. Trockentage wechseln ab mit Trinktagen, wo der Weißwein fließt. Du kommst im Hotel aus deinem Zimmer, da liegt eine korpulente Dame am Boden. Du willst ihr helfen, aber lallend bekommst du zu hören: „Ich suche nur meinen Zimmerschlüssel."

Wenn man die Kur ernst nimmt, ist der Gang zum Vespern in die Enzianhütte nicht angesagt. Zum Ponyhof bin ich mit meinem Zimmernachbarn zu Fuß gelaufen, aber die Stars und Sternchen, die Schickimickis dort sind nicht meine Welt. Macht doch nichts! Vive la différence!

Gedanken eines erfahrenen Mannes und sein Tod 1988

Es war im Laufe des Jahres 1988, den Anlass weiß ich nicht mehr, aber mein Vater und ich unterhielten uns über den Kommunismus in der DDR. Sein Tenor: „Der Kommunismus ist eine Irrlehre, die theoretisch plausibel ist, aber in der Praxis an der Unterschiedlichkeit der Menschen scheitert. Glaube mir, das Rad der Wirtschaft in der DDR bleibt eines Tages stehen." „Und dann gibt es Krieg?" „Muss nicht sein, aber ich bin kein Hellseher. Doch die Wirtschaft ist dann so an die Wand gefahren, dass nichts mehr geht und die Gefolgsleute sich verweigern." Ich hätte mir gewünscht, dass er 1989 den Fall der Mauer noch erlebt hätte, so wie er es vorausgesagt hat.

Im Spätjahr 1988, ich kam von einer Liefertour nach Hause, als meine Mutter anrief, Vater August sei im Krankenhaus. Ich fuhr ihn besuchen. Er hatte einen Schwächeanfall und die Ärzte rieten zu einem Herzschrittmacher. „Das ist sicher bei deinem niedrigen Puls der richtige Weg", meinte ich. Doch er lehnte ab: „Wenn man 84 Jahre alt ist, ist die Lebensuhr abgelaufen. Dann soll man in Ruhe sterben können." Damals waren viele Menschen der Meinung, das Herz wird von dem Schrittmacher am Leben gehalten. Ich habe ihm gut zugeredet, es machen zu lassen, aber in der Nacht bekam er einen Schlaganfall. Meine Mutter bat mich, ihn zu besuchen und mit dem Arzt zu reden. Als ich kam, wollte die Krankenschwester meinen Vater wach rütteln, was ich unterband. Ich bat sie, den diensthabenden Arzt zu verständigen. Der kam auch, und nachdem ich ihm das Gespräch mit meinem Vater vom Vorabend geschildert hatte, wollte er wissen, ob meine Mutter dies auch so sieht. Sie hat den Arzt aufgesucht und nach drei Tagen war unser Vater friedlich entschlafen. Dies war auch ohne Patientenverfügung möglich, weil der Arzt den Schwerstpflegefall, der mein Vater gewesen wäre, richtig erkannt und meinem Vater die „Erlösung" ermöglicht hat. – Ein menschlicher Arzt, der bei dem neuen Gesetz von 2015 Gefahr läuft, bei zu vielen Todesfällen unter seiner Verantwortung angeklagt werden zu können. Schade, doch die groß angekündigte Debatte um die Sterbehilfe scheiterte, weil man glaubt, dem Einzelnen das Recht auf seine private Entscheidung verweigern zu müssen!!!

Das Ende meiner Ehe 1988/89

In den Jahren 1988/89 hat es in unserer Ehe gekriselt. Ich habe vieles verdrängt, doch für jeden von uns Menschen gilt: Bei freudigen Ereignissen nicht abzuheben, aber bei Trauer, Schmerz, menschlichen Zerwürfnissen nicht zu verzweifeln. Morgen ist ein neuer Tag und das Leben geht weiter.
Es werden heute normalerweise bei Ehescheidungen keine Schuldzuweisungen ausgesprochen, aber ich hatte meinen Anteil an den Zerwürfnissen. Ich bin nicht stolz darauf! Also irgendwann war Gretel ausgezogen. Die Kinder wollten in ihrer alten Umgebung bleiben. Markus leistete zu der Zeit seinen Wehrersatzdienst und Patricia war auf dem Weg zum Abitur.
Vor meinen Augen taten sich einige ungelöste Probleme auf: Wie wird es mit dem Haushalt? Wer bedient die Kunden, wenn ich im Weinberg oder auf Lieferfahrt bin? Vor dem Büroalltag war mir nicht bang, das war ja meine Domäne, aber man kann nicht überall sein. Die Wohnung, in die Gretel in Winkel einziehen wollte, war von einem Ehepaar mit zwei Kindern bewohnt, die sich trennen wollten. Diese Ehefrau suchte einen Job, den sie mit zwei Kindern

leisten konnte. Sie stammte aus einem Geschäftshaushalt, hatte eine Büroausbildung, war also die Person, die ich suchte. Sie zog in die Betriebswohnung ein und wurde von mir angestellt. Das Problem war gelöst. Ihre herzliche, offene Art kam bei den Kunden gut an. Unsere Telefonanlage wurde erweitert und in ihre Wohnung kam ein zusätzliches Betriebstelefon mit Anrufbeantworter. Das Wichtigste war gewährleistet.

Frau Großmann war ein Organisationstalent, für sie war alles kein Problem, und wenn Markus und Patricia im Hause waren, gab es für uns alle Spaghetti satt. Wir konnten zwischendurch alle wieder herzlich lachen. Der Kindergarten war wohl ihr Kommunikationsort, wo alle Neuigkeiten zu erfahren waren. Denn sie wusste von einem aus der ehemaligen DDR stammenden Fahrer bei der Fa. Koepp, der seine Lebensgefährtin mit Tochter nachkommen lassen wollte. Die suchten eine Wohnung und die Frau würde gerne bei mir den Haushalt führen und auch im Betrieb arbeiten. „Herr Eser, das wäre doch was für sie", hörte ich Frau Großmann sagen.

Also, Markus zog in unseren Hobbyraum mit Tageslicht neben dem Schwimmbad. Patricia zog in das schräge Zimmer mit dem schönsten Blick und hatte das Gäste-WC für sich. Jetzt fehlte nur noch die Küche für das erwartete Ehepaar. Frau Großmann sagte: „Herr Eser, das ist doch kein Problem, die bekommen die Küche, die ich habe, und ich kaufe mir eine neue, die alte ist für meine Größe sowieso zu niedrig." Na freilich, warum nicht?

Der Tag des Einzugs von Frau Ernst mit Tochter und Herr Mieser kam. Ich hatte bis zu dieser Zeit in der Kantine in Mittelheim meinen Mittagstisch eingenommen. Jetzt schlug ich vor, dass Frau Ernst für uns alle das Mittagessen kocht. An den ersten Salat erinnere ich mich. Patricia, Markus und ich schauten uns an: Wie schmeckt denn der Salat? „Ja, den habe ich mit Zuckerwasser gemacht, wie bei uns drüben. – Na klar mach ich den mit Essig und Öl, wenn Sie das wollen.

Frau Ernst war eine wuselige Person, der Haushalt wie auch das Etikettieren der Flaschen gingen ihr von der Hand. Sie blieb mir auch keine Antwort schuldig. „Frau Ernst, wie sind Sie mit Ihrem Mundwerk in der DDR zurechtgekommen?" „Ich habe gesagt, was ich gedacht habe." Sie bekam Haushaltsgeld zum Einkaufen und legte mir die Belege vor. Ging alles gut.

Bei der ersten Lohnabrechnung, die ich ihr zum Lesen gab, kam prompt: „Was, Sie zahlen für mich Arbeitslosenversicherung? Brauchen Sie nicht, es gibt so viel Arbeit, und notfalls gehe ich putzen. Ich werde nie arbeitslos."

Wenn ich ehrlich bin, die Einstellung hat mir gefallen.
Arbeitsmäßig lief der Betrieb rund, die Weinbergsarbeiten machte Andreas, unterstützt von einem pensionierten Eisenbahner als Aushilfe. Bei Regen wurden die Flaschen etikettiert und anschließend in Kartons verpackt für in die Rollbahn, die immerhin 3000 Flaschen zum Verkauf aufnahm. Die Touren mit den Weinlieferungen zur Gastronomie und zu Privatkunden machten Andreas und ich mittlerweile mit unserem neuen Mercedes Kastenwagen mit dem speziellen Fahrzeugaufbau für Getränkefirmen. Wenn die Seiten geöffnet wurden, ging der untere Teil nach unten und eine Leiste klappte zum Besteigen der Pritsche auf. Der obere Teil schwang nach außen hoch. Eine geniale Entwicklung. Keine Plane mehr ziehen, keine Flasche konnte mehr über Bord gehen und genügend Fläche für Werbung war auch da.

... auf Verkaufstour mit meinem Werbefahrzeug

Waren in den Weinbergen dringende Arbeiten mit dem Traktor zu tun, fuhr ein Pensionär mit mir. Vorausschauende Planung die Ultimo Ratio.

Frau Großmann war auch jetzt wieder die Person, die mir die Nachricht überbrachte, dass Herr Mieser in der DDR eine Beziehung hatte, aus der zwei Kinder stammen. Die Mutter sei Alkoholikerin und das Jugendamt habe sich an den Vater gewandt. So kam also Leben in die Mühlstraße 54. Patricia war bereit, ihre Schlafstätte in einem kleinen Nebenraum einzurichten. Sie plante sowieso nach dem Abitur als Au-pair-Mädchen nach Frankreich zu gehen, um danach ein Studium zu beginnen. Auch diese Hürde war gemeistert!

Dritte Kur in Bad Dürrheim 1990

Wieder war es nach dem Karneval 1990 so weit, denn die LKK hatte mir vom 01.03.–29.03.1990 eine weitere Kur bewilligt. Man kommt an und ist gleich da! Ja, der Mann hier war doch bei der letzten Kur auch da. Hallo, wie geht's? Im großen Eingangsbereich stand jetzt ein weißer Flügel. Wenn nicht so viel Betrieb war und die Rezeption nicht besetzt, spielte ich auf dem Flügel für mich und die, die es hören wollten. Nach den Anwendungen war Laufen angesagt, denn Schnee lag keiner. Ja und abends ging es in das Kurhaus. Die einheimische Kapelle gab es nicht mehr, aber die neue Kapelle spielte gute Tanzmusik. Die Tänzer aus der Umgebung kannte ich schon. Da fiel mir ein Tänzer auf, der Turniertänzer hätte sein können. Mit seiner Partnerin legte er eine „flotte Sohle" aufs Parkett. In den Pausen saßen sie nicht zusammen, das ermutigte mich, mein Glück zu versuchen. Irgendwann war ich der Erste: Darf ich bitten? Ich durfte!

Das ist doch nicht möglich, du hast eine Feder im Arm, die fließend auf jede Schrittkombination eingeht. Mit meiner Begeisterung ob ihres elfenhaften Tanzstils habe ich sie zum Lächeln bringen können. Ich wurde tänzerisch immer mutiger, für sie keine Herausforderung. Man sieht sich!

Der nächste Tanzabend kam, sie war da. Der Tänzer vom Abend vorher auch. Eine Dame an meinem Tisch kannte den Tänzer. Sie sagte: „Er sucht keine Romanze, er will nur tanzen." Also wechselte ich mich mit ihm ab. Der gute Tänzer fand ein neues tanzendes Medium, und die elfenhafte Tänzerin und ich genossen hemmungslos die Umsetzung der Musik in fließende Bewegungen. Mit ihr war das Tanzen nicht eine Abfolge von Schritten, nein, unsere Tanzbewegungen waren teils verzögert, im Wechsel von kleinen und großen Schritten und von Drehungen, die einen Taumel der Sinne weckten.

Wir verabredeten uns für den nächsten Tag zu einem Spaziergang im Kurpark. Nach den üblichen Begrüßungsfloskeln fing meine Tanzdame an, eine verbale Breitseite gegen die Männer zu führen. Ich war leicht konsterniert und fühlte mich auf einer falschen Verabredung. Aber einfach gehen ist nicht meine Art, und ich bot ihr auf feine, aber bestimmte Art Paroli. Sie bekam sich ein. Als wir uns einige Tage später nähergekommen waren, sprach ich sie auf den Vorfall an. „Ja, ich wollte nur mal sehen, ob du auch kontern kannst, denn mit einem ‚Schlappschwanz' will ich nichts zu tun haben." Bei Frauen und Musik lernt man nie aus!!!

Eine ereignisreiche Beziehung mit Anneliese hatte begonnen. Das erste Jahr besuchte ich sie zweimal in ihrem Haus bei Bayreuth. Sie kam jedoch alle vierzehn Tage übers Wochenende in den Rheingau. Es gab klare Vorgaben, das Hotel in Rüdesheim bezahlte sie, ich war für das leibliche Wohl zuständig. Vegetarisch zu essen habe ich von ihr teilweise übernommen. Passt gut zum Riesling.

Bei unseren Treffen erwanderten wir den Rheingau und den Taunus. Es tat mir gut und abends ging es zum Tanzen in die Drosselgasse. Auf dem Tanzparkett im Lindenwirt machten die Tanzenden einen Kreis und wir schwebten fast im siebten Himmel.

„Zwei Herzen im Dreivierteltakt – mit Rumba, Foxtrott durch die Nacht!"

Im Jahr 1991 entschied sie dann, zu mir zu ziehen. Sie wurde zu ihrem letzten Lohn von mir angestellt. Da mein wichtigster Mann Andreas noch verspätet zur Bundeswehr eingezogen wurde, machte ich die Lieferfahrten mit Anneliese. Es machte ihr Spaß. Mit dem Kochen tat sie sich schwer, aber als ich ihr zeigen konnte, wo mein Fleisch herkam, hat sie es für uns zubereitet, aber nicht gegessen. Unser Fleisch kam aus dem Taunus von einem Bauern mit Ammenhaltung. Die Kälber waren mit der Mutterkuh über Sommer auf der Weide und wurden im Herbst geschlachtet, auf Wunsch portioniert und eingefroren. Das Verhältnis von Anneliese zu meinen Kindern und den anderen aus dem Umfeld war diszipliniert freundlich. Sie nannten Anneliese hinter vorgehaltener Hand die „Frau Grünkern".

Was ihre Beweggründe waren, im Laufe des Jahres 1992 auszuziehen, weiß ich nicht. Ich glaube, die Liebe zu ihrem alten Beruf und der Wunsch nach einer eigenen Wohnung waren ausschlaggebend für ihren Entschluss. „Wir können uns ja ab und zu beim Tanztee treffen, oder?", meinte sie zum Abschied. Wer wird denn weinen, wenn man auseinandergeht!

Urlaub war 1991 nicht drin, denn ich musste zusätzlich die Traktorarbeiten von Andreas ausführen. Zum Glück hatte ich das früher schon gemacht. Diese neue Doppelbelastung war es auch, die mich zwang, nach der Fastnachtskampagne 1991 bei den Hofsängern endgültig Adieu zu sagen.

Das Hofsänger-Kolorit – Individualisten und ihre Erlebnisse

Jetzt ist doch schon sehr viel über die Mainzer Hofsänger, ihre Konzerte, ihre Reisen, ihre Programmvielfalt geschrieben worden, aber trotzdem werden immer noch Resterinnerungen lebendig.

In den Sechzigern und Anfang der Siebzigerjahre war unser Probenlokal das Keglerheim, wo auch unsere gemeinsamen Weihnachtsfeiern mit allen kleinen und großen Kindern sehr stilvoll gefeiert wurden.

Unsere Reisen zu fernen Zielen absolvierten wir mit der Bahn. Für mich immer eine besondere Herausforderung, denn die Bahn fährt pünktlich ab. Der Ludwig war meistens auf dem „letzten Drücker" unterwegs, sehr zum Leidwesen von Wilhelm Christen aus Eltville. Der stand oft verzweifelt an der Tür seines Hauses: Wo bleibt der Eser?? Der hatte oft triftige Gründe für sein Zuspätkommen, denn als Selbstständiger ist es nicht einfach! Wir haben es immer rechtzeitig geschafft, aber in der heutigen Zeit wäre schon einige Male der Führerschein dabei draufgegangen.

Ich erinnere mich: Bei einer Abfahrt am späten Vormittag ab Mainz hatte ich noch Wein nach Limburg zu liefern. Willi fuhr mit dem Zug nach Mainz, da ich das Auto voll Wein hatte. Kurz gesagt, der Pfiff des Zugführers erklang, das Zeichen des Lokführers war grün, die Kohle-Lok setzte sich schnaubend in Bewegung, da erreichte ich den Bahnsteig und auch die letzte Tür des Zuges! Uff, das war knapp!

Ich ging durch die Großraumwagen nach vorn, ich sah meine Freunde im reservierten Abteil. Als ich eintraf, hörte ich noch unseren Kapitän: „Der Eser! Diesmal hat er es garantiert nicht geschafft!" „Denkste, da ist er doch, der Bangert!", rief ich froh in die Runde und hatte die Lacher auf meiner Seite.

Ein anderes Mal, wir waren auf dem Weg ins Ruhrgebiet und Konrad Hollmann wollte mit vier von uns im Speisewagen noch ein „Kaffeesche" trinke. Gesagt, getan, der Kaffee kam und Konrad sagte lachend: „Männer, ich hab en schöne Witz gehört." „Also da war ein junger Mann aus Alzey, der Probleme mit Frauen hatte, ob seines großen Penis. Wie wir Meenzer sage, er war gut beschlagen. Er ging darum in den „Kappelhof", ein Bordell in Mainz. Mit der Liebesdienerin war er einig, hatte aber eine Bedingung: „Bitte dabei kein Licht anmachen!" „Kein Problem für mich", sagte die Frau und ging mit ihm aufs Zimmer. „Na, zieh dich aus, jetzt mach schon", ermunterte sie ihn, während sie sich auszog. „Wo bist du denn eigentlich her?", fragte sie ihn. „Mach, dalli, dalli!" „Ei, ich bin von Rheinhesse", erwiderte er, als er sich nackend auf sie legte. „Und wo kommst du her?" „Ich? Ich komme aus Sankt Goaaaaaaaaaaaar!" Gelächter, ob des blöden Witzes.

Unser erster Halt war Koblenz: Der Zug war voll, der Speisewagen mittlerweile auch, als eine Dame den Speisewagen betrat. Sie schaute sich um, und da wir noch einen freien Platz hatten, bot ich ihn ihr an. Sie bedankte sich und wollte wissen: „Was seid ihr denn für eine Gruppe oder Verein mit euren schicken Anzügen?" „Wir gehören zu den Mainzer Hofsängern und fahren zu einem Konzert", sagte ich. „Darf man fragen, wo Sie herkommen?" „Sicher, ich komme hier ganz aus der Nähe von Sankt Goar." Unser aufbrausendes Gelächter machte sie etwas verlegen, aber ich konnte sie beruhigen: „Das hat überhaupt nichts mit Ihnen zu tun, aber der Kollege hier hat gerade einen Witz erzählt, da kam Sankt Goar drin vor, aber den kann ich Ihnen nicht erzählen."

Ein andermal, wir kamen mit dem D-Zug (so hießen die damals noch) von Hamburg und mussten in Köln umsteigen in den Ostende-Mainz-D-Zug. Doch wir hatten Verspätung und der Zug nach Mainz war schon abgefahren. Vor morgen früh kein Weiterkommen! Das waren die Momente, wo die Freunde ihre Erinnerungen zurückholen mussten.

Da war ja die Prinzenproklamation in Köln 1955. Der erste Fernsehauftritt von ihnen mit „Sassa" und „So ein Tag" und die anschließende Einladung der Gruppe in die Bobby-Bar, ein bekanntes Strip-Lokal in Köln. So sprudelte es munter aus ihnen heraus: „Ja, der Georg, ein Katholik von Wörrstadt, hätte erst gar nicht mitgewollt, und da er mit Verspätung kam, musste er die 5 DM für die Garderobe selbst bezahlen. Der Sekt floss, Thomas Lissem – ein Alkoholgroßhändler aus Köln – hatte eingeladen, sodass die Wogen in der Bobby-Bar hochschlugen. Der junge Otto Schlesinger stand während der Stripteasevorführung direkt an der Bühne und seine Bravorufe im tiefsten Bass ließen bei den Frauen auch noch die letzten Hüllen fallen. Unser „Pirotto", das war der, der immer Bub zu mir sagte und dessen Tochter, so alt wie ich, im MCV-Ballett aktiv war. Also „Pirotto", den ich schon oft als charmanten Plauderer erlebt hatte, wollte wohl einer Bardame imponieren und lud sie zu einem Kognak ein. In Großmannspose legte er einen 10-DM-Schein hin. „Stimmt so." Doch die Bardame trällerte in ihrem Kölner Dialekt zurück: „Na, du lieve Jung, da musst de noch 'nen Zwanziger dazutun!" Im letzten Winkel seiner Geldbörse fand er den und legte den Schein mit den Worten hin: „All's fort!"

Zu dieser Zeit war auch noch unser Hans Schickel aktiv, den ich als Erzkomödiant schon oft erlebt hatte. Wenn der beim „Bobbelche, Bobbelche, drück mich doch" seine Hände spreizte und die Augen in seinem lustigen Gesicht rollen ließ, löste er Lachsalven aus. In der Bobby-Bar muss er sich wohl selbst übertroffen haben, denn er legte einen scharfen Männerstrip auf der

Bühne hin und hat mit seinen langen weißen Unterhosen und den Sockenhaltern die Damenwelt „betört". Mit dem lieben Hans Schickel habe ich erlebt, wie er in einer Einmannschau ein Liebespaar dargestellt hat, zum Umwerfen komisch, aber gekonnt! Das war wohl noch ein Relikt aus seiner Fronttheaterzeit.

Auch unser Lorenz Riedel plauderte aus seinem Nähkästchen: Er hatte vor dem 2. Weltkrieg Gesangsunterricht bei einem Gesangslehrer und Chordirigenten Trösser in Wiesbaden. Ich kannte ihn auch, denn er war einige Jahr Chorleiter des Oestricher Männergesangsvereins, in dem mein Vater 2. Vorsitzender war. Lorenz Riedel besuchte diesen privaten Gesangsunterricht in Wiesbaden und vor ihm war eine junge Frau an der Reihe. Wie Lorenz erzählte, hatte sie eine sehr schöne Stimme, aber ihr Gesang war emotionslos, wie ihr Lehrer Trösser meinte. Er hörte von draußen die Frage des Lehrers: „Sag mir, hast du denn keinen Freund, der dir das Gefühl für etwas Liebe und Leidenschaft gibt? Das ist nötig, um Musik emotionaler zu machen. Tu was dafür, du bist doch alt genug!" Da wurde der Lorenz aber hellwach. Denn als die Schülerin aus dem Gesangszimmer kam, hat er sie gefragt, ob sie nicht noch was gemeinsam unternehmen könnten. „Ja, ich habe noch Zeit", hörte er von ihr, und das machte ihn noch jetzt beim Erzählen ganz nervös. Hallo Lorenz, wie ging es weiter? „Ja, was soll ich sagen? Der Herr Trösser wurde von Gesangstunde zu Gesangstunde zufriedener mit ihr." „Unter uns", sagte er mit verschmitztem Lächeln, „ich konnte doch dem alten Lustmolch Trösser nicht das junge Mädchen überlassen."

Und unser Kaffeekamerad Konrad ergänzte: „Ja, der Lenz (Lorenz) war beliebt bei den Frauen, der hatte im „Kappelhof" ein Liebchen, und wenn er kam und die Puffmutter rief: Der Lenz ist da!, wurde der jeweilige Galan hinausgeworfen. Ja, ja, das „Lieben" ist eine Himmelsmacht!

In der Nacht im Kölner Hauptbahnhof kam auch noch die Rede auf Otto Schlesinger, unseren schwarzen Bass und seinen Giraffenhals. Denn seine besonderen Stimmbänder brauchten Raum in der Kehle, die er mit seinen „Bierchen" immer feucht hielt.

Einmal kam ein Zuhörer auf ihn zu: „Mann, Sie haben ja einen tollen Bass. Darf ich Sie zu einer kalten Ente einladen?" Der junge Otto, noch nicht weitgereist, wie viele in dieser Zeit, meinte: „Das ist nett von Ihnen, aber wir haben ja gerade erst gegessen." „Na, Junge, Humor haste auch", meinte daraufhin der Rheinländer. Doch Otto bekam die Kurve und lachte herzhaft mit, noch zwei Töne tiefer als sonst.

In den Siebzigern stiegen wir dann wieder auf Busbeförderung um. Mit dem Busunternehmen Willi Luft aus Groß-Gerau waren wir über Jahre und über Tausende Kilometer unterwegs. Bei Mehrtagestouren war immer der gleiche Fahrer für uns da, der für Getränke sorgte und dass genügend Würstchen vorrätig waren. Die Bordküche hat meistens unser Hermann bedient.

Navis gab es zu dieser Zeit noch nicht, aber dafür Funkgeräte mit ihrem speziellen „Brummikanal". Es war teils lustig, wenn die Gespräche der Fahrer, besonders nachts, mitgehört werden konnten. Die machten sich gegenseitig auf Gefahrenquellen, auf Staus und Verkehrskontrollen aufmerksam, und wenn unser Fahrer den Weg zu unserem Einsatzort nicht kannte, gab es immer welche, die Auskunft geben konnten.

Alle Verkehrsteilnehmer konnten erkennen, wer in dem Bus befördert wurde, denn vorn und hinten war groß zu lesen: DIE MAINZER HOFSÄNGER. Viele Autofahrer hupten beim Vorbeifahren und freuten sich richtig.

Der Fahrer hatte im Laufe der Jahre gelernt, was bei so einem Konzert wichtig ist. Er konnte hinten im Saal die Aussteuerung des Tones beurteilen und Mängel melden. Auf den langen Reisen entwickelte sich ein immer wiederkehrendes Ritual: Unser immer unaufgeregter Chorleiter Karl-Hans Friess begann mit seiner Maniküre, die ihn für mindestens eine Stunde beschäftigte. Karl Müller war in Gedanken mit dem bevorstehenden Auftritt beschäftigt und mit seiner Conference, ich hatte Zeit, meine angefallene Fachliteratur zu lesen, andere unterhielten sich oder dösten vor sich hin!

Politik war für uns kein Streitthema. Karl Müller und ich standen der CDU nahe, Georg Dorberth ein Willi-Brandt-Anhänger mit einer sozialen Ader, die er auch lebte. Ich für meinen Teil hatte zu jedem ein offenes Verhältnis, wir konnten über alles miteinander reden. Harmonie ist sehr wichtig für einen überzeugenden Auftritt.

Es war für unseren, von allen sehr geschätzten, Texter und Conferencier Karl Müller eine schwere Zeit, als seine Frau starb. Ihr letzter Wunsch auf dem Sterbebett war: „1. Karl, du machst kein Trauerjahr, deine Gesangsfreunde brauchen dich und die Mainzer Fastnacht auch. (Er war zu dieser Zeit auch noch Sitzungspräsident des MCV.) 2. Dann such dir schnellstens eine Frau, denn du wirst nie ein Hausmann und unser Sohn ist ja auch noch im Studium." Wir saßen, nachdem es passiert war, im Bus nebeneinander und Karl gab mir einen handgeschriebenen Zettel von ihr: „Da, lies mal!" Sie hatte ihre

Wünsche mit zittriger Hand festgehalten und auch mich mit ihrer Botschaft zu Tränen gerührt: „So wird ein Gaukler zum Spielball des Glücks."
Die Zeit verging, unser zweiter Tenorkollege Dieter Thielen hat ein wenig Postillon d'Amour gespielt und bei einer Busfahrt mit Frauen war die „Neue" von Karl auch dabei. Ich wollte was von ihm und stand neben ihnen, wollte aber ihr Gespräch nicht unterbrechen. Sie unterbrach ihr Gespräch, doch Karl sagte: „Du kannst ruhig weiterreden, der ist für mich wie ein Bruder."
Auf einer anderen Reise in den norddeutschen Raum machten wir an einer großen Autobahnraststätte Pause. Mit uns waren noch zwei weitere Busse angekommen, deren Insassen alle der Toilette zusteuerten. Die über zwanzig Urinale waren alle belegt, weitere zwanzig Männer auf Warteposition und außer dem Plätschern der Urinale war kein Laut zu hören, bis unser Karl Müller mit ausdrucksvollem Pathos begann: „Lieber Penis, nicht erschrecken, keine Möse, nur ein Becken!" Da ging so mancher Tropfen am Urinal vorbei, oder in die Hose! Schallendes Gelächter drang bis weit nach draußen!!!
Oft hat uns auch Willi, der Chef vom Busunternehmen, chauffiert. Er war beim Konzert mit hinter der Bühne und interessierte sich auch für die Ton- und Lichttechnik. Er war zu gebrauchen.
Ein Soundcheck war immer angesagt, denn Mikrofone sind sehr verschieden, sie sprechen unterschiedlich an, man muss mit dem Abstand spielen. Es ist auch heute noch für viele eine Herausforderung. Jede Stimme ist anders und für metallische, volltönende Gesangsorgane ist ein anderer Abstand vonnöten als bei einer schlankeren Stimme. Unsere jeweiligen Dirigenten haben dazu wenig gesagt, und da ich mit meiner Stimme am Mikrofon gut spielen konnte, durfte ich auch den anderen was sagen. Überhaupt waren wir gut aufeinander eingespielt, der Klangkörper war homogen und differenzierte Gesangsvorträge mit warm schwingenden Tönen Anspruch für uns. Dies konnten wir in vielen Konzertsälen, zum Beispiel Hamburg, Bad Kissingen oder in den Kirchen, in Reinkultur zelebrieren, da gab es keine Tonverstärker. Ohne Selbstüberschätzung: Es gibt viele gute, stimmgewaltige Männerchöre, aber keinen Chor, in dem fast jeder solistisch hervortritt, mit seinem unverwechselbaren Timbre besticht, und doch ein homogener Chorklang den Zuhörer gefangennimmt.
Auch die Beleuchtung hat eine wichtige Funktion bei einem Konzert. Der Blick der Zuhörer ist auf die Bühne gerichtet, die Akteure sind angestrahlt. Doch es ist für uns auf der Bühne unangenehm, in ein schwarzes Loch zu sin-

gen. Darauf habe ich immer den Beleuchter aufmerksam gemacht: „Wir brauchen Blickkontakt, um zu unserem Publikum Nähe zu bekommen."
Es war schon interessant, wie wir uns – besonders bei den Damen – in Szene setzen konnten. Wir haben munter von der Bühne hinuntergeflirtet. Das hat die Auftritte kürzer werden lassen. „He, Manfred, hast du die hübsche Frau in der zweiten Reihe gesehen?" „Ja, die habe ich schon zweimal mit den Augen vernascht."
Im Operettenmedley hatte ich ein Solo:

Ich hab ein Diwan-Püppchen, süß und reizend wie du,
genau wie du, genau wie du!
Sie hat ein Seidenkleid und kleine goldene Schuh,
genau wie du, genau wie du!
Sie hat so schöne weiße Zähne und im Aug' die falsche Träne
und im Herzen Sägespäne, so wie du.
Wenn man sie niederlegt, macht sie die Augen zu,
genau wie du, genau wie du.

Ich kann nichts dafür, meine Augen haben gefunkelt, die Hände spielten die Fortsetzung meiner Gedanken. Kann Selbstbetrug eigentlich schöner sein?
Ja, bei den Auftritten war schon eine gewisse Resonanz der Damen erlebbar, beispielsweise beim Plattenverkauf nach der Veranstaltung oder beim Signieren von Schallplatten und Autogrammkarten. Einige Male wurden unsere Filzstifte sogar zu „Bodystiften".
Sie wollten ihr Dekolleté mit unserem Signet verziert haben, andere die Oberschenkel – auch wenn es mit zittriger Hand geschah. Dieser Enthusiasmus wurde mehr oder weniger bei Festveranstaltungen erlebt. Wo sicherlich der Alkohol die Damen beflügelt hat. Ein Erlebnis dieser Art war die Signierung auf einem neuen Lederrock. Es war ihr ausdrücklicher Wunsch. Und unter Kopfschütteln schritten wir zur Tat. Was man so alles erlebt!
Meistens traten wir nach Mitternacht den Heimweg an. Die „Meute", wir Sänger, waren aufgekratzt, die Sechser-Packungen Bier machten die Runde, wir lachten und manche heiteren Histörchen und Geschichten wurden erzählt. Weißt du noch ... fing das meistens an. Unser Karl Müller hat viele in seinem Buch: „Wie die Alten sungen ...", festgehalten. Doch so um zwei Uhr in der Nacht wurde es dann im Bus ruhiger, und nach und nach schliefen wir ein.

Bei einer Fahrt nach drei Uhr in der Nacht wurde ich wach. Wir schlichen über die Autobahn. Senior Willi war am Steuer, ich vor zu ihm. „Willi, was ist?" Er war am Gähnen! „Willi, wenn du Gas gibst, massiere ich dir deinen Nacken." Gesagt, getan, er wurde wieder munter. Auch an diesem Morgen zwischen vier und fünf Uhr erlebten wir einen einmaligen Sonnenaufgang. Von Kastel kommend über die Theodor-Heuss-Brücke hast du die Skyline von Mainz vor dir liegen, traumhaft schön!

Ein andermal waren wir mit einem Ersatzfahrer unterwegs, der unser Ehrenritual beim Vorbeifahren am Kasteler Friedhof nicht kannte. Teils waren wir am Anziehen, einige standen schon im Gang. Da erschallte wie immer das Signal von Karl Müller: „Amsel!!! Peng!!!" Das „Peng" kam wie ein Peitschenhieb aus zwanzig Kehlen. Der Fahrer trat auf die Bremse und wir wurden unsanft durcheinandergeschüttelt.

Die Vorgeschichte: Die „Amsel", unser Jakob Marquardt, gehörte einst zum Urgestein der Mainzer Hofsänger. Er hatte einen Heldentenor italienischer Prägung. Seine kraftvolle Stimme füllte ganze Hallen. Zu seinem Einsingritual gehörte eben dieses einmalig schneidende „Peng", das Fenster erzittern ließ. Als ich zu den Hofsängern kam, sang er 1. Bass, aber er ließ sich sein Solo: „Ein Fläschchen Rheinwein", nicht nehmen, und wenn dann am Schluss die Stelle kam: „Dann pfeif ich auf die ganze Welt!", knallten bei ihm die Töne wie in alten Zeiten! Mein Vater war von seiner Stimme begeistert.

Wie schon in einigen Passagen meiner Hofsängerzeit zu lesen war, hatten wir über das Jahr verteilt circa siebzig Auftritte. Wir wurden als Halbprofiverein betrachtet, hatten eine Steuernummer und jeder von uns brauchte ein Spesen- und Fahrtenbuch, um unsere Kosten zu erfassen. Eine große Aufgabe für unseren Kassierer.

Ohne ins Detail zu gehen, wir pflegten ein Hobby, das uns nichts kostete. Zu so vielen „kalt-warmen Büfetts" werden nur Spitzenleute der Politik und der Wirtschaft eingeladen. Da wir im Beruf waren, brauchten alle einen Chef, der Verständnis aufbrachte für so manche freie Stunde zwischendurch und für Urlaubszeiten, die von den Hofsängern festgelegt wurden! In meinen fast dreißig Jahren habe ich darum einige Gesangskollegen erlebt, die aus beruflichen Gründen aufhören mussten. So manche Ehefrau setzte einen Schlusspunkt: Nein, nein, mein Lieber, entweder die Hofsänger oder ich!!!

In den Achtzigerjahren strahlten unsere Kurbäder noch ihren alten Glanz aus. Die Deutschen waren Weltmeister im „Zur-Kur-Fahren", allen voran mit großer Regelmäßigkeit unsere Staatsdiener. Da hatten die Kurverwaltungen noch Geld für Veranstaltungen und auch für die Mainzer Hofsänger.

Unser damaliger Kapitän war Georg Fichtner, der dieses Amt von 1983–1989 sehr engagiert begleitete. Er sang schon einige Jahre in unserem Chor, hatte einen profunden 2. Bass und neben seinem Intellekt und seiner Musikalität hatte er auch Kontakte, die ihn zu dem Posten des Kapitäns geradezu prädestinierten. Ich habe ihn bewundert in seiner Paraderolle als Milchmann Tevje aus Anatevka: „Wenn ich einmal reich wär!"

Trotz seines Berufes in der gehobenen Laufbahn bei der Post, war er neben den Hofsängern noch solistisch tätig. Er war bei Kreuzfahrtlinien im Entertainment Ensemble und im Positiven ein karrierebewusster Gesangsinterpret. Also der richtige Kapitän für diese buntschillernde Sängerschar.

Wir gastierten nicht nur mehrmals in Bad Kissingen, Bad Orb, Münster am Stein, es gab große Bädertouren in den Norden, nach Sylt, Travemünde, Grömitz, Kiel, Sankt Peter-Ording, Hamburg und Wyk auf Föhr.

Im Jahr 1986 feierten die Hofsänger ihr 60. Bühnenjubiläum. Gemeinsam mit unseren Frauen bereisten wir das östliche Mittelmeer. Von Ancona ging die Seereise nach Kreta, Rhodos, Samos, Kusadasi, Istanbul, Çanakkale, Mykonos und zurück nach Venedig. Abends unterhielten wir die Gäste der „ENRICO C" mit unserem Programm, und wir genossen das Bordleben und die Sonne an Deck, denn von der in der Nähe stattgefundenen Nuklearkatastrophe in Tschernobyl zur gleichen Zeit haben wir nichts mitbekommen. Unsere Landausflüge waren gut organisiert und wir konnten viele Sehenswürdigkeiten bewundern.

Die Hofsängerfreunde bei der Rettungsübung.

Ich beim Limbo tanzen

Auf Rhodos war es, als Dieter Thielen mit seiner Kathi, Gretel und ich eine Bummelrunde machten. Die Damen fanden ein Modegeschäft, der Kathi hatte es ein Mantel mit Lederapplikationen angetan und Gretel war von einer Rotfuchsjacke überzeugt. „Na", sagte ich zu Dieter, „da haben wir ja Glück, dass wir nicht so viel Geld dabeihaben." Das muss der Ladeninhaber gehört haben: „Meine Herren, das ist gar kein Problem, Sie können doch von zu Hause bezahlen." „Ist das nicht umständlich?" „Aber nein, ich gebe Ihnen meine Kontonummer von meiner deutschen Bank." Nach dem zweiten Metaxa und dem dritten Tee waren wir handelseinig. Anzahlung? „Aber meine Herren, bei Ihnen ist das kein Risiko für mich." Ohne was dabei zu denken, haben wir schon damals die griechische Steuermoral untergraben.

Das Jahr 1987 führte uns dann auf einer Bus-Konzertreise über Kirchheim/Iller, Bad Tölz nach Algund und Kaltern in Südtirol, die wir auch mit den Frauen unternahmen. Reiseleiter und Organisator war unser Georg Fichtner, der mich auch immer mehr überraschte, wenn er bei Begrüßungen und Danksagungen mit total veränderter, anheimelnder Stimme einen Plauderton hervorzauberte, der einem Elmar Gunsch in seinen besten Zeiten alle Ehre gemacht hätte.

Als er mir dann wieder einmal mit seiner leicht schulmeisterlichen Art aufgestoßen war, habe ich ihn süffisant lächelnd, mit sicher übertriebenen Worten konfrontiert: „Mein lieber Georg, wenn du bei deinen Soli nicht nur so stimmgewaltige, teils brachial starre, wenig schwingende Töne singen würdest, sondern mit deiner einschmeichelnden Sprechstimme brillieren würdest, wärst du für mich der Allergrößte!" Er konnte nicht umhin, der gebürtige Oberschlesier und Fuldaer Messdiener, er grinste verständnisvoll.

In Bad Münster am Stein hatte uns der damalige Kurdirektor Herr Keller ins Herz geschlossen, denn wir waren bestimmt zu siebzig Konzerten in diesem kleinen, idyllischen Kurbad an der Nahe. In der Sommersaison fast alle drei Wochen, meistens sonntags. An einem heißen Tag passierte es, mein Nebenmann Manfred hielt sich während unseres Auftritts immer fester an mir. Nach dem Auftritt wurde klar, der hat einen Rausch! „Ja, wie kann das sein? Der trinkt doch nur Gespritzte", sagte ich. Darauf Dieter: „Wenn du davon drei Flaschen trinkst, hast du auch genug." Na, es war nichts passiert, aber unser gestrenger Kapitän Georg Fichtner meinte, wir sollten während der Konzerte auf Alkohol verzichten. Dies war in all den Jahren kein Thema und nie ein Problem gewesen.

Also beim nächsten Konzert gab es keinen Alkohol. Das war zufällig wieder in Bad Münster. Das Programm lief wie gewohnt, brav die Hände an der Smokinghose, aber das „Leben" fehlte, es war ein emotionsloser Gesang. In der Pause ergriff dann unser strenger Kapitän das Wort: „Ich glaube, ich muss Abbitte tun, und ihr sollt doch euer Glas trinken." Vernünftig, denn die Stimme muss doch geölt werden, wie das unter Sängern so heißt.

Aus dieser Zeit muss ich noch berichten: Wir waren ein Programmpunkt in einer Hörsendung des Süddeutschen Rundfunks. Die Aufzeichnung des vollen Programms mit allen Mitwirkenden fand in einer öffentlichen Veranstaltung in Ettlingen/Baden statt. „Also, Männer, Disziplin, kein Geschwätz, volle Konzentration!", tönte leise unser stimmgewaltiger Kapitän. Das zweite Solo gleich zu Beginn sang ich: Wein am Rhein.

> *Stunden des Glücks kommen, gehen,*
> *die Sonnenuhr bleibt nicht stehen.*
> *Alles vergeht, eins nur allein,*
> *bleibt alle Zeit: Das ist der Wein.*
> *Es wird noch Wein am Rhein in hundert Jahren geben,*
> *nur trinken andere dann vergnügt den Saft der Reben.*
> *Andre singen dann ein Lied vom Wein*
> *und von uns wird keiner dabei mehr sein.*
> *Man wird auch dann am Rhein noch schöne Mädchen küssen,*
> *wenn wir aus blauen Himmelswolken zuschaun müssen.*
> *Drum ist es schad um jedes Glas, um jeden Kuss,*
> *den man nicht küßt, um jeden Tag, den man nicht glücklich ist.*

Bis „zuschaun müssen" lief ja alles gut, schon hundertmal gesungen, doch der weitere Text, oh Gott, was jetzt, nur kein Kopfschütteln, kein Achselzucken, Schweißausbruch, aber verlegen selbstsicher höre ich mich dann weitersingen: „Doch dieses Lied, das schöne Lied, es dürfte nie zu Ende gehen, ja dieses Lied, es ist so wunderschön!" Mit gesenktem Kopf und hochrotem Gesicht zurück in die Reihe: „The show must go on!"

Disziplinierter Abgang, keiner sagt ein Wort, nur unser Texter Karl Müller kicherte. „Du, ich wusste gar nicht, dass du auch Mitglied in der GEMA bist." (Gesellschaft für musikalische Aufführungen und dazugehörige Texte) Ich war total unglücklich, ging in den Aufnahmewagen und berichtete von meinem Lapsus. Der Leiter fragte seine Assistentin: „Ist dir was aufgefallen?" „Nein." „Eine Lücke ist ja auch nicht entstanden, nur ein Scheißtext", sagte ich. „Bleiben Sie ganz ruhig, junger Mann, so was merkt kein Mensch!"

Der Lapsus bei der Prinzengarde und die MCV-Feiern

Was ich jetzt an Erlebtem schildern möchte, kann ich zeitlich nicht mehr einordnen. Es war aber in der neuen Rheingoldhalle bei einer sonntäglichen Sitzung der Prinzengarde, in der wir auftraten. Der reguläre Sitzungspräsident war kurzfristig ausgefallen, und der allseits bekannte Generalfeldmarschall Diether Hummel, über sechzig Jahre Präsident der Mainzer Prinzengarde, war der Mann für alle Fälle. Er war Präsident der IHK Wiesbaden, Präsident des Verbandes Deutscher Sektkellereien und eine von allen Mainzer Vereinen und fastnachtlichen Korporationen anerkannte Leitfigur der Mainzer Fastnacht.

Er also leitete die schon fortgeschrittene Sitzung. Ich saß im beschallten Schminkraum der Rheingoldhalle, als die Bedankung eines Vortrages durch den Sitzungspräsidenten Hummel erfolgte: „Dank sagen möchte ich unserem Aktiven für seine humorvolle, gekonnt vorgetragene Büttenrede mit einem dreifach donnernden: „Sieg ..." Nach gefühlten fünf Sekunden Stille durchbrach ein herausgelachtes „Heil" die Stille mit nicht enden wollendem Gejohle. Ein Freud'scher Versprecher!?! Auf jeden Fall hat die Presse vorbildlich reagiert und den Lapsus nicht veröffentlicht. Aber wie hatte es Jürgen Diez in seinem Vortrag als Bote vom Bundestag formuliert: „Doch ist über eine Sache Gras gewachsen, dann kommt ein Schaf und frisst das Gras. Das war's!"

Unvergessen sind auch die Veranstaltungen vom MCV, die als „Dankeschön" an die Aktiven der Kampagne immer samstags nach Aschermittwoch stattfanden. Ob in der Winzerhalle in Johannisberg oder im Winzerhaus in Rauenthal, eine lockere feuchtfröhliche Herrensitzung war angesagt und der Höhepunkt war das Brennen der Fastnachtsneulinge. Bei heruntergelassener Hose wurde das Brandeisen auf die rechte Pobacke gesetzt. Von diversen Texten begleitet, wurde Senf am jeweiligen Gehänge plaziert. Jetzt gehörte man dazu!

Dank dem MCV und seinem „großen Rat" bleibt man nach elf Jahren aktiver Zeit sein Leben lang Mitglied im Verein. Du bekommst jährlich den Orden, zwei Karten für eine Fastnachtssitzung sowie eine Einladung zum Sommerfest und zu jedem Ausflug. Bei runden Geburtstagen sowie fastnächtlichen Besonderheiten wie zwei, drei, vier oder fünf mal elf Jahren Zugehörigkeit ist eine Ehrung fällig.

Ein Ausflug des MCV mit drei oder vier Bussen war als Fahrt ins Blaue deklariert. Es ging ins Wispertal zur Laukenmühle. Dort hatte ein Mitglied des großen Rates ein Wochenendhaus und er einen runden Geburtstag. Die Überraschung war perfekt und die ersten Runden wurden in der Laukenmühle geschluckt. Dann ging es in das Dorfgemeinschaftshaus nach Espenschied mit Essen und buntem Programm. Auch Generalfeldmarschall Diether Hummel war mit dabei, der im Taunus vor Bad Schwalbach ein Jagdrevier mit Hütte besaß. Mein Bus fuhr also nicht schnurstracks nach der Abendveranstaltung nach Hause, nein, wir machten noch einen Schlenker zu der Hütte von Diether Hummel. Der Burgeff-Sekt floss, es gab kein Entrinnen. Als wir dann gegen Morgen in Mainz eintrafen, ging ich zwar zu meinem Auto, aber nicht an das Steuer. Mit der Decke im Fond zugedeckt, schlief ich in den Tag. Meine Frau, sie wird es doch verstehen???

Doch auch im alten Berliner Sportpalast hatten wir Auftritte und bei einer Silvesterfeier waren wir im Programm beim Fernsehen in Berlin. Wir hatten ausgemacht, nach der Sendung in eine Travestieshow zu gehen. Wir standen also in der Nähe des Berliner Funkhauses und warteten auf den Bus. Der kam und kam nicht, aber als ich gerade zum Pinkeln am Baum stand, fuhr er vor. Zu spät, allein mit Kleidersack im neuen Jahr in einer unbekannten Weltstadt. Ludwig, nicht verzagen, so viel Travestie wird es in Berlin auch nicht geben. Wie es genau ablief, weiß ich nicht mehr, aber der Berliner, den ich fragte, der kannte sich aus. Ich hatte die anderen gleich im ersten Lokal gefunden. „Det fiel mir ooch noch uff!"

Im Morgengrauen wollten Otto Schlesinger, unser schwarzer Bass, und ich mit dem Bus zum Hotel fahren, als sich zwei lustige Berliner Miezen auf die gegenüberliegende Bank setzten. Der tiefe Bass von Otto hatte es ihnen angetan. Er wurde immer gesprächiger, die Damen konterten gekonnt, wir haben Tränen gelacht und sind die Busroute einige Male gefahren. „Das gibt's nur einmal!"

Das Kapitel Mainzer Hofsänger wäre unvollständig, wenn ein Gönner, Mäzen, selbsternannter Hochwürden als „Pater Immerfroh" nicht erwähnt würde.

Bußpredigt zum Hofsängertreffen am 3. 9. 1988

Hofsänger – Brüder – Sünder – Abtrünnige – Teufelskinder!

Wo seid Ihr hingekommen? – Was treibt Ihr für ein Leben, das sich nur der Lust, dem Vergnügen, der Völlerei, dem Trunke, dem frevelnden Nikotinverzehr und der weibersüchtigen Fleischeslust hingibt.

Ich rufe Euch, – ich warne Euch, – ich rüttle Euch wach, damit Ihr umkehret, – bußfertig vor Euerm frommen Kapitän Besserung beteuert und fortan das solide Leben eines braven Christenmenschen führet.

Alle tieferlittenen Ermahnungen und eindringlichen Bößgesichter des von hohen Gnaden beseelten Kapitäns haben nicht gefruchtet. Mit klammheimlichem Lästern und zügellosem Benehmen habt Ihr seine Vorgesetztenpflichtübungen besudelt; – ich aber will Euch in Euer verderbtes Gewissen hineinschreien, Euch ewige Höllenqualen und schreckliche Verdammnis zurufen, wenn Ihr nicht umkehrt, – Euch abwendet von den niedrigen Verführungen des irdischen Alltags und

als vielgepriesene Hofsänger Euch nicht nur von dem kurzfristigen Ruhm, dem laut tönenden Beifall genußvoll dahintragen laßt, – sondern Ihr sollt werden wie die braven Lämmer, die geduldig in ihrer Herde dem Leithammel folgen.

Laßt ab von unstillbarer Gaumenlust, Gefräßigkeit und unsittlicher Begierde; – nicht der Bauch sei Euer Gott, nicht schlechte Witze Euer Abendgebet.
So wie der schmutzige Körper aus dem reinigenden Wasser in sauberer Frische hervortaucht, – so sollt auch Ihr Euch wandeln, um als brave Saubermänner den Weg zurück in das edle Heim zu Euern ehrbaren Frauen zu finden.

Der Anfang der Bußpredigt von Gerhard Krempel zum Hofsängertreffen am 03.09.1988.

Ich rede von unserem wortgewaltigen, uns zur Sühne und innerer Einkehr mahnenden Juristen und Freund Gerhard Krempel aus dem schönen Westerwald, der achtzehn Jahre als CDU-Politiker im Mainzer Landtag war. Er ist bei einem Konzert auf uns aufmerksam geworden und hat, als guter Rheinland-Pfälzer, seine Liebe zu den Hofsängern entdeckt. Spontan lud er uns in sein Ferienhaus im Kleinwalsertal ein. In seinem Ferienhaus „Bergidyll" im

Kleinwalsertal kam es über zehn Jahre lang zu erlebnisreichen Begegnungen, die sich Gerhard viel kosten ließ. An dieser Stelle muss man seine Uneigennützigkeit hervorheben; die einen halten sich einen Fußballverein, unser Gerhard hatte seinen „Faible" für die dankbaren Hofsänger.

Gerhard Krempel, Rechtsanwalt, ein Meister der Rhetorik. Wie kaum ein anderer versteht er es, mit Worten und Formulierungen umzugehen, sei es, um die Anklage hieb- und stichfest zu machen oder bei der Verteidigung alle mildernden Umstände ins Kalkül zu ziehen. Aber tröstlich ist, dass nicht alle seine scharfsinnigen Statements als solche erkannt wurden. So kam ich ja bei einer seiner Predigten recht glimpflich davon:

„Alle Ohren warten auf dich, und du, Ludwig, kommst zu deiner Zeit. Du tust dann die Tür auf und erfüllest alles, wenn du kommst, mit Wohlgefallen, denn der Herr lässt den besten Wein am längsten gären. Halleluja!" Ich freue mich riesig, bei jeder Gelegenheit seinen Worten zu lauschen, und nehme gerne jede Buße auf mich. Außerdem hat Gerhard einen sehr guten Geschmack, was ich an drei Dingen festmache: Zuallererst muss ich seine liebe Gattin Ingrid nennen, die die Verehrung aller Hofsänger genießt und auf der noch heute liebevoll und stolz seine Augen ruhen. Der zweite Grund liegt darin, dass ihm die Mainzer Art, wie sie von den Hofsängern über Jahrzehnte chorisch und solistisch verkörpert wurden, seiner Vorstellungswelt entsprechen und von ihm vorbehaltlos goutiert werden. Der dritte, recht profane Grund seines guten Geschmacks ist der: „Es freut mich besonders, denn ihm hat mein Wein immer sehr geschmeckt."

Aus meinem Leben nach den Hofsängern 1991–1994

Mittlerweile war ich 54 Jahre alt und der erste Rentenbescheid kam zwecks Überprüfung der geleisteten Rentenbeiträge. Na, das sieht ja nicht so berauschend aus. Habe immer bezahlt, doch der Arbeitgeberanteil, der fehlt halt. Ärgern nutzt nichts, lass dir was einfallen. Da gibt es doch die anonymen Einzahlungen, die sogenannten Tafelpapiere mit anhängenden Coupons. Diese wurden dann zum Stichtag ausgezahlt, und bei 7–10 % Zinsen lohnte sich doch das Schnippelgeld, wie ich es nannte.

Bei unseren Konzerttouren in das Kleinwalsertal habe ich in der österreichischen Raiffeisenbank einen größeren Betrag für meine Rente anonym angelegt. Es gab tolle Zinsen, und das steuerfrei! Cosi fan tutte!

Da ich 1991 keinen Urlaub machen konnte, war 1992 der Wunsch geboren, nach den Weinbergarbeiten und vor der Lese einen Wanderurlaub im Bayrischen Wald zu machen. Mein Schwager Fritz war mit von der Partie und wir trafen uns mit der Gruppe in einem Hotel in Grafenau, am Bayrischen Nationalpark gelegen. Eine buntgewürfelte Gruppe von „Bestagern" hatte sich da gefunden. Beim Abendbrot, mein Schwager saß neben mir, streifte mein Blick taxierend in die Runde, als er auf eine charmante Dame traf, die das Gleiche tat. Wir prosteten uns ganz unauffällig zu, sie hielt meinem Blick augenzwinkernd stand.

Es war ein forderndes, sportliches Wanderprogamm durch den Naturschutzpark zum großen Arber und dem Arbersee angesagt.

Doch die Abende gaben viel Freiraum, sich bei einem Glas Wein näherzukommen. Sie war aus Neu-Isenburg, sportlich, attraktiv, und wie es schien hatte sie eine reiche Lebenserfahrung. Kann denn Liebe Sünde sein …?

In Neu-Isenburg durfte ich sie besuchen. Wenn ich ehrlich bin, in seidenen Betttüchern hatte ich noch nicht geschlafen. Am Morgen verschwand sie für eine dreiviertel Stunde im Bad. „Sag mal, brauchst du so viel Zeit für dein morgendliches Make-up?" „Nein, mein Lieber, ich mache jeden Morgen eine Viertelstunde mein Fitnessprogramm. Das hat mir ein ehemaliger Trainer der Frankfurter Eintracht zusammengestellt." Da war ich neugierig, und seit der Zeit mache ich jeden Morgen die von ihr gelernten Übungen.

Es geht auf die Matte, die Arme 10-mal nach außen kreisen, dann nach innen, dabei im Wechsel die Finger strecken und zur Faust machen. Danach die Beine spreizen und federnd 10-mal in den rechten Winkel anheben. In der gewinkelten Position verharren und die Füße 10-mal rechts, danach links drehen. Jetzt liegend mit den Beinen Fahrrad fahren, dabei bis 100 zählen. Im Laufe der Zeit habe ich diese morgendliche Übung noch erweitert. Beim Zählen bis 10 den Kopf nach links drehen, bis 20 nach rechts, dann wieder links. Gut für die Beweglichkeit beim Autofahren. Danach die Beine ausstrecken, spreizen und kreuzweise übereinanderschlagen, das Ganze 30- bis 35-mal. Gut für die Bauchmuskulatur.

Ein Physiotherapeut hat mir gegen Rückenverspannungen empfohlen: Das rechte und linke Bein abwechselnd 30 Sekunden im 90°-Winkel anspannen, danach das rechte Bein auf die Kniescheibe des linken Beines stellen, mit beiden Händen die Kniekehle des linken Beines umfassen und 30 Sekunden im 90°-Winkel gespannt halten. Dann umgekehrt. Seit einigen Jahren kamen noch Armübungen mit zwei Hanteln dazu. Mein Sohn hat mir im Laufe der

Zeit zwei Fitnessgeräte hingestellt, wo ich durch ziehende Bewegungen meine Bizeps stähle, und mit dem anderen Gerät werden die Bauchmuskeln trainiert, indem ich die Beine einhänge, den Körper nach hinten absenke und mittels Bauchmuskulatur mich wieder hochziehe. Noch drei Achterbahnen in meinem Pool schwimmen, dann ist eine Viertelstunde vorüber.
So viel Zeit habe ich aber morgens gar nicht, höre ich viele sagen. – Doch, es genügt, eine Viertelstunde früher aufzustehen. Der innere Schweinehund lässt grüßen!

So stand eines Tages die Abschlussveranstaltung des VDP Rheingau in Kloster Eberbach an. Einen tolle Veranstaltung: „Die Riesling Gala", ein Event der Spitzenklasse! „Who's who?" Da hatte ich doch eine adäquate Begleiterin für diesen Anlass gefunden! Eleonore aus Neu-Isenburg gab sich die Ehre und begleitete mich. Ein ganzer Tag zum Schlemmen und Genießen.
Ein lediger, mittlerweile schon verstorbener Kollege aus Erbach saß mit uns am Tisch und machte Eleonore regelrechte Avancen, die sie lachend ladylike genoss. Als er sich den roten Schlips vom Hals riss, ihn wie ein Matador seine Capote schwang und dabei Eleonore nicht aus den Augen ließ, war der ganze Tisch ob dieser Einlage begeistert; Eleonore genoss es. Ja, der Wein weckt oft schlummernde Talente.
Auch die schönste Romanze geht vorüber, der Alltag hatte mich wieder. Doch die Herausforderungen, die jeder Beruf, jeder Geschäftszweig so mit sich bringt, müssen angepackt und gemeistert werden. Neben dem Planen, Organisieren, Ausführen sah ich meine Hauptaufgabe darin, Aufträge zu akquirieren.
Im Rheingau hatten die „Tage der offenen Keller" regen Zuspruch und wir hatten genügend Platz, die Kunden und auch Gäste zu empfangen. In der Schlemmerwoche konnten wir sogar die Gäste mit kleinen Schmankerln verwöhnen, denn der neue Liebhaber von Frau Großmann stammte aus der Gastronomie. „Also gut", sagte ich, „das macht ihr auf eigene Rechnung." Hat so geklappt.
Mittlerweile war in mir die Erkenntnis gereift, dass wir auch zu den Kunden gehen müssen. Weinfeste wurden in den Städten vom Weinbauverband initiiert, und so beteiligte ich mich auf dem Weinfest in Limburg an der Lahn sowie in Bad Homburg. Damals gab es keine mobilen Weinstände so wie heute, sie mussten aufgebaut und eingerichtet werden. Ich ließ mir an meinem Spe-

ziallieferwagen einen halben Stand anpassen. Er ging schnell aufzubauen, die Kühlschränke waren auf der Pritsche, die einzelnen Flaschen des Angebots in einer Kühlvorrichtung an der Theke. Mit diesem Equipment hatte ich nach der Wende meine erste Präsentation in Berlin auf dem Alexanderplatz. Der Rheingauer Weinbauverband hatte dazu eingeladen und wir waren an die fünfzig Betriebe, die sich dort präsentierten. Weitläufige Verwandte, die in Berlin lebten, halfen mir. Wein glasweise zu verkaufen ist eine anstrengende Sache. Man muss, soweit es geht, mit dem Weinstandbesucher ins Gespräch kommen und ihn überzeugen, um ihn eventuell als Kunden gewinnen zu können. Kontaktfreudigkeit ist das A und O im Verkauf.
Durch meine Bekannte aus Mainz entstand nach der Wende ein Kontakt nach Buttstädt, hinter Weimar gelegen. Auf dem dortigen traditionellen Pferdemarkt war ich als Einziger über Jahre mit dem Weinstand vertreten. Die Thüringer Biernasen kamen auf den Weingeschmack. Mein Standplatz war unmittelbar an der Bühne und es ging über vier Tage die Post ab. Nette Leute konnte ich auch als Privatkunden gewinnen. Erfolg lässt Strapazen vergessen!
Aber das Leben läuft nicht immer nur rund, auch Rückschläge müssen gemeistert werden. Was war passiert?
In Deutschland wurde 1991 der Grüne Punkt vom Dualen System Deutschland eingeführt. Es ging um Verpackungsrecycling und Kennzeichnung auf dem Etikett der Weinflaschen. Bei Privatkunden kein Thema, aber bei Verbrauchermärkten wie Famila schon. Ohne große Aufforderung, aktiv zu werden, kam ihrerseits 1992 die Auslistung. Immerhin hatte ich zu dieser Zeit mit den Famila-Märkten in Norddeutschland zehn Prozent meines Umsatzes gemacht. Ich sprach darüber mit meinem Bruder und er machte den Vorschlag: „Versuch doch in den Weinfachhandel zu kommen. Ich habe da ganz gute Erfahrungen gemacht." – Danke!
Anruf beim Merkur Adressenverlag in Einbeck und vier Tage später war eine Auflistung von Weinfachhändlern der ausgewählten Postleitzahlen und die Adressaufkleber in meiner Hand.
Das Anschreiben mit meinem neuen Firmenlogo sah so aus:

WEINGUT MÜHLENHOF
WINZERMEISTER LUDWIG ESER

Getrunken wird was schmeckt ! ! !

65375 Oestrich im Rheingau
Mühlstraße 56

Tel. 06723-5033
Fax 06723-7531

Verehrte Weinfreunde,

sehr geehrte Damen und Herren,

Diese These stimmt nach wie vor, und es bleibt Ihre Aufgabe das Beste für Ihre Kunden anzubieten.
Ich möchte als alteingesessener, renommierter Rheingauer Winzerbetrieb Ihnen dabei behilflich sein.
Der Rheingauer Riesling bietet ein Spektrum von Geschmacksnuancen, die immer wieder begeistern. - Das Besondere dieser Rebsorte liegt darin, daß sie als einzige weiße Rebsorte eine interessante geschmackliche Entwicklung nimmt, und sich auch nach mehreren Jahren zwar ausgereift, aber dennoch lebendig und verführerisch präsentiert.

Darum sollte ein Rheingauer Riesling die Exclusivität Ihres Hauses dokumentieren.
Da mir innerhalb unseres Familienbetriebes die Kundenbetreuung obliegt, haben Sie in mir einen kompetenten Ansprechpartner, der für alle Ihre Belange und machbaren Wünsche ein offenes Ohr hat.
Neben meinem beiliegenden Angebot von Trocken-Vollmundig, Spätburgunder, Literweinen und den Besonderen Charta-Weinen, empfehle ich Ihrer Aufmerksamkeit meinen Gourmet-Weinessig.

Die Qualität der Weine drückt sich auch in der Bewertung bei den Prämierungen aus, und in Verbindung mit unseren neu gestalteten Etiketten, sind die Flaschen ein Blickfang in Ihrem Regal
Eine unverbindliche Probe Ihrer Wahl wird Sie überzeugen. Gerne übersende ich Ihnen die gewünschten Proben mit 50% Proberabatt - frei Haus - ohne Porto und Kartonkosten.

Zur Probebestellung sollte unbedingt gehören:

Wein Nr. 290   1993er Rheingau Riesling -TROCKEN- QbA.   0,75 l Fl.   4,99 DM

ein jugendlicher Wein, mit einem pfiffigem Out-fit, wahlweise in weißer Schlegelflasche oder weißer Bordeauxflasche abgefüllt.

Mit den besten Wünschen   und Winzergeselle
Ihr Winzermeister

Die Händler konnten sich Proben ihrer Wahl kommen lassen. Danach begann mein Telefonmarketing. In Weinverkaufsseminaren, die ich besucht hatte, wurde auch das Telefonieren an Fallbeispielen erläutert. Eine Kerze habe ich mir nicht auf den Schreibtisch gestellt, aber die Unterlagen des Kunden, soweit vorhanden, und mein Weinangebot. Den Kunden googeln konnte man damals nicht, es war also ein Anruf, ohne mein Gegenüber zu kennen. Die Voraussetzungen beim Telefonmarketing sind eine angenehme Stimme, die Kunst, im Gespräch auf den Kunden einzugehen, eine Botschaft zu vermitteln und die Fähigkeit haben, Stimmungen des Gesprächspartners zu erkennen und darauf zu reagieren. Ich erinnere mich an einen Anruf, ich hatte den späteren Kunden schon mehrmals angerufen, aber heute bekam ich eine Bestellung. „Wissen Sie, warum ich Ihnen einen Auftrag gebe?", fragte er mich. „Weil ich Sie von meinem Preis-Leistungs-Verhältnis überzeugen konnte?" „Davon gehe ich aus, aber Sie haben schon mehrmals angerufen, waren immer höflich, haben mich von der Qualität Ihrer Weine überzeugen können, und das muss ich heute mit einem Auftrag belohnen." Auch im Geschäftsleben gilt: Geduld bringt Rosen und bitte nicht vorzeitig aufgeben!
Ich hatte Erfolg, es bildeten sich Touren heraus, zum Beispiel Andernach in Richtung Aachen, Mönchengladbach, Düsseldorf, Essen, Dortmund, Hannover, Soest, Münster/Westfalen und Kassel. Zu Beginn war der LKW natürlich nicht immer ausgelastet und mit 80 km/h Höchstgeschwindigkeit waren lange Lieferfahrten angesagt. Was auch dem Umstand geschuldet war, dass ich mich persönlich einbringen musste, der Kunde kannte mich ja auch nicht.
An eine Begegnung erinnere ich mich. Es war bei der Lieferung in Aachen nahe der Universität. Ich hatte abgeladen und war mit dem Chef im Gespräch, als ein Kunde von ihm den Laden betrat. „Herr Eser, das ist ein guter Kunde von mir. Machen Sie bei ihm etwas Reklame für ihren Rheingauer Riesling." – Da kann man nicht kneifen, die Herausforderung muss man einfach als Chance annehmen. – Das Gespräch kann ich nicht mehr wiedergeben, aber nach zwei bis drei Minuten hörte ich den Ladenbesitzer seiner Angestellten zuraunen: „Hören Sie gut zu, da können Sie was lernen!" – Hat mich gefreut!
Um diese Fahrten mit vielen Kilometern zeitlich besser zu schaffen, legte ich mir einen Ford Transporter Bus zu, unter zwei Meter Höhe, um in den Städten auch Parkhäuser anfahren zu können. Bei den Hofsängern hatte ich einen Subaru Bus gefahren, mit dem ich die Wiesbadener Sangesbrüder für Touren im Nahbereich abholte. Der Bus war für die Hofsänger von SUBARU gespon-

sert, und als wir neue Busse bekamen, konnte ich den von mir gefahrenen Kleinbus mit Allradantrieb für kleines Geld kaufen. Den benutzte jetzt mein Sohn Markus, und meinen langjährigen Begleiter, den BMW 525 mit über 200.000 km, hatte Patricia in Nutzung. Also, ich war dann auch am Wochenende mit dem Ford Bus mobil.

Es war 1993 beim ersten oder zweiten Mal beim Weinfest in Bad Homburg an einem Samstag. Um die Mittagszeit war wenig Betrieb, da kamen zwei schicke Damen mit ihrem Fingerfood aus dem Burger King neben mir. Ich bot ihnen Platz an, und auf meine Frage: „Was essen Sie denn Gutes?", empfahl ich den Damen, ein Glas Rotwein dazu zu trinken. Ja, gerne, die andere wollte einen trockenen Riesling, und so kamen wir ins Gespräch. Eigentlich wollten sie ja mit mehreren Damen bummeln, aber die anderen konnten nicht, und eine Freundin von ihnen, die gerne Wein trinkt, sei zu ihren Eltern gefahren. „Sie kommt am Sonntagnachmittag wieder, dann bringen wir sie mit zu Ihnen." Das hörte sich gut an!

Der Nachmittag kam, die Damen nahmen Platz, ich gab ihnen Trinkempfehlungen und konnte mich aber immer nur kurz mit ihnen befassen, denn wir hatten gut zu tun. Geholfen hat mir meine Tochter, denn zu einem Weinstand gehört ein einladendes Frauengesicht, damit die Männer an der Theke auch jemanden zum Plaudern haben und zum Balzen!?!

Von den Damen am Vortag wusste ich schon, dass die Freundin Single ist. Sie machte einen sehr sympathischen, gepflegten Eindruck auf mich, hatte eine gute Figur und konnte so schön herzhaft lachen. Ja, da musste ich mir doch ein Herz fassen, und als sie am Stand vorbeikam, habe ich mit ihr geplaudert und zu verstehen gegeben, dass ich gerne mit ihr telefonieren würde. Als sie ging, steckte sie mir ihre Telefonnummer zu. Das war doch ein guter Anfang! Also, wir verabredeten uns telefonisch für den nächsten Sonntag. Ich holte sie ab zu einer Wanderung auf den Hausberg von Bad Homburg mit seinem Aussichtsturm. Der Betreiber des dortigen Restaurants war Kunde von mir. Er war auch der Landwirt mit der Ammenhaltung, von dem ich mein Fleisch bezog.

Es gab viel zu erzählen, ich erfuhr, dass sie als selbsttätige Therapeutin arbeitet, ihren Beruf ernst nimmt und sich für das Wohl ihrer Patienten intensiv einsetzt. Sie wurde mir immer sympathischer und auf dem Rückweg gab es das erste Busserl unter herzlichem Lachen.

Wie es weiterging? Wir verbrachten die Wochenenden in Oestrich. Am frühen Samstagnachmittag konnte ich sie in die Arme nehmen. Wenn sich kein Kunde angesagt hatte, liefen wir durch Wald und Flur. Sie war sehr an Bewegung interessiert, denn die Woche über praktizierte sie von 8 Uhr bis meist 20 Uhr am Abend. Sie war anspruchslos und hatte Verständnis dafür, dass ich viel arbeiten musste, denn es mussten nicht nur die laufenden Investitionen bezahlt werden, auch die Scheidung von 1991 musste ich finanziell verkraften.

Gesundheitlich hatte ich immer wieder Probleme mit den Atemwegen und Angst vor Asthma, wie ich es bei meiner Mutter erlebt habe. So trat ich am 10.08.93 eine Kur in Bad Wildungen an. Natürlich war der Bus mit Wein beladen, den ich bis nach Kassel noch auslieferte. Das musste sein! Die Tage in Bad Wildungen waren mit Anwendungen, Wandern und Wassertrinken ausgefüllt. Schwofen war nicht! Aber am Wochenende besuchte mich Brigitte, denn von Bad Homburg nach Bad Wildungen war es nicht so weit. Erholung pur war angesagt.

Weinstudienreise nach Nordamerika 1994

Zu einer gemeinsamen Flugreise konnte ich Brigitte animieren. Die Ehemaligen Weinbauschüler Eltville hatten 1994 zu einer großen Weinstudienreise nach Nordamerika eingeladen.

Das erste Ziel war drei Tage New York. Da konnte ich schon einige Erfahrung aufweisen, aber nicht verhindern, dass einer aus der Truppe seine Tasche geklaut bekam. Er hatte sie in einem Lokal neben sich gelegt. Sträflicher Leichtsinn!

Geld wäre nicht viel drin gewesen, aber die Papiere waren weg. Er musste zum Konsulat, um Ersatzpapiere zu bekommen, denn es sollte ja weiter nach Kanada in die Weinregion an die Finger Lakes gehen. Wir erlebten eine Bootsfahrt um Manhattan, vom Hudson zum East River. New York im Abendlicht zu erleben, an der State of Liberty im Hintergrund vorbei, die Wolkenkratzer, die sich im Wasser spiegelten. Ein Eindruck, den man nie vergisst. Das Ganze war begleitet von einem vorbestellten Abendessen an Bord. Ein Steak vom Feinsten!

Weiter ging es per Bus an die Finger Lakes. Ein Studienkollege von Josef Hirschmann aus Geisenheimer Zeiten führte uns in dieser Region von Winery zu Winery. Einer kannte den anderen, und wir konnten uns ausgiebig durch die kanadisch-amerikanische Weinwelt probieren. Der Besuch an den Niagarafällen durfte nicht fehlen und nach drei Tagen flogen wir frühmorgens nach Atlanta. Ein riesiger Airport für internationale Verbindungen weltweit. Wir wollten nach San Francisco und weiter in das Nappa Valley, doch bis Abflug hatten wir noch vier Stunden Zeit. Wie bei unseren Lehrfahrten so üblich, hatte der eine oder andere eine Flasche Wein dabei. Aber wie kriegen wir den Wein kalt? Lasst mich mal! In der nächstgelegenen Snackbar trug ich mein Anliegen vor. Ein patenter Keeper gab mir eine Schüssel Eis und ein paar Gläser. „I promise you, I bring it back to you." – „Okay."

Normal ist es in Amerika verpönt, öffentlich Alkohol zu trinken. Sie hatten aber Verständnis, als wir nach einer halben Stunde Kühlzeit unsere Weinprobe machten. Günter Neitzer hatte in New York für seine Tochter Inlineskater gekauft. Die Schuhgröße passte meiner Brigitte und lachend machte sie damit einen Probelauf. Eine Gaudi! So hatten wir die Wartezeit gut überbrückt. San Francisco, wir kommen!

Unser Hotel bezogen wir in der Stadt der einstigen Hippikultur, der Flower-Power-Bewegung in den späten Sechzigern. Am nächsten Tag ging es über die Golden Gate zum Nappa Valley. The Morning Fog war nicht da, dafür aber ein freier Blick auf die Gefängnisinsel Alcatraz. So erreichten wir gegen Mittag den Nappa Valley Train, der uns durch die gepflegte, eindrucksvolle, von Weinbergen geprägte Landschaft fuhr. Hier sahen wir zum ersten Mal Rosenstöcke vor den Rebzeilen blühen. Es sah nicht nur einladend aus, es war für die dortigen Winzer ein Frühindikator für Oidium, den falschen Mehltau. Während der Fahrt nahmen wir einen schmackhaften Lunch ein und probierten die ersten kalifornischen Weine. – Herz, was begehrst du mehr!

Es ging weiter, wir besuchten verschiedene Weingüter und machten einen längeren Stopp in Mondavis Winery. Ein exquisites Anwesen eines italienischen Einwanderers, der die Weinkultur ab den Siebzigern in Kalifornien geprägt und zum Erfolg gebracht hat. In seinem mitten im Park gelegenen lichtdurchdrungenen Probiersaal, probierten wir verschiedene Rebsorten wie Sauvignon Blanc, Chardonnay, Cabernet Franc, Merlot und Pinot-Sorten. Zum Abschluss spielte ich auf dem schwarzen Steinway meine Kurzfassung von Sindings Frühlingsrauschen. Beschwingt nahmen wir Abschied durch den Park mit Skulpturen italienischer Provenienz. Einen Tagesausflug machten wir zu Herrn Schug, einem ehemaligen Geisenheimer, der mit unserem Reiseleiter Herrn Josef Hirschmann studiert hatte. Sein Vater war nach dem Krieg der Verwalter des Staatsweingutes Aßmannshausen. Den Sohn zog es nach dem Studium nach Kalifornien. Nach mehreren Stationen als Verwalter von Winerys machte er sich später gemeinsam mit seinem Sohn selbstständig. Er gründete eine Weinhandelsfirma, nahm Winzer aus verschiedenen Regionen Kaliforniens unter Vertrag und die lieferten ihre Trauben ab. Ein Modell, das später auch in Deutschland Schule machte. Sein Sohn machte das Marketing in USA und Kanada.

Bei ihm gab es zu den Weißweinproben kein Brötchen, sondern Apfelscheiben, Erdbeeren etc. Bei der fehlenden Säure der kalifornischen Weißweine ein probates Mittel, einen fruchtigen Geschmack zu erreichen. Auch er hatte Namen wie Johannisberger und Rheinriesling im Verkauf. Ich sprach den Herrn Schug auf die Verwendung der deutschen Bezeichnungen an. Wie kann die deutsche Weinwerbung Erfolg haben, wenn die Bezeichnungen bereits verwässert sind? Kein Wunder, dass zu dieser Zeit der deutsche Wein fast nur als Blue Nun aus Rheinhessen und der Kröver Nacktarsch von der Mosel – zuckersüße Plörre – auf dem Markt war. Er verstand meine Argumente und ich habe schon oft sein Credo zitiert: „Das wichtigste Ziel in der Weinwirtschaft muss sein, dass weltweit die Weine immer besser werden, dann sind für uns alle Marktanteile drin!!!"

Natürlich standen auch intensive Führungen von Frisco auf dem Programm, dabei durfte das Cable-Car-Fahren nicht fehlen. Das legendäre Taxifahren erlebten wir gemeinsam mit Günther und Johanna. Der Fahrer machte sich einen Spaß daraus, über die „Blind Summit" zu schießen und amüsierte sich über die gellenden Schreie der Frauen. Ich hoffte, dass die anderen Verkehrsteilnehmer wussten, dass wir kommen! Günther war sich sicher, dass die Touristenattraktion feste Regeln hat. – War gut gegangen!

Doch wir waren ja auf dem Weg zu einer Jamsession in einem Hotel. Mit einigen anderen Mitreisenden betraten wir das Foyer. Wie zu dieser Zeit üblich, gingen wir über einen hohen dichten Teppichflor zu dem Saal der Jazzveranstaltung.

Gelächter habe ich ausgelöst mit der Bemerkung: „Mensch, Leute, das läuft sich ja hier wie bei mir in einer frisch gemulschten Rebzeile!" – Blöder Vergleich, ich gebe es zu.

Einige aus der Gruppe verlängerten die Reise nach Las Vegas und zum Hoover Staudamm. Wir flogen mit den anderen nonstop nach Frankfurt zurück. Eine gut organisierte Reise war zu Ende. Wir haben viele Erfahrungen gesammelt und Eindrücke, die sich verewigten. – Der Wein aus Amerika hat

Weltniveau erreicht, aber die unbarmherzigen air conditioner, das eiskalte Bier und die Zapfpistole für die Softgetränke waren geblieben. Der „American way of life" wird nicht meiner!
Brigitte hatte keine Probleme mit dem langen Flug, und privat kam schon hin und wieder die Frage auf: Wie kann die Beziehung weitergehen? Denn – sie hatte eine gut gehende Praxis und ich ein mich forderndes Weingut!?!

Bei mir zu Hause war der Alltag 1994 mit den Kindern und den Mitarbeitern zufriedenstellend. Es läuft nicht alles immer rund, so ist eben Alltag. Meine Frau Großmann war schon mal der Sündenbock, wenn bei den anderen nicht alles so geklappt hat. Sie verteidigte sich: „Immer bin ich schuld, wenn die anderen was falsch machen, und ich als Kauffrau muss die Drecksarbeiten machen." „Frau Großmann, haben Sie es klirren gehört?" „Nein, warum, ist was passiert?" „Ja, es ist Ihnen gerade ein Zacken aus der Krone gefallen." – Wir konnten beide wieder lachen.
Bei Frau Großmann bahnten sich Veränderungen an. Ihrem Koch hatte sie schon vor Monaten den Laufpass gegeben, und auf der Weinwoche in Wiesbaden hatte sie sich verliebt. Nach einigen Wochen teilte sie mir mit: „Herr Eser, ich bin schwanger." „Ja musste denn das so schnell sein, von einem Menschen, den Sie so gut wie nicht kennen!" Ich war so richtig in eine Vaterrolle geschlüpft. „Ich wollte ja sowieso noch ein Kind und er will mit mir in sein Haus im Vogelsberg ziehen." Auf meinen konsternierten Blick kam ihr schalkhaftes Lächeln zurück: „Ich habe auch schon jemand in Aussicht, der meine Stelle übernehmen könnte. Wissen Sie, die junge Frau in der Feldstraße, die mit den drei Kindern, wo der Mann kürzlich gestorben ist. Ihre Eltern aus Berlin, beide in Rente, wollen hierherziehen, um die Tochter zu unterstützen. Die Frau hatte in Berlin einen kleinen Obstladen und der Mann war bei der Post. Sie müssen gute Leute sein, sie sind Zeugen Jehovas." „Das ist kein Problem für mich, solange ich nicht missioniert werde. Sie sollen vorbeikommen."
Da kamen also Frau und Herr Mönke, ungefähr in meinem Alter. Sie machten einen guten, vertrauenswürdigen Eindruck. Wir sprachen über die Aufgaben, die sie erwarteten, über die Miete und ihren Verdienst. Den zeitlichen Rahmen des Einzugs sollten sie mit Frau Großmann abstimmen.
Bei meinen Helfern im Betrieb hatten sich auch Veränderungen ergeben. Andreas war von seinem Wehrdienst seit einiger Zeit zurück. Der Pensionär

war weggezogen und nicht mehr greifbar. Ersatz gab es von einem Klassenkameraden in Rente, der Fahrer in einer Spedition war und den ich gut für alle Arbeiten gebrauchen konnte.

Das Ehepaar Mönke war zwischenzeitlich eingezogen und Frau Mönke mit ihrer herzlichen Art konnte gut mit Kunden umgehen. Sie hatte im Verkauf gewusst, dass man auch beim Wein dem Kunden die Wahl lässt und nur Alternativen bieten muss. Mit Herrn Mönke hatte ich vereinbart, wenn Not am Mann ist, sollte er helfen und die Stunden aufschreiben. Er war ein humorvoller Berliner. Eines Morgens, es war eine Lieferfahrt mit dem LKW angesagt, kam mein Alterskamerad mit einigen Schnittverletzungen im Bartbereich. Auf meine Frage: „Na, Hans, hast du heute Morgen eine neue Rasierklinge ausprobiert?", kam auch schon ganz verschmitzt die Erklärung von Herrn Mönke: „Nee, Herr Eser, dat war der vergebliche Versuch, mit Messer und Gabel zu essen." Sprach's und verzog sich erst mal. Wir zwei haben dann während der Fahrt einige Male noch darüber geschmunzelt.

Für meine Lieferfahrten zu den Fachhändlern war ich meistens bis abends am Telefonieren und der Bus war dann knackevoll. Auch vorn in den Fußraum und auf den Beifahrersitz kamen Kartons, die mit dem Anschnallgurt arretiert wurden. Da konnte ich Frau Mönke auch nach Feierabend bitten zu helfen. Die Touren in den Raum Kassel–Hannover habe ich immer in der Wochenmitte geplant. Dann fuhr ich am Abend noch nach Bad Homburg zu Brigitte. Wir aßen Abendbrot und tranken ein Weinchen. Eines Abends überraschte sie mich mit einem Wein, den ich unbedingt testen sollte. Also probiert. „Hm, sehr trocken, kein Riesling. Der Wein hat aber viel Volt, einen hohen Alkoholgehalt. Zeig mir bitte das Etikett." Es war ein Ruländer mit 14,5 % vol Alkohol. „Den kann ich heute Abend nicht mehr trinken, wenn ich um fünf Uhr on tour sein will."

Diese Touren in den Norden waren immer sehr anstrengend. Im Schnitt zehn Kunden pro Tour. Es gab kein Navi, der Straßenatlas lag neben mir, in den Großstädten der Stadtplan auf dem Schoß. Immer gut gegangen, einmal im Düsseldorfer Raum bin ich mit einem LKW in Berührung gekommen. Der Außenspiegel war gerissen.

Das Schlimme war immer, die Erreichbarkeit der Kunden zu schaffen. Ein Handy war dann später sehr hilfreich. Vorher musste man Raststätten anfahren und öffentliche Fernsprecher (Telefonzellen) benutzen, mit den allseits bekannten Problemen. Wenn dann um 19 Uhr der letzte Kunde geschafft

war, ich in Ruhe gegessen hatte, war ein Nickerchen auf der Fahrerbank angesagt. Wecker brauchte man keinen, denn im Winter wurde man von der Kälte wach, und im Sommer hat dich der versteifte Rücken wach gemacht. So kam ich selten vor 24 Uhr zu Hause an. Einmal, es war schon drei Uhr, stellte ich mein Auto ab und ging am Betrieb vorbei in meine Wohnung. Um acht Uhr war ich wieder auf der Matte und ging durch den Seiteneingang in den Betrieb. Da saß Herr Mönke ganz geknickt vor einem Berg von Fassdauben und geborstenen Flaschen. „Was ist passiert, Herr Mönke?"
Er war in der Nacht in seiner Wohnung über dem Verkaufsraum auf die Toilette gegangen, als es unter ihm zu scheppern begann. Der Trägerbalken über der Theke hatte sich aus der Verankerung gelöst (Pfusch am Bau). Die Dekorflaschen, die darauf standen, zersplitterten am Boden. Die Fassdauben, auf dem Balken arretiert, fielen teils zu Boden. Mein erster Gedanke war: Ein Glück, dass dies nicht bei einer Weinprobe passiert ist, zumal die Helfer dann unter der Pergola der Fassdauben gestanden hätten. Ich ging zum Telefon und rief den Schreiner an, der einst die Arbeiten ausgeführt hatte, er war bankrott. Mein Schreiner stellte dann fest, dass der Vorgänger nur einen Zimmermannsnagel benutzt hatte. Jetzt wurde es richtig gemacht. Am Abend war von dem Malheur nichts mehr zu sehen. Nur eine kleine Schramme auf der Theke blieb zurück. – War wieder mal gut gegangen!

Lehrfahrt nach Südafrika und Urlaub auf Barbados 1995

Im Februar/März 1995 stand wieder ein Highlight für mich an. Eine Lehrfahrt nach Südafrika in der dortigen Herbstzeit, eine Studienreise mit zahlreichen Rheingauer Winzern. Organisiert und begleitet war die damalige Reise von Dr. Ambrosi, dem ehemaligen Direktor der Staatsweingüter in Eltville. Er hatte nach dem Krieg zwanzig Jahre in Südafrika in der Weinwirtschaft gearbeitet und war mit der dortigen Weinszene bestens vertraut und vernetzt. Die damalige Reise begann im Krüger-Nationalpark und mit einem großen Bus ging es durch das Tierreservat mit Übernachtung in einer Lodge inmitten der Natur. Bei der Weiterfahrt am nächsten Morgen hatten wir einen amüsanten Stopp.
Eine gemischte Gruppe von über hundert Pavianen hatte sich auf dem warmen Asphalt versammelt. Neben der Fellpflege bei den Kleinen und bei den Großen untereinander waren auch die jungen Pavianmännchen fleißig mit den Vorbereitungen für das Paarungsritual beschäftigt, das dann der

Rudelhäuptling, der Pavianpatriarch, ungestört von dem Gekreische unserer Frauen standfest und naturvorgegeben erfüllte. Die Kommentare haben uns zwischendurch bis Port Elisabeth begleitet.

Im Indischen Ozean haben wir bei unserem Strandhotel auch gebadet. Man hat uns vor der Sogwirkung nach draußen gewarnt und so schwammen wir mit einigen in einer Linie nebeneinander. Nach einigen Minuten habe ich mich entspannt auf den Rücken gedreht, die sogenannte „Toter Mann"-Lage. Als ich mich wieder drehte, war ich zehn bis fünfzehn Meter von den anderen abgetrieben. Heiß erinnerte ich mich an die Mahnung und machte kräftige Kraulbewegungen, um wieder die anderen zu erreichen. Ausgepowert erreichte ich den Ersten: „Gib mir deine Hand!" Daraufhin erzählte er voller Stolz, er habe mich gerettet. Damit konnte ich leben, aber in fremden Gewässern ist schon Vorsicht geboten.

Ein Erlebnis war eine Bootstour auf der Lagune in Knysna zum 70. Geburtstag von Dr. Ambrosi und dem Geburtstag meines Cousins Wilfried. Die hatten gute Weine organisiert, die landestypische Küche war perfekt. Da durfte bei unserer stimmgewaltigen Truppe ein musikalisches Ständchen nicht fehlen. Ein Kreolentyp bediente sein Keyboard ohne Noten gekonnt. Dem sang ich das „Sassa" aus der Maske in Blau vor, den Rumbarhythmus hat er eingestellt und nach zwei Übungsdurchgängen strahlte der Pianist mit uns um die Wette, denn auch die Synkopen zu spielen hatte er hinbekommen. Da war der Gesang mit „So ein Tag, so wunderschön wie heute" und dem abschließenden „Sassa" ein Höhepunkt auf afrikanischem Boden. Man muss die Feste feiern, wie sie fallen!

Natürlich standen zahlreiche Winerys auf dem Programm und die Weinproben waren für uns Weinnasen hochinteressant. Von dieser Reise möchte ich einen Betrieb herausstellen, weil es eine modern konzipierte Weingutanlage war. Geld hat bei diesem Modellprojekt keine Rolle gespielt, denn der Eigentümer war de Beers, der größte Gold- und Diamantminenbesitzer Afrikas: Vor uns auf einem halbrunden Hügel sahen wir ein kleines Gebäude, das wir mit unserem Bus auf einer geteerten Straße erreichten. So kamen auch die geernteten Trauben in kippbaren Maischewagen zu diesem obersten Punkt, wo auf dem Plateau neben dem Gebäude eine Waage installiert war. Die Maischewagen haben die Form und auch die Funktion einer Lore im Bergbau, nur viel größer. Vor dem Abkippen wurde erst das Gewicht festgehalten und mit einem Gerät an drei verschiedenen Stellen Proben von den Trauben entnommen. Das diente der Kontrolle des Mostgewichts mittels Refraktometer und danach wurde der Kippvorgang eingeleitet. Die Trauben fielen in eine Auffangwanne, unter der eine Trauben-Entrappmaschine stand. Ohne mechanische Beanspruchung fiel die entrappte Maische in Maischetanks, von da dann später in die Weinpresse. Darunter war der Gärkeller, wieder ein Stockwerk tiefer waren die Lagertanks und darunter war der größte Platz für die Lagerung der Barriquefässer. Über Wendeltreppen konnten wir das pumpenfreie Modell eines Kellereigebäudes studieren. Ein Vorzeigebetrieb! Wir hatten insgesamt einen guten Einblick in die weinbaulichen Gegebenheiten Südafrikas bekommen. Moderne, gut geführte Betriebe wurden uns vorgestellt, die ansprechende Weine erzeugen. Damals war Mandela das erste Jahr Präsident des Landes, an den Townships sahen wir, dass noch viele Aufgaben auf ihn warteten. In den Betrieben erlebten wir die schwarze Bevölkerung, die oft ihre Wohnungen beim Betrieb hatten, aber getrennt von weißen Arbeitern und von Mischlingen. Doch alle waren freundlich, zugänglich und hatten das Lachen nicht verlernt. Wir haben bei diesen Exkursionen etliche deutsche Weinfachleute kennengelernt, die als „ehemalige Geisenheimer" oder „Weinsberger" ihre Berufszeit in Südafrika verbracht haben, auch gut verdient hatten, denen es aber finanziell nicht möglich war, im Alter in ihre alte Heimat zurückzukehren. Doch sicherlich wird das gute Klima Südafrikas und die herrliche Landschaft sie darüber hinwegtrösten. Die Reise war ein Erlebnis!!!

Brigitte hat mir dann 1995 gesagt, dass sie nicht mehr an eine Heirat mit mir denkt, aber sie möchte damit nicht unsere Beziehung beenden.
So verbrachte ich vierzehn Tage allein auf der Insel Barbados in der Karibik. Eine gepflegte Hotelanlage, an einem Traumstrand gelegen, war meine Bleibe. Jeden Tag um die Mittagszeit das gleiche Schauspiel am Himmel. Mit hohem Geräuschpegel nahte die legendäre Concorde. Dieses französisch-britische Überschall-Passagierflugzeug mit seiner typischen hydraulisch absenkbaren Nase. Ein imposanter Anblick, wie sie im Landeanflug auf den nahe gelegenen internationalen Airport einschwebte! Es ergab sich ein kleiner Flirt mit einer dunkelhäutigen Mauretanierin. Sie lebte in England, war aber gebürtig von Mauritius auf der Ostseite Südafrikas, im Indischen Ozean gelegen. Wir unterhielten uns sehr gut, kostenloser Unterricht und Training für mein Englisch. Doch sie gab mir charmant zu verstehen, dass ich ihr für

eine Beziehung zu alt sei. Ich ließ mich ja sonst nicht so leicht abschütteln, aber ich hatte in den Tagen vorher schon erlebt, wie weiße Europäerinnen sich mit den zotteligen, ungepflegten Einheimischen einließen. Mein Frauenbild hatte in diesem Urlaub gelitten, und ich dachte: „Wer weiß, wofür es gut ist!"

Meine Zimmernachbarn im Hotel waren ein nettes Ehepaar aus Norddeutschland. Wir erkundeten gemeinsam die Insel und das Leben und Treiben der Einheimischen. Eines Abends, wir waren auf dem Rückweg ins Hotel, hörte ich Gesang, aber nicht profihaft vorgetragen. Das Ehepaar wollte ins Hotel, so ging ich allein der Musik entgegen. Da war ein gut besuchtes Gartenlokal und ein weißer Animateur stellte internationale, meist amerikanische Karaokemusik vor. Bei einem Drink studierte ich seine professionelle Auflistung der Titel. Da waren einige Sinatra-Lieder dabei und ich gab mein Debut mit „My Way"! Der Beifall tat mir gut. Es trauten sich immer mehr zu singen, mal besser, mal weniger gut. Doch darauf kommt es nicht an, denn die Angst, allein mit dem Mikrofon vor Publikum zu stehen, die muss man überwinden. Da komme ich heute noch in Rage, wenn sich Leute ein negatives Urteil über Vortragende erlauben, die im Leben noch kein Mikrofon in der Hand hatten und im Alltag keine Katze hinter dem Ofen hervorlocken können.

Am Ende des Abends, ich hatte noch einige Titel gesungen, gab mir der Animateur eine Liste von großen Hotels, wo er die nächsten Auftritte hatte. So verbrachte ich die restlichen Abende mit ihm, und immer, wenn im Laufe des Abends die Akteure schwächelten, hörte ich: „Ludwig, please, it's your turn now!"

Das Jahr 1996 und die Kur in Bad Dürrheim

Es kam das Jahr 1996 und meine fünfte Kur in Bad Dürrheim vom 18.02.–17.03.1996. Bei der Ankunft stand der weiße Flügel noch im Foyer und Frau Schrenk, die Chefin, begrüßte mich persönlich. Ich bekam den Arzttermin und auch den Anwendungsplan. Es ging los, die tägliche Runde durchs Haus von Anwendung zu Anwendung. Am dritten Tag auf dem Weg zum Mittagessen hörte ich Klänge von „meinem" Flügel. Ja, wer spielt denn da? Ich setzte mich zu den anderen und hörte dem Spiel zu. War sehr ordentlich, mit der Frau muss ich ins Gespräch kommen! Gesagt, getan! „Sie spielen sehr gut, machen Sie das professionell?" „Nein, aber ich gebe etwas Klavierunterricht für Kinder. Aber meine Leidenschaft gehört dem Singen. Machen Sie auch

Musik?" „ Ja, ich spiele Klavier und singe auch von Operette bis Schlager."
„Das ist ja toll, da müssen wir uns unbedingt nach dem Essen unterhalten, aber erst einmal guten Appetit!"

Da konnte ich natürlich kein Mittagsschläfchen halten. Eine so adrette, charmante Dame mit Musik im Blut lässt man nicht warten. Auf dem langen Spaziergang im Kurpark – ohne Schnee – lernte ich dann ihr Leben kennen: Sie war gebürtige Hamburgerin, wuchs in einer sehr musikalischen Familie auf, studierte später Musik mit Hauptfach Gesang an der Staatlichen Musikhochschule Hamburg mit dem Wunsch, Opernsängerin zu werden. Aber … das Schicksal wollte es anders. Kurz bevor sie ein Anschlussstudium in Stuttgart begann, „verirrte" sie sich nach Hohenlohe und wurde dort für achtzehn Jahre Landwirtin. Nachdem ihre Kinder erwachsen waren, war der Ruf nach Musizieren übermächtig. Sie trennte sich schweren Herzens vom Hof und widmete sich erneut dem Studium im Fach Gesang, Klavier und der Chorleitung. Genau an dieser Schnittstelle lernten wir uns kennen.

Als wir vom Spaziergang zurückkamen, sollte ich ihr etwas vorspielen. Habe meine Noten geholt, die fünf Operettenbände, meine Evergreen-Noten und einen Band mit Frank-Sinatra-Titeln. Sie blätterte stürmisch in den Operettennoten und fand etliche Lieder für Sopran. Ludwig, kannst du das spielen? Ach ja, per Du waren wir auch schon! „Vilja, oh Vilja, du Waldmägdelein!" „Natürlich, kein Problem!" Nach dem Vorspiel, ja da kam doch eine Stimme zum Erklingen, die alle meine Erwartungen in den Schatten stellten. Und wie sie die Höhe nahm! Ich gab ihr bei meinem Spiel den Freiraum, den ein Sängerin braucht, um in ihren schönen Tönen gewissermaßen zu baden. Sie reagierte auf Tempiwechsel, sie gestaltete die Musik, welch eine musikalische Frau! Ich kam richtig ins Schwärmen.

Frau Schrenk, die Chefin des Hauses, war von unserer Musik sehr angetan. „Sie könnten doch vor Ihrer Abreise ein kleines Konzert geben. Ich lasse den Flügel in den Nebenraum stellen, dann können Sie ungestört üben." Das hörte sich gut an. Wir machten fleißig davon Gebrauch, Musik verbindet; nicht nur beim Tanzen: *Zwei Herzen im Dreivierteltakt, die hat der Herrgott zusammengebracht*, auch beim Singen: *Die ganze Welt ist himmelblau, wenn ich in deine Augen schau*, oder: *Meines Herzens brennende Sehnsucht*, bis zu: *Hörst du mein heimliches Rufen? Öffne dein Herzkämmerlein!*

In der Welt der Musik liegen die Gefühle offen, der Puls rast, das Herz schlägt Purzelbäume und der Zeitpunkt des Ineinandersinkens rückt immer näher!

Auf den Flügeln des Gesangs erwacht die volle, strotzende Sinneslust! Wow! Das Abschiedskonzert nahte, einer der Kurenden gab Akkordeonmusik zum Besten, eine andere las Gedichte, ich machte die Moderation und begleitete Annegret auf dem Klavier. Es waren noch einige Titel dazugekommen; ein öffentliches Liebesbekenntnis war: *Dein ist mein ganzes Herz*, gefolgt von: *In mir klingt ein Lied, Leise, ganz leise klingt's durch den Raum, Jede Frau hat ein süßes Geheimnis, Kann denn Liebe Sünde sein?* Unser Duett wurde richtig verstanden: *Niemand liebt dich so wie ich!*

Sie: *Sag mir, wie viel süße rote Lippen hast du schon geküsst?*
Ich: *Ich sag es nicht, wenn ich's auch wüsst.*
Sie: *Hast du aller schönen Frauen Gunst, die du begehrt, erreicht?*
Ich: *Ich sage nur, man hat's nicht leicht.*
Sie: *Liebster, wenn du auch ein Sünder bist, will ich nicht dran denken, öffne meine Arme weit zu neuer Seligkeit!*
Ich: *Du nur sollst in meinem Garten als die einzige Rose blühn.*
Sie: *Dann sei dir gnädig auch verzieh'n!*

Ja, da haben nicht nur wir vor Aufregung geglüht, nein, auch das Publikum war freudig erregt. Wir verabschiedeten uns mit der „Juliska" aus Maske in Blau von Fred Raymond:

*Die Juliska, die Juliska aus Buda-Budapest,
die hat ein Herz aus Paprika,
das kein' in Ruhe lässt!*

Da kam Annegrets Urgewalt des Temperaments zur Entfaltung, elektrisierende Erotik ins Spiel, und ihr „Hei!" als Schlusspunkt war ein Peitschenknall der Lust!!! Uff! Uff!!!!

Annegret

Was passierte dann? Natürlich haben wir uns so oft es ging gesehen. Annegret hat mich zum Klavierspielen animiert, wir haben weiter am Repertoire gearbeitet und gefeilt. Zwei Temperamente stießen auch manchmal aufeinander. Sich selbst zu beschreiben, dafür fehlt meist die nötige Objektivität. Darum möchte ich euch die Wünsche zu meinem 59. Geburtstag am 30.04.96 von Annegret nicht vorenthalten:

Lieber Ludwig!
Was soll ich Dir zum 59. Geburtstag wünschen?
Du hast in Deinem Leben viel erreicht:
beruflich hast Du es zu einigem Wohlstand gebracht.
Du kannst stolz auf Deine Kinder sein.
Du hast viel Glück im Liebesleben gehabt,
Du bist allgemein angesehen undbeliebt
– und doch gibt es Manches, was Du nicht besitzt,
weil man es nur erwerben bzw. erlernen kann.
Ich wünsche Dir, dass Du den Weg findest zu mehr innerer Ausgeglichenheit,
mehr Zufriedenheit, den Weg zu einer tiefen, ruhigen Lebensfreude!
Ich wünsche Dir auch mehr Nachsicht und Geduld
mit Dir selber und anderen Gegenüber.
Außerdem: Bleib so gesund und fit, wie Du bist. –
Allerdings würde ich dich auch weniger braun gebrannt
und muskelgestählt lieb haben. Alles andere ist wichtiger!
Ich wünsche Dir auch noch viele erfüllte musikalische
und erotische Stunden mit mir!!
Die Rose „Erotica" fehlt ganz sicherlich in Deiner Sammlung.
Die 1. Rose soll für Dich blühen,
die 2. für mich und die 3. für die Musik.
Mögen sie lange und intensiv duften und blühen
– entsprechend unseren herrlichen Liebesstunden!
In Liebe, Deine Annegret

Ja, da hat sie einiges richtig beschrieben und analysiert. Ich bin impulsiv, mitunter aufbrausend und kann auch verletzend sein. Aber ich kann auch Entschuldigung sagen. Doch eine Lebensweisheit sei gestattet: „Jeglichen Fortschritt verdanken wir den Unzufriedenen!"

Meine letzte Ernte 1996

Mein Sohn hatte im ersten Halbjahr 1996 sein BWL-Studium abgeschlossen und hatte mich schon während meiner Kur vertreten. Was ich ihm aufgetragen hatte, war nicht passiert, aber Abfalleimer und Papierkörbe hatte er gekennzeichnet. Kassenbucheinträge anders gemacht als der Vater. Ihr erkennt es schon: Das Problem des Mittelstandes, der Selbstständigen, die Jugend will andere Wege gehen. Die Kluft der Ansichten, sie klafft auseinander. Die einen reden von Erfahrungen, die anderen wollen sie machen.

Hier kommt der Ehefrau und Mutter eine wichtige Rolle zu, denn sie ist die Mittlerin, wenn die Meinungen aufeinanderprallen. Wir hatten keine, darum legte ich meinem Sohn Markus nahe: „Wir bleiben Freunde. Du hast eine gute Ausbildung, eine abgeschlossene Winzerlehre, sprichst fließend Spanisch und Englisch, mach deinen Weg!"

Bei meinem nächsten Besuch im Weinbauamt Eltville ging ich nach der Probenabgabe wie ferngelenkt zu Herrn Derstroff, zuständig für Pachtfragen und Rentenangelegenheiten. Ich wollte mich erkundigen über Pachtpreise und Bodenpreise. Er konnte mir nur ungefähre Richtwerte vermitteln, da die Verträge intern abgeschlossen werden und nicht von Amts wegen bestätigt werden müssen. Auf seine Frage, ob ich verpachten oder verkaufen wolle, konnte ich keine Antwort geben, nein, ich wolle mich nur informieren. Da erwähnte er noch: Herr Eser, es gibt noch bis Jahresende 1996 eine Produktionsaufgabenrente, die Sie beantragen können.

Mit dem Gedanken ging ich einige Tage schwanger. Meinen Schuldendienst hatte ich im Griff, mein Betriebsgebäude war so gebaut, dass es für andere Betriebszweige zu verpachten ist. Der vorhandene Weinbestand in Verbindung mit dem 1996er-Wein, den ich noch ernten wollte, würde für die nächsten drei bis vier Jahre im Verkauf reichen. Der Anspruch an mich war, meinen ganzen Bestand auf die Flasche zu bringen und zu marktgerechten Preisen zu verkaufen. Dann wäre ich 63 bis 64 Jahre alt, also im besten Rentenalter. An Verkaufen habe ich zu keiner Zeit gedacht, denn eine Substanz, an der Generationen gearbeitet haben, verkauft man nicht! Warum eigentlich nicht verpachten?

Noch etwas hat mich in dieser Zeit als Individualist beschäftigt. Ein Wohnmobil wollte ich für unseren Urlaub nach Italien einmal testen. Annegret und ich hatten natürlich Verona im Programm und die Weingegenden der Toskana wollten wir erleben. Ganz in der Nähe der Arena di Verona haben wir einen Parkplatz gefunden, entspannt und frisch geduscht konnten wir die Aufführung genießen. – Die Reise war: Freiheit, die ich meine! Also auf der Caravaning Messe in Düsseldorf im September schauten wir uns um, um zu entscheiden. Bei Hymer sind wir fündig geworden und handelseinig mit Peter Maier aus Wertach, ganz in der Nähe von Jungholz in Österreich, wo ich mir ein Konto zur Aufbesserung meiner Rente angelegt hatte. Dort sollte man bei dem Bankberater jährlich vorstellig werden, um Geldstrategien zu besprechen. Also das passt ja dann gut, da kann man die Wartungen am Mobil und die Bankgeschäfte verbinden. Das Wohnmobil sollte auch geschäftlich genutzt werden, darum auch eine Anhängerkupplung für meinen Anhänger. Laut meinem Steuerberater war die Anschaffung betrieblich veranlasst. Aber es musste ein Fahrtenbuch geführt werden, damit Privatfahrten ersichtlich waren. Unseren Urlaub im Jahr danach in die Weinregionen Frankreichs konnten wir steuerlich absetzen. Dazu braucht man neben dem Fahrtenbuch noch eine Reisekostenabrechnung und ein Tagebuch zum Nachweis der täglich besuchten Weingüter und Genossenschaften. Da ich nach Weinproben kein Auto mehr fahren darf, war Annegret meine Fahrerin. Unsere Spesen wurden pauschal gewährt. Es geht, ist aber wie alles im Leben mit Arbeit verbunden.

Nach der Weinlese 1996 stand mein Entschluss fest zu verpachten. Mein Bruder wollte die Weinberge nicht pachten, nur einen Pachtweinberg meiner Tante aus Offenbach übernehmen. Ein Aushang in unserem Raiffeisen-Warenlager und ich hatte ein Pächter für die Weinberge gefunden. Jetzt konnte ich am 01.12.1996 meine Produktionsaufgabenrente beantragen! Es konnte der Traktor mit seinen Zusatzgeräten, die Weinpresse, der Maischewagen verkauft werden. Die Geräte waren gepflegt und ich bekam einen guten Preis. Handeln muss man schon können!

In meinem Weinangebot hatte ich einen 1989er Kabinett aus dem Verkauf genommen. Er hatte einen geringen Alkoholgehalt, war sauber im Geschmack, fing aber an, geschmacklich müde zu sein. Unsere Goldene Regel war immer: Was uns nicht schmeckt, bieten wir auch nicht an. Diesen Wein hatten wir aufgezogen und nach Heilbronn gefahren. Dort wurde er von einem Winzer, der sich auf die Essigherstellung spezialisiert hatte, verarbeitet. Er war von dem Grundwein begeistert, er sei das richtige Ausgangsmaterial

für einen guten Essig. Ich habe noch welchen! Einmal Essig, immer Essig!
Ich hatte auch noch circa 2600 Liter stummgeschwefelte Süßreserve. Die war wegen der beginnenden Trockenwelle nicht gebraucht worden. Also nach der Weinlese habe ich die Süßreserve entschwefeln lassen, um sie danach mit dem Hefetrub der 96er-Weine aufzufrischen. Diese alte Süßreserve wurde durch diesen Hefetrub und die erneute Vergärung zu einem angenehmen Trinkwein. Nachdem der 1996er ein Jahr später gefüllt war, kamen alle Reste, die sich aus der Einhaltung des Weingesetzes ergeben, und die vergorene Süßreserve zu einem Cuvée zusammen. Da das Cuvée aus verschiedenen Jahrgängen, Rebsorten und Qualitätsstufen bestand, verkaufte ich später die circa 5000 Flaschen unter dem Namen: *Ludwigs Rentnerschoppen.* Aus dem Wein, mit Kohlensäure abgefüllt, war ein erfrischender Sommerwein geworden. Die Flaschen bekamen ein peppiges Etikett und für 5 DM war die Flasche zu haben. An so einen Renner hatte ich selbst nicht geglaubt.
Doch daran, dass die Schweiz ein sicherer Ort ist, um Geld anzulegen, und Sicherheit vor einem Finanzcrash bietet. Eine gute Freundin hatte mir die Credite Suisse in Basel empfohlen. Jetzt war es an der Zeit, mir meine Überstunden auszuzahlen und damit die Rente aufzubessern. Das Konto zu eröffnen war kein Problem, aber du musst unbedingt einem Menschen deines Vertrauens die Kontovollmacht erteilen. Wir werden nie erfahren, wie viel Geld in der Schweiz gebunkert ist, das von niemandem beansprucht wird, da der Einzahler verstorben ist, ohne jemanden ins Vertrauen zu ziehen.
Der Anfang der Schweizer Geldanlage war gemacht! Ob ich ein wenig schlechtes Gewissen hatte? Bedingt, ja: Aber was „der Staat" sich jedes Jahr an öffentlicher Verschwendung leistet, können Sie im Schwarzbuch des Bundes der Steuerzahler nachlesen. Da bin ich aus Überzeugung seit über fünfzig Jahren Mitglied, in diesem Bund der Steuerzahler. Auf dieses Thema komme ich in meinem Exkurs zurück.

Doch „Zurücklehnen" im Alltag war nicht angesagt. Weiter am Ball bleiben war die Devise. Denn: Sollte morgen die Welt untergehen und ich wollte heute noch einen Baum pflanzen, so würde ich ihn pflanzen. Was war doch am 4. September 1996 der Brief des Ehepaars Teige für mich eine Ermunterung:

Beim Schmökern in meinen Unterlagen bin ich gerade auf eine Notiz vom Oktober 1992 gestoßen: Eine Weinprobe mit Oberstudienrat Stein aus Königstein im Taunus. Ein langjähriger Kunde von mir hatte seinen Freundeskreis mit achtzehn Personen bei mir angemeldet. An einem Samstagnachmittag kam die illustre Gesellschaft gut gelaunt und voller Erwartungen an. In gewohnter Weise zelebrierte ich die Probe fachlich und gesanglich umrahmt. Da die Gruppe nicht zu groß war, entwickelte sich ein interessanter Dialog, der mir, ehrlich gesagt, lieber ist als ein Monolog. Geistreiche Menschen beflügeln die Ideen und der Lohn des Probeninterpreten ist natürlich die nachfolgende Bestellung. Der Nachmittag klang zufrieden aus.

Wie auf nachfolgendem Flyer ersichtlich wird, habe ich auch außerhalb Weinproben veranstaltet und das Image des Rheingauer Riesling gestärkt. Auch nach Niedernhausen hat mich meine Tochter begleitet, die mit Freude ihre Zeit als Oestricher Weinkönigin von 1991–1992 genossen hat und davor drei Jahre Prinzessin war.

Musikalische Weinprobe
in der Alten Kirche Niedernhausen

Ein Abend, der nicht nur Auge und Ohr, sondern auch dem Gaumen etwas bietet. Zur Verkostung bereit steht eine breite Palette vorzüglicher

Rheingauer Weine

aus dem Weingut Ludwig Eser in Oestrich. Die einzelnen guten Tropfen werden vom Winzer selbst vorgestellt, der ihre Art und jeweiligen besonderen Eigenschaften auf amüsante Weise erläutert.

Ludwig Eser,

im Rheingau weithin bekannt als Erzeuger hervorragender Weine (und einer Weinkönigin) erzählt nicht nur, sondern unterhält seine Gäste auch als Sänger und als Pianist - und sorgt so für einen vergnüglichen Abend für alle, die einen guten Wein zu schätzen wissen.

Freitag, 15. April 1994, 20 Uhr

Eintritt: 25 DM (Wein incl.); Vorverkauf: Buchhdlg. Sommer

Kontakt: Verein Alte Kirche Niedernhausen e.V.
Ulmenstr. 87, 65527 Niedernhausen, Tel. 06127 - 3370

Meine Tochter Patricia als Weinkönigin von 1991/92.

Sie hatte meinen Rat befolgt, sich zunächst als Weinprinzessin für das Amt zu interessieren. So wächst man in eine Aufgabe hinein, verliert die Scheu, vor einem großen Publikum zu reden, und lernt den Umgang mit einem Mikrofon. Rüstzeug für das Leben.

Der typische Ablauf meiner Weinproben

Nach der Begrüßung der Gäste habe ich mein Weingut vorgestellt mit seinen Weinbergen in Oestrich, Winkel, Mittelheim und Hallgarten sowie den Rheingau mit seinem einzigartigen Klima, in dem sogar Feigen und Kiwis wachsen: Der Riesling wächst auf circa 200 verschiedenen, tiefgründigen Bodenarten. Im Norden werden die Weinberge von den Taunushängen geschützt. Der Rheingau hat auf über vierzig Kilometern reine Südlagen. Die Sonnenreflektion des bis zu einem Kilometer breiten Rheinstroms sorgt für ein beständiges, wachstumsförderndes Kleinklima.
Der Rheingau hat: KULTUR – TRADITION – ERLEBNISWERT
Zur Eröffnung gab es meistens einen Winzersekt aus unserem speziellen Rheinglas mit seinem grünen Stiel und den Moussierpunkten, die die Kohlensäureperlen lebendig werden lassen. Unser Winzersekt war handgerüttelt nach der Méthode champenoise. Weiter ging es mit folgenden Erklärungen: Der Grundwein für Sekt stellt besondere Ansprüche an die Qualität und es wird durch Zugabe von Hefe und Zucker eine zweite Gärung eingeleitet, die in unserem Fall auf der Flasche stattfindet. Nach mindestens neun Monaten Lagerzeit beginnt das „Abrütteln" des Sektes. Auf speziellen Rüttelpulten wird die auf dem Kopf stehende Flasche, die mit einem metallenen Kronkorken verschlossen ist, gerüttelt. Dieser Rüttelvorgang wird einige Male wiederholt, bis sich die Hefe in der Flasche an der Unterseite des Kronkorkens abgesetzt hat.
Bevor der Hefepfropfen an dem Kronkorken degorgiert werden kann, müssen die Flaschenhälse in eine Kühlsole gehängt werden, sodass die Hefepfropfen vereisen. Nach dem vorsichtigen Öffnen des Kronkorkens schießt das vereiste Hefedepot aus der Flasche. Durch die Dosage, eine Zugabe von im Wein gelösten Zucker, erhält der Sekt seine Süße, um als Brut Sekt oder Trockener Sekt verkauft zu werden. Ein feinperlender Sekt ist so entstanden, der mit einem Druck von 4–4,5 bar normalerweise fünf bis sechs Jahre weiterreifen kann. Guter Sekt erkennt man daran: Wenn die Kohlensäure nach Jahren sich verflüchtigt hat, bleibt noch immer ein gutes Glas Wein zurück.

Ja, meine Damen und Herren:
Mit Sekt oder Wein besteigen wir die Rolltreppe,
die in die Behaglichkeit unseres Innenlebens führt.

Bei dem ersten trockenen Wein der Qualitätsstufe QbA gab es meist eine passende Essensempfehlung: eine deftige Küche oder Wurst und Schinkenempfehlungen!

Was man bei der Weinverkostung beachten soll: Unsere Augen begutachten Farbe und Klarheit. Ein junger Wein steht hellgrün im Glas, ein älterer Wein geht in den gelben Bereich, das ist dem Einfluss des Sauerstoffs geschuldet. Spätlesen und Auslesen stehen golden im Glas, und Beerenauslesen und Eisweine sind noch goldgeprägter und zeigen Schlieren an dem Glas. Ein Zeichen für einen vollen Geschmack lässt die Vorfreude aufkommen. Unsere Nase hat eine wichtige Funktion. Sie schützt uns davor, etwas Verdorbenes in den Mund zu nehmen, und sie erkennt auch den Korkschmecker.

Beim Schmecken zieht man den Wein in einem kleinen Schluck schlürfend über die Zunge. Als Erstes empfindet man die mehr oder weniger vorhandene Süße, dann zeigt sich die Fülle des Weines, ein körperreicher voller oder schlanker, rassiger Geschmack. Im Abgang erkennen wir die Säure des Weines, geprägt von der Qualität des jeweiligen Jahrgangs, mal fruchtig, elegant den Gaumen umspielend, aber beim Riesling mitunter stahlig, nervig mit prägender Säurestruktur. Doch dieses Erschmecken von Süße – Fülle – Säure muss auf der Zunge harmonisch ineinanderfließen. Zurückbleiben muss ein fruchtiger, die Schleimhäute belebender Nachgeschmack und – die Verführung für den nächsten Schluck. Davon leben wir Winzer.

Nach dem zweiten Wein kam dann mein Mottolied, von mir auf dem Klavier gespielt und gesungen. „Wein am Rhein" aus der Operette Kölnisch Wasser von Willy Richards.

Hast du fürs Herz was gefunden,
schenkt dir der Wein frohe Stunden.
Stets sind vereint Liebe und Wein,
so war's und so wird's immer sein.
Es wird noch Wein am Rhein in hundert Jahren geben,
nur trinken andre dann vergnügt den Saft der Reben.
Andre singen dann ein Lied vom Wein
und von uns wird keiner dabei mehr sein.

Man wird auch dann am Rhein noch schöne Mädchen küssen,
wenn wir aus blauen Himmelswolken zuschauen müssen.
Drum ist es schad um jedes Glas, um jeden Kuss,
den man nicht küsst, um jeden Tag, den man nicht glücklich ist!

Mit dem dritten Wein wurde ein trockener Kabinettwein vorgestellt, passend zu einem saftigen Steak oder einem milden Hartkäse.

Fachlich habe ich jetzt die verschiedenen Qualitätsgruppen beim Wein nähergebracht: Der QbA ist ein Qualitätswein bestimmter Anbaugebiete. In unserem Fall ein QbA aus dem Rheingau. Ihm darf vor der Gärung Zucker zugesetzt werden, um einen höheren Alkoholgehalt zu erreichen. Das wird weltweit, wenn erforderlich, so gehandhabt. Beim Qualitätswein mit Prädikat handelt es sich um die Qualitätsstufen Kabinett, Spätlese, Auslese, Beerenauslese, Trockenbeerenauslese und Eiswein. Diese Weine dürfen nicht angereichert werden und das Ausgangsmostgewicht bestimmt das Prädikat.

Bis 85° Grad Oechsle →Kabinett
Ab 85° Grad Oechsle →Spätlese
Ab 95° Grad Oechsle →Auslese
Ab 125° Grad Oechsle →Beerenauslese
Ab 150° Grad Oechsle →Trockenbeerenauslese

Ein Eiswein entsteht, wenn bei mindestens –11 Grad Celsius die Trauben gefroren geerntet werden. So wird nur der Extrakt der Beere bei der Pressung gewonnen. Je nach Mostgewicht entsteht so ein Eiswein Beerenauslese oder Eiswein Trockenbeerenauslese. Der Kabinettwein ist für den täglichen Verzehr gut geeignet, denn er hat den niedrigsten Alkoholgehalt. Weinsprüche dürfen nicht fehlen:

Wir entdecken überall im Leben Ecken,
doch ich gebe euch hier kund,
Wein macht alle Ecken rund!

Der vierte Wein im Glas ist ein Charta-Wein, ein Riesling Kabinett. Diese Charta-Vereinigung der Rheingauer Winzer wurde von Bernhard Breuer aus Rüdesheim 1984 ins Leben gerufen, mit dem Ziel, den klassischen Rheingauer Riesling zu pflegen und zu protegieren. Diese Charta-Weine sind besonders strukturiert, haben einen vollen Geschmack und mit bis zu elf Gramm Restzucker und über 8 °/oo Säure sind sie langlebig und bieten auch

einer gehaltvollen Sauce noch Paroli.
Ach, die Analysedaten bei einer Weinprobe zu benennen, ist nur bedingt hilfreich und auch für das Geschmackserlebnis wenig aussagefähig, denn:

Was sagt ein Röntgenbild schon über eine schöne Frau aus!?!

Wein allgemein fördert die Geselligkeit, weckt die Sinne, und so ist sicherlich das Trinklied von Ludwig Schmidseder entstanden: Ich trink den Wein nicht gern allein! Melodie und Text habe ich dann auf meine Art vorgetragen:

Wenn ich in mein Glaserl schau, und drinnen funkelt der Wein,
und deine Augen leuchten so blau, dann fällt mir immer wieder ein:
Warum nahm ich oft nur das Leben so schwer?
Warum war mein Glas und mein Herz oft so leer?
Den Grund hab ich erst heut entdeckt: Weil ohne dich der Wein nicht schmeckt!
Ich trink den Wein nicht gern allein! Es müsst schon jemand bei mir sein,
der mit mir trinkt und mit mir singt in einer Sommernacht bei Mondenschein!
Dann hat der Wein, so edel und so mild, erst seinen tiefen Sinn für mich erfüllt.
Ich trink den Wein so gern zu zwein, am liebsten trink ich ihn mit dir allein!

Da wird doch die Rheinromantik lebendig, und mit der fünften Probe einer trockenen Riesling Spätlese im Glas, erinnert sich der Gaumen an das letztens genossene Schlemmergericht. Der Mainzer Schoppenstecher, ein Gedicht von Adolf Gottron, darf da nicht fehlen:

En Weinberg pflege is schon schwer, en Wein zu pflege noch viel mehr.
Un schließlich sagt mer nit umsonst: Aach Wein zu trinke is e Kunst!
Der Wein macht alle Sinne selig. Erst hört mern fließe, klar und ölig,
Dann sieht mern golden stehn im Glase un riechtn, blumig, mit der Nase.
Dann fühlt mern kellerkühl im Traume, dann schmeckt mern erst uff Zung und Gaume.
Erst wenn de ganze Mund debei is, do wäß mer, was des for en Wein is.
Das erste Gläsje schmeckt noch sauer, und erst nach ziemlich langer Dauer
Getraust de dich, de letzte Troppe zu trinke von deim erste Schoppe.
Und dann bestellst de der de zweite, den kannst de dann schon besser leide,
Duhst dich mit dem Geschmack versöhne
und duhst dich langsam dran gewöhne.
Beim dritte werst de awwer munter, dei Backe und dei Nos wern bunter.
Bei jedem Schluck, des merkste ständig, allmählich werd de Geist lebendig.
Ein Wink voll Würde nach dem Wirte, und stillvergnügt bringt der de vierte.

Bei dem – des hätt ich bald vergesse – do musst de unbedingt was esse.
Dann duht der fünfte vor dir stehn, du kimmst uff glänzende Ideen,
Host Einfäll, wie noch nie im Lewe, un host noch nie geredt wie ewe.
Un danach sitzt du vor dem sechste, jetzt liebst du rückhaltlos dein Nächste,
Dein Todfeind in normale Zeite, du redst per Du un kannstn leide.
De siebte Halwe, der ist kritisch, er macht die Mensche leicht politisch,
Loss en eweck, ganz still un sachte ihn iwwerhipp, nemm gleich de achte.
En jeder wääß, zum achte Gläsje gehört dem Mensch e Spundekäsche.
Des reizt de Gaume, stärkt de Mage – korz, mer kann widder ään vertrage.
Des wär jetzt also schon de neunte, um dich erum sin nor noch Freunde;
Die Gläser un des Hirn wern leerer, die Bää, die Köpp un Zunge schwerer.
Un von dem zehnte un vom elfte trinke zwä Schutzleit noch die Hälfte,
Die wolle Feierabend biete un dich vor einem Rausch behüte.
Wer Wein trinkt, muss vor allem wisse: Dort wo die Grenz halt is, do isse;
Mer derf en Karrn nit überlade – ää Tröppche mehr, des is zum Schade.
En Weinberg pflege is schon schwer, en Wein zu pflege noch viel mehr,
Un schließlich sagt mer nit umsunst: Aach Wein zu trinke, is e Kunst!

Mit dem sechsten Wein im Glas haben wir einen halbtrockenen Riesling QbA verkostet, der uns etwas Süße auf den Gaumen bringt und darüber hinaus gut zu Nudelgerichten und Sahnesaucen passt.

Wie in dem Gedicht erwähnt, wird doch im Weinberg die Voraussetzung geschaffen, um einen guten Wein zu erzeugen. Der Weinberg braucht Licht, Luft und Sonne. Die Reben werden auf einem Drahtrahmen gezogen, auf einer Höhe von circa 0,8–1,2 Meter Höhe entsteht die Traubenzone, darüber entwickelt sich die Laubwand mit ihren Blättern, die für die Assimilation und somit für die Zuckerbildung zuständig ist. Bei der Fotosynthese findet die Umwandlung von Stärke in Zucker statt und dessen Einlagerung in der Traube. Die eigentliche Arbeit im Weinberg leistet die Natur, aber vom Winzer sagt man, dass er circa siebzehnmal im Jahr jeden Rebstock gesehen haben soll. Der Rebschnitt beginnt nach der Ernte und der Holzausreife, danach folgen Bindearbeiten, die Bodenbearbeitung, der Pflanzenschutz, die Laubarbeiten, wobei der Zeitpunkt stets von der Natur vorgegeben wird. Der Winzer muss im Einklang mit der Natur arbeiten, er muss mit viel Empathie seinen Wein ausbauen und darüber hinaus auch ein guter Verkäufer sein. Wie schön, wenn er aus voller Überzeugung sagen kann:

> *Wo der Wein fehlt, stirbt der Reiz der Venus,*
> *Ist der Himmel der Menschheit wüst und freudlos!*

Der siebte Wein ist ein fruchtiger Riesling Kabinett Halbtrocken, der ein idealer Begleiter zu Frikassee oder Königinpastete sein kann. Einige Worte zu prämiierten Weinen. Jeder Wein muss eine Prüfnummer haben, bevor er in den Verkauf darf. Danach finden jährlich Weinprämiierungen statt, die von einem Fachgremium mit Gold, Silber oder bronzenen Preismünzen bewertet werden. Eine verkaufsfördernde Maßnahme, wie die folgende: So versuchten sich zwei Winzer mit neuen Namensbegriffen von der Konkurrenz abzuheben. Es waren ein Moselwinzer und ein Ahrwinzer Mitbewerber in einem großen Handelsgeschäft. Als der Moselaner seinen Wein Moselgold nannte, zog der Ahrwinzer nach. Der Moselaner kam auf die Idee und es prangte fortan Moselperle auf seinem Etikett. Das kann ich auch, und der Ahrwinzer kam mit Ahrperle auf den Markt. Doch als daraufhin der spitzbübische Moselaner seinen Wein Moselschleckerchen nannte, musste der Ahrwinzer notgedrungen passen. Mein dritter Gesangsvortrag: *Hundert volle Gläser*, eine Melodie von Franz Grothe.

Mit dem achten Wein, einem halbtrockenen Riesling Spätlese, haben wir einen großen Wein mit Zukunft im Glas, von dem man sich anregen lassen darf, um nach drei Gläsern zu erkennen:

> *Wein und Frauen sind auf Erden jedes Weisen Hochgenuss,*
> *denn sie lassen selig werden, ohne dass man sterben muss.*

Bei der neunten Sorte kommen wir zu einem harmonischen QbA im vollmundigen Bereich mit über 18 Gramm Restzucker. Ein unkomplizierter „Fußhochlegewein" zum Fernsehen, eben ein neutraler Longdrink. Wein und Gesundheit sind auch ein spannendes Thema. Die gesunde Leber des Mannes verträgt bis zu einer Flasche pro Tag. Die Leber der Frauen ist kleiner, die Hälfte ist angesagt. Den Wein in Maßen genossen, ist ein probates Kreislaufmittel und trägt zur Lebensfreude bei. Wie sagte schon der deutsche Arzt und Reformator der Medizin, Philippus Paracelsus:

> *Alle Dinge sind Gift, und nichts ist ohne Gift.*
> *Allein die Dosis macht, dass ein Ding kein Gift ist.*

So trinke ich seit meinem achtzehnten Lebensjahr jeden Tag Alkohol, nicht zwanghaft, nach Lust und Laune variierend. War selten für zu viel verführbar und möchte meine guten Leberwerte weiterhin erhalten. Ich schließe mich der Erkenntnis an:

Es gibt mehr alte Weintrinker als alte Ärzte!!!

Da war doch meine gesangliche Einlage, ein „Wiener Lied" von Peter Igelhoff passend mit dem Titel: *Ein kleines Räuscherl*! Mit viel Ausdruck vorgetragen!

Der Mensch lebt nicht vom Brot allein, das Brot, das kann auch flüssig sein,
das wussten schon die Ahnen, die ehrlichen Germanen.
Ein Mann, der stets nur Wasser trinkt, das Leben niemals ganz bezwingt.
Auch unsre schönen Frau'n mal gern ins Glaserl schau'n.
Ein kleines Räuscherl, das gehört nun mal zum Leben.
Ein kleines Räuscherl, das kann so berauschend sein!
Ein kleines Räuscherl, das kann so viel Glück dir geben,
ob in Grinzing, an der Donau, ob am Rhein.
Geht dir im Leben irgendwas daneben, kann es für dich nur eine Rettung geben:
Trink aus und schenk dir immer wieder ein!
Ein kleines Räuscherl kann ja so berauschend sein.

Mit dem zehnten Wein ist dann ein vollmundiger, saftiger Riesling Kabinett im Glas. Ein Wein zum Genießen und zum Plaudern über Gott und die Welt. Diese restsüßen Rheingauer Gewächse haben einst den Weltruf des Rheingaus begründet. Sie sind geeignet, die Vielfalt des Weingeschmacks im privaten Weinkeller über Jahre zu erhalten. Die Frage über die Haltbarkeit eines Weines kann man nicht pauschal beantworten. Der Reiz des eigenen Weinkellers liegt aber darin, immer wieder die Entwicklung der Weine zu erschmecken. Stellen Sie dabei fest: Oh, dieser Wein hat sich aber toll entwickelt, dann trinken Sie ihn:

Denn guter Wein und schöne Frauen haben eines gemeinsam:
Es wachsen immer wieder welche nach!

Da war sicher der Winzer eine Ausnahme, der auf die Frage: „Warum haben Sie keine Kinder?", nachdenklich antwortete: „Wenn ich es so richtig bedenke, dann hatte ich im Sommer keine Zeit, und im Winter habe ich nicht mehr daran gedacht."

So kann's gehen, wie auch dem „Fräulein an der Himmelstür", ein Komisches Lied von Richard Genée, bekannt durch Günter Wewel. Das Fräulein wurde an der Himmelstür von Petrus nicht eingelassen: *Weil du so dumm gewesen bist, dein Lebtag keinen Mann geküsst!!!* Da musste ich dann mit Verve nicht nur Klavier spielen, sondern auch singen und schauspielern.

Der elfte Wein, eine Auslese, hat mit seinen edelfaulen Aromen den Mund tapeziert. Er ist gewissermaßen ein florales Erlebnis auf der Zunge. Meine Damen und Herren: „*Lassen Sie sich bewusst mit jedem Schluck von innen küssen!*"

So einen Wein haben auch drei alte Winzer, der Heiner, Anton und Philipp probiert: Da meinte der Heiner: ‚Männer, bei so einem Wein müsste man einen Hals haben wie eine Giraffe, damit das Stöffche so ganz langsam die Kehle runterlaufe könnt.' Darauf meinte der Anton: ‚Da müsste dann noch eine Wendeltreppe eingebaut sein.' Worauf Philipp ergänzte: ‚Richtig, aber das müssten dann ganz alte, ausgetretene Treppenstufen sein, damit auf jeder Stufe eine Pitsch (Pfütze) stehen bleibt.'

Im Rheingau war es, wo der Ortspfarrer Besuch von seinem Bischof bekam. Als dieser mit fragendem Blick einen Stoß leerer Flaschen sah, beeilte sich der Pfarrer seinem Bischof zu versichern, dass keine Flasche ohne seinen geistigen Beistand geleert worden sei.

Da konnte ich auch noch die Beichte von Franz von Suppé vortragen. Ein humoristisches Lied von einem Mädchen, das zum Pfarrer beichten geht: „Sonst nichts!"

Ach, gar etwas ist noch geschehen, o hört mein Flehen,
lasst nicht verdammt mich sein.
Als wir beim Mondenscheine einst wandelten alleine
und in des Waldes Mitte so lenkten unsre Schritte,
da zog er mich mit männlicher starker Hand
an seine Brust, von heißer Lieb entbrannt, umfasste mich!
Was tat er noch? Sprich weiter, sprich!
Ach, das war die schönste Zeit, der erste Kuss so voller Seligkeit!
Sonst nichts? Sonst nichts?
Ein Himmelreich liegt in dem Kusse, drum küsse fort zur Buße!

Kurt Böhme hat es nach dem Krieg bekannt gemacht, es gehörte ins Konzertprogramm der Männerchöre, so es denn ein Sänger in Szene setzen konnte!?!

Es gibt hunderte von geistreichen Weinsprüchen und Weinproben, die auf verschiedenste Art präsentiert werden. Eine Feststellung über Wein möchte ich Ihnen nicht vorenthalten:

> *Der Wein kann die geistige und künstlerische Genialität erhöhen.*
> *Man darf jedoch nicht glauben, dass der Wein die Intelligenz verbessert.*
> *Er verstärkt aber den Zustand, den er vorfindet.*
> *Er macht den Intelligenten kreativer und den Dummen noch dümmer!*

Die Jahre 1997–1999 und der Kubaurlaub 1997

Das Jahr fing gut an. Ich wurde sechzig Jahre alt. Da muss man feiern. Eingeladen hatten Annegret und ich neben der Familie meine Freunde, einige gute Kunden, die Mainzer Hofsänger mit Frauen und den Kirchenchor Oestrich. Da hatten wir in den Rheinterrassen Molsberger, damals geführt von der Familie Schwed, genügend Platz für die circa hundert Gäste. Unser Klavier brachten wir fachmännisch dorthin, denn der Abend sollte mit Musik und Gesang alle Gäste und mich erfreuen. Der Kirchenchor machte mir ein Geschenk mit dem Auftritt von Lothar Meckel und Hermann Becker, die mit ihren Mundartbeiträgen für Heiterkeit sorgten. Der Kranmeister Schieferstein hatte es sich nicht nehmen lassen, für meine Gäste eine Spezialführung durch den Oestricher Verladekran anzubieten. So wurde mein Ehrentag würdig begangen und Annegret brillierte mit Charme und Stimme.

Für die Sommerferien hatte ich mit Annegret einen Kubaaufenthalt geplant. Unsere Hotelanlage war in Varadero auf der zur USA gewandten Seite. Freundliche Menschen sorgten für uns, viele sprachen Deutsch, welches sie in der DDR gelernt hatten. Unsere Bedienung wollte uns partout ihrer Familie vorstellen und uns zum Lobsteressen einladen. Die Fischer mussten solche Fänge eigentlich abgeben, aber im Sozialismus gab es auch einen Eigennutz. So erlebten wir vereinzelt Privatinitiativen, kleine, gemütliche, schattige Plätze, wo es landestypische Getränke gab und die dazu passende Livemusik. Im Gespräch mit den Betreibern war immer wieder von Kontrollen des Bestandes die Rede, sodass es riskant war, etwas Privates zu verkaufen. Ein Ausflug nach Havanna, mit seinem Capitol und der Hemmingway-Bar, musste sein. Durch die Stadt schlendern, ihren morbiden Charme genießen, die alten amerikanischen Straßenkreuzer erleben. Ein bunter Markt mit einheitlichen Sonnenschirmen war gerade eröffnet und umwarb die Touristen. In unserem Hotel war eine Zigarrenproduktion erlebbar. Das Souvenir, die echte Havanna-Zigarre. Ein schönes Land, das heute zur Normalität zurückkehrt.

Der Begegnung mit Annegret in Bad Dürrheim waren drei sehr lebendige Jahre gefolgt, die in erster Linie geprägt waren von unserer gemeinsamen Leidenschaft für die Musik. Es machte uns unbändigen Spaß, bei Weinproben und festlichen Anlässen aller Art aufzutreten, unser Bestes zu geben, und das immer mit gutem Erfolg.

Das Wohnmobil, das ich auf der Caravan-Messe 1996 bestellt hatte, sollte Mitte Mai 1997 geliefert werden. Mein rollendes Wochenendhaus sollte ja auch eine Garage bekommen. Dazu wollte ich an meinem Betriebsgelände den Holzplatz auf der Ostseite verwenden. Die Maße in der Breite passten ideal und die Länge war mit 6,7 Meter ausreichend. Die Voranfrage an die Gemeinde wegen des Bauvorhabens wurde abschlägig beschieden. Begründung: Ein bestehendes sogenanntes Baufenster begrenzt die Bebauungsmöglichkeit auf dem Grundstück. Einspruch: Der Ausbau der Garage passt in das Gesamtbild, es wird kein Nachbar tangiert und darüber hinaus findet auch keine Grenzbebauung statt. Nach zwei Ortsterminen kam die Genehmigung. Das war dann in meinem Leben mein zweiter legitimer Sonderwunsch an die Stadtverwaltung. Mit dem Wohnmobil war ich dann viel auf Werbefahrten. Kundengewinnung und Kundenbelieferung mit dem Anhänger waren in dieser Zeit mein Aufgabengebiet. Ich wollte den Kundenstamm bei den Fachhändlern noch ausbauen. Mir war klar, dass dies nur Sinn macht, wenn ich einen adäquaten Nachfolgerbetrieb habe. Ein traditionsreiches Oestricher Weingut, mit zwei tüchtigen Söhnen, war bereit, meine Wirtekunden und die Fachhändler zu übernehmen. Die Weinbergslagen waren identisch mit meinem Weinangebot. Da man beim Weinverkauf eine Vorlaufzeit von über einem Jahr hat, muss man rechtzeitig planen. Wenn bei mir Weinsorten ausliefen, sollte das neue Weingut mit den gleichen Lagenamen dazukommen. Diese wichtige Voraussetzung für einen reibungslosen Übergang war also voll gegeben.

Mit meinem Bruder war vereinbart, dass er meine Privatkunden nach meinem Abverkauf übernimmt. Über den Preis werden wir dann verhandeln. Ja, ein guter Kundenstamm hat auch seinen Wert, den man auch unter Brüdern verlangen kann. Ich konnte mich entspannt weiter auf den Verkauf konzentrieren. Wenn ich unterwegs war, bediente Frau Mönke die Kunden. Die offenen Keller über zwei Wochenenden im Frühjahr, Herbst und vor Weihnachten behielten wir bei. Bei dieser Gelegenheit bekamen die Kunden zehn Prozent Rabatt und wir hatten die Frachtkosten oder die Anlieferung gespart.

Ludwigs Waterloo: die Bahnunterführung in Oestrich

Seit 1990 waren wir jedes Jahr mit dem Weinstand auf dem Pferdemarkt in Buttstädt hinter Weimar, zunächst mit dem Stand am LKW, seit zwei bis drei Jahren mit einem geliehenen fahrbaren, aufklappbaren Weinprobierstand. Meine Tochter hat mir immer bei dieser Veranstaltung gern geholfen und kam dazu aus Freiburg, wo sie studierte, angereist. An diesem Anreisetag zum Pferdemarkt sollte ich sie um zwölf Uhr in Mainz am Hauptbahnhof abholen, danach die Gisela aus Mainz, die mit uns in ihre alte Heimat fuhr.

Ich war an diesem Morgen mit allen Vorbereitungen gut in der Zeit. Der Vermieter des Weinstandes brachte mir noch irgendein Utensil und erinnerte mich: „Du darfst nicht die Unterführung in der Mühlstraße nehmen!" „Ja, ja, mach ich." Gut gelaunt und glücklich darüber, dieses Mal nicht zu spät nach Mainz zu kommen, setzte ich mich ans Steuer. Herr und Frau Mönke wünschten mir gute Fahrt und viel Erfolg. Gedankenversunken: Hast du an alles gedacht?, fuhr ich langsamen Tempos in Richtung Hauptstraße. Schön die Kurve ausgefahren, gab es plötzlich einen Knall und mit einem Ruck stand ich in der Unterführung. Du könntest platzen vor Wut und dich selbst ohrfeigen. Welche Macht der Erde bestraft dich für ein bisschen Selbstzufriedenheit? Was war passiert? Der ganze Aufbau hatte sich verzogen. Eine Seite zum Aufklappen war aus der Arretierung gesprungen und stand vor. Sie ging aber zu öffnen, sodass die Funktion des Standes gewährleistet war. Ich musste mich nur für die Fahrt eines stabilen Kordelpatentes bedienen. Mit Bauchweh fuhr ich nach Mainz, war natürlich zu spät. Doch als wir auf der Fahrt Eisenach mit der Wartburg passiert hatten, kam wie jedes Jahr an dieser Stelle von Gisela im thüringischen Dialekt: „Nu, jetzt sind wir schon an den *drei Gleichen* und bald auch deheme in *Buttscht*." Da konnten wir wieder lachen.

Die Reparaturkosten waren von keiner Versicherung gedeckt. Die 20.000 DM habe ich bezahlt, der Verdienst von den Weinfesten ging dabei drauf. Da bleibt der fiktive Trost: Bei fünfzig Prozent Steuerlast bezahlt der Staat die Hälfte mit.

Trost habe ich donnerstagsabends in der Gesangsstunde vom Kirchenchor nicht gefunden, mich aber gefreut, wenn da eine junge Sängerin von ganz

früher abends, beruflich bedingt, später in die Gesangsstunde kam. Meine Blicke haben sie wohlwollend bis auf ihren Platz begleitet. Sie war nach zwanzig Jahren wieder heimgekehrt. Bei unseren Nachsitzungen in diversen Straußwirtschaften habe ich immer versucht, in ihre Nähe zu kommen. Man weiß nie, wie es so kommt, und ein Eisen im Feuer muss ja kein Fehler sein.
Mit Annegret verband mich zwar weiterhin eine musikalische Leidenschaft, die wir bei Weinproben, Feiern und anderen Anlässen auslebten. Kurzum ... wir waren in unseren Temperamenten zu ähnlich, um an eine dauerhafte Beziehung zu denken. Außerdem fühlte sich Annegret noch sehr zu ihrer Heimat Hohenlohe und ihren Kindern hingezogen, die alle in Ausbildung waren. Das waren schwerwiegende Gründe, unsere Liebesbeziehung zu beenden, aber der freundschaftliche Kontakt besteht.

Nach zehn hausfrauenlosen Jahren und mit 62 Jahren erwacht dann auch der Wunsch nach erfüllender Zweisamkeit. Nach zwei Jahren Interesse zeigen, werben und flirten konnte ich 1999 Juttas Herz gewinnen. Sie zog also ganz allmählich bei mir ein und arbeitete weiterhin in ihrem Beruf. Mit 46 Jahren musste sie ja noch etwas für die Rente tun.

Betriebsänderungen und Reisen in den Nahen Osten
Bis ins Jahr 2000 war mein Weinabverkauf erfolgreich gewesen. Die Tanks und Fässer aus dem hinteren Keller waren verkauft, alle abgefüllten Flaschen waren etikettiert und ich hatte im Fasskeller genügend Platz, um die Flaschen in Kartons dort übersichtlich zu lagern. Herr und Frau Mönke waren froh, nicht mehr gebraucht zu werden. Sie zogen wieder nach Berlin und genossen ihre Rente. Jetzt musste ich nur noch mein Büro räumen, dann konnte ich die Betriebswohnung und die Verkaufsräume vermieten. Da ich keinen großen Kundenverkehr mehr hatte, richtete ich mein Büro in dem großen Heizungsraum neben der Wohnmobilgarage ein. Mein Schreibtisch und ein großer sowie ein kleiner Rollschrank fanden gut Platz. Der Heizungsbereich mit Pufferspeicher bekam eine Stoffumkleidung. Einen Sitzplatz für Kunden, die was abholten, gab es noch. Ich hatte am Schreibtisch einen Blick in meinen Garten und die Sonne konnte mich beim Arbeiten begleiten. Noch einige Bilder an die Wände und ich hatte einen gemütlichen Arbeitsraum.
Ein junges Ehepaar wollte die Betriebswohnung und die Verkaufsräume für ihr Internetgeschäft nutzen. Welche Miete kann man verlangen? Für die

Wohnung gibt es ja Vergleichsmieten, aber die Verkaufsräume, wie kann man sie bewerten? Da gilt dann: Leben und leben lassen, ausloten des Möglichen ist angesagt, auch sich in die Situation des Mieters hineinversetzen ist hilfreich. Erkenntnis ist: Willst du einen zufriedenen Dauermieter, hole nicht das Letzte an Mietzins heraus!

Meinen Getränkelieferwagen hatte ich in der Zwischenzeit verkauft, denn der größte Weinanteil wurde nun von dem neuen Weingut geliefert. Ich musste die Liefertouren nicht mehr begleiten, die jungen Männer und ihr Wein kamen bei meinen früheren Kunden sehr gut an. Sie hielten uns alle die Treue. Weiterhin sollte ich aber die Kontakte mit den Kunden pflegen und die Aufträge reinholen. Das habe ich dann noch mehrere Jahre mit Freude und erfolgreich gemacht.

Bei den Aussichten konnte ich beruhigt eine Seereise buchen. Meine Lebensgefährtin Jutta konnte keinen Urlaub im Januar bekommen, aber meine Tochter Patricia hatte Semesterferien und war begeistert, mit mir vom 08.01.–27.01.2000 eine Schiffsreise unter dem Motto „Märchenhafter Orient" zu machen. Schon auf dem Flug nach Mailand hatten wir Spaß. Einem männeraffinen Steward hatte ich ein Kompliment gemacht wegen des guten Rheingauer Rieslings im Angebot. Daraufhin drückte er mir eine Flasche davon warmherzig in die Hand und wünschte uns einen ganz besonders schönen Urlaub. Fängt doch gut an!

In Mailand auf dem Flughafen sagte ich zu meiner Tochter: „Vor uns läuft ein Ehepaar aus Oestrich. Wir müssen nicht sagen, dass du meine Tochter bist." Die wollten auch auf unser Schiff im Hafen von Genua.

An Bord habe ich ein junges Pärchen entdeckt, und bevor wir an unseren Tisch gingen, habe ich die mit meiner Tochter bekannt gemacht. Hat während der Reise gut funktioniert. Unseren Sechsertisch teilten wir mit einem Ehepaar aus Hamburg und einem alleinreisenden Banker. Nette Leute, wir hatten viel Spaß. Patricia, vom Mensaessen entwöhnt, ließ bei jedem Gericht und fast bei jedem Bissen ein genussvolles „Hmmmmmm!" ertönen. Das amüsierte unseren Banker so, dass er öfter nach dem Abendessen eine Runde Wodka ausgab. Nastrowje!!!

Ja, nach dem Essen spielte jeden Abend die Musik zum Tanzen auf. Der zweite Tanz gehörte unserer Tischnachbarin aus Hamburg. Sie war eine ganz tolle Tänzerin. Als wir von der Tanzfläche kamen und ich ihrem Mann ein Kompliment über die Tanzkünste seiner Frau machte, ermunterte er mich: „Machen Sie nur ordentlich Gebrauch davon." Wenn die Musik erklang, kam ihr aufmunterndes Augenzwinkern. Da kommt Freude auf!!!

Für mich war es ein Wiedersehen mit Port Said, Kairo und den Pyramiden. Weiter ging es durch den Sueskanal nach Scharm asch-Schaich, und am 15.01.2000 erreichten wir den Hafen von Akaba in Jordanien. Mit dem Bus ging es auf den Spuren von Sir Lawrence von Arabien durch das Wadi Rum nach Petra. Diese verlassene Felsenstadt war in der Antike die Hauptstadt des Reiches der Nabatäer. Ein einzigartiges Kulturdenkmal mit den Monumentalfassaden direkt in den Fels gemeißelt. Ein tolles Erlebnis für uns zwei. Die Gelegenheit nach Sanaa zu fliegen war uns zu teuer. Sanaa ist die Hautstadt Jemens und bekannt durch seine einzigartige Architektur. Sie besteht aus bis zu acht Stockwerken hohen Turmhäusern in Lehmbauweise, die vor mehreren hundert Jahren erbaut wurden. Unsere Hamburger Tischnachbarn waren hingeflogen und hatten uns das Gefühl vermittelt, es auch erlebt zu haben.

Dann bin ich aber doch von irgendeiner Macht für mein „lustvoll herausforderndes Tanzen" bestraft worden. Das rechte Bein war scheinbar zu weit in den Schritt der Tänzerin gerutscht, sodass die Wade des linken Standbeins dem Sinnestaumel nicht mehr gewachsen war. Ein Wadenmuskel war lädiert und erforderte Ruhehaltung. Ich wurde aber schön getröstet!

Endziel unserer Reise war Dubai am Persischen Golf, wie man es heute nicht mehr kennt. Patricia bekam ein tolles Perlenkleid. Für Jutta hatten wir in einem Gold Souk ein tolles Halsband mit ziselierten arabischen Motiven gefunden. Es hat uns gefallen. Bei der Kontrolle des Stempels für die Karatangabe stellten wir dann fest: Es war alles echt, aber „Made in Italy". Was soll's. Es ist heute noch ein tolles Schmuckstück!!!

Anfang des Jahres 2000 kam ich mit dem Winkler Pfarrer Hans Jörg in Kontakt. Er hatte eine Initiative für die Beschäftigung von Arbeitslosen gegründet und suchte eine Halle für Secondhand-Artikel, wie Möbel aller Art, Fahrräder etc. Ich stellte ihm die vordere Halle zur Verfügung, er sollte sein Glück versuchen. Doch im Laufe des Jahres 2000 hatte die gute Absicht des Pfarrer Jörg, Arbeitslosen eine Chance zu geben, ihr Ende gefunden. Die große Halle hat dann ein Dachdeckerbetrieb ganz übernommen, der mir bis heute die Treue hält.

Pfarrer Jörg war bekannt für gut geführte Israeltouren. Wir fuhren vom 15.–31. März 2000 dorthin. Flug nach Amman, Einreise nach Israel mit dem Bus.

Wir hatten einen tollen israelischen Führer mit gutem Kontakt zu den Palästinensern. Er erklärte uns die Probleme mit dem Wasser des Jordans. Die ganze Landwirtschaft lebt mit der Tröpfchenbewässerung und hat sich teilweise in Kibuzze zusammengeschlossen. Ein interessanter Abstecher war der Besuch des Toten Meeres, 418 Meter unter dem Meeresspiegel. Im Wasser sitzend Zeitung lesen! Also vom See Genezareth im Norden fuhren wir nach Nazareth, Jerusalem, Tel Aviv bis nach Eilat im Süden am Roten Meer. Die Klagemauer in Jerusalem, seine Altstadt haben wir gut gesichert besichtigt. Die Stätten des Christentums wie Nazareth, Bethlehem und der See Genezareth sind zwar geschichtsträchtig, aber machen dennoch aus einem Saulus keinen Paulus. Dass der Sabbat eine feste Zeit für Ruhe, Regeneration und Gemeinschaft mit Gott ist, verstehe ich total, aber dass man dann das Weißbrot ungetoastet essen muss, ist schwer zu vermitteln. Unser jüdischer Reiseführer war nicht gut auf die „Ultraorthodoxen" zu sprechen. Warum muss diese „schöne Welt" von so vielen unterschiedlichen Religionen mit ihren starren Regeln und einer Politik des Gegeneinanders beherrscht sein???

Das Ehepaar Jutta und Ludwig Eser 2001
Jutta und ich hatten uns ganz gut zusammengelebt. Der Garten war zum Teil vom jahrelangen Wildwuchs befreit und ich wollte sie gerne zu einer Schiffsreise einladen. Urlaub bekam sie, und so ging es vom 19.02.–03.03.2001 auf eine Schiffsreise ins westliche Mittelmeer und den Atlantik. Wir gingen in Marokko in Casablanca, in Agadir vor Anker, fuhren mit dem Bus nach Taroudant, weiter mit dem Schiff nach Lanzarote, Teneriffa und nach Madeira. Ihr hat die Seereise gut gefallen, sie war auf Land und Leute so neugierig wie ich. In mir wurde immer die Vorstellung konkreter, wir hätten ja mehr Reisefreiheit, wenn sie nicht mehr arbeiten würde. Aber mit 48 Jahren nicht mehr zu arbeiten, ist für sie riskant, denn sie hat ohne Heirat keinerlei Sicherheiten.
Sie hatte Urlaub, wir waren tagelang mit dem Wohnmobil auf Kundenbesuch, die Flasche Sekt stand gekühlt im Kühlschrank. Da wurde mir völlig klar: Die Freiheit, die du mit ihr haben willst, kannst du nur mit einer neuen Bindung bekommen. Der Korken knallte abends, und mein fragender Blick, sie hat ihn verstanden. Also wurde am 01.12.2001 im Familienkreis geheiratet.

Etwas unromantisch war die Beigabe zu unserer Hochzeit, denn wir hatten Gütertrennung vereinbart und eine Erbverzichtserklärung unterschrieben. Zugegeben, der Enthusiasmus der jungen Liebe lässt bei den meisten Heiratswilligen diese Überlegungen nicht zu. Aber faire Abmachungen, von Fall zu Fall verschieden, sind später hilfreich bei Auseinandersetzungen. Wie sagt der Rheingauer: *Vornweg gerührt, brennt hintenach nicht an!*

Am Hochzeitstag 1.12.2001

Also als jungvermähltes Paar verbrachten wir den Jahreswechsel 2001 auf 2002 im Wellness- und Gesundheitshotel Chrysantihof in Bad Birnbach im Rottal im Bayrischen Bäderdreieck. Der Chrysantihof und der Sternsteinhof waren schon lange Jahre gute Kunden von mir. Das damalige Geschäftsführer-Ehepaar hatte meine Weine als „Chefweine" im Programm und ich einen guten Draht zu ihnen. Im Laufe des Jahres 2001 war ich mit Jutta in Bad Birnbach zum Ausliefern. Da lud uns der Wirt ein, die Silvester-Gala musikalisch zu gestalten. Er kannte auch Annegret, die temperamentvolle Sopranistin. So lud er auch Annegret und ihren Freund Gustl ein, verbunden mit der Bitte: „Herr Eser, Sie machen gemeinsam mit Frau Stier einen unvergesslichen Abend unter dem Motto: „Ein Lied geht um die Welt."

Am Piano (auch mit Gesangseinlagen)
der ehemalige „Mainzer Hofsänger"
LUDWIG ESER (Tenor-Bariton)

Für den musikalischen Rahmen und Tanzmusik sorgt unser bewährter
„ALLROUND-Entertainer" **FRANZ SCHEUER**

Unsere Highlights:

Begrüßungscocktail mit kulinarischem Gruß vom Küchenteam
"G A L A - B U F F E T mit Traumschiff-Dessert"
Original Glücksbringer für 2002 und Tombolalos für jeden Gast
„Riesen-Feuerwerk" zum Jahreswechsel
„Bayerische Schmankerl" nach Mitternacht für den 1. Hunger im Neuen Jahr
Ziehung der Tombola-Gewinner

Anschließend feiern ohne Ende!

Preis pro Person DM 154,00
(Ihre nicht eingenommene Halb- oder Vollpension wird in Abzug gebracht.)

Unsere SILVESTER-GALA 2001/2002
unter dem Motto:

EIN LIED GEHT UM DIE WELT

Eine ganze Nacht - Tanz und Unterhaltung zum Jahreswechsel

Annegret Stier

Star des Abends:
die temperamentvolle Sopranistin

mit Gesangseinlagen
aus Operette und Evergreens

Das hörte sich gut an! Wir haben uns an Silvester tapfer geschlagen zur Zufriedenheit der Gäste und konnten entspannt danach einige Tage Erholung genießen.

Zur Erinnerung: Am 01.01.2002 wurde der Euro eingeführt, aber es gab eine Übergangsfrist von zwei Monaten, wo noch mit DM bezahlt werden konnte. Die EC-Karten und Kreditkarten mit ihren Geheimzahlen blieben weiterhin gültig. Der Kurs der Währung war einprägsam. Für 2 DM gekam man knapp einen Euro, der offizielle Kurs war 1 € = 1,95583 DM. So steht es auch noch heute auf dem Spicker an meiner Rechenmaschine. Viele Leute hatten ein Problem, ihren Sparstrumpf offiziell umzutauschen.

Reise nach China, private Begebenheiten im Jahre 2002

Wir hatten uns noch im alten Jahr für einen Urlaub in China entschieden, zu dem wir am 04.05.2002 starteten. Der Flug ging nach Shanghai, eine der größten Städte der Welt mit 15 Mill. Einwohnern. Auf dem Weg vom Flughafen zum Hotel kamen wir an dem im Bau befindlichen Transrapid Shanghai vorbei. Eine in Deutschland entwickelte Magnetschwebebahn, die am 31.12.2002 eröffnet wurde. Die Betriebsgeschwindigkeit im Linienverkehr beträgt dort 430 km/h, die auf der kurzen Strecke für circa 50 sec erreicht wird.

Doch ohne Technik und entspannt war unser abendlicher Bummel zum Ritz-Carlton-Hotel. Die dortige Jazzbar hat man uns ans Herz gelegt. Damals erlebten wir dort den echten New Orleans Jazz mit klassischer Besetzung und dem Sound des schwarzen Amerikas. Toll gespielt von durchweg in die Jahre gekommenen Chinesen. – ÜBERZEUGEND!

In Shanghai bestiegen wir unser Flussfahrtschiff, das uns auf dem Yangtze – dem drittgrößten Strom der Erde – zu dem monumentalen Bauwerk des Drei-Schluchten-Staudamms bringen sollte. Die Schluchten, die wir auf der mehrtägigen Reise durchquert haben, sind einfach faszinierende Naturwunder. Man erlebt an Bord die nur 150 Meter breiten Canyons, deren grüne Felswände bis zu 1200 Meter in die Höhe ragen. Wir konnten diese gigantischen Eindrücke noch unverändert erleben. Heute ist der Fluss gestaut und hat seine Urigkeit verloren.

Der Drei-Schluchten-Staudamm war eine riesige Baustelle, aber die Aussichtsplattform für die vielen Busse war schon fertig. Auf der Weiterreise mit dem Schiff saßen wir mit einem Ehepaar zusammen und schauten uns gemeinsam die im Dunstschleier vorbeiziehende Landschaft an. Als wir vom Beruf sprachen und ich von meiner Zeit 1955/56 in Trier im Internat der Lehr- und Forschungsanstalt erzählte, sagte der Herr: „Dann kennen wir uns." In dieser Zeit war er zwar kein Schüler, aber Doktorand am Institut, der aber bei uns sein Zimmer hatte. Nach 46 Jahren kam dann die Erinnerung wieder. Da wusste er noch, dass ich abends immer so fleißig Tischtennis gespielt habe, wenn die anderen ihre Hausaufgaben übertrugen.

Unsere Schiffsreise endete in Chongqing und wir wurden mit dem Bus zum nächstgelegenen Flughafen für den Flug nach Xian gebracht. Nach circa zwei Stunden Fahrt wurde an einer Raststätte eine Pause eingelegt. Jutta blieb sitzen, ich wollte mir etwas die Beine vertreten. Beim Aussteigen schallte es mir entgegen: „ Ei Ludwig, was machst du denn hier?" Da waren doch tatsächlich zwei Ehepaare aus Oestrich, meinem Heimatort, in China unterwegs. Die Welt ist ein Dorf!

In Xian angekommen, ging es direkt zu den Terrakotta-Kriegern. Bauern hatten 1974 auf der Suche nach Wasser diese frühchinesische Grabanlage entdeckt. Es handelt sich um ein Mausoleum eines jungen chinesischen Kaisers aus dem Jahr 210 v. Chr. Die Grabbeigaben waren eine ganze Armee lebensgroßer Krieger aller Waffengattungen. Mit ihren Pferden aus Ton hat jeder Krieger eine andere Physis, total beeindruckend!

Ich war 1987 bei einer Chinareise schon einmal in Xian. Dies war dreizehn Jahre nach der Entdeckung des sportplatzgroßen Feldes. Damals durften wir noch zwischen den Kriegern umherlaufen und uns alles aus der Nähe ansehen und bewundern. Der Platz war damals mit Planen vor dem Regen geschützt. Die Archäologen waren mit Ausgrabungen und Restaurierungen beschäftigt. Inzwischen waren fünfzehn Jahre vergangen. Jetzt empfing uns ein aus edlem Granit erbautes Museum. Der Touristenandrang wurde gelenkt, keiner durfte mehr in die Nähe der Krieger. Mein Eindruck: Die Chinesen verstehen das Vermarktungsgeschäft aufs Beste.

Nach der Besichtigung der großen Wildganspagode, einem siebenstöckigen ehemaligen Tempel, ging unsere Fahrt weiter nach Peking. Da hatte sich viel verändert. Es lief jetzt eine Autobahn mitten durch die Stadt. Nachts erstrahlten die Leuchtreklamen, aber über Tag war der Platz des Himmlischen Friedens und die Verbotene Stadt von Touristen belagert.

Ich hatte 1987 noch das im Aufbruch befindliche China erlebt. Den Mao-Look, die typische Ballonmütze, gab es nur noch auf dem Land, aber die Menschen begegneten uns sehr interessiert. Unser damaliger Reiseveranstalter legte uns für diese Herbstreise nahe, uns in unserer Kleidung dem Land anzupassen. Keine Mäntel, sondern Anorak, legere Kleidung, keine Anzüge. Eine gute

Entscheidung, die den Kontakt, trotz Sprachproblemen, erleichterte. Unsere damaligen Reiseführer hatten in Deutschland Touristik studiert und störten sich auch nicht an dem Aufpasser mit der roten Mao-Bibel in der Hand. Im Hotel mit amerikanischem Standard kam ich mit einem deutschen Monteur ins Gespräch, der schon drei Tage im Hotel herumsaß, da sein Flugziel, wegen Vereisung des Flugplatzes, nicht zu erreichen war. Auf meine Frage: „Was ist denn mit den chinesischen Frauen?", meinte er nur: „Für mich kein Thema, denn einen Kollegen von mir hat man, nachdem er in diese Falle getappt war, unehrenhaft des Landes verwiesen." Na, dann gehen wir doch lieber in den Nationalzirkus, eine gute Entscheidung, ein Erlebnis!

Jutta hatte ich dann erzählt, dass auf der Reise 1987 auch Lothar Korn mit seiner Frau dabei war. Wir kannten uns durch die Musik und unsere gemeinsame Aufführung: „Das Lied vom Rosenstock", von Hans Hohner, wo er den Tenorpart sang und ich das Rezitativ. Damals beim Frühstück war es, in unserem großen Hotel, als sich mein Blick immer wieder auf eine Damengruppe richtete. Der Lothar: „Was schaust du denn so versteinert diese Frauen an?" „Die eine links, die kenne ich, weiß aber nicht woher." „Du siehst eine Fata Morgana." Da mir so was keine Ruhe lässt, bin ich einfach auf die Dame zugesteuert. Ich hatte sie noch nicht erreicht, da schallte es aus ihr heraus: „Ei, Herr Eser, was machen Sie denn hier?" Da war es die Tochter Joekel aus Bad Schwalbach, die 1954 mit meinem Vater ein Gespräch hatte, da sie sich als Teenager in ihrer Haut nicht wohlfühlte. Zu lesen im Kapitel 1954. Wo und wie einen die Vergangenheit einholt, ich konnte es immer wieder erleben. Leute muss man dabei natürlich ansehen und Erinnerungen speichern. Warum fehlt das bei meinem Namensgedächtnis???

Schon wenn man auf die Chinesische Mauer zufährt, bekommt man das Gefühl der Ehrfurcht vor einer solchen Leistung. Sie zu besteigen und nach links oder rechts auszuschwärmen, ein erhebendes Gefühl. Ich konnte meiner Jutta vermitteln, wie ich vor fünfzehn Jahren mit Lothar Korn, dem Sangeskollegen, gemeinsam „So ein Tag, so wunderschön wie heute" gesungen habe. Mit zweistimmigem Gesang waren wir im Nu von einer Traube Chinesen und Chinesinnen umringt, die uns andächtig zuhörten. – Vergisst man nicht!

Vergessen hatten wir auch nicht, vor unserem Rückflug nach Deutschland unser Übergepäck auf dem Postweg nach Hause zu schicken. Euphorisch hatten wir auf der Hinreise die Koffer gepackt und dafür in Frankfurt teuer bezahlt. Das Paket aus China kam nach acht Wochen wohlbehalten bei uns an.

Bei mir persönlich kam die Tatsache gut an, dass nach dem Abverkauf meiner Weine nun der Betrieb durch das Steuerbüro zum 30.06.2002 beim Finanzamt abgemeldet werden konnte. Jetzt war ich mit 65 Jahren ein ordentlicher Rentner. Darüber hinaus war zum 30.06.02 auch die Rückführung des Geschäftsvermögens in das Privatvermögen veranlasst. Dabei wird der Zeitwert des Gebäudes ermittelt sowie der Wert der Fahrzeuge, die ins Privatvermögen überführt werden. Die Werte waren vom Finanzamt so akzeptiert worden. Da stand der Grundstücksübertragung auf meine Kinder nebst Auflassung, Bestellung eines Nießbrauchrechtes, am 23. Dezember 2002 nichts mehr im Wege. So wurde Sohn Markus und Tochter Patricia Eigentümer des Betriebsgebäudes. Der Nießbrauch besagt, dass die Mieteinnahmen an mich gehen mit der Auflage, das Gebäude zu unterhalten. Der Vorteil: Bei Eintreten des Erbfalles fällt nach zehn Jahren keine Erbschafts- beziehungsweise Schenkungssteuer mehr an.

Langeweile kam nie auf. Wartungsarbeiten und Reparaturen fallen immer an. Auch die Pläne für neue Reisen müssen bearbeitet werden und das Konto in Jungholz sowie in Basel wollte jährlich besucht werden. Die Geheimniskrämerei war schon nervig, Unterlagen konnte man keine mitnehmen. Man lernt, sich unverfängliche Notizen zu machen, dass man wenigstens die Entwicklung des Kontos nachvollziehen kann. Nach Jungholz, eine Enklave Österreichs, gelangt man nur über Wertach. Die Steuerbehörden machten immer mehr Kontrollen an den Zufahrten. Auch am Grenzübergang in Basel wurde die Grenzpolizei aktiv, um Geldtransaktionen aufzudecken. Die Angestellten der Bankhäuser wussten von der Problematik. Man konnte ein Schließfach mieten und alle Unterlagen sammeln. Im Rückblick erinnere ich mich, wie überrascht und erschrocken ich war, als mich 1995 ein Anruf erreichte. Es meldete sich ein Mann mit seinem Namen, den ich zuerst nicht zuordnen konnte. Er half mir: „Sie kennen mich von Basel. Ich bin diese Woche in Frankfurt und hätte sie gern am Donnerstag um 14 Uhr im Hotel „Frankfurter Hof", Zimmer 23, gesehen." Mir kam eine Ahnung, und um das Gespräch nicht weiter zu vertiefen, sagte ich zu. Ich fuhr also nach Frankfurt, dort erwartete mich mein Kundenbetreuer von der Crédite Suisse. Nach meinen zarten Vorhaltungen wegen seines Telefonanrufs aus Basel, machte er mir ein Angebot. Er wollte eine bestimmte Summe meines Depots in einer schweizerischen Rentenversicherung anlegen. Die Kapitalanlage in SFR wird zu 6,758 % als garantierte Rente verzinst, ist jährlich zahlbar, solange die versicherte Person das jeweilige Fälligkeitsdatum erlebt, erstmals am 08.11.1999. Im Todesfall der versicherten Person wird das Rückgewährskapital an die Kinder oder den Ehegatten ausbezahlt. Was soll da schieflaufen? Das ist das, was ich wollte für das Alter, eine zusätzliche Sicherheit in einer fremden Währung. Wenn ich gewusst hätte, was ich heute weiß, hätte ich die doppelte Summe angelegt. Bis heute habe ich von der Rentenversicherung 101,37 % der Kapitalanlage erhalten. Wie es aussieht, macht die Versicherung diesmal kein Geschäft.

Reisen nach Sizilien, Baltikum und nach Südafrika 2003

Wie schon erwähnt müssen auch Reisen mit dem Wohnmobil geplant und terminiert werden. Jutta ging jetzt nicht mehr zur Arbeit, das machte uns frei in unserer Planung. Als Wohnmobilfahrer hast du auch die Möglichkeit, an geführten Reisen teilzunehmen, die von einem Tourenbegleiter geführt werden. Abends findet das sogenannte Briefing statt, der neue Tag, die Route, die Sehenswürdigkeiten werden besprochen. Du hast ein Tourenbuch, in das werden seit einigen Jahren alle Ziele mit den dazugehörenden Koordinaten versehen, und du fährst allein dein nächstes Ziel an. Es ist also kein Kolonnenfahren angesagt und du kannst den Tag frei gestalten. Am Abend triffst du dich mit den anderen, man hört die Empfehlungen für den nächsten Reisetag, tauscht Erfahrungen aus und lernt jeden Tag etwas Neues dazu.

Wir trafen uns in Florenz in der Toscana. Noch heute gehen unsere Wohnmobilreisen nach Italien an Kempten-Reute/Tirol vorbei über den Fernpass, den Rechenpass nach Meran. Es fällt in Österreich keine Maut an und die beiden Pässe fahren sich bequem, sodass Florenz nach drei Tagen leicht erreicht wurde. Am nächsten Tag war der Campingplatz von Sorrent unser Treffpunkt. Von den verschiedenen Campingplätzen unserer Tour aus, wurden unsere Ziele gemeinsam mit dem Bus und einem lokalen Reiseführer angefahren. So erlebt man die kulturhistorischen Stätten Italiens live, wie Neapel mit seinem Vesuv, Pompeji und Salerno, die mondäne Insel Capri, eine Insel mit Flair.

Zwischendrin war ja am 30. April mein 66. Geburtstag, da durfte natürlich mein Ständchen mit Melodien von Udo Jürgens nicht fehlen: *„Mit 66 Jahren, da fängt das Leben an …"*

ich in Aktion   Geburtstag einmal anders: Jutta und ich

Die Amalfiküste, diese spektakuläre Steilküste südlich von Neapel, durften wir mit unseren Wohnmobilen wegen der engen Fahrbahn nicht fahren, aber am sechsten Tag unserer Reise ging es dann weiter in den Süden nach Paestum, der antiken Tempelstadt. Nach gut einer Woche waren wir mit der Fähre im Nordosten Siziliens nahe Messina angekommen. Gemeinsam fuhren wir mit dem Bus auf einer Fähre zu den Liparischen Inseln Lipari und Vulcano. Die Insel Vulcano ist, wie der Name schon sagt, durch Vulkanausbrüche entstanden. An einer Stelle der Insel, dem sogenannten „Toten Feld", kann man baden gehen. Dort ist durch unterseeische Fumarolen das Meerwasser erwärmt. Aber der Geruch von Schwefel und Salmiak war wenig einladend.

Am 12. Tag der Reise ging es dann für fünf Tage auf den großen Camping Almoetia zwischen Taormina und dem Ätna-Massiv, in einer fruchtbaren Gegend gelegen. Da war zuerst ein gemeinsamer Ausflug nach Taormina angesagt. Diese Stadt mit ihrem antiken Theater und dem einzigartigen Blick in den Golf von Giardini – Naxos und auf den ständig rauchenden Ätna. So einzigartig wie die malerische Landschaft.

Doch auch die emotionalsten Eindrücke können ein beginnendes Zahnweh nicht mildern. Erinnerungen an meine Israelreise wurden wach, wo ich nach vier Tagen zu einem Zahnarzt musste. Unseren israelischen Reiseführer hatte ich damals angesprochen, er sagte zu mir: „Gehen Sie noch heute hier bei den Palästinensern zum Zahnarzt, denn morgen sind wir wieder auf der israelischen Seite, da wird es viel teurer." Damals hat der Arzt den entzündeten Zahn aufgebohrt, um den Druck zu nehmen. Er hat mir dafür 50 US-Dollar abgenommen und gesagt, ich solle nach dem Essen mit Salzwasser gurgeln. Hat geklappt. Wie wird es hier auf Sizilien ausgehen?

ADAC-HYMER Campingreise Golf von Neapel & Sizilien 27.4. - 20.5.2003

Tag	Datum	Programm	Camping
So	27.4.	Anreise nach Figline Valdarno bei Florenz Begrüßungsabendessen	Camping Norcenni Girasole Club
Mo	28.4.	Weiterfahrt nach Sorrent	Camping Santa Fortunata Campogaio
Di	29.4.	Ausflug nach Caserta und Capua Mittagessen	
Mi	30.4.	Ausflug nach Neapel (inkl. Archäologisches Museum) Mittagessen	
Do	1.5.	Tag zur freien Verfügung	
Fr	2.5.	Ausflug nach Pompeji und Salerno Mittagessen	
Sa	3.5.	Weiterfahrt nach Paestum Spätnachmittags Besuch der Tempel von Paestum Abendessen	Camping die Pini
So	4.5.	Weiterfahrt nach Pizzo im Süden Kalabriens	Camping Villagio Pinetamare
Mo	5.5.	Fahrt nach Reggio und Fähre nach Messina/Sizilien Weiterfahrt nach Oliveri	Camping Villaggio Marinello
Di	6.5.	Ausflug zu den Liparischen Inseln Lipari & Vulcano Mittagessen	
Mi	7.5.	Tag zur freien Verfügung	
Do	8.5.	Weiterfahrt nach Calatabiano bei Taormina	Camping Int. Almoetia
Fr	9.5.	Ausflug Taormina Mittagessen	
Sa	10.5.	Ausflug Sirakus Mittagessen	
So	11.5.	Tag zur freien Verfügung	
Mo	12.5.	Ausflug Ätna Mittagessen	
Di	13.5.	Weiterfahrt nach San Leone bei Agrigent	Camping Internazionale Nettuno
Mi	14.5.	Ausflug nach Agrigent Mittagessen	
Do	15.5.	Tag frei Sizilianischer Abend mit Tanz, Musik, Abendessen	
Fr	16.5.	Weiterfahrt nach Isola delle Femmine	Camping La Playa
Sa	17.5.	Ausflug Palermo und Monreale Mittagessen	
So	18.5.	Ausflug Erice und Segesta inkl. Mittagessen	
Mo	19.5.	Tag zur freien Verfügung (Möglichkeit zum Besuch Palermos) Abschiedsabendessen	
Di	20.5.	Rückfahrt per Fähre von Palermo nach Genua oder individuelle Heimreise	

(Änderungen vorbehalten)

Unser Reiseplan

Das nächste Ausflugsziel war Syrakus, das kulturelle Zentrum der Antike und über Jahrhunderte die größte und mächtigste Stadt Siziliens. Nach zahlreichen Besichtigungen von archäologischen Stätten, von Bauwerken mit hervorragenden architektonischen Leistungen, von verschiedenen kulturellen Aspekten aus griechischer, römischer oder barocker Zeit geprägt, entfuhr es mir am Ende der leidenschaftlichen Beschreibungen unseres geschichtskompetenten Reiseführers: „Das wir das noch erleben dürfen!?!" Doch er setzte noch eins drauf: „Ja es wird immer interessanter!" Das war dann für den Rest der Reise unser geflügeltes Wort.
Nach einem Ruhetag ging es mit dem Bus zur Bergstation am Ätna-Massiv in über 3320 Meter Höhe. Dieser rauchende Berg ist natürlich ein Touristenmagnet. Viele lassen sich von hier aus mit geländegängigen Fahrzeugen dem Krater näher bringen. So auch meine Frau, die unbedingt einen Blick riskieren wollte. Ich war mir sicher, dass sie keine Chance dazu bekommt.
Nach einem Rundgang um einen der vielen Nebenkrater des Massivs ging ich in einen Kiosk, wo eine DVD über die Geschichte des Ätnas gezeigt wurde. Nachdem ich mich von der Richtigkeit des Deutsch sprechenden Kommentators überzeugt hatte, nahm ich die DVD an mich und legte dem Mann hinter der Verkaufstheke 15 Euro auf die Theke. Ich ging zufrieden nach draußen und erwartete die anderen, die zum Krater unterwegs waren. Da kam der Besitzer des Kiosks auf mich zu und gab mir 5 Euro zurück, denn die DVD hatte nur 10 Euro gekostet. Jetzt geht es euch sicher so wie mir damals, ich war einfach sprachlos. So etwas im Land der Mafiosi! Mein Dank. Ich konnte einige aus der Gruppe von der Qualität der DVD überzeugen, die alle bei ihm einkauften. Belissima!
Dann auf der Rückfahrt zum Campingplatz sprach mich jeder wegen meiner geschwollenen Backe an. Der Zahn hatte keine Ruhe gegeben, jetzt musste ich aktiv werden. In der Campingplatz-Rezeption bekam ich einen Zahnarzt benannt und so fuhr ich mit meiner Frau und einem Mediziner aus unserer Gruppe mit dem Taxi dorthin. Der Warteraum der Praxis war gut besucht, aber irgendwie waren wir schnell an der Reihe. Von meinem Doktor begleitet, ging ich ins Behandlungszimmer. Mich empfing ein strahlender, gutaussehender, circa fünfzig Jahre alter Grandseigneur, der auf mein „Non palare Italiano" mich verständnisvoll auf den Stuhl bat. Nach dem er sich die Schwellung angeschaut hatte, zuckte er bedauernd die Schulter, denn es musste erst die Schwellung zurückgehen. Er schrieb mir ein Rezept, aber re-

tour impossibele, demani directione Palermo. Mein Doktor, der mir sprachlich nicht helfen konnte, sagte zu mir: „Jetzt musst du fragen, was es kostet." „Dottore, quanta costa?" „Non, signore!" Meine erneute Frage wischte er mit einer bestimmenden Handbewegung weg, worauf ich mit fast italienischem Belcanto laut und vernehmlich tönte, „Vivat Sicilia!" Als ich in den Warteraum zurückkam, haben alle Anwesenden geschmunzelt. Beim Hinausgehen habe ich meiner Frau erzählt, was das für ein toller Mann gewesen ist, worauf sie mich fragte: „Weißt du auch, wie er heißt? Amando Ferrari." Da wurde mir schlagartig klar, warum seine Assistentin sehr charmant, aber schon ziemlich alt war. „Wer kann IHM widerstehen?"

In der letzten Woche besuchten wir ein Highlight im Herzen Siziliens. Die Villa Romana del Casale mit ihren beeindruckenden, grandiosen Mosaiken. Eine römische Luxusvilla mit ihren 45 Räumen, die erahnen lässt, welchen Wohlstand sich die Menschen im Heiligen Römischen Reich schon leisten konnten. Die Mosaike bekunden unter vielen anderen Tier- und Pflanzenthemen auch badende Mädchen im Bikini.

Über Agrigent, an Marsala vorbei, ging es nach Palermo und Monreale. Meine Medikamente haben die Schwellung der Backe abklingen lassen. Die letzten Reisetage auf der Insel haben wir genossen. Unbehelligt von der Mafia und ohne den langen Arm der Cosa Nostra zu spüren, sind wir am Montag dem 19.05. nach Hause gestartet. An der Ostseite Italiens hoch, haben wir unter anderem in Rimini übernachtet. Wir haben es geschafft, ich saß am Donnerstag um 16 Uhr auf dem Stuhl bei meinem Zahnarzt und wurde den Quälgeist los.

Meine Tochter Patricia hatte im Jahr 2002 standesamtlich geheiratet. Sie lebte mit ihrem Mann im Schwarzwald und war am dortigen Gymnasium angestellt. Die beiden wollten am 02.08.2003 in der Basilika in Mittelheim heiraten und sie wünschten, dass ich die Hochzeit musikalisch gestalte. Das freut einen doch als Papa. Patricia lag mir schon einige Jahre in den Ohren, meine vielen zu Weinproben und anderen Anlässen gesungenen und gespielten Lieder aufzunehmen und auf CD zu brennen. Ich machte mich an die Arbeit, ganz allein und in Ruhe. Ausgestattet mit einem in die Jahre gekommenen Rekorder spielte und sang ich meine Lieder Titel um Titel. Eines Tages waren die Titel alle im Kasten. Jetzt kam die Liedauswahl für die Hochzeit an die Reihe. Das „Ave Maria" von Bach/Gounod, „Ave verum corpus" von Mozart und „Still wie die Nacht" von Carl Böhm sollten es sein. Mit dem Organisten aus Winkel hatte ich einen guten Musiker gefunden. Mein alter Freund Peter Mühlbauer, mit dem ich in meiner Jugend Tanzmusik gemacht hatte und der heute einen Musikverlag hat, er sollte die profihafte Aufnahme in der Basilika in Mittelheim übernehmen, was gut geklappt hat.

An zwei Nachmittagen kam Peter zu mir in mein Musikzimmer, wo wir noch einige Karaoke-Titel aufnahmen, wie „Dunkelrote Rosen", mit Zwischentexten speziell für Patricia und Peter zur Hochzeit, ein Udo-Jürgens-Medley und ein Tango-Medley. „Eine Nacht voller Seligkeit", „Der lachende Vagabund" und „Ein bisschen Spaß muss sein" durften nicht fehlen. Aber auch zwei Titel, die ich gemeinsam mit Peter in seinem Holzäppel-Ensemble gesungen hatte, mussten dabei sein: „Es fuhren drei Sänger wohl über den Rhein", ein altes Landsknechtslied, eine Moritat aus vergangenen Zeiten. Aber angetan sind viele Frauen von dem Titel: „Ein Kuss, des is e seltsam Ding …" Wie wahr! Und es endet darum lakonisch: „Wer immer küsst denselben Mund, da wird des Küssche fad, wie schad!!!"

Also dann kam am 02.08.2003 der Tag der kirchlichen Trauung von Patricia und Peter. Als Vater freust du dich, wenn deine Tochter gut unter die Haube kommt und glücklich ist. Umso beseelter sang ich darum: „Still wie die Nacht, tief wie das Meer soll meine Liebe sein!" Die beiden hatten mit der Familie, all ihren Freunden und Studienkollegen eine unvergessene Feier in der Brentanoscheune, der Oestricher-Winkeler „Gut Stubb".

Bei Jutta und mir stand für 2003 noch einiges auf dem Programm, und so starteten wir am 13.08. zu unserer Reise in das Baltikum durch Polen, Litauen, Lettland und Estland. Es war wieder eine geführte Reise, organisiert von Perestroika Tour im Hunsrück. Reiseleiterin war Dana und ihr Mann aus Litauen, die wir schon bei einem Vorbereitungstreffen im Hunsrück kennengelernt hatten. Treffen war in Frankfurt an der Oder. Damals gab es in Polen und in den anderen baltischen Staaten noch eine hohe Diebstahlrate, darum war Zusammenfahren angesagt. Wir hatten alle Funkgeräte in unseren Mobilen, sodass wir Kontakt untereinander hatten. Dana und ihr Mann fuhren vor, die anderen Mitfahrer kamen jeden Tag auf den nächsten Platz innerhalb der Kolonne. Wenn die Letzten vor der Ampel halten mussten, kam die Nachricht: Wir stehen, vorn bitte langsam fahren. Wir haben tatsächlich auf der Reise Leute kennengelernt, denen das Auto bei einem kurzen Stopp geklaut wurde. Der damalige Spruch unter Urlaubern lautete: „Mach Urlaub in Polen, dein Auto ist schon da!" Danas Mann hatte deswegen bei jedem Stopp und bei allen Besichtigungen unsere sechzehn Fahrzeuge bewacht.

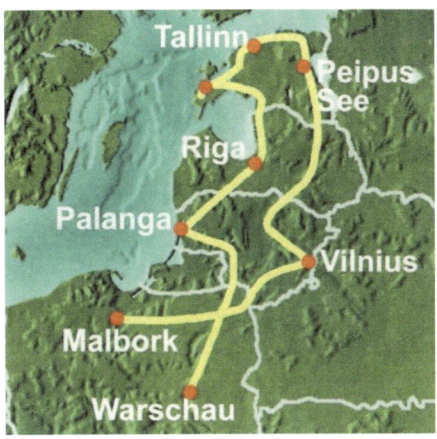

Reiseroute Baltikum

Das erste Ziel war Malbork, das frühere Marienburg und die Ordensburg des Deutschen Ritterordens. Die Burganlage aus roten Ziegelsteinen wurde im 13. und 14. Jahrhundert erbaut und ist 700 Meter lang und 300 Meter breit. Sie erstrahlt wieder im alten Glanz.

Weiter ging es durch die Masuren an grünschimmernden Seen vorbei und durch dunkle Wälder nach Trakai zu einer Wasserburg. Jetzt waren wir in Litauen, und nach einer Stippvisite in Vilnius und seiner Altstadt ging es weiter zu dem litauischen Nationalheiligtum, „dem Berg der Kreuze". Hier siehst du Abertausende von Kreuzen der unterschiedlichsten Größen und Materialien, die Zeugnis gegen die russische Besatzungszeit sind. Die Proteste der Letten sind in dem Satz manifestiert: „Ihr könnt unser Herz ausreißen, aber nicht unseren Willen zur Freiheit." Für einen Freiheitsapostel wie mich klingt solch eine Begegnung nach.

Doch auf der Weiterfahrt über breite Straßen, an Birkenwäldern vorbei zum Peipus-See beruhigt sich auch eine aufgewühlte Seele. Das leibliche Wohl trug auch zur Stimmungsaufhellung bei, denn am Peipus-See gab es Pilze en masse, die Dana null Komma nix gesammelt und die Damen geputzt haben. So erreichten wir gestärkt Tallinn, das frühere Reval, die Hauptstadt von Estland. Wir erlebten eine Altstadt – in der das Herz Tallinns schlägt. Durch verschlungene Pflastersteingassen, über mittelalterliche Märkte, alles gepflegt und restauriert, kamen wir zu dem Domberg mit einem fantastischen Blick über die Stadt Tallinn. Es folgte eine Inselrundfahrt mit unseren Wohnmobilen auf Saaremaa, mit seinen Wacholderbüschen und einem Krater eines Meteoriten. Faszinierend ist die alte Hansestadt Riga mit ihren mittelalterlichen Fassaden, barocken Kirchen und prachtvollen Häusern im Jugendstil. Eine leibhaftige Begegnung mit der Vergangenheit.

An der Memel-Mündung befanden wir uns in Klaipeda mit dem Denkmal von „Ännchen von Tharau". Von Palanga aus, bekannt durch sein Schwarzbier und seinem Bernsteinstrand, fuhren wir zum Kurischen Haff und mit der Fähre zur Kurischen Nehrung mit seinen Dünen. Ein Besuch im „Thomas-Mann-Haus" durfte nicht fehlen, wie auch ein paar Takte Musik auf seinem Flügel im Wohnzimmer.

Die Memel entlang ging es dann zum Vistytis-See und dann über die Grenze zur polnischen Hauptstadt Warschau. Mit dem Ehepaar Maria und Kurt Häuser aus Mühlheim bei Offenbach, bis heute Freunde von uns, haben wir die Heimreise über Dresden angetreten.

Wir hatten die baltischen Staaten in der schönsten Jahreszeit bereist. Die schwach besiedelten drei Länder mit insgesamt nur acht Millionen Einwohnern bieten dem Naturfreund endlose Wälder, Sumpf- und Graslandschaften, zahllose Seen und verträumte kleine Ansiedlungen, in denen die Zeit stillzustehen scheint. Die gastfreundliche Bevölkerung, deren Herz dem Singen offensteht, machen Litauen, Lettland und Estland zu attraktiven Reiseländern. Wir kommen sicher nochmals wieder!

Wieder Mitte September 2003 wohlbehalten zu Hause, waren die Unterlagen von unserer bevorstehenden Reise nach Südafrika eingetroffen. Eine interessante Reise stand uns bevor, wenn nur nicht immer der lange Flug wäre, aber wenigstens ohne Jetlag!

Die neue Reise startete am Samstag, den 08.11.2003 mit Jutta und noch drei befreundeten Ehepaaren. Die Organisation lag in den Händen eines Moselaner Korkhändlers, der auch die afrikanischen Weingüter belieferte. So waren die meisten Mitreisenden auch Kunden dieses Korkhändlers, eine illustre Gruppe. Nach einer Zwischenlandung in Johannesburg kamen wir in Kapstadt an. Die kapholländische Niederlassung an der Tafelbucht wurde unter der Leitung von Jan van Riebeeck 1652 gegründet, um die Flotte der Niederländischen Ostindischen Kompanie auf ihren Reisen von Europa zu den Gewürzinseln des Ostens mit frischen Agrarprodukten und Fleisch zu beliefern. Anfangs war die Niederlassung bei Seeleuten in aller Welt als „Taverne der Meere" bekannt und bis heute hat Kapstadt seinen Ruf als gastfreundliche Stadt behalten.

Mit dem majestätischen Tafelberg im Hintergrund ist Kapstadt eine der schönsten Städte der Welt. Elegante Einkaufszentren und Märkte voller Kunsthandwerk lassen keine Langeweile aufkommen. Die Waterfront ist eine der größten Touristenattraktionen Kapstadts, umgeben von einem riesigen Vergnügungsviertel mit Bars, Restaurants, Spezialitätenshops und Kunstgewerbemärkten. Wenn du Glück hast, triffst du dort einen Bekannten, wie wir einen Oestricher Nachbarn! Muss man erlebt haben!

Das Kap der Guten Hoffnung ist nicht nur ein Felsmassiv, sondern seit 1939 ein Naturreservat. Die Weingebiete, die zu den größten Attraktionen Südafrikas zählen, sind das ganze Jahr über beliebt. Sie bieten Weinliebhabern perfekte Möglichkeiten, feine Jahrgänge zu probieren, schöne kapholländische Häuser zu besichtigen und in prachtvoller Umgebung die exzellente Küche zu genießen. Die wichtigsten, leicht erreichbaren Weingüter liegen in den Gebieten Stellenbosch, Paarl, Franschhoek, Wellingten und Somerset West.

Eine Woche lang besichtigten wir zahlreiche große, moderne Betriebe, studierten die Weine und genossen die guten Speisen. Wir waren dabei, als die Sektflaschen mit einem Schwert gewissermaßen enthauptet wurden. Gaudi pur! Aber jeder wollte mal!

Weiter ging es durch die kleine Karoo, dabei darf eine Straußenfarm nicht fehlen. Auf der Garden Route durch Wilderness gelangten wir nach Knysna, einen sehr beliebten Ferienort mit seiner Lagune. Wir flogen von Port Elizabeth nach Johannesburg. Bei der Stadtführung erlebten wir auch das Einfahren in eine alte Goldmine in dieser Goldgräberstadt. So wollten wir unser tägliches Brot nicht verdient haben, aber auch nicht an den Spielautomaten oder Spieltischen von Sun City, einer Spielerstadt nahe Pretoria. Der Besuch des Voortrekker Monuments, nahe bei der Hauptstadt Pretoria gelegen, zeigt sehr plastisch, wie die Buren einst Südafrika besiedelt haben, welche Wege sie von der Küste bauen mussten, um auf das Hochplateau zu kommen. Die Aufgabe bestand darin, das Weideland der schwarzen Nomaden fruchtbar zu machen. Man erstarrt in Ehrfurcht vor solchen Leistungen. Eine Pirschfahrt von der Lodge startend stand auf dem Programm, denn die Chance, die Big

Fife zu sehen – Elefant, Spitzmaulnashorn, Büffel, Löwe und Leopard – ist hoch!

Die Townships sind ein Teil Südafrikas. Man sieht sie bei der Rundreise, man erlebt Soweto und kann die Probleme der schwarzen Bevölkerung hautnah erleben. Es passiert politisch einiges zum Guten. Als Tourist erlebt man durchweg freundliche Gesichter, die Schwarzen haben ihr Lachen nicht verlernt und freuen sich über jedes Gespräch, das man mit ihnen führt. So ist auch der Tourismus ein wichtiger Teil der Völkerverständigung!

Reisen nach Norwegen, Lanzarote und Russland 2004

Für das Jahr 2004 hatten wir eine private Wohnmobilreise nach Norwegen angedacht. Treffen wollten wir uns in Oslo mit meinem Cousin Peter und seiner Frau Asta, die durch ihre norwegische Mutter einige Verwandte in Oslo hat. Danach war für Bergen eine Weiterfahrt mit einem Ehepaar aus München geplant. Wir hatten gemeinsam die Sizilienfahrt erlebt und uns angefreundet.

Also ging es am 12. Mai 2004 Richtung Hamburg los. Der Wein war gut verstaut, denn die skandinavischen Länder haben ja ihr Problem mit Alkohol und dementsprechend sollen die Kontrollen streng sein. Doch mit vorauseilendem Gehorsam habe ich es nicht so gern und mein Eigenverbrauch wird schon akzeptiert werden!!!

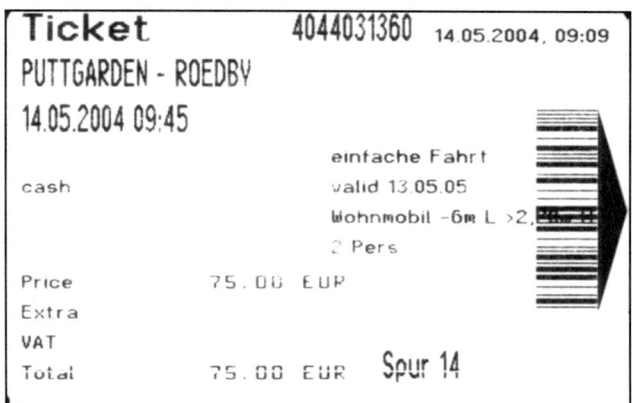

Wie auf dem Ticket ersichtlich, ging es am 14.05.04 um 9.45 Uhr mit der Fähre von Puttgarden nach Roedby. Auf der Autobahn ging es an Kopenhagen vorbei nach Helsingor und in 20 Minuten mit der Fähre nach Helsinborg.

Keine Kontrolle, und weiter ging es auf der Westseite Schwedens über Göteborg nach Oslo. Für mich war Oslo ja nicht neu, denn mit Peter hatte ich 1958 schon einige Tage auf der Halbinsel Bygdoy verbracht. Jetzt konnten wir Jutta das Kon-Tiki-Museum und das Fram-Polarschiffmuseum zeigen. Doch der Platz, auf dem wir 1958 noch gezeltet hatten, ist jetzt Hafenanlage. Am Holmenkolmen sind wir gemeinsam gewandert. Bei der Verwandtschaft haben wir einen Rheingauer Abend verbracht. Frohgemut ging es nach drei Tagen Richtung Bergen, an der Westküste Norwegens gelegen, wo uns das Ehepaar aus München erwartete.

Bergen ist die zweitgrößte Stadt Norwegens und geprägt von dem malerischen Naturhafen, umgeben von sieben Hügeln. Mit der Standseilbahn ging es zum Berg Floyen, wo wir die Stadt im schönsten Sonnenschein erlebten. Das Hafenviertel mit dem Segelschulschiff und dem Fischmarkt sowie das Edward-Grieg-Denkmal kann man gemütlich erlaufen. Weiter lockte uns ein Highlight der Reise, die Flambahn – eine der spektakulärsten Zugstrecken der Welt, mit Panoramablick über eine Landschaft, die zu den wildesten und großartigsten der norwegischen Fjordlandschaften zählt. Vorbei an steil abfallenden Felswänden, schäumenden Wasserfällen und durch 20 Tunnels fährt die einspurige Bahn, bis sie in Myrdal in 867 Meter Höhe ankommt. Dort kreuzt sie die Bahnstrecke Bergen–Oslo, sodass man auch einen Zwischenstopp als Bahnreisender einlegen kann.

In Laerdal am Sognefjord ist das norwegische Wildlachszentrum zu erleben, eine Ausstellung über das Leben und die Geschichte der Lachse. Hier ist auch die Stabkirche Borgund zu finden, eine herausragende norwegische Stabbaukunst und eine der ältesten Holzgebäude Europas. Der Geirangerfjord ist einer der bekanntesten Fjorde Norwegens. Der tiefblaue, UNESCO-geschützte Geirangerfjord ist umgeben von majestätischen, schneebedeckten Berggipfeln. Hier ist eine Fährfahrt angesagt, an den Wasserfällen der sieben Schwestern vorbei, die aus 300 Meter Höhe fast nebeneinander in den Fjord stürzen. In Geiranger am Ende des Fjordes, auf dem dortigen Campingplatz, trennten wir uns von den Münchnern. Die wollten weiter zum Nordkap und wir über den Trollstigen, den „Trollweg", nach Lillehammer. Die Ausfahrt aus dem Campingplatz war 200 Meter lang, steil ansteigend, und ich kam beim ersten Versuch nicht nach oben. Habe ich schlechten Sprit getankt, was hat der Motor? Jutta war ganz nervös. Ich postierte sie an der Ausfahrt, damit sie diese freihielt, und beim zweiten Versuch mit Vollgas schafften wir es. Auf dem „Trollweg" ging es Anfang Juni durch drei Meter hohe Schneeanhäufungen. In Lillehammer erlebten wir einen tollen Sonnenuntergang und sahen die Sprungschanzenanlage der Olympischen Winterspiele 1994.

Am nächsten Morgen besuchten wir den Markt mit vielfältigem Angebot und kamen per Zufall in einen staatlichen Weinmonopol-Laden, der auch eine Reihe Rheingauer Weine im Programm hatte. Das freut einen doch! Dann ging es 180 Kilometer nach Oslo und von da aus sollte es nach Kristiansand zur Fähre nach Dänemark gehen. Doch hinter Oslo wurde mein Motor immer schwächer. Darum steuerten wir einen nahe gelegenen Campingplatz an. Nach erfolglosem Starten am nächsten Tag war es gewiss, der Motor streikt. Dank ADAC ist man in solchen Situationen nicht allein. Es war Freitag, der 28.05., das lange Pfingstwochenende, und keine Werkstatt zu finden. Der ADAC-Mitarbeiter schlug vor, das Auto auf dem Platz stehen zu lassen und wir sollten auf dem Landweg per Bahn nach Hause reisen. Ich konnte den Mitarbeiter überzeugen, dass dies teurer würde als ein Flug per Ryan Air vom nahe gelegenen Flugplatz aus. Nach einigen Telefonaten war der Flug für Pfingstsonntag klar. Zum Glück gab es da eine Tasche von meinem Keybord, mit der wir die wichtigsten Utensilien und die Apotheke mitnehmen konnten. Der Campingplatzbetreiber fuhr uns für einen Sechserkarton Riesling zum Flugplatz und kümmerte sich auch um das Auto, bis es vom ADAC abgeholt wurde. Darüber waren wir glücklich, und vom Flughafen Hahn holte uns mein Bruder ab. So was muss man im Leben auch erlebt haben und hoffen dürfen, dass es sich nicht so oft wiederholt.

Bei der Reparatur circa drei Wochen später in meiner Werkstatt stellte sich dann heraus, dass die Einspritzdüse von Bosch verstopft war. Auf Umwegen erfuhr ich dann, dass die Fa. Bosch eine neue Legierung in dieser Modellreihe benutzt hat, die sich auflöste. Hat mir nichts genutzt, ich musste über 3000 Euro Reparaturkosten bezahlen! – Ist sonst ja alles gut gegangen!

Gutgetan haben mir in der zweiten Junihälfte vierzehn Tage Lanzarote. Auf der Insel ohne Gras wohnten wir bei Playa Blanca. Ich hatte schon drei Jahre Desensibilisierung meiner Gräser- und Roggenallergie hinter mir, aber das Niesen und Husten war noch nicht besiegt. Von Bekannten konnten wir ein Haus in Las Coloradas, circa vier bis fünf Kilometer von Playa Blanca entfernt mieten. Zum Naturstrand Costa del Papagayo ist es eine Viertelstunde über den Berg zu laufen. Der Wind auf Lanzarote ist gewöhnungsbedürftig, aber die Promenade direkt an den Felsklippen entlang nach Playa Blanca mit Blick auf die nahe Insel Fuerteventura einfach einmalig. Im Jahr 2004 war noch nicht alles fertig, der circa drei Kilometer entfernte Hafen Rubicon war im Bau, aber die Blütenpracht und die weißen Häuser hatten ihren eigenen Flair. Die Landschaft um die Stadt im Süden der Insel ist geprägt von den Ausläufern des schwarzen Lavagesteins vom nahe gelegenen Parque National de Timanfaya. Mit dem Mietauto erlebten wir die Insel, die von Cesar Manrique 1919–1992 entscheidend gestaltet wurde. Den Kaktusgarten, das Tal der tausend Palmen, die Kraterlandschaften, die Insel hat ihre Reize. Mich reizt die gute, allergenfreie Luft, und darum sind wir bis heute jedes Jahr für circa drei Wochen im Juni/Juli dort.

So konnten wir 2004 gut erholt und mit befreiten Atemwegen unsere Reise nach Russland antreten. Mit dem Flugzeug ging es am 22.08. mit „Der Tour" nach Moskau. Unser Hotel war ein Flussschiff, das uns bis Sankt Petersburg bringen sollte. Doch zunächst waren wir zwei Tage in Moskau mit seinen Sehenswürdigkeiten unterwegs. Der Rote Platz, das Gum, dieses riesige Kaufhaus, das Bolschoi-Theater, die Basilius-Kathedrale und der Kreml. Da durfte auch die Universität von Moskau und das Neujungfrauenkloster nicht fehlen. Die größte Glocke der Welt ist die Zarenglocke, die im Jahr 1735 gegossen wurde. Für die größte Kanone hat man ein kirchliches Umfeld gefunden!

Gesprungene Zarenglocke von 1735

Reich verzierte Kanone

Doch eins bleibt beim Moskau-Besuch unauslöschlich. Eine Fahrt mit der U-Bahn durch Moskau. Ein System mit den tiefsten Tunneln und Bahnhöfen der Welt, mit nicht enden wollenden Rolltreppen und Stationen, die mit ihrer anspruchsvollen Architektur wie unterirdische Paläste erscheinen. „Riesig, einmalig!!!"

Am dritten Tag hieß es „Leinen los" auf der MS Gluschkow. Über acht Tage ging es jetzt durch den Moskau-Wolga-Kanal, immer in nördlicher Richtung durch Stauseen, über Schleusen zum Onegasee und Ladogasee nach Sankt Petersburg. Die unterschiedlichsten Landschaften begleiteten uns und bei Landausflügen wurden Kloster und Kirchen besucht. Musikkapellen empfingen uns, Balalaika-Klänge brachten uns die russische Musik näher, und teilweise erklang in den Klöstern sakrale Musik der Popen, gesungen von abgrundtiefen Bässen und von hohen Tenorstimmen, die den Besuch zu einem Erlebnis werden ließen. Da war ein „Offenbaren" russischer Seele zu erkennen! Toll!

Im Freilichtmuseum in Kizky haben wir dann wieder Holzkirchen besichtigt mit dutzenden von Zwiebeltürmchen, die schon 500 Jahre überdauert haben. In Mandrogi, einem künstlich angelegten Dorf an der Swir, legten wir an und bewunderten das russische Kunsthandwerk. Natürlich besuchten wir auch den Gutshof mit eigenem Bootssteg, in dem der damalige Präsident Wladimir Putin 2001 und 2003 seine Sommerferien verbracht hat.

Im Freilichtmuseum

Die Abende an Bord waren ausgefüllt von einem bunten Programm. Folkloregruppen mit kunstvoll bestickten Trachten zeigten ihre Tänze. Gesangs- und Tanzvorführungen brachten uns das musikalische Russland näher. Wir alle waren von dem Land und besonders von seinen Menschen angetan. Das russische Volk hätte wahrlich bessere „Obere" verdient.

Dann kam Sankt Petersburg, mit fünf Millionen Einwohnern die zweitgrößte Stadt Russlands und die viertgrößte Europas. Als Weltstadt und Hauptstadt des Russischen Kaiserreiches ist sie eine touristische Attraktion mit ihren Palästen, Prunkbauten und Schlössern. Wir erlebten dieses UNESCO-Weltkulturerbe mit seiner Isaakskathedrale, der Christi-Auferstehungskirche und ausgiebig den Katharinenpalast, mit seiner originalgetreuen Nachbildung des Bernsteinzimmers von 2003.

Der Winterpalast, an der Newa gelegen, war bis 1917 die ehemalige Hauptresidenz der russischen Zaren. Heute ist er zusammen mit der Eremitage eines der größten und bedeutendsten Kunstmuseen der Welt.

Den frischen Wind, den wir in dieser Stadt erleben durften, und die vielen frisch renovierten Gebäude verdanken wir sicher dem im Jahr 2003 gefeierten 300-jährigen Jubiläum von Sankt Petersburg.

Von einem Erlebnis muss ich berichten, das in jeder Großstadt dieser Welt passieren kann. Wir fuhren mit der Metro von unserem Hotelschiff in die Innenstadt. Gewarnt waren wir vor Taschendieben, darum war Alles-am-Körper-Tragen angesagt. Mit vier Ehepaaren stiegen wir in ein Großraumabteil, wo sich im letzten Moment eine große Anzahl junger Männer hineinzwängte. Neben mir stand einer aus unserer Gruppe, der seine Kameraausrüstung vor sich an den Körper drückte und darunter war seine Gürteltasche. Am Zielort angekommen, kamen uns welche von unserer Reisegruppe entgegen: „Haben sie euch auch beklaut?" „Nein, nichts bemerkt." Bis mein Nachbar an seine Gürteltasche griff und feststellte, dass diese offen war und seine Geldbörse fehlte. Ich stand unmittelbar im Abteil neben ihm, unvorstellbar, wie die Jungs das machen. Durch die Stadt laufend zeigte Jutta immer wieder Personen, die sich per Handy über potenzielle Opfer verständigten. – Vorsicht ist die Mutter der Porzellankiste!

Doch das Abschiedslied an Bord unseres Schiffes blieb davon unberührt. Aus voller Kehle sangen wir nach der Melodie von Stenga Rasin:

Durch das große, schöne Russland
Fahren wir mit diesem Boot
Und Gennadij steuert sicher
Uns hinein ins Abendrot

Russland, Russland kam uns näher
In den schönen Tagen hier
Und die Wolga und die Schleusen
Dazu viel russisches Bier

All die vielen, vielen Städte
Sahen wir uns gründlich an
Straßen, Bauten, Kirchen, Plätze
Die Kultur nahm uns in Bann

Bald fahrn wir wieder nach Hause
In unser schönes Heimatland
Freunde haben wir gewonnen
Russland viele Freunde fand

Wolga, Wolga, mat rad naja
Wolga russkaja reka
Ja wir werden an dich denken
An dies schöne, schöne Land

Reisen in die Türkei 2005

Um den Winter 2004/05 nicht zu lange werden zu lassen, sind wir im Februar für eine Woche in die Südtürkei geflogen. Ein Spezialangebot von ADAC oder dem „Bund der Steuerzahler" für kleines Geld. Meine Schwester Marianne habe ich dazu eingeladen. Unser Hotel und Service waren gediegen, die angekündigten Ausflüge nach Pamukkale zu den weißen Kalkterrassen und nach Myra zum Heiligen Nikolaus fanden statt, aber immer in Verbindung mit Besuchen von beeindruckenden Geschäften. Es war klar, die Teppich-, Leder- und Schmuckgeschäfte werden den Touristen erfolgreich ihre Produkte verkaufen. Wieder konnte ich erleben, welche guten Verkäufer die Türken sind. Das Angebot ist oft verführerisch und viele werden schwach. Das Konzept des türkischen Fremdenverkehrs, es scheint aufzugehen.

Am letzten Abend der verschiedenen Folkloredarbietungen war Bauchtanz angesagt. Wie meist üblich, muss ein Gast daran glauben, die Vorführungen, zur Erheiterung der Anwesenden, mitzumachen. Diesmal war ich dran! Jutta übernahm die Filmkamera, ein Schwabe rief mir zu: „Jetzscht kannscht was zeiiige", da ging's auch schon los! Schlangenbewegungen auf Männerart unter rhythmischer Verzückung und Beifall des Publikums! Als die Tänzerin mit einem Spazierstock auf dem Kopf jonglierte, ihn mir danach zuwarf, habe ich ihr glatt die Schau gestohlen, und sie hat gar nicht mehr aufgehört, sich was Neues einfallen zu lassen. Es war einfach erheiternd, wie man auf dem Video sieht!

So hatten wir ein paar sonnige Tage mitten im Winter erlebt. Unsere jahrelangen Mieter hatten den Wunsch, sich zu verändern, und zogen aus. Das Bad und das Gäste-WC bekamen neue Objekte, und am 01.07.2005 zog Familie Heidler bis heute zu uns in den ersten Stock. Jetzt konnten wir noch beruhigter unserer Reiselust frönen!
Für Oktober 2005 war eine geführte Wohnmobilrundreise durch die Türkei angedacht. Treffpunkt war laut Plan in Delphi. Mit von der Partie waren unsere Baltikum-Freunde aus Mühlheim bei Offenbach, die wir in Parma/Italien trafen. Gemeinsam ging es mit der Fähre von Ancona nach Patras/Griechenland. Camping an Bord war angesagt. Einfach und bequem. Patras liegt im Nordwesten vom Peloponnes, und wir fuhren über die gerade mal ein Jahr alte Rio-Andirrio-Brücke über den Golf von Korinth. Diese imposante, von vier Pylonen getragene Schrägseilbrücke von fast drei Kilometer Länge war rechtzeitig zu den Olympischen Spielen 2004 fertig geworden. Unseren Treffpunkt in Delphi erreichten wir am 28.09. und die geschichtsträchtige Reise begann. Das Altertum, eine unerschöpfliche Quelle für die Archäologie, möchte ich nur als eine kleine Abfolge darstellen.
Es fing auf griechischem Boden mit dem Orakel von Delphi an, in Çanakkale an den Dardanellen gelegen, ging es mit dem Trojanischen Pferd weiter zu dem Ort Pergamon mit seinem Altar, vorbei an dem Glockenturm von Izmir, um in Ephesus im 25.000 Sitzplätze umfassenden Amphitheater zu sitzen und die alten, im 2. Jahrhundert v. Chr. errichteten Mauern und Säulen der Celsus-Bibliothek zu bestaunen. Weiter blieben wir in der Heimat des Urchristentums und machten einen Abstecher nach Aphrodisias mit dem Aphrodite-Tempel. In Pamukkale erlebten wir das „Weiße Wunder", seine Kalk-

steinsinterterrassen, und noch erfrischt vom Bad in den heißen Quellen sind wir im antiken Myra, dem bekannten Wallfahrtsort des heiligen Nikolaus von Myra angekommen. Bis hier hatten wir jetzt Kleinasien erlebt als Ursprung aller biblischen Überlieferungen. Wer sich für das Altertum interessiert, kann sich hier unerschöpflicher Quellen des Christentums bedienen. Es wäre sehr interessant für mich zu wissen, wie der türkische Islam heute mit dieser 2000 Jahre alten Historie umgeht.

Karte mit den Sehenswürdigkeiten der Türkei

Wir fuhren weiter nach Antalya und Alanya, wunderschöne Badeorte an der türkischen Riviera gelegen. Den Abstecher nach Anamur zu der gut erhaltenen riesigen Kreuzritterburg „Mamore Kalesi" lohnt sich. Bei schönem Wetter hat man einen Blick auf das Gebirge der 76 Kilometer entfernten Insel Zypern. Auf dem Weg nach Konya durch das Taurusgebirge kamen wir durch eine Stadt mit Namen Silifke. In der Nähe dieser Stadt im heutigen Fluß „Göksu" ist am 10. Juni 1190 der Deutsche Kaiser Friedrich Barbarossa bei dem dritten Kreuzzug zum Heiligen Land ertrunken. Schicksal oder Fügung? Wir wurden uns nicht einig.

In Konya erwarteten uns die Derwische. Den Sinn ihrer Tänze und ihres Seins erschließt sich mir nicht, aber sie leben als Bettelmönche eines islamischen religiösen Ordens.

Auf der alten Karawanenstraße ging der Weg nach Kappadokien zu den berühmten Tuffsteinfelsen. Märchenhafte Landschaften hat die Natur entstehen lassen. Das Tal der Liebe in Kappadokien ist auch unter dem Namen Penistal bekannt, weil die Erosionen der Jahrhunderte solche vergleichbare Gebilde schufen. Die tausenden von Höhlenwohnungen werden zunehmend aus Sicherheitsgründen verlassen. Darum lohnt sich noch eine Reise oder Ballonfahrt nach oder über diesen einmaligen Landstrich der Türkei. Ankara und Istanbul sind sehenswerte Großstädte, die schon an anderer Stelle beschrieben sind. Auf der Rundreise durch das Land hatten wir immer das Gefühl, willkommen zu sein, und wir haben die Gastfreundschaft genossen. Der Einfluss des Islam war weniger spürbar, als es leider heute den Eindruck hat. Vertrauen wir darauf, dass politisch-religiöse Eiferer nicht auf Dauer das Augenmaß für ein friedliches Miteinander verlieren. Vielleicht ist es ja nur Erdogans Art, sich bei „seinem Allah" für den Aufstieg aus kleinen Verhältnissen zum Staatsoberhaupt – mit prunkvollen Ambitionen – zu bedanken.

Den Winter 2005/06 haben wir neben dem Tagesgeschäft und Planungen für diverse Haus- und Gebäudeinvestitionen mit den Vorbereitungen auf unsere nächste Reise verbracht. Bevor es losging, konnte ich zum 15.02.2006 noch meine Doppelgarage mit dem Leergutplatz auf der Rückseite des Betriebes erneut vermieten. Er ist bis heute ein zufriedener Mieter geblieben.

Reise nach Neuseeland und Australien und bauliche Aktivitäten 2006

Wir starteten am 21.02.2006 zu einer Neuseelandreise. Zwischen den Jahren hatte ich eine kurzfristig eingeschobene, minimalinvasive Darmoperation wegen Divertikel. Es war alles gut und problemlos verheilt, der Reise stand nichts mehr im Weg. Wenn nur der lange Flug nicht wäre. Es ging mit Quantas zunächst nach Singapur, wo wir mit der Gruppe eine Nacht in einem Hotel verbrachten. Da waren wir also in dem Stadtstaat, der Metropole Nr. 1 in Südostasien, angekommen. Gegen Abend schlenderten wir durch diese multikulturelle Millionenstadt, erlebten das pulsierende Leben. Die Elektronikgeschäfte und die sich überbietenden Leuchtreklamen begleiteten uns in unser Hotel. Am nächsten Morgen, vor dem Weiterflug nach Christchurch in Neuseeland, ging es durch diese saubere Stadt zu einer Oase der Ruhe, dem Orchideengarten von Singapur.

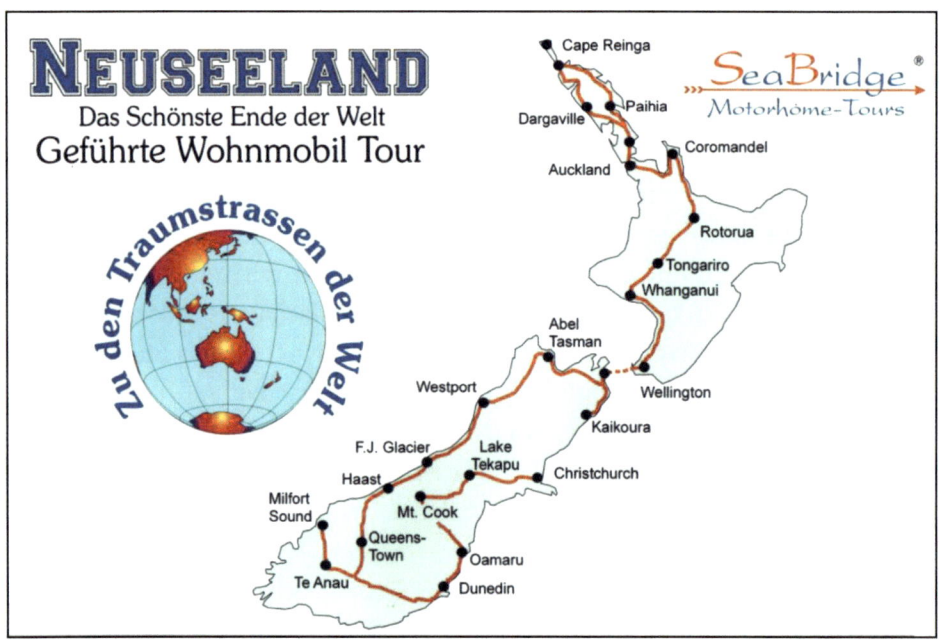

Entspannt und erwartungsvoll hieß es: „Neuseeland, wir kommen!" Am nächsten Morgen empfing uns die „lange weiße Wolke", wie die Maori, die Ureinwohner Neuseelands, ihr Land nennen. In Christchurch mit seinem typisch englischen Flair waren wir auf der Ostseite der Südinsel gelandet, konnten uns akklimatisieren und uns vom Sehen an den Linksverkehr gewöhnen. Erholt übernahmen wir am nächsten Tag unsere Wohnmobile. Nach intensiver Einweisung ging es zunächst in einen Supermarkt zum Einkaufen. Da bist du froh, kein Mobil-Greenhorn mehr zu sein. Robert und Maria, unsere sympathischen Tourbegleiter, waren jederzeit hilfsbereit zur Seite.

Unsere erste Tagesetappe führt uns bis zum Lake Tekapo. Die Route durch das Mackenzie-Hochland ist die ideale Strecke zum Eingewöhnen an den Linksverkehr. Der Weg ist das Ziel. Wir kommen in die Neuseeländischen Alpen mit türkisfarbenen Gletscherseen und dem majestätischen Mount Cook. Auf der Ostküste der Südinsel erleben wir eine Pinguinkolonie, fahren zu den eigentümlichen Moeraki Boulders, am Strand verstreute Steinkolosse von über einem Meter Durchmesser. Ein Erlebnis war bei den Taiora Heads, die größten Seevögel der Welt zu beobachten, Albatrosse mit weiten Schwingen, ohne einen einzigen Flügelschlag schweben sie von der Thermik getragen durch die Lüfte. Gigantisch! Durch Farm- und Weideland geht es zum Lake Te Anau in die bekannte Glühwürmchenhöhle. Auf einer Tagestour besuchen wir mit Bus und Schiff den Milford Sound. Du hast das Gefühl, in Norwegen mit seinen Fjorden und Wasserfällen zu sein. Im Zentrum der Insel erreichen wir Queenstown mit seiner historischen Dampfeisenbahn. Mit dem nostalgischen Raddampfer fahren wir zu einer typisch neuseeländischen Schaffarm. Eindrucksvoll zeigt man uns die Arbeit der Hütehunde. Für Raftingfreunde wird in der Nähe eine Wildwasserfahrt geboten. Pubs und Biergärten laden ein. Über den Haast Pass gelangen wir an die Westküste, aber nicht bevor wir uns das Bungee Jumping an der berühmten Kawarau-Brücke angeschaut haben. Tollkühn!

Die ungestüme tasmanische See haben wir erreicht, da liegt auch schon der Fox-Gletscher vor uns, der bis in Meereshöhe herunterreicht. Wer den Kitzel braucht, kann mit dem Hubschrauber über den bekannten Franz-Josef-Gletscher fliegen. Wir folgen der West Coast, besichtigen die Pan Cake Rocks, bizarr ausgewaschene Felsformationen, und eine Robbenkolonie. Weiter geht's an den Ausläufern der Südalpen vorbei in einen Regenwald mit Schluchten, Wasserfällen und mannshohen Baumfarnen. Zu allen Outlooks perfekte Zugänge, Beschilderungen, alles well organized!

Jutta und ich fuhren durch das Weinanbaugebiet Marlborough am nördlichen Ende der Südinsel und machten einige Proben von den dort angepflanzten Sauvignon-Blanc-Weinen. Mit der Fähre fuhren wir zur Nordinsel und besuchten Wellington, die Hauptstadt Neuseelands. Ein Muss ist hier die Fahrt mit der berühmten Cable Car von 1902 auf die Kelburn Heights. Die Nordinsel ist sehr von der Maori-Kultur geprägt. In der Hafenstadt Wanganui ist die schönste Maorikirche des Landes. In Rotorua waren wir in einem weltweit einzigartigen Thermalgebiet. Wir spazierten zwischen den dampfenden und in verschiedenen Farben brodelnden Tümpeln und am Ink Pot entlang. Schwefelgeruch liegt in der Luft. Was passiert eigentlich, wenn sich da plötzlich die Erde auftut?

Auch die Folkloreshow der Maori, der Ureinwohner der Insel, gibt darauf keine Antwort. Die herausgestreckte Zunge und die furchterregend geschminkten Gesichter waren Bestandteil der Show, die man ernst bleibend erleben darf. Andere Länder, andere Sitten – darum sind wir hier!

Durch ein großes Kiwi-Plantagengebiet ging es immer weiter in den Norden. Phantastische Ausblicke auf beide Küsten werden möglich, weil sich die Tasman Sea und die Pacific Coast hier sehr nahe kommen.

Nach erlebnisreichen vier Wochen und etwa 4500 gefahrenen Kilometern ist von Auckland der Rückflug nach Sydney in Australien angesagt. Ja, wir hatten das „schöne Ende der Welt" bereist, wo sich die Natur in ihrer Einzigartigkeit und ihrer Vielfalt präsentiert. In dem Land, das von der Weidelandschaft, der Holzwirtschaft, dem Wein- und Kiwianbau, von Millionen von Schafen und vor allen Dingen von dem internationalen Tourismus lebt. Da kommt mir noch die Begegnung mit zwei jungen deutschen Frauen in den Sinn, die sich nach erfolgreich bestandenem Architekturstudium eine Neuseelandreise gönnten. Ich musste meine Frage, was sie beruflich von der Reise mitnehmen, nicht zu Ende führen, weil eine der Damen sofort konterte und uns lachend gestand: „Ja, ja das hat mein Vater genau so gefragt." Sorry, aber das Thema ließ sich seriös vertiefen, denn architektonisch hat Neuseeland nichts zu bieten!

Nach vierundzwanzig Jahren kam ich also wieder mal nach Sydney. Mit Jutta und unserer Reisegruppe erlebten wir zwei Tage diese australische Metropole mit ihrem eigentümlichen Charme. Am zweiten Abend hatten wir Karten für das Sydney Opera House. Wir erlebten eine Aufführung der Zauberflöte in Englisch, in einem außergewöhnlich gestalteten architektonischen Umfeld. Hat man nicht alle Tage!

Über die Harbour Bridge sind wir gelaufen, aber nicht, wie einige Mutige es tun, über die Brückenbögen. Den Adrenalinkick überlassen wir den Jüngeren. Am dritten Tag nach gemeinsamen Erkundungen, Ausflugsfahrten und ausgiebigen Stadtbummeln verabschiedeten wir uns von der Gruppe. Wir blieben ja noch vierzehn Tage in Australien bei der Familie meines Klassenkameraden Karl-Heinz Steinbach. Es gab eine Bahnlinie zu seinem achtzig Kilometer entfernten Wohnort. In einem in der Nähe gelegenen Bahnhof wollte er uns abholen. Denn nach Sydney fahren, das traute er sich mit seinen achtundsechzig Jahren nicht mehr. Den Bahnhof zu unserem Ziel brachten wir in Erfahrung und den Schalter für das Ticket auch. Die Lauferei mit dem Gepäck ist nicht so ohne, aber die Vorfreude auf alte Bekannte, die man fast ein Vierteljahrhundert nicht gesehen hat, lässt Strapazen vergessen.

Freudig wurden wir empfangen und wir lernten endlich sein Haus und seine Gärtnerei kennen. Die Familie hatte sich noch vergrößert. Nach den beiden Mädchen gab es auch einen fast zwanzigjährigen Sohn, der eine Gartenbaulehre machte. Wir lernten, welche Anforderungen so eine Blumengärtnerei erfordert. Es war ein mittelständig geprägter Betrieb mit automatisierter Bewässerung, aber trotzdem ist viel Handarbeit angesagt. Große Wasserreservoirs sind angelegt, denn in Australien ist der Regen knapp.

Karl-Heinz mit seiner Anne zeigte uns auch ihre Umgebung. So gab es einen Ausflug in die Blue Mountains nördlich von Sydney. Wir besuchten einen Zoo mit Kängurus, Fledermäusen, Koalas, Dingos, Kiwis, sogar einen Red Devil und einen Wombat, ein Beuteltier, konnten wir bestaunen. Gemeinsam erholten wir uns einige Tage in einem Seebad und erlebten das Schauspiel der Pelikanfütterung in Reih und Glied. Auf der Rückfahrt brachte uns Karl-Heinz noch einmal ins Hunter Valley und zu einigen Winery's, die wir zusammen 1982 besucht hatten. Dort war die Zeit auch nicht stehen geblieben, wie wir beide feststellen konnten.

Wir nahmen schöne Erinnerungen von dieser Reise mit und auch das Versprechen von Anne und Karl-Heinz, dass sie im nächsten Jahr zu meinem 70. Geburtstag meine Gäste sein würden. Für den ein oder anderen sind die Preise für eine solche Reise interessant.

24 Tage Wohnmobil, 6 Hotelübernachtungen, Stadtrundfahrten, Bootsausflüge und Essen 2980€; Campinggebühren 175€, Eintrittsgelder 25€, alle Flüge 1537€ ergibt 4717€ pro Person. Mit dem Kraftstoff für 4500 km 10 l/100 km à 0,60 €: 270€, waren das rund 10.000 Euro Reisekosten für uns beide. Dazu kommen Verpflegung und Ausflüge für insgesamt 44 Tage mit round about 2000 Euro. Das ist nicht gerade ein Schnäppchen, aber für ein individuelles Reisen nach eigenen Vorstellungen ist es adäquat.

Auf der langen Rückreise hatte ich wieder genug Zeit, Pläne zu machen. Mein ehemaliger Kellerraum war frei geworden, den müsste ich doch irgendwie vermietet bekommen. Mir kam die geniale Idee, aus dem 150 m² grossen Raum drei einzelne, mit Bauzäunen getrennte Abstellräume mit jeweils circa 40 m² zu machen. Die restlichen 30 m² wären für mich vom Heizungsraum aus zugänglich. Die anderen drei Stellplätze sind nur zu erreichen durch die vermietete Halle. Der Mieter war einverstanden und ich konnte loslegen. Mein Skatbruder Erich half mir beim Aufstellen der Bauzäune. Ohne bauliche

Maßnahmen passten die Bauzäune exakt in die Halle, sodass die drei Plätze einzeln zugänglich und abschließbar sind. So viel Glück braucht man doch. Zufriedene Mieter dazu gibt es, denn trockene Stellplätze sind rar.

Im Jahr 2006 war meine Ölheizung in die Jahre gekommen und das Heizöl immer teurer geworden. Nach fast dreißig Jahren hätte der Tank saniert und die Heizung ausgetauscht werden müssen. Alternativen wurden gesucht, und machbar war eine Pelletheizung mit 35.000 kW, das größte Modell der Firma Biotech aus Österreich. Im August/September wurde die Umstellung der Heizung von der Firma Meth vorgenommen. Demontage des alten Öltanks und Einbau eines Silos in den Tankraum. Das rechteckige Silo hat im unteren Bereich schräge Seiten, zum Nachrutschen der Pellets auf die am Boden befindliche Austragungsschnecke. Da war ein Lager für zehn Tonnen Pellets geschaffen. Die Ölheizung wurde ausgebaut und die neue Pelletheizung passte mit ihren Maßen gerade so in den Heizungsraum. Dann kam der kritischste Akt, die Verbindung des Pelletlagers mit der Pelletheizung. Dazu mussten 2 x 15 m flexible Plastikschläuche mit 5 cm Durchmesser verlegt werden und an zwei Stellen Fundamente mit Spezialbohrern durchbohrt werden. Ansonsten verliefen die Leitungen im Umgangsbereich vom Schwimmbecken unterhalb des Kellerbodens. Die Leitung, durch die die Pellets fließen, ist ein Schlauch mit eingearbeitetem Kupferdraht, um ein statisches Aufladen zu verhindern. In Verbindung mit dem normalen zweiten Schlauch wird ein Windstrom von einem Gebläse am Heizungsofen aufgebaut, der die Pellets in ein Vorratsbehältnis am Ofen bläst. Von da fließt es mechanisch in den Brennraum. Ein ausgeklügeltes System. So habe ich meinen Beitrag gegen die Umweltverschmutzung geleistet. Für die Umstellung auf Holzfeuerung musste ich circa 30.000 Euro mehr investieren. Bei einer jährlichen Ersparnis von 3000 Euro gegenüber Öl haben sich die Investitionskosten innerhalb von zehn Jahren amortisiert. Also hoffen wir auf die Zuverlässigkeit der Anlage für die nächsten zehn Jahre!
Mit dem Gedanken, in eine Photovoltaikanlage zu investieren, hatte ich mich die letzten Jahre befasst, denn eine große Dachfläche auf dem Betriebsgebäude war vorhanden. Das erste Angebot eines Rheingauer Fachmannes hatte ich schon drei Jahre in der Schublade. Aber 130.000 Euro zu investieren in ein sonnenabhängiges Projekt, das braucht Bedenkzeit. Wie lange halten die Module, wie störungsfrei läuft so eine Anlage? Ein Angebot der Firma JUWI

aus Wörrstadt in Rheinhessen hatte ich auch auf dem Tisch. Der Mitarbeiter des damals noch kleinen Projektentwicklungsunternehmens Fred Jung hat mir ein Angebot ähnlicher Größenordnung gemacht. Apropos Firma JUWI, sie ist ein typisches Beispiel für zu schnell expandierende Unternehmen. Sie brauchten einen finanzstarken Partner und verloren ihre Entscheidungsfreiheit. MERKE: „Die deutsche Eiche wächst langsam!"
Doch ein kleiner Betrieb machte mir dann drei Jahre später ein günstiges Angebot. Im September/Oktober 2006 war dann die Montage einer Photovoltaik-Anlage mit Schott Solarmodulen. So viel kann ich sagen: Die Anschaffungskosten sind nach zehn Jahren wieder eingegangen. Wenn die Anlage mit zwanzigjähriger Vertragszeit die nächsten zehn Jahre störungsfrei läuft, wäre ab jetzt eine 10%ige Verzinsung drin. Egal wie man eine solche Investition berechnet, am Ende wird aber klar, dass man so eine Investition mit nur wenig Fremdgeld, also Kredit, stemmen muss! Wer nicht wagt, der nicht gewinnt!!!

Lage Maltas

Doch nach so vielen Aktivitäten in 2006 wird uns eine Woche Malta vom 15.11. bis 22.11.2006 guttun. Eingeladen hatte dazu die Senioren-Union und ein musikalisches Schmankerl war inbegriffen, nämlich eine Aufführung von Mozarts Requiem in der St. John's Co-Cathedral in Valletta. Unser Hotel für diese Woche war das Selmun Palace, seit Oktober 2006 unter der Leitung der Fluggesellschaft Air Malta. Strahlende Sonne begleitete uns auf den organisierten Ausflügen. Malta hat eine 3000 Jahre alte Geschichte, die wohl mit den Phöniziern begann und abgelöst wurde von den Römern und Sarazenen. Im 16. Jahrhundert wurde die Insel durch den Orden der Ritter von St. Johannes zur Festung des Christentums, die sie gegen die osmanischen Türken erfolgreich verteidigten. Diese Ritter waren Adelige der wichtigsten Familien Europas. Nachdem sie ihre Militärbasis zuerst in Jerusalem und dann in Rhodos verloren hatten, wurde Malta zu ihrem Stützpunkt ausgebaut. Für uns heute ist die St. John's Co-Kathedrale in Valletta ein einzigartiges Monument von internationaler Wichtigkeit und ein Glanzstück der Barockkunst. Unglaublich beeindruckend ausgeführt ist der herrliche Marmorfußboden mit Einlegearbeiten, der aus einer Sammlung von Grabplatten besteht. Das war der stilvolle und akustische Rahmen für die Aufführung von Mozarts Requiem von Chor und Orchester des „Collegium Musicum Malta" mit seinen Solisten unter dem Dirigenten Dr. Maestro Dion Buhagiar. Erhaben, stilvoll. „Man gönnt sich ja sonst nichts!"
Bei einem Ausflug, von dem schönsten Naturhafen Europas startend, ging es zu der malerischen Insel Gozo. Sie ist hügeliger und auch grüner als Malta und bietet viel Ruhe und Entspannung. Die Inseln Malta und Gozo sind eine gute Empfehlung, um im November/Dezember unserem nasskalten Klima zu entgehen. In drei Stunden ist man da und bei Interesse lässt sich sicher noch ein Englischkurs mit arrangieren.

Arrangiert war von Freunden, wie wir Silvester 2006 verbringen wollen. Der Glacier Express, den wollten wir ja schon immer mal gefahren sein, jetzt war die Gelegenheit. Freitags flogen wir von Frankfurt nach Zürich, und dann ging es mit dem Bus über die Autobahn in westlicher Richtung über Olten nach Bern und weiter nach Montreux. Nach einem ausgiebigen Bummel durch die Stadt und über die Uferpromenade am Genfer See, kamen wir noch rechtzeitig in einen Einkaufsmarkt. Mit einem Baguette, einer herzhaften Gruyère-Hälfte und zwei Flaschen Wein, einem Dôle du Valais Rotwein und einem weißen Fendant, ging es auf unser geräumiges Hotelzimmer. Da hatten wir doch alles, was der Mensch so braucht.

Auch am nächsten Tag war schneefreies Wetter, um mit dem Bus durch das Rhonetal über Sion-Sierre nach Brig zu kommen. Da stand er – der Glacier Express für die zweite Klasse. Keiner wusste, ob es was zu trinken und zu essen gibt. Wir machten uns unabhängig. Dann ließen wir die fast schneefreie Landschaft vorbeiziehen. Die Skifahrer taten uns leid, aber bei den dutzenden von Brücken, die wir passierten, war der schönste, der faszinierendste Ausblick immer, wenn der Zug eine Kurve fuhr und wir die waghalsigen Brückenkonstruktionen sehen konnten. Da fahren wir jetzt drüber, na ja, gar zu schnell fährt er ja nicht. Wieder liegt ein neuer Riesengipfel vor uns und noch immer ist Ende Dezember alles Grün. Da kam dann die Adula Region in Sicht, das Quellgebiet unseres Rheins und der Zusammenfluss von Hinterrhein und Vorderrhein, umgeben von einem majestätischen Felsmassiv. In Chur endet das rätische Bahnerlebnis und mit dem Bus ging es weiter über den Pass San Bernardino, Bellinzona nach Lugano am Luganer See. Da war dann unser Hotel, in dem wir am nächsten Tag Silvester verbringen würden.

Das neue Jahr wird gut, wir haben es wohlwollend ohne Böller angefangen. Doch dafür war dann am nächsten Abend, also am 01.01.2007 in Locarno am Lago Maggiore, ein Riesenfeuerwerk, arrangiert für die ganze Region. Ein nicht enden wollendes Spektakel und jeder Böllerschuss hatte ein mehrfaches Echo. Wem es Spaß macht!?!

Dienstagabend war Rückflug von Zürich. Die Pauschalreise war ihr Geld wert, denn individuell die Schweiz zu bereisen kann bei den Eidgenossen teuer werden.

Mein Geburtstag, Kreuzfahrt auf der Donau 2007

Das Jahr 2007, es ist nun wirklich wahr, der liebe LUDWIG wurde 70 Jahr! Alle angestellten Überlegungen, Planungen – jetzt wurden sie konkret. Die Brentanoscheune in Winkel war zum Feiern auserkoren, der Caterer gefunden, der Wein ausgewählt.

Für die Einladungsworte wurde Jutta bei Heinz Erhardt fündig:

Nicht immer war ich schon so alt,
das machen erst die Jahre.
Die Stirne wuchs, nicht der Verstand,
im Laufe meiner Haare.
Ich hatte großes Glück bei Fraun,
ja, mir gefiel fast jede.
Man sieht hieraus, wie alt ich bin,
weil ich gern darüber rede ....

Knapp hundert Gäste gaben mir am 30.04.2007 das Gefühl, dass sie mit dazugehörten. Die Familie, die Verwandtschaft, Freunde und Bekannte, Kirchenchor, die Hofsänger und die Steinbachs aus Australien waren mit von der Partie. Da war natürlich die Brentanoscheune herausgeputzt, zum ersten Mal kamen runde Tische für jeweils zehn Personen zum Einsatz.

Die Brentanoscheune im festlichen Glanz

Die gereimte Quasilaudatio meines Freundes Karl Müller darf ich euch nicht vorenthalten:

Lieber Ludwig Eser, liebe Geburtstagsgäste!
Als Althofsänger mit Humor stell ich mich heut im Rheingau vor,
zu loben ein Geburtstagskind, um das wir froh versammelt sind.
Drum seid einmal mucksmäuschenstill und hört, was ich erzählen will.
Lieber Ludwig, du wirst 70, aus dieser runden Zahl ergibt sich,
dass ich dir herzlich gratuliere und dankbar mal vor Augen führe,
was du geleistet hast als Solist, dem Spielwitz angeboren ist!
Wie gerne denke ich zurück an all die Stunden voller Glück,
wo wir gesungen Seit' an Seit', in närrischer Gemeinsamkeit,
um für Gott Jokus froh zu streiten. Ludwig, das waren schöne Zeiten!
Aus vollem Herz' sang unser Chor und niemals fehlte der Humor.
Dazu hast du, stets ohne Zagen, in hohem Maße beigetragen.
Weil Pünktlichkeit halt ganz und gar noch niemals deine Stärke war!
Bad Kissingen fällt mir da ein, wo ich erlebte Qual und Pein.
Noch heut wird mir ganz mies und flau, denk ich an den Regentenbau.
Gottlob, das muss ich ehrlich sagen, verwechselt ich die Kleiderhaken,
weil ich, das will ich gern betonen, geschwebt in höheren Regionen,
was leider, wie ihr sicher wisst, das Schicksal aller Texter ist.
Du, lieber Ludwig, kamst zu spät und meint'st, als du mich hast erspäht:
„Ei, Karl, du bist heut nicht auf Zack! Was machst denn du mit meinem Sack?"
Du bist halt eine Frohnatur, schautest nur selten auf die Uhr,
bist jedes Mal zu spät gekommen, was unserer Kass' ist gut bekommen.
Doch du, weil dich das nicht erschüttert, hast unser Sparschwein fett gefüttert.
Und lobend sei hier festgestellt: Wer guten Wein macht, macht auch Geld.
Weil Qualität wird honoriert, auch dazu sei dir gratuliert.
Wir drücken Anerkennung aus. Für Ludwig Eser ein Applaus!
Erfolg hat stets verschiedene Gründe. Auch in der Liebe, wie ich finde,
fehlt es dir nicht an viel Talent, das weiß ein jeder, der dich kennt.
Ansonsten aber sag ich dir in diesem schönen Rahmen hier:
Genieß des Frühlings Ätherblau am 1. Mai mit deiner Frau.
Sei dankbar, dass du sie gefunden, verwöhne sie in zarten Stunden.
Und denke oft an Johann Strauß, der sagt in seiner „Fledermaus":
„Glücklich ist, der nie vergisst, was halt nicht zu ändern ist."
Drum sei der Wein uns Sorgenkiller!, heißt heut das Schlusswort von Karl Müller.
Denn: So ein Tag, so wunderschön wie heute, dürfte nie vergehen! Prost!

Es wurde ein gelungenes Fest mit vielen Beiträgen mit altersgerechten Jubelgedichten, Gesangsdarbietungen. Mein Freund Hans Egert war am Saxophon zu erleben und am Keyboard begleitete uns Ralf Marling durch den Abend. Mein Schwiegersohn Peter hat die Feier bildlich festgehalten und Jutta hat daraus einen eindrucksvollen Bildband gestaltet.

Jubilar mit Gattin

Jubilar beim Tanzen

Da wünscht man sich, es wird mir klar: „Einen 80. Geburtstag, wie der 70. es war!!!" Doch bis dahin fließt noch viel Wasser den Rhein runter, wie wir Rheingauer sagen.

Jedoch war noch nicht viel Wasser geflossen, als von Phoenix Flusskreuzfahrten ein Prospekt kam. Für Gäste mit rundem Geburtstag, eine Donaufahrt mit der funkelnagelneuen MS SWISS GLORIA. *„Auf dieser zweiwöchigen Kreuzfahrt erleben Sie eine Vielfalt an Eindrücken in Österreich, der Slowakei und Ungarn, ebenso wie in den Balkanländern Serbien, Bulgarien und Rumänien. Komfortabel reisen Sie zu den Höhepunkten entlang des zweitgrößten Stroms Europas: Sie sehen und erleben die Hauptstädte Wien, Bratislava, Budapest, Belgrad und Bukarest. Sie fahren durch die liebliche Wachau, die weite ungarische Puszta, die malerische Landschaft am Donauknie, die Kataraktstrecke am „Eisernen Tor", die endlose Weite der Walachei und erleben die einzigartige Flora und Fauna im Donaudelta, das als Weltnaturerbe geschützt ist. Sie sehen bezaubernde Weinorte, barocke Klöster und Burgen, die hoch über dem Fluss thronen. Sie reisen auf den Spuren von Kaiserin Sissi durch die K.-u.-k.-Metropolen und genießen die schönsten Seiten der Balkanländer."*
Wir waren überzeugt!!! Der Preisnachlass war mit 500 Euro so verlockend, da kann man nicht nein sagen. Da konnten wir das Jahr 2007 vom 4. Oktober bis zum 19. Oktober auf der „schönen blauen Donau" schon mal langsam verabschieden.

Eine Weinlieferung nach Bad Birnbach ließ sich auch arrangieren, sodass wir akklimatisiert am 4. Oktober in Passau ankamen. Solche Reisen sind so durchorganisiert, dass der Dauerparkplatz eine Shuttle-Verbindung zum Schiff hat, du dich zu Hause fühlst, schon wenn du ankommst. Beim Check-in bekamen wir zusätzlich einen Upgrade in die französischen Balkonkajüten. Da kannst du im Bett liegend die Landschaft genießen. Noblesse oblige! Bei der Tischplatzreservierung gesellten wir uns zu zwei sympathischen Ehepaaren, und es klappte, wir kamen zusammen an einen Sechsertisch am Fenster. Alles bestens und das neue Schiff und die Reise waren vielversprechend!

Reiseroute Balkan

Die Reise möchte ich jetzt nicht kommentieren, aber allen Leuten, die eventuell Bedenken haben, Mut machen, sich dieses Erlebnis zu gönnen. Man wird nicht seekrank, das Schiff kommt nicht in einen Sturm und geht nicht unter! Man wird kulinarisch verwöhnt und auch gut unterhalten. Die Ausflüge sind gut organisiert, man lernt auf bequeme Art Land und Leute kennen: mit interessanten Leuten an der Reling stehen, die Landschaft vorbeiziehen lassen, die Schleusentechnik bestaunen. Mein Hobby ist das Filmen, Jutta macht die Fotos und zu Hause wird das Ganze bearbeitet, mit landestypischer Musik unterlegt und auf DVD gebrannt, damit wir ab Neunzig diese schönen Reisen noch einmal Revue passieren lassen können. Und was soll ich euch sagen, wir hatten tatsächlich das Glück auf der Rückreise durch die Wachau, diese im Indian Summer zu erleben!

Im Herbst 2007 hatten die Mainzer Hofsänger in Verbindung mit Milan Reisen zu einer Kreuzfahrt nach Südamerika „Rund um das Kap Hoorn" eingeladen. Die Reise sollte vom 13. bis 30. März 2008 stattfinden, eine Gelegenheit, Jutta Südamerika vorzustellen. Doch das Programm sah nur einen Tag Buenos Aires vor. Das ist einfach zu wenig für diese tolle Weltstadt. Ich habe Jutta von Argentinien so vorgeschwärmt, denn ich war in den späten Achtzigern mit einer Pfälzer Weinbaugruppe und meinem Freund Werner Sauer auf einer Studienreise in Argentinien und Chile gewesen. Auch wir hatten damals nur Zeit für eine Stippvisite in Buenos Aires, da es mit dem Bus durch die Weinregionen ging. Mendoza ist mir da noch in Erinnerung und ein Besuch im Weingut Heinrich Vollmer. Dieser war Jahre vorher in den Anden beim Extrembergsteigen verunglückt und nach fünf Tagen von Einheimischen gerettet worden. Aus Dankbarkeit wollte er etwas für die indigenen Völker tun und gründete eine Bodega südlich von Mendoza. Zehn indigene Familien arbeiten dort für ihn in seinen Weinbergen auf ebenem Gelände. Es braucht dort keine Tröpfchenbewässerung eingesetzt zu werden, denn von den Anden steht ausreichend Wasser zur Verfügung, das in die Zeilen geleitet wird. Der Vorteil: Die Reben wurzeln normal und man kann durch diese Maßnahme die eventuell auftretende Reblaus ertränken. Ein alter Mann mit einer Hacke leitete das Wasser so von Zeile zu Zeile. Für uns eine neue Variante!

Auf der Busfahrt durch die Anden nach Santiago de Chile werde ich den Anblick von der Höhe in das Tal nicht vergessen. Circa 25 gut ausgebaute Serpentinen taten sich vor unseren Augen auf, ohne jegliche Leitplanke. Da denkst du nur daran: Hoffentlich sind die Bremsen in Ordnung! Lecker und einmalig waren die Steaks in Buenos Aires, die wir um Mitternacht noch serviert bekamen. Jutta, das ist eine tolle Reise!!!

Reisen nach Südamerika und Griechenland 2008

Jetzt tat sich die Frage auf: Wie können wir den langen Hinflug vermeiden und auch schon früher in Argentinien sein? War da nicht vor ein paar Wochen eine Reklame von Reisen per Frachter in der Post? Tatsächlich, da ist ein Containerschiff in achtzehn Tagen in Buenos Aires. Los fährt es am 13.02.2008, da hätten wir normalerweise zusätzlich zehn Tage für Reisen in Argentinien. Von unserem Pfarrer Gras, der lange in Argentinien gelebt hat, bekamen wir die Anschrift eines Herrn Ullmann mit kleinem Reisebüro, der uns Hotel und Rundreise buchen würde. Jetzt brauchten wir nur noch Glück,

dass eine Kabine auf dem Containerschiff frei ist!
Es waren zwei kleinere Kabinen nebeneinander frei, geht das auch? Jutta hat da mitgespielt. Ich weiß, das ist nicht mit jeder Frau zu machen! Für Unterhaltung muss man selbst sorgen, es gibt nur TV und Player, die DVDs muss man mitbringen. Jutta hatte einige Bücher dabei und ich mein Skatspiel auf dem Laptop. Damit wir was Anständiges zu trinken haben, wurden zwei Karton Wein an die Reederei geschickt. Prima!

Das Containerschiff

Am Morgen des 13.02.2008 ging es mit dem Zug nach Hamburg. Einen Plan für das Taxi hatten wir in den Unterlagen, denn der Hamburger Hafen ist weit verzweigt und nicht jeder Taxifahrer kennt sich da aus. Bei der Ankunft am Schiff kamen junge Matrosen, die uns das Gepäck in die Kabine brachten. Einen Aufzug gab es nicht, um auf Deck 6 zu gelangen. Wir hatten Ausblick nach vorn über die gestapelten Container. Über uns war die Kommandobrücke, zu der wir fünf Passagiere zu jeder Tages- und Nachtzeit Zutritt hatten.
Jetzt war zuerst ein Rundgang angesagt. An den Containern vorbei zum Bug des Schiffes waren es 207 Meter, die Breite war 30 Meter, einmal rund waren fast 500 Meter zu gehen. Im unteren Deck hatten wir den Fitnessraum mit verschiedenen Geräten. Eine Tischtennisplatte gab es auch, und daneben war ein Pool, aber noch ohne Wasser. Auf dem ersten Deck war die Kommandozentrale und noch Hektik beim Verladevorgang. Wir erfuhren, dass es heute Abend in Richtung Antwerpen ging. Ein Container konnte in Hamburg nicht entladen werden, denn er hatte sich verkantet. Er war gefüllt mit Kaffeebohnen, die in Antwerpen abgesaugt werden konnten. Danach war der Container wieder zu bewegen. Gelernt haben wir, dass es eine riesige Herausforderung

ist, die Container so zu laden, dass die im nächsten Hafen zu entladenden nicht an unterster Stelle stehen. Dennoch kommen die schweren nach unten, um ein stabiles Gleichgewicht zu haben. Alle gekühlten Container müssen zugänglich sein zu Kontrollzwecken und erforderlichen Wartungs- oder Reparaturarbeiten. Ganz wichtig: Alle Container werden nur innerhalb eines Stapels arretiert, niemals mit der Nebenreihe. Bei einem Sturm kann die Außenreihe über Bord gehen, aber nicht auch die zweite und gar dritte Reihe. Dann bekommt das Schiff Schlagseite!

Wir hatten einen polnischen Kapitän, der zweite Kapitän war ein Philippine, der technische Offizier war aus Ostdeutschland. Es gab vier Offiziere, davon drei Russen und ein Israeli. Der Rest der Mannschaft waren circa zwanzig philippinische Seeleute, nicht zu vergessen ein in Deutschland ausgebildeter Koch sowie ein Stewart. Auf dem vierten Deck war eine moderne Großküche eingerichtet, links war der Zugang zum Speiseraum der Offiziere und der Reisegäste, auf der anderen Seite war der Speiseraum für die Seeleute. Wir wurden vom Stewart bedient mit abwechslungsreichen, schmackhaften Speisen und fast jeder Wunsch wurde erfüllt. Unser Tagesablauf, wie er sich schnell etabliert hat: Nach dem Zähneputzen ging es in die Klamotten des Vortages und zum Kaffeetrinken ab acht Uhr zwei Deck tiefer. Danach liefen Jutta und ich vier Decks runter in den Fitnessraum zum Tischtennis spielen. Ab dem Golf von Biskaya kam das wärmere Seewasser in den Pool, den wir dann fleißig nutzten. Es war meist gegen elf Uhr und die gemütliche Morgentoilette war angesagt. Etwas lesen und dann auf zum Mittagessen. Da war meist auch unser gesprächiger technischer Offizier dabei, der uns oft bis vierzehn Uhr mit seinen Schiffserlebnissen unterhielt. Mit dabei am Tisch war Erich, der allein reisende Schweizer, ein sympathischer Studienrat, der die ganze Welt bereist hat. Der ging nach dem Essen sein Spanisch auffrischen, während wir unser Schläfchen hielten. Ab sechzehn Uhr war Sonnen auf einer der Seiten der Kommandobrücke angesagt. Meistens hatte der zweite Kapitän, der Philippine, Dienst, der es sich nicht nehmen ließ, uns Kaffee und Kekse zu servieren. Wir schauten dem Kapitän beim Organisieren der bevorstehenden Route durch den Indischen Ozean zu. Zu tun gibt es auf der Kommandobrücke nichts, das Steuer ist auf den Kurs eingestellt, alle fünf Minuten ist ein Blick auf das Meer geboten, ansonsten arbeitet das Radar. Für Landratten, wie wir es sind, ist dies eine andere Welt. Darum sind wir ja hier. Um achtzehn Uhr gab es Abendbrot, man konnte dazu Bier oder Wein trinken

und es gab viel zu erzählen. Nach zwanzig Uhr war dann auf meinem Zimmer Fernsehen angesagt. Ich hatte eine Menge Derrick-DVDs dabei, von denen Jutta und ich uns abends eine ansahen. Sie ging dann in ihre Kajüte, und ich konnte ihr noch ein „Gutenachtlied" trommeln. Zwischendurch hatten wir eine Nacht Windstärke 8, da schaukelten die Container und zwischen den einzelnen Reihen gab es große Zwischenräume, aber über Bord ging keiner. Doch die anderen sechzehn Tage hatten wir lammfrommes Seewetter, wie es besser nicht sein kann. Unser Ossi, wie wir ihn liebevoll nannten, ließ es sich nicht nehmen, mit uns eine Besichtigung seines Maschinenparks zu machen. Ich hatte ihn gelobt, denn wir waren das einzige Schiff unterwegs, das keine Rauchfahne hinter sich herzog. Da lernten wir von ihm, dass es schwierig ist, die Maschinen, die mit Schweröl betrieben werden, richtig einzustellen. Dennoch waren wir überrascht, als wir in die riesige Maschinenhalle kamen, wie gepflegt und sauber es hier war. Wir brauchten einen Ohrenschutz, denn die Maschinen lärmten unter Volllast. Da war die Hauptmaschine, die Antriebsmaschine von MAN mit ihren 17.200 kW = 23.392 PS mit einem Gewicht von 664 Tonnen. Der Kolben, der den fünfflügeligen Propeller antrieb, hatte einen Durchmesser von 0,7 Meter. Gewaltig, die Ausmaße des Motors, wie ein LKW mit Anhänger. Es gab noch drei Generatoren zur Stromerzeugung, die je nach Kühlbedarf angestellt waren. Ein Generator war für Reservezwecke gedacht, denn die Kühlkette durfte nie abreißen. Da war noch ein Frischwassererzeuger (Verdampfer), der täglich Frischwasser aus Seewasser herstellte. Da hatten wir jetzt eine Vorstellung bekommen, unter welchen Bedingungen das Personal seine Arbeit verrichten muss. Unsere Hochachtung war ihnen sicher und uns der abendliche Gesprächsstoff. Sonntags hat unser polnischer Kapitän zur „Messe" eingeladen. Nicht, was ihr denkt, nein, aber Freibier gab es! Die Äquatortaufe war human und gesittet. Es gab Spanferkel satt, das Bier und der Wein flossen. Ich hätte nie gedacht, dass die schlanken Asiaten so beim Fleisch zuschlagen können. Rein äußerlich wurden wir nicht getauft, aber die brave Leber war schön nass geworden.
Am 27.02.2008 betraten wir nach fast vierzehn Tagen auf See wieder Land. Wir waren in Santos in den Hafen von Sao Paolo eingefahren und nutzten die Zeit für einen gemeinsamen Ausflug in der Hafenstadt. Dank Erich klappte die Verständigung einigermaßen, aber Brasilianisch ist ja auch Portugiesisch und nicht Spanisch. Da wir jetzt abschätzen konnten, wann wir in Buenos Aires ankommen, nahmen wir Kontakt mit Herrn Ullmann auf. Er sollte unsere

Rundreise organisieren, an der unser Schweizer Reisebegleiter Erich teilnehmen wollte, und die Hotelbuchung für Buenos Aires machen. Jeden Abend ging der Kapitän ins Internet, um seiner Reederei Nachrichten zu übermitteln, da konnte ich mich mit einklinken, na prima!

Am Samstag, dem 01.03., frühmorgens, war steuerbords Montevideo in Sichtweite, und es ging den Rio Plata aufwärts in Richtung Buenos Aires. Wir waren voller Erwartungen!

Es wurde Abend, bis die Hafenformalitäten abgeschlossen waren, aber nach dem Abendessen ging es per Taxi gemeinsam mit Erich in die Einkaufsmeile von Buenos Aires, die Florida. Über Kilometer reiht sich Geschäft an Geschäft, und eine große Menschenmasse wälzt sich durch diese Einkaufsstraße.

Unsere letzte Nacht verbrachten wir auf dem Schiff und nach dem Frühstück kam ein herzliches Abschiednehmen nach achtzehn Tagen ungewöhnlicher Seereise. Den restlichen Wein bekamen wir gut durch die Kontrolle, und mit dem Taxi fuhren Jutta, Erich und ich zu unserem Hotel. Herr Ullmann hatte uns ein nobles, aber bezahlbares Hotel im Zentrum gebucht mit der Option, den Aufenthalt für unsere Inlandreise zu unterbrechen, aber das Hauptgepäck dort aufbewahrt zu bekommen. Ist ja wichtig, eine solche Möglichkeit zu haben. Als Erstes haben uns die Angestellten vor Taschendiebstahl gewarnt, kein Schmuck, keine Armbanduhr, die üblichen Vorsichtsmaßnahmen. Unser erster Spaziergang ging zum nahe gelegenen Friedhof, ein Muss für jeden Touristen, denn die Mausoleen, diese monumentalen Grabmäler, sind sehenswert. Die Gedenktafel von Evita Peron gehört dazu, die ehemalige Gattin des argentinischen Präsidenten Juan Peron, die erst 1952 verstorben ist. Vor dem Friedhof luden riesige Gartenlokale zum Verweilen ein.

Auf dem Rückweg zum Hotel kamen wir am Bischofssitz vorbei, ein repräsentatives Gebäude, von hohen Mauern umgeben. Altehrwürdiger Baumbestand ragte über die Mauern, aber es schien unbewohnt.

Am späten Nachmittag fuhren wir mit dem Taxi nach San Telmo, wo uns die temperamentvoll gespielten Tangomelodien erwarteten. Dieser Musikstil, diese Staccato- Klänge, die durch die Bandonions geprägt sind, der mitreißende 4/8-Takt mit synkopiertem Rhythmus. Ich war hypnotisiert und filmte mit offenem Mund! Um die Ecke wurde zu der Musik getanzt. Reifere, versierte Tangopaare zeigten uns tanzakrobatische Figuren, die ein Verschmelzen der Körper in ekstatischer Verzückung zelebrierten, die die Glut zum offenen Feuer werden ließ. Das muss man erlebt haben! Der Dramatiker

Bernhard Shaw hat mal gesagt: Der Tango ist die vertikale Ausführung eines horizontalen Verlangens! Wie wahr, kürzer kann man es nicht definieren! Ich musste erst wieder meinen Enthusiasmus unter Kontrolle bringen, um das argentinische, fünf Zentimeter dicke, zartrosa gegrillte Steak anschließend genießen zu können.

Montag, der 3. März, und wir treffen uns mit unserem Reiseagenten Herrn Ullmann. Er hatte unsere Rundreise organisiert, war von seinem Wochenendtrip zurück und lud uns zu einer speziellen Stadtrundfahrt ein, da wo nicht alle Touristen hinkommen. Dabei fuhr er mit uns über die Avenida 9 de Julio am Obelisken vorbei. Was ist denn das für eine Straße? Sieben Fahrbahnen pro Spur und noch je zwei Fahrbahnen als Zubringer für die einzelnen Stadtteile parallel dazu, und das Ganze 140 Meter breit? Wo sind wir denn hier, das habe ich auf der Welt noch nicht gesehen, auch nicht in Peking!

Wir haben erkannt, dass unser Hotel ein toller Ausgangspunkt war, um alle wichtigen Ziele zu Fuß zu erreichen. So auch die Hauptfiliale der American Express Bank, wo ich Dollar-Reiseschecks eintauschen konnte. Ich hatte noch mehrere Schecks, die ich einst zum Kurs von 4,20 DM gekauft hatte. Hier hatte ich jetzt die Chance, einen besseren Kurs in Peso zu bekommen als in Euro. So wurden also die Schecks nach fast vierzig Jahren wieder zu Bargeld, mit dem ich unsere Rundreise nach Mendoza und in das Mondtal, den Nationalpark Argentiniens, bezahlte. Entspannt sind wir dann im Café Tortoni, eine internationale Adresse, eingekehrt, um uns anschließend zu einer Tangoshow verführen zu lassen. Na ja, das Urige hat gefehlt.

Am 06.03. war unser gemeinsamer Flug mit Erich nach San Juan, dem Ausgangspunkt zum Besuch des „Valle de la Luna". Eine gepflegte Stadt mit südländischem Flair erwartete uns. Am nächsten Tag ging es mit Fahrer und Reiseführerin zum 300 Kilometer entfernten, im Nordwesten Argentiniens abgeschieden gelegenem Mondtal, einem Eldorado für Geologen mit Gesteinsformationen und eindrucksvollen Felswänden aus rötlichem Sandstein. Nach zwei interessanten Tagen ging es zurück nach San Juan und mit dem Bus gelangten wir am nächsten Tag in circa vier Stunden nach Mendoza, das wir ausgiebig kennenlernten. Unter schattigen Bäumen sitzen, den verschiedensten Straßenmusikanten zuhören, ein gutes Essen auf dem Teller und den passenden Wein dazu. Herz, was begehrst du mehr!

Am Mittwoch, dem 12.03., flogen wir zurück nach Buenos Aires. Erich übernahm sein aufbewahrtes Gepäck und verabschiedete sich zu seiner Weiterreise zum Kap Hoorn.

Buenos Aires ist eine große Multikultistadt, sehr europäisch, doch es gibt Armut, wie zum Beispiel die Kartonieros, die jede Nacht von ihren Slums in die Stadt kommen, um Kartons aus dem Müll zu sortieren. Auf der „Florida" wurden am Feierabend die Verpackungen hingestellt samt Leergut und sonstigem Abfall, damit die dienstbaren Geister dafür einen kleinen Obolus erhielten. Am Stadtrand ihre Kartonbehausungen zu sehen und sie beim Arbeiten zu beobachten, da kommt man ins Grübeln! Mir ist heute klar, warum unser jetziger Papst Franziskus, der damals Bischof in Buenos Aires war, nicht in seinem feudalen Amtssitz wohnen wollte. Warum gehören gerade die katholisch geprägten Regionen dieser Welt zu den Ärmsten???

Die Hofsänger und ihre Fans, die gemeinsam diese vielversprechende Kreuzfahrt erleben wollten, erreichten am Freitag, dem 14.03.08, Buenos Aires und wir zogen mit ihnen in das Intercontinental Hotel ein. Fred Montag, Hofsängerfreund und Tourleiter einiger Amerikareisen vergangener Zeiten, war mit seiner Frau Maria und alten amerikanischen Bekannten aus Amerika angereist. Große Freude ob des Wiedersehens, und wir konnten den Freunden einige Tipps geben, was sie unbedingt sehen müssen. Am Samstag ging es mit dem Bus zu einer landestypischen Estancia mit Barbecue und Gauchoshow und dem ersten Auftritt der Hofsänger für die sie begleitende Fangemeinde. Anschließend Fahrt zum Hafen und Einschiffung auf der MV Infinity. Das feudale Leben auf so einem Kreuzfahrtschiff begann!!! Ich kann es in vollen Zügen genießen, denn es gibt immer was zu erleben. Das Entertainment ist meistens spitze, man muss nur genießen können.

Ein kleiner Blick auf die abgebildete Karte soll zeigen, wie unsere Route um Südamerika aussah. Am ersten Tag war gleich eine Stadtrundfahrt in Montevideo angesagt, der mit 1,3 Millionen Einwohnern größten Stadt Uruguays. Boxershorts konnte ich gebrauchen, aber leider nicht kaufen, denn die Angestellte vertraute meiner Kreditkarte nicht und Landeswährung hatte ich keine. Die Chefin wurde herbeigerufen, eine Deutsche, und als sie uns sah, war es kein Problem mehr. Geht doch. Nach dem Besuch von Punta del Este am nächsten Tag verließen wir Uruguay in Richtung Ushuaia mit seinem Tierre del Fuego.

Am ersten Tag auf See wollte ich eine SMS vorbereiten, die wir im nächsten Hafen mit Telefonnetz an alle Daheimgebliebenen abschicken können. Da packte mich die Reimwut:

Buenos Aires, Montevideo, Punta del Este,
von allem immer nur das Beste!
Auf dem Schiff fühl ich mich wie ein Millionär,
wo nehm ich nur die Dollars her?
Wir verleben halt unserer Kinder Erbe.
Hoffentlich langt's, bis wir dann sterbe!!!

Da hatte ich wieder mal ein Stück von mir preisgegeben. Einige andere fanden es gut und übernahmen den Text.
Doch mit des Schicksals Mächten ist kein ewiger Bund zu flechten und das Unglück schreitet schnell: Passiert ist es im Park von Feuerland mit Blick auf das Kap Hoorn. Bei feuchtem Gras war ein Spaziergang angesagt, die hilfsbereite Maria Montag nahm eine ältere Dame unserer Gruppe in den Arm, die Damen rutschten aus und die Helferin Maria blieb mit einem Beinbruch liegen. Sie musste operiert werden, darum war von Ushuaia der Rückflug nach Florida angesagt. Schade, muss Hilfsbereitschaft SO enden?
Weiter ging die Reise durch die Magellanstraße, an zahlreichen kalbenden Gletschern vorbei. Ehrfürchtig gedenkt man der Leistungen der Seefahrer, die diese Passage entdeckt haben in dem Labyrinth von Inseln aus schroffen

Felsen, bedeckt von Eis und Schnee!
Die letzte Woche auf diesem luxuriösen Schiff genossen wir in vollen Zügen, unterbrochen von eindrucksvollen Landgängen in Punta Arenas sowie Puerto Montt. Chilenische Hafenstädte, die ihre Blütezeit hatten, als der Panamakanal noch nicht gebaut war. In Valparaiso ging es mit dem Bus zu einer Abschiedsfahrt durch Santiago de Chile zum Flugplatz und danach erreichten wir nach siebzehnstündigem Flug, mit Zwischenlandung in Paris, wieder Frankfurt. Eine empfehlenswerte Reise für alle, die neugierig auf die Staaten Südamerikas sind und mit ihrem Interesse für diese Länder gleichzeitig ihren Beitrag leisten wollen für diese Menschen, die auch vom Tourismus leben!!!

Jetzt möchte ich etwas erwähnen, worüber die meisten Betroffenen nicht sprechen: Wir waren mit Wohnmobil und unseren Rädern zum Kurztrip an der Mosel. Beim Radfahren bemerkte ich ein Ziehen im Genitalbereich. Das Kribbeln verstärkte sich und Unwohlsein kam dazu. Wieder zu Hause ging ich zur Hautärztin: „Sie haben keinen Pilz, Sie haben eine Phimose. Ich rate Ihnen zu einer baldigen Operation, denn die Verengung kann so stark werden, dass Sie Probleme beim Wasserlassen bekommen." Auf meinen fragenden Blick antwortete sie: „Das kommt bei älteren, auch aktiven Männern öfter vor, als Sie glauben." Ich bekam kurzfristig am 16.05.2008 einen OP-Termin in der HSK in Wiesbaden. Drei junge Ärztinnen nahmen sich meiner an. Hemmungen darf man in solch einer Situation nicht zulassen, und auf meine Frage, ob die Baustelle für sechs Hände nicht zu klein sei, konnten die Damen meine Bedenken charmant ausräumen. Als dann zum Ende der OP die Narkose nachließ, waren die letzten Stiche beim Vernähen noch auszuhalten. Es heilte sehr gut, ich konnte schmerzfrei Wasser lassen. Es fühlt sich einiges anders an, aber es ist nur eine kurze Gewöhnungsphase. Im Nachhinein frage ich mich, ob bei diesem Sachverhalt nicht generell im Babyalter eine Beschneidung vorgenommen werden sollte. Man muss ja kein Fest daraus machen, ein fachmännischer Eingriff genügt. – Gut wenn so ein Malheur nicht auf einer großen Tour passiert, denn dann wird es unter Umständen komplizierter!!!

Die Griechen, die ausgesprochen wohnmobilfreundlich sind, leben mit dem Tourismus. Dort kann man in der Nachsaison ungestört in einer Bucht direkt am Meer stehen. Wir hatten uns mit Willi und Dagmar, die wir von Neuseeland kannten, für Ende September 2008 in Athen verabredet.

Karte von Peloponnes

Die Fähren Ancona–Patras und Patras–Venedig waren rechtzeitig über den ADAC zum Preis von 373,20 Euro mit Camping an Bord gebucht. Also starteten wir am 17. September 2008 mit unserem Wohnmobil bei einem Kilometerstand von 93.660 Kilometer über den Rechenpass nach Ancona. Treffpunkt war ein Campingplatz im Herzen Athens mit guter Anbindung, aber lärmenden Motorrädern. Ausgiebig haben wir Athen und die Altstadt, die Akropolis und einige Museen kennengelernt. Es war für jeden etwas dabei, und nach dem Besuch von Piräus, mit seinen zahlreichen Millionärsjachten, ging es über den Isthmus von Korinth nach Epidauros. Diese bedeutendste antike Kultstätte für den Heilgott Asklepios liegt auf der Ostseite des Peloponnes. Geschichtsträchtige Steine umgaben uns beim Besuch des Theaters. Da musste ich doch von der tiefgelegenen Bühne in diesem elliptisch gebauten Amphitheater meine Stimme erklingen lassen. Mit der Arie des Sarastros aus der Zauberflöte: „In diesen heiligen Hallen kennt man die Rache nicht", konnte ich die bewundernswerte Akkustik erleben, mit der man schon vor 2000 Jahren ohne Lautsprecher auskam!

Doch wir durften uns freuen auf das erfrischende, angenehme Wasser in unserer Bucht, die wir ganz allein genossen. Wir hatten unsere Motorräder dabei. Willi hatte seine Maschine hinten auf dem Motorradträger, meine kleine 50er Piaggio passte in den Kofferraum. Da mussten wir zwei unbedingt die

Gegend allein erkunden. Hat Spaß gemacht, sich in unserem Alter den Wind um die Nase wehen zu lassen!

Hallo, Jutta, jetzt müsste doch bald unser erster Enkel zur Welt kommen. Es gab noch kein WhatsApp, also mussten wir telefonieren, und die Überraschung war groß. Gestern, am 26.09., wurde Markus Sohn Elías geboren. Am Abend, die Sektflasche war gut gekühlt, gab es den obligaten Umtrunk, und Willi servierte uns sein Leibgericht, frische, selbstgegrillte Dorade, eine Goldmakrele. Da passte doch mein Riesling toll dazu, und aus einer Laune heraus rief ich bei meinen Schwiegereltern an. Die Nachricht war traurig, denn Juttas Vater war kritisch ins Krankenhaus gekommen. Am nächsten Tag kam die Todesnachricht. Einer wird geboren, der andere geht. C'est la vie!

Jutta und ich waren uns einig, dass wir versuchen wollen, einen Flug für sie zur Beerdigung zu bekommen. In Nafplio gingen wir mit den anderen in ein Internetcafé, wo wir einen Flug buchen konnten. Der Flug von Athen ging am Mittwoch, dem 01.10., die Beerdigung war am 02.10., und am 03.10. konnte ich sie wieder am Flughafen Athen abholen.

Bevor Jutta nach Hause flog, konnten wir noch Nafplio, eine Hafenstadt am Argolischen Golf, mit seinen Festungen besichtigen. Durch das Löwentor, das Haupttor der antiken Stadt Mykene, gingen wir weiter hinauf durch die Stadt zum Palast. Respektive was davon übrig ist an diesem höchsten Punkt der legendären Heimatstadt von Agamemnon.

Die Welt ist klein, wir trafen Bekannte, Vater und Tochter aus Wiesbaden. Er versuchte seiner Tochter die mehrere tausend Jahre alte Geschichte dieser mythischen Stadt des Altertums näherzubringen. Doch sie sagte unter vorgehaltener Hand, dass sie lieber jetzt einen Riesling im Rheingau trinken würde.

Nach der interessanten Besichtigung verlassen wir die anderen, der neue Treffpunkt war in Githio, an der Südspitze des Mittelfingers des Peloponnes. Wir fuhren zurück nach Athen zu dem Campingpatz, deren Leiterin uns die Bus- und Zugverbindung zum Flughafen aufzeigen sollte. Wir hatten am nächsten Tag, am 01.10., genügend Zeit, gemeinsam zu Athens Eleftherios Venizelos International Airport zu fahren. Juttas Flug ging um 18.20 Uhr und nach drei Stunden landete sie in Frankfurt. So konnte sie sich würdevoll von ihrem geliebten Vater verabschieden. Sie kam am 03.10. zufrieden zurück und hatte noch eine Überraschung für mich parat. Jutta war am Tag des Rückflugs mit ihrer Tochter noch zu Besuch bei unserer Schwiegertochter und brachte ein Bild von dem neuen Erdenbürger mit. Das Leben, es geht weiter, und wir fuhren die berühmte, wenn auch fragwürdige Marathonstrecke zurück, die von Athen über Tripoli nach Sparta führt.

Jetzt blieben uns noch drei Wochen, bis wir am 27.10. 2008 von Patras die Heimreise mit dem Schiff nach Venedig antreten. Jetzt will ich Sie, verehrte Leser, aber nicht mit Plattitüden aus Griechenland langweilen, aber wir hatten eine erholsame Zeit mit gemeinsamen Motorradausflügen, auch auf der Nachbarhalbinsel Mani. Wir aßen jeden Tag unseren fangfrischen Fisch, ich durfte ihn ausweiden und schön säubern. Ja, so ist es, wenn man die hohe Schule der Kochkunst nicht beherrscht!?! Wir lernten in den drei Wochen einen großen Teil des Peloponnes mit seiner einmaligen herrlichen Landschaft kennen.

Doch eines Morgens beim Frühstück habe ich eine unverzeihlich dumme Redewendung gegenüber Dagmar gebraucht. Dagmar, von mir ob ihres Charmes, ihrer Intelligenz hoch verehrt, war etwas Anspruchvolles am Erklären, da machte ich eine unbedachte, flapsige Bemerkung: „Jutta, hör gut zu, man kann auch vom Dümmsten was lernen." Eine Redewendung, die mein Vater oft gebraucht hat, die de facto stimmt, aber auch persönlich genommen werden kann. Sie hat es persönlich genommen, aber mir nicht gesagt, dass ich sie beleidigt habe. Meine spätere Entschuldigung lief ins Leere, sie hatte sich getroffen gefühlt. Was lernen wir daraus: Spontanität ist erfrischend, aber auch sie muss man unter Kontrolle haben.

Für alle, die es interessieren könnte: Wieder zu Hause, waren wir insgesamt 3720 Kilometer gefahren!

Mein Freund Hans Egert

Wir waren all die Jahre gute Nachbarn auf dem Friedensplatz und darüber hinaus Winzerkollegen, mit einem ausgesprochenen Hang zur Musik. Wenn ich bei ihm so eine Bemerkung gemacht hätte, dann wäre als Antwort gekommen: „Ei freilich, ich lerne ja auch von dir." Er war Jahrgang 1928, lernte Akkordeon spielen, aber nach seiner Rückkehr aus dem Krieg hat er mit Saxophon und Klarinette angefangen. Er spielte im Nachkriegsdeutschland in verschiedenen anspruchsvollen Kapellen, auch gelegentlich zusammen mit dem Wiesbadener Paul Kuhn, der als Pianist und Sänger in die Musikgeschichte eingegangen ist. Hans hatte neben seinem Weingut in Oestrich auch ein Weinlokal in Wiesbaden. Jedes Wochenende war gemeinsam mit einem

Pianisten anspruchsvolle Unterhaltungsmusik angesagt. Da war noch hausgemachte Musik zu hören, die nicht durch Verstärker verzerrt war. Das Niveau des Restaurants, sein guter Wein in Verbindung mit „Herzblut-Musik", wurde zum Magnet, nicht nur für Wiesbaden, nein, aus dem Rhein-Main-Gebiet und auch von Limburg kamen die Gäste. Doch alles hat seine Zeit im Leben, das Weinlokal gab es nach dem Jahr 2000 nicht mehr und ich suchte für unser Oestricher Lenchenfest noch einen gemeinsamen Programmpunkt. Der Hans war Feuer und Flamme, und wir trafen uns sporadisch bei mir zum Üben.

Hans mit mir beim Musizieren vor einigen Gästen.

Ja und dann kam unser Karnevalverein, die Seniorenvereine und Weihnachtsfeiern: „Ei, könnt ihr bei unserer Veranstaltung die Musik machen?" So hatten wir immer wieder einen Grund zusammenzukommen und unserer Musikleidenschaft zu frönen. Der Hans hat mit seinem Saxophon Töne hervorgebracht und Musik lebendig werden lassen, die unter die Haut ging. Sein „Petite Fleur", komponiert von Sidney Bechet, hat er auf der Klarinette so vibratoreich, so einfühlsam, leicht im Rhythmus verzogen, genial interpretiert. Mir wurde heiß und kalt, und ich gab ihm mit meinem Klavierspiel den Freiraum für sein Spiel, den auch ein Sänger braucht. Ich glaube, ihr könnt es verstehen. Wenn seine musikbegeisterte Maria abends anrief, das Abendessen sei gerichtet, hat es meistens noch mehr als eine Stunde gedauert, und noch ein Anruf kam, bis die letzte Nummer gespielt war. Nun ist er gestorben. – Er fehlt mir!!!

Das Jahr 2009 mit Reisen nach Schottland und Kroatien

Im März teilte mir Familie Peschke nach neun Jahren ihre Kündigung zum 30.06.2009 mit. Sie hatten ein Haus kaufen können, und die Betriebswohnung sowie die Probierräume im Erdgeschoss wurden frei. Die Insertionen für eine Gesamtvermietung blieben erfolglos, denn die beginnende Finanzkrise lähmte den Wunsch, sich selbstständig zu machen. Die Betriebswohnung im ersten Stock konnte ich zum 1. Juli 2009 weitervermieten.

Da konnten wir entspannt vom 7. bis 30. Juni eine geführte Schottlandreise mit Sea Bridge antreten. Meine Erinnerungen an Schottland waren zwar nach sechsundfünfzig Jahren noch lebendig, doch Jutta wird das Land toll finden und ich kann die Veränderungen erleben: Uns erwarten Kilts und Clans, Lochs und Lords, Schlösser und Burgen, berühmte Whisky-Destillen, grandiose Landschaften. Außerdem bieten wilde Küsten ein unvergessliches Kultur- und Naturerlebnis, begleitet vom Klang der Dudelsackmusik.

Treffpunkt war Gent, eine der schönsten Städte Belgiens. Der Reiseleiter war Uwe, ein erfahrener Tour-Guide, und die Gruppe bestand aus netten, erwartungsvollen Rentnern. Wie sich herausstellte, waren die Zieldaten jetzt mit Koordinaten angegeben. Das konnte unser Navi nicht, aber Uwe kannte auf dem Weg nach Zeebrügge einen Markt, wo wir ein Garmin Navi kaufen konnten. Das war eine gute Entscheidung und nach angenehmer Überfahrt von Zeebrügge nach Hull ging unsere Fahrt an den Hadrianswall, ein römisches Grenzbefestigungssystem des britannischen Limes. An der Grenze erwarteten uns Dudelsackmusik und die schönste Metropole Schottlands, Edinburgh. Von hier ging's ins Hochland mit den zahllosen Whisky-Destillen und schließlich zum berühmten Loch Ness.

Jetzt waren wir fast zehn Tage unterwegs und es hatte noch kein einziges Mal geregnet. Gibt's das auch in Schottland? Ich hatte das ganz anders in Erinnerung!

Vereinzelt waren in windgeschützten Gebieten kleine Wälder entstanden, die es 1953 noch nicht gab. Die Bäume waren teilweise so dick wie Strommasten.

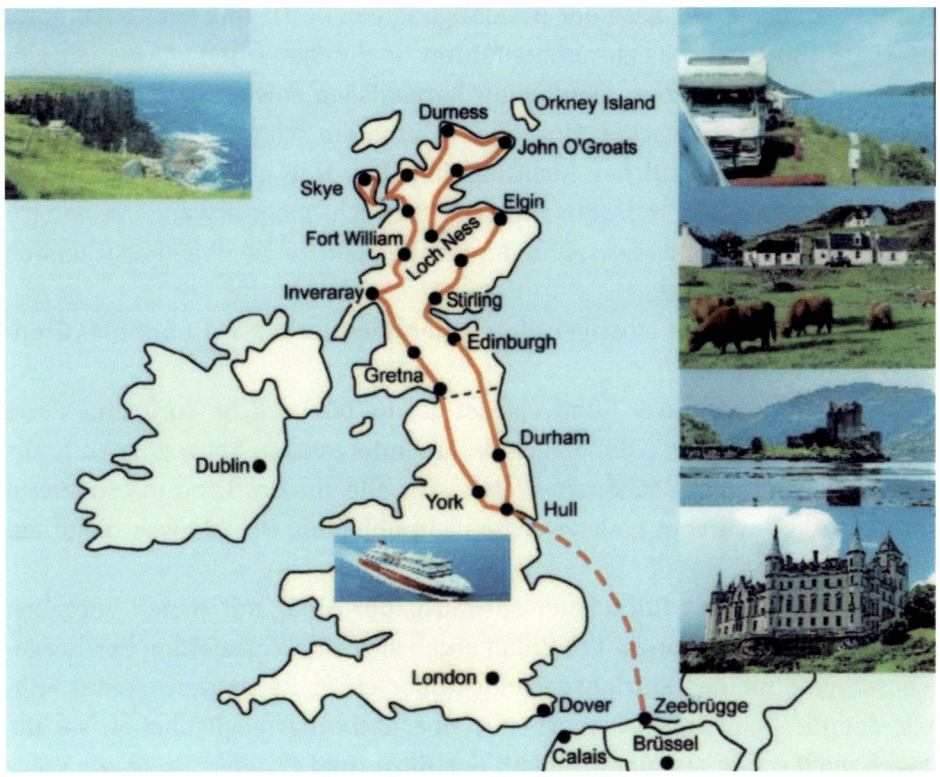
Unsere Reiseroute Schottland 2009

Aus dem Hochland fuhren wir an die einsame Nordostküste und dieses Mal auch mit der Fähre auf die Orkney Inseln. Wir überqueren die See zu dem Land der Wikinger! „An unforgettable experience for all", so hat es der Prospekt versprochen, und nach 45 Minuten Fahrzeit und 40 GBP Fährkosten pro Person ging es mit dem Bus über die imposante Insel. Wir sahen die reich verzierte italienische Kapelle, erbaut von italienischen Kriegsgefangenen im 2. Weltkrieg. In Kirkwall besuchten wir die St.-Magnus-Kathedrale, weiter ging die Fahrt zu dem mystischen, prähistorischen Steinkreis von Brodgar, der kleineren Ausgabe des englischen Stonehenge. Nach der Besichtigung der Grundmauern des Steinzeitdorfes in Skara Brae, älter als die ägyptischen Pyramiden, war die Beobachtung der Papageientaucher angesagt. Da war ich beim Filmen gefordert, denn die vielen Eindrücke müssen doch festgehalten werden!

Auf der Reise kamen wir immer mehr mit dem Ehepaar Hans und Inge Weth in Kontakt, sodass wir nach der Besichtigung von Castle und Estate Balmoral am 15.06.2009 meistens zusammenfuhren. So durchstreiften wir gemeinsam die absolut sehenswerten, gepflegten Parkanlagen sowie die Schlösser des englischen und schottischen Hochadels. Durch die schottischen „Highlands" fuhren wir in südwestlicher Richtung zum Ben Nevis, dem höchsten Berg Großbritanniens. Dort mussten wir den Berg nicht mehr erwandern, wie ich noch 1953. Es gab einen Sessellift, der uns bequem zu dem beeindruckenden Panoramablick brachte.

Bei Gretna Green, dem einstigen Heiratsparadies, fuhren wir über die „Grenze" nach England.

Die letzte Station unserer Rundreise ist das mittelalterliche York, eine Perle unter den Städten von „Old" England. Eine interessante Reise ging zu Ende, begleitet von einmalig schönem Wetter. Für alle, die das Land interessieren könnte, lasst euch vom Linksverkehr nicht abhalten. Der Mensch bleibt ein Gewohnheitstier!!!

So waren wir Anfang Juli wieder zu Hause, der Alltag mit seinen Vorgaben übernahm das Kommando. Per Zufall ergab sich eine Vermietung der Erdgeschossräume meines Betriebsgebäudes über einen Bekannten meines Sohnes, der für polnische Saisonarbeiter Übernachtungsmöglichkeiten suchte. Da ich mich schon auf einen Umbau der Büro- und Probierräume zur Wohnung für 2010 eingestellt hatte, hielt sich das Risiko, bleibende Schäden zu haben, in Grenzen. Dem Bekannten war geholfen, und die Räume waren vermietet. Wird schon gut gehen!?!

Im August meldete sich schon wieder das Fernweh. Bekannte fuhren im September nach Kroatien, da wollten wir auch das Land mit seinen kristallklaren Buchten und seinen vielen Inseln erleben.

Die Bank in Jungholz in Österreich sollte auch besucht werden, das ließ sich doch ideal verbinden. Da man bei Geldmitnahme aus Jungholz immer mit unverhofften Kontrollen rechnen musste, hatte ich in Reutte in Tirol auch Zugriff zu meinem Konto der Raiffeisenbank. Da wir im Januar 2010 Indien kennenlernen wollten, kam mir die Idee, die Reise in einem Reisebüro in Reutte zu buchen. Das taten wir dann auch Ende August auf der Reise nach Kroatien. Im Reisebüro in Reutte haben wir uns für eine Rundreise in Nordindien, eine Rajasthan-Tour, mit Privatauto und Fahrer, entschieden, die von DERTOUR angeboten wurde. Freiheit, die ich meine! Also auf dem Rückweg von Kroatien fuhren wir wieder über Reutte, um die Reise vor Ort bar zu bezahlen. Die Reiseunterlagen wurden uns dann rechtzeitig vor Reisebeginn durch die deutsche Post zugesandt. Hat so geklappt!!!

Jetzt ging es weiter über den Fern- und Rechenpass nach Italien. Dann über Triest nach Istrien, der Halbinsel im Norden von Kroatien.

Die Küste von Kroatien

Unser erstes Ziel war Poreč, wo wir uns mit den Münchner Freunden Gisela und Klaus Lüttich auf dem dortigen Campingplatz trafen. Glasklares Wasser erwartete uns, aber auf die Seeigel musstest du achten. Am besten geht man mit Badelatschen in das Wasser. Das hatte ich schon gelernt, als wir mit der Familie Anfang der Siebziger unseren Urlaub in einer Hotelanlage dort verbracht haben. Ein Besuch in Rovinj an der Westküste Istriens ist erlebenswert und gehört wie Pula in jedes Besuchsprogramm. Hier sind die Spuren der „alten Römer" noch lebendig und viele Italiener haben hier ihren zweiten Wohnsitz, auch Sophia Loren!?! Nach drei Tagen trafen wir uns weiter südlich auf einem FKK-Platz mit Inge und Hans Weth. Erinnerungen an England wurden wach und dem lieben Hans ging auch nie der Champagner aus! Doch uns Nomaden konnte man nicht halten, nach vier Tagen ging es weiter über Rijeka in Richtung Split. Hier trafen wir uns mit Kurt und Maria Häusser, mit denen wir das Baltikum bereist hatten. Sie waren von Ancona mit der Fähre aus Italien angereist. Mit ihnen haben wir ein Inselhopping verabredet, das uns Hvar, Krk, Peljesac und andere Inseln näherbringen sollte. Es waren bereichernde, erholsame Begegnungen, die man jedermann empfehlen kann.

Unsere Freunde hatten auch ihre Vespa mit dabei, und so konnten wir hautnah den Lavendelduft in uns aufsaugen. Ein Erlebnis bleibt uns allen im Gedächtnis: Es war auf einer der Inseln, wir wollten die Südseite befahren, die aber nur durch einen Tunnel zu erreichen war. Der Tunnel war nur einspurig zu befahren, über einen Kilometer lang und für Zweiräder gesperrt. Eine Ampel war in Betrieb, die den Weg freigab. Also es wurde grün und ich fuhr unbekümmert los. Da merkte ich, dass es überhaupt keine Beleuchtung gab. Mein Licht machte ich zwar an, aber das schwache Licht fiel auf die seitliche Wand. Blindflug war angesagt! Hoffentlich liegt kein dicker Stein auf der Fahrbahn! Ich hielt den Lenker immer fester in den Händen. Hinter mir fuhr Kurt, aber er brachte auch kaum Licht auf die Fahrbahn. In weiter Ferne ein heller Punkt, immer geradeaus vor uns, so was hatte ich ja noch nicht erlebt. Das müssen wir durchstehen, es gibt kein Anhalten und kein Zurück mehr! Von hinten kommt ein Auto, aber das Licht dringt nur schemenhaft zu uns vor! Ich glaube, ich fahre immer langsamer, ich fühle mich immer beklommener, und das Ende will und will nicht näher kommen! Wie geht es den zweien hinter uns? Nach gefühlten fünfzehn Minuten erreichen wir das Tageslicht, auf die rechte Seite fahren, den Motor abstellen und ganz tief schnaufen, ehe ich mich zu den anderen wende. Kurt, noch vier Jahre älter als ich, schien versteinert und brachte kein Wort heraus. Seine Maria meinte nur: „Schau dir den Ludwig an, dem geht es auch nicht viel besser als dir!" Sein Kommentar nach einiger Zeit: „Durch diesen Tunnel zurück bringen mich keine zehn Pferde mehr!!!" Die Landschaft, der Meeresblick versöhnten uns etwas mit dem Erlebten, aber wie kommen wir wieder auf die andere Seite der Insel? Wir sehen den ersten LKW, der muss ja auch hierhergekommen sein. Es gab eine unbefestigte Geröllstraße zurück, die wir dann teilweise ohne unsere Sozia befahren mussten. Erlebnis pur!!!

So wurde die zweite Hälfte im September 2009 ein intensives Kennenlernen Dalmatiens, seiner Inseln und Küsten mit den unzähligen Buchten. Ein Eldorado für alle, die mit ihren Segelbooten unterwegs sind, für alle Wassersportbegeisterten und für uns WoMo-Fans!!!

Wir erreichten auf teilweise schmalen Straßen, aber in guter Urlaubsstimmung unser südlichstes Ziel, die weltoffene Festung Dubrovnik. Hier erlebt man eine mittelalterliche Altstadt mit mediterranem Klima und traumhaften Stränden. Ein Ziel für viele Mittelmeer-Kreuzfahrten.

Am 30.09.2009 verabschieden wir uns in Split von Kurt und Maria, die wieder mit der Fähre zu ihrer Tochter nach Italien fahren. Wir fahren noch eine Stunde weiter zu den Krka-Wasserfällen, die zu den schönsten und ungewöhnlichsten in Kroatien gehören. Hier fließt die Krka durch eine 100 bis 200 Meter tiefe Schlucht. Das Wasser staut sich in kleinen Seen und stürzt über sieben Wasserfälle mit einer Falllänge von insgesamt 242 Metern in die Tiefe. Hier war wieder Filmen angesagt, und es wurden schöne Erinnerungen festgehalten. Weiter geht es zu dem Nationalpark Plitvicer Seen, der im Jahr 1979 als erstes Naturdenkmal weltweit in das UNESCO-Weltnaturerbe aufgenommen wurde. In diesem karstigen Gebiet mit seinen vielen Kaskaden und Wasserfällen, mit den seltenen Tier- und Pflanzenarten fanden viele Karl-May-Verfilmungen statt. Muss man doch gesehen haben!

Auf dem Heimweg über Italien wählten wir eine von Kurt und Maria empfohlene Route aus. Von Venedig ging es in nördlicher Richtung nach Feltre, durch eine landschaftlich schöne Gegend. Diese kleine Renaissancestadt mit zahlreichen Sehenswürdigkeiten lockt Mobilisten mit freien Übernachtungsplätzen und Ent- und Versorgungseinrichtungen. Beim Stadtbummel an einem Samstagnachmittag erlebten wir eine interessante Bonsai-Ausstellung und befanden uns danach direkt vor dem kleinen, altehrwürdigen Stadttheater. Da gibt es heute Abend ein Konzert von heimischen Gesangssolisten mit Klavierbegleitung. Da müssen wir hin, Öffnung ab 19 Uhr. Also noch haben wir Zeit, uns die Kirche anzusehen, ehe wir uns zu dem Theaterbesuch fertig machen. Da ist ja für Sonntagmorgen ein Kirchenchorkonzert mit zahlreichen Solisten und Orchester angesetzt, das Angebot können wir nicht ausschlagen. Das gibt aber ein musikalisches Wochenende, da muss die Kamera mit, das muss ich festhalten!

Wir waren rechtzeitig am Theater, aber total ausverkauft. Nicht entmutigen lassen, einfach stehen bleiben: „Signora, prego, non parlare Italiano." Eine der Damen konnte etwas Deutsch: „Bitte warten, ich fragen Chef." Bevor es losging, die Besucher hatten schon Platz genommen, kam ein Herr und führte uns in eine Proszeniumsloge. Das ist ja ein toller Platz, um einen Mitschnitt zu machen. Die Batterie der Kamera ist voll und die Speicherkarte hat auch noch genügend Reserve. Es ging los, die Solisten wurden vorgestellt. Der Tenor, das ist doch der Mann, der uns reingeholt hat. Mensch, haben wir wieder einen Dusel! Es ging los, wir waren von der Musik und seinen Interpreten begeistert. Viele bekannte musikalische Ohrwürmer wurden gekonnt präsentiert, wovon wir uns noch heute im Film überzeugen können. Ob das morgen

in der Kirche auch so ein tolles Konzert gibt? Bestimmt!!!
Ja, es wurde eine großartige Aufführung mit zahlreichen Solisten, sogar einen Countertenor konnten wir erleben! Von den großen musikalischen Eindrücken beseelt, traten wir am nächsten Tag die Rückreise an und waren Montagabend in Reutte in Tirol. Wir holten Geld von der Bank ab und konnten im dortigen Reisebüro unsere Indienreise bezahlen. Die Unterlagen wollte uns der Inhaber rechtzeitig über die deutsche Post zukommen lassen. Danke, besser geht es ja nicht!
Doch bevor wir endgültig nach Hause fuhren, war noch ein Besuch bei Inge und Hans in Rothenburg ob der Tauber angesagt. Der Bruder von Hans war Mitglied des O$4-Quartetts, das eine Assemblage von berühmten Opernmelodien mit den großen Melodien des Jazz bietet. Er war ein Meister auf der Klarinette. Mit Musik im Herzen und mit den swingenden Tönen der neu erstandenen CD erreichten wir die Heimat. Nach sechs Wochen wieder zu Hause, und alles war gut gelaufen!

Das Jahr 2010 mit Indien- und Florida-Karibik-Rundreise

Anfang Januar kamen wie versprochen die Unterlagen der Indienreise. Im alten Jahr hatten wir noch unsere Tetanusprophylaxe auffrischen lassen, meine Hepatitis-Antikörper waren noch messbar, also keine Vorsorge angesagt. Oberstes Gebot bei Reisen in ferne Länder ist das alte Gesetz: „Koch es, brat es, schäl es oder vergiss es!" Darüber hinaus vertraue ich einem alten Reisemittel: Morgens nüchtern einen Schluck Hochprozentiges. Ich hatte einen Gordon Try Gin dabei, in dem ich zusätzlich meine Wacholderbeeren eingeweicht hatte, die ich ja jeden Morgen einnehme. Um es vorwegzunehmen: Ich hatte keine Probleme während der Reise.
Es war ein Nachtflug nach Neu-Delhi. Wir erreichten nach circa elf Stunden Flug unser Ziel um vier Uhr morgens am 21.01.2010. Vor der Landung, wir waren gerade so wach geworden, begrüßte der Flugkapitän seine Gäste in den neuen Tag und machte uns mit ruhiger, Vertrauen ausstrahlender Stimme darauf aufmerksam, dass uns bei der Landung starker Nebel begleitet, sodass eventuell die Landung abgebrochen werden müsste, denn: „Die letzten fünfzig Meter müssen wir schon was sehen." – Jutta, glaube mir, die schaffen das!
DERTOUR war vor Ort, unser Auto mit Fahrer stand bereit und ab ging es ins Hotel. Der Schlaf war kurz, denn um zehn Uhr war die Stadtrundfahrt ange-

sagt. Der Guide für Delhi wartete gemeinsam mit uns auf unseren Fahrer, der hatte sicherlich verschlafen. Kann ja mal vorkommen. Der Riesenverkehr in Neu-Delhi trägt natürlich auch zu Verspätungen bei.

Ja, uns erwartete ein Gewimmel und Gewusel auf den Straßen, die von Leitungen überspannt waren und von den Affen zum Klettern benutzt wurden. Fahrrad-Rikschas transportierten Schulkinder und andere Passanten, und Autos fuhren en masse und nutzten jede Lücke aus, um weiterzukommen. Wir entkamen fürs Erste dem Verkehr durch den Besuch des Roten Forts. Danach ging es mit unserem Auto an der großen Jama-Masjid-Moschee vorbei in die Peripherie Delhis zu den Regierungsgebäuden und dem Minarett im Qutb-Komplex. Dieses Minarett gilt als frühes Meisterwerk der indoislamischen Architektur und zählt immer noch zu den höchsten Turmbauten der islamischen Welt. Danach war das Schlendern durch eine Gartenanlage geplant, wo wir an dem Humayun-Mausoleum viele Schulklassen erlebten, alle in ihren unterschiedlichen Schulkleidungen. Achteckige, imposante Grabdenkmäler aus Stein geben Zeugnis von der Kultur des Landes. Darüber zu schreiben sprengt den Rahmen meiner Lebenserinnerungen, darum möchte ich nur einige Erlebnisse dieser Reise notieren:

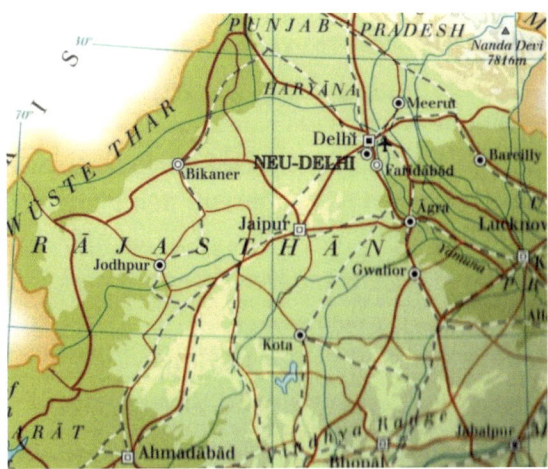

Rundreise durch Rajasthan (Indien), 2010

Wir wohnten durchweg auf der Reise in feudalen, typischen, ehemaligen Palästen der Maharadschas, die es an nichts fehlen ließen. Wir konnten das Wasser zum Zähneputzen abkochen und uns auch Tee zubereiten. Es wurde internationales Frühstück geboten und am Abend lud ein kalt-warmes Büfett zum Schlemmen ein. Die Speisen waren gut gewürzt, aber für die Europäer gab es auch mildere Gerichte. Das Bier war gut. Leider bekam Jutta schon am zweiten Tag die Rache des Montezuma zu spüren, und sie lebte fortan wie die Chinesen von gekochtem Reis. So ist es halt, wenn man den alten Hausmittelchen nicht vertraut.

Erzählen muss ich von dem morgendlichen Begrüßungszeremoniell: Unser Fahrer kam mit dem Auto vorgefahren, stieg aus, kam auf mich zu, faltete die Hände wie zum Gebet und verneigte sich vor mir. Ich begegnete ihm in der gleichen Weise, von Jutta nahm unser Fahrer keine Notiz, aber er hielt ihr die Wagentür auf, wie mir auch, setzte sich an das Steuer und verneigte sich vor dem Foto seiner Shiva, ehe er das Auto startete. Er war ein gut aussehender, europäisch gekleideter junger Mann, dessen Englisch sich in Grenzen hielt. Meine Bitte hatte er verstanden, dass wir morgens nicht vor halb zehn aufbrechen wollten, es sei denn auf Grund der Kilometerzahl geboten. Wir gingen gemeinsam zum Einkaufen: Ein Kasten Mineralwasser, eine Packung Bier, Bananen und Apfelsinen hatten wir eingekauft. Das Knäckebrot hatte Jutta vorsorglich mitgebracht, sodass wir tagsüber etwas für den Fall der Fälle vorrätig hatten. Dann fuhr er mit uns an einen Platz, denn er hatte mit der Kupplung Probleme. Unser Tata wurde dann am Straßenrand „behandelt", für mich sah es aus wie ein sogenanntes „Kordelpatent", aber so sollte es funktionieren. Das Abenteuer ging los!

Auf den Straßen ein Nebeneinander von skurrilen Gefährten. Bunt dekorierte, total überladene Lastwagen feilschten um den Platz mit den vielen, teils alten Personenwagen, die sich an den Pferde- oder Kamelgespannen vorbeischlängelten. Dazwischen die vielen zweirädrigen Mofas, Mopeds und Motorräder, die mit den knallig farbigen Tuk-Tuk-Motor-Rikschas sich den schnellsten Weg bahnen. Da hat es uns nicht gewundert, dass unser Fahrer am zweiten Tag zuerst den linken Spiegel und zwei Tage später auch den rechten abgerissen bekam. Aber sensationell waren die Busse. Auf dem Dach, an den Leitern zum Dach hing eine Traube von Menschen, die alle mitgenommen wurden. Muss man gesehen haben!

Wenn dann noch eine Eisenbahnlinie kreuzte, war das Chaos perfekt. Doch wie von Geisterhand löste sich das blecherne Knäuel auf. In den Ortschaften belebten dann noch die heiligen Kühe und vereinzelt Wildschweine die Straßen, in denen die Abwässer sich ihren Weg suchten. Doch trotz des Tohuwabohus, auf und in den Fahrzeugen saßen Menschen im frischen weißen Hemd, die Frauen in bunten Saris, selbst bei der Arbeit. Keine Ahnung, wie das funktioniert. Vor den Kreuzungen bettelnde Menschen, unter den Brücken Kartonbehausungen für die Ärmsten der Armen! Dann kommst du nach so einem aufregenden, eindrucksvollen Tag zu deiner nächtlichen Bleibe im feinsten, abgeschiedenen Ambiente. Du versuchst zu begreifen, wie dieser Subkontinent ein solches Wohlstandsgefälle verkraftet, wie seine von Kasten beherrschte Bevölkerung dies erduldet! Wie weit ist dabei die Religion, der Hinduismus, hilfreich oder gar mit schuld? Ich weiß es nicht.

Das individuelle Reisen mit Fahrer hat gut funktioniert und sogar die Termine in den Städten mit den Führern vor Ort verlief erstaunlich gut. Einige Male konnten unsere Fremdenführer sogar Deutsch, die uns dann die Geschichte Indiens noch näher erleben ließen. Ab dem dritten Tag trafen wir abends in den Hotels immer ein Ehepaar, das wie wir mit Auto und Chauffeur unterwegs war. Da konnten wir dann die Tageseindrücke gemeinsam nochmals Revue passieren lassen. Unser Fahrer, ohne Rückspiegel und ohne eine Straßenkarte, wäre allerdings ohne Handy verloren gewesen. Wenn er nicht weiterwusste, telefonierte er und bekam Hilfe. Ich kam nicht dahinter, wie das klappte. Als wir auf dem Lande an einer Schule vorbeikamen, bat ich ihn anzuhalten, denn ich wollte die Morgengymnastik auf dem Schulhof filmen. Ein Trommler gab den Takt vor und über hundert Kinder in ihrer Schulkleidung machten dazu Bewegungsübungen. Da wurden wir freundlich aufgefordert einzutreten und uns näher umzuschauen. In den Gebäuden neben dem freien Platz waren die Klassenräume. Als wir eintraten, sprangen die Kinder auf und sangen ein Begrüßungslied. Sie hatten Unterricht, während die anderen sich auf dem Schulhof bewegten. Im Schneidersitz, auf dem Boden kauernd, das Schreibheft auf dem Ranzen über den gekreuzten Beinen, waren sie bei der Arbeit. – Geht auch!?! Ich war fasziniert von der Disziplin der Schüler, ihren offenen, lebendigen Augen. Wir konnten uns mit einem Geldgeschenk für Süßigkeiten für diesen Einblick bedanken. Die Schulpolitik scheint in Indien sehr erfolgreich zu sein; da wächst ein geistiges Potenzial heran, auf das jede Nation stolz sein kann. Nicht umsonst sind die IT- und Internetdienste Indiens international nachgefragt und könnten helfen, die Probleme des Landes zu lösen. Da kommt mir das mangelnde Umweltbewusstsein in den Sinn. Für unsere Vorstellung unglaublich, wie Flüsse und Seen reinen Kloaken ähneln, wie Plastik das Landschaftsbild beherrscht. In einem privat geführten kleineren Hotel wollte ich an der Rezeption zwei Batterien abgeben, worauf der junge Mann mir sagte: „Put them under your pillow." Auf meine Bitte, einen größeren Rupienschein zu wechseln, um das obligatorische Trinkgeld zu haben, hörte ich: „Sir, it's small enough."

Wie dem auch sei, einmal habe ich unseren Fahrer nervös erlebt, als ich bei einem riesigen Kamelmarkt filmen wollte. Jutta wurde im Auto eingeschlossen, und ER stand schützend neben mir. Sichtlich erleichtert ging er mit mir zurück zum Auto, aber dort konnten einige junge Männer gar nicht genug von der blonden Frau im Auto bekommen!

Indien hat eine große Zahl von Sehenswürdigkeiten zu bieten, eine reiche Geschichte dazu, und eine Rundfahrt über Bikaner, Khimsar, Osian, Udaipur, Jaipur und Agra ist eine Reise wert. Das weltbekannte Taj Mahal in der jahrtausendealten Stadt Agra ist ein Touristenmagnet der besonderen Art. Es ist ein Grabmal, ein Mausoleum aus weißem Marmor in der Form einer Moschee erbaut. Es ist das Zeugnis einer großen Liebe, das sich 1631 ein Großmogul erbauen ließ. So entstehen aus der Geltungssucht und dem Selbstverständnis Einzelner Werke für die Ewigkeit!!! Auch wir waren glücklich, endlich in Indien etwas für die Ewigkeit zu finden, nämlich einen runden Teppich mit Pfauenmotiven, dem Wappenvogel der Inder. Nun hatte unsere kleine Kommode aus edlem Holz mit feinen Intarsienarbeiten den adäquaten, ins Auge fallenden Platz auf dem runden geknüpften indischen Kunstwerk.

Am 04.02.2010 sind wir wohlbehalten in Frankfurt gelandet, und auf dem Rückflug hatte ich wieder genügend Zeit, mich gedanklich auf die nächsten Aufgaben zu konzentrieren: Der Umbau der Büro- und Probierräume zu einer Wohnung wird gemacht. Dazu brauchte ich professionelle planerische Hilfe. Dafür gibt es Innenarchitekten, die gute Ideen mitbringen. Darüber hinaus fand auch eine sogenannte Umwidmung der Räumlichkeiten statt, die eine offizielle Baugenehmigung erfordern. Am 1. April war die Planung so weit abgeschlossen und der Bauantrag gestellt. Die Ausschreibungen an die Handwerker sollten während unserer Abwesenheit geplant werden, damit Anfang Juni mit den Arbeiten begonnen werden konnte.

Wir hatten uns zwischenzeitlich schon auf eine Karibikfahrt mit den Mainzer Hofsängern vom 8. bis 20. April 2010 gefreut. Denn meine Jutta wollte gerne auch einmal Florida kennenlernen, wo Maria und Fred Montag ihr Winterquartier haben. Die wollten auch die Kreuzfahrt mitmachen, darum reisen wir schon zwei Tage früher an. Auf Marco Island, direkt neben Naples, haben Maria und Fred ihren Bungalow. Ein schönes Anwesen, du fühlst dich wie unter Millionären, das Motorboot auf der Rückseite des Anwesens. Auf der gegenüberliegenden Seite der Golfplatz, Treffpunkt vieler Deutschamerikaner, die ihr Rentnerdasein im Sunshin State Florida – in der Geriatrie unter Palmen – genießen. Neu war uns, dass die Häuser von einem metallenen Insektenschutz eingehüllt sind. Da lernst du dann, immer wieder die Tür hinter dir zuzumachen. Eine Rundfahrt in der Umgebung zeigte uns dann die vielen Millionenobjekte, die durch die Bankenkrise teilweise auch dort neue Besitzer suchten. Das Wasser im Golf von Mexiko, wo sich die Everglades anschließen, hat für mich nicht die brillante Qualität, die mich zum Baden reizte. Ich musste mich in meinem Urteil zurückhalten, aber diese hügellose Landschaft, wo die Brücke nach Marco Island der höchste Punkt über weite Strecken Floridas ist, wäre für mich in keinster Weise anziehend. – Aber Ludwig, so was sagt man doch nicht! Ja, ich denke auch nur!!!

Gedacht habe ich, dass wir auf der Equinox von Celebrity Cruises wieder eine Verwöhnreise erleben werden. Dazu fuhren wir mit Maria und Fred nach Fort Lauderdale, wo unsere Reise „Südliche Karibik" am 8. April startete:

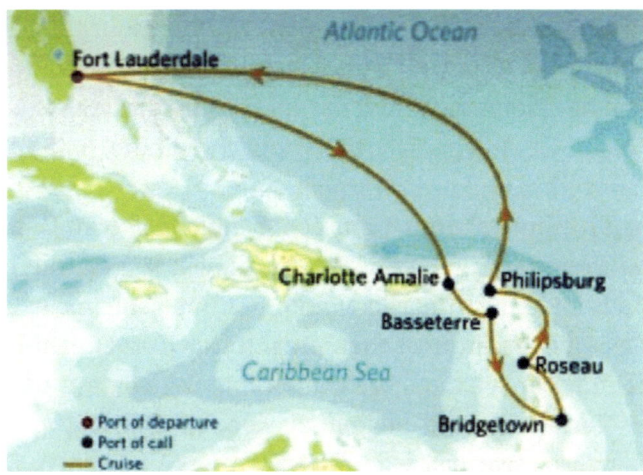

Unsere Reiseroute durch die Karibik 2010

So ging die Reise zunächst zu der Insel Saint Thomas, die von Kreuzfahrtschiffen am meisten besuchte Insel mit ihrer Hauptstadt Charlotte Amalie.

Man kann bei elf Stunden Verweildauer auf der Insel eine Rundfahrt buchen, die dir die Geschichte der Insel und ihre Sehenswürdigkeiten näherbringt. Alles ist organisiert, du brauchst keine Sprachkenntnisse: „Everything is well organized!" Nicht nur unser Reiseveranstalter betreut seine Gäste, die mit der Gruppe angereist sind, auch die Celebrity Equinox, dein Hotel für die nächsten zehn Tage, hat eine deutsche Ausgabe über alle Ereignisse und Wissenswertes zu deiner Reise. Du weißt so, wenn am Abend Galakleidung gewünscht ist, normal an zwei Abenden, ansonsten ist gepflegt leger angesagt. Genieße einfach das Leben an Bord!!!

Über Nacht geht es zu unserem nächsten Ziel St. Kitts. Um acht Uhr lagen wir in Basseterre vor Anker und eine kürzere Rundfahrt zeigte uns die atemberaubende natürliche Schönheit der Insel, die von Christopher Columbus 1493 entdeckt wurde. Heute legen wir schon um 15 Uhr ab, denn zur nächsten Insel Barbados ist die Seereise länger. Aber um acht Uhr erreichen wir Bridgetown und circa zehn Stunden können wir die Insel, das Paradies mitten in Korallen, kennenlernen. Es wird viel Zuckerrohr angebaut, da ist die Rumbrennerei Pflicht und das Mount-Gay-Destillat wird zum Souvenir.

Am nächsten Tag sind wir in Roseau auf der Insel Dominica, die zu den Kleinen Antillen gehört. Es ist eine Vulkaninsel mit verschiedenartiger Tier- und Pflanzenwelt. Hier leben sehr viele Zentenare, also Menschen jenseits der hundert Lebensjahre. Danach erreichen wir in Philipsburg unsere letzte Karibikinsel Sint Maarten. Die Insel ist zweigeteilt, denn in ihrem Nordteil ist sie französisch und der kleinere Südteil der Insel ist niederländisch. Seit 1970 ist die Insel ein beliebter Anlegeplatz für Kreuzfahrtschiffe, und auf der ganzen Insel kann man zollfrei und preiswert einkaufen.

Die karibischen Nächte haben wir auf dem Schiff verbracht. Wie immer wurde ein buntes Programm geboten. Die Hofsänger trugen zur Unterhaltung bei. Die alten Freunde aus Amerika waren mit uns gemeinsam auf der Reise und hatten uns viel aus ihrem Leben erzählt. Nach zwei erholsamen Tagen auf See erreichten wir wieder Fort Lauderdale. Wir hatten das Glück, noch drei Tage bei Maria und Fred bleiben zu können. Der Gruppe, die mit den Mainzer Hofsängern angereist war, drohte großes Ungemach: Der Weltflugverkehr war wegen isländischen Vulkanausbrüchen bis auf Weiteres eingestellt. Sie mussten auf Hotels um Fort Lauderdale verteilt werden, und nach und nach gab es je nach Dringlichkeit für die Einzelnen den Rückflug. Mit so etwas ist man nicht gar so oft konfrontiert, aber ausgeschlossen ist es nicht.

Nach den drei Tagen bei unseren Gastgebern mit Einladungen der alten amerikanischen Freunde verabschiedeten wir uns herzlichst und fuhren mit einem kleinen Leihauto zuerst nach Orlando. Wir genossen allein die Walt Disney World mit seinen verschiedenen Themenparks, deren Gestaltung gekonnt bis ins Detail verzaubert und das Kind in uns wiedererweckt.

Der nächste Tag gehörte der Orlando Sea World, die uns ob der einmaligen Dressur großer Meeressäugetiere wie Orcas, Delfine und Walrosse in wahres Erstaunen versetzte. Ich kann es immer wieder bei meinen dort aufgenommenen Filmen erleben: Die Amerikaner sind Weltmeister im Showgeschäft, diese Inszenierungen sind einfach gekonnt und ein Besuch für Jung und Alt empfehlenswert!

Doch einen Tag brauchten wir auch, um die Everglades zu besuchen. Mit dem Propellerboot durch diese einmalige Natur, ihre Vogelwelt, die Alligatoren in vier Stunden zu erleben. – Great, da vergisst man glatt die Bedrohungen, denen dieser Naturpark ausgesetzt ist.

Da blieben uns jetzt noch zwei Tage; das nutzten wir aus und fuhren über Brücken und Inseln nach Key West. Ein touristisches Städtchen erwartete uns mit vielen Straßenkünstlern und eine Art Drosselgasse-Romantik. Sei's drum, aber bei dieser Lage der Insel können wir doch mit einem besonderen Sunset rechnen, einem Erlebnis, wo die Sonne garantiert im Meer versinkt.

Ja, dieses Capri-Feeling musste man erlebt haben. – Also wir waren rechtzeitig am 29.04.2010 wieder auf der Halbinsel Florida. Machten einen ausgiebigen Stopp in Miami Beach, erlebten das Strandleben, sahen die vielen Menschen, die sich an den Poolanlagen der Hotel-Wolkenkratzer tummelten. Amerika scheint verwaist, alle machen Urlaub in Florida!?! Gut, uns zwingt ja keiner, hier Urlaub zu machen.

Am nächsten Tag hatte ich Geburtstag, und wir hatten für die Rückreise nach Europa eine preiswerte Passage auf der Crown Princess zum Schnäppchenpreis per Internet gebucht. In Fort Myers war Einschiffung, so kommen wir ohne Jetlag nach Hause. Prima, aber jetzt noch schnell bei Patricia anrufen, die erwartet in diesen Tagen ihr erstes Kind!

Ja, da war sie, die glückliche Nachricht: Ein gesunder Enkel war heute geboren! Jetzt konnten wir noch gleich unseren Leihwagen zurückgeben, denn das Hotel für die letzte Nacht in Amerika hatte einen kostenlosen Shuttledienst zum Hafen. Da standen wir am Morgen mit einigen Amerikanern wartend auf den Shuttlebus, als die ersten Babyaufnahmen uns erreichten. Wir hatten schon von unserem freudigen Ereignis berichtet, sodass alle mit uns neugierig waren. Ich erntete dann eine riesige Lachsalve mit meiner Bemerkung: „He looks really very intelligent!"

Die Einschiffung auf diesem riesigen Schiff mit 3150 Passagieren verlief reibungslos, und unsere Balkonkajüte steuerbord gab den Blick auf das weite Meer frei. „Jutta, wenn wir sonniges Wetter haben, erleben wir den ganzen Tag Sonne auf unserem kleinen Balkon." Ja, Sonne hatten wir, aber nur bis gegen elf Uhr, denn dann stand sie im Zenit und über uns waren die überdimensionierten Freizeitdecks, die uns die Sonne streitig machten. – So ist es manchmal, wenn man glaubt, es gut geplant zu haben. Na, dann gehen wir halt unter die Leute!

Da waren wir fast nur unter Amerikanern, die Europa kennenlernen wollten. Das Abendshow-programm war vielfältig, Musikgruppen vom Feinsten, Solisten Weltklasse, ja, du bekommst was geboten, und ehe du dich's versiehst, sind wir am 08.05. in Gibraltar eingelaufen und haben einen ausgiebigen Spaziergang im Hafenbereich unternommen.

Am nächsten Tag erlebten wir Alicante, aber als wir dann in Barcelona anlandeten, haben wir uns vom Schiff verabschiedet. Von Barcelona konnten wir bequemer nach Frankfurt heimfliegen, als wir es von Italien aus gekonnt hätten. Nach so zahlreichen schönen Eindrücken freut man sich, wieder nach

Hause zu kommen. Der Enkel im Schwarzwald will ja auch besucht werden!

In der Zwischenzeit waren die Ausschreibungen für unseren Umbau ausgeführt und die Handwerker ausgewählt. Da konnte es nach der Baugenehmigung am 29.05.2010 direkt losgehen. Während der Bauphase hat sich schon ein junges Ehepaar für die Wohnung interessiert, das dann am 1. September 2010 einziehen konnte. Es ist eine ganz schnuckelige Wohnung mit 125 qm geworden, die gehobenen Ansprüchen gerecht wird. Dafür hatte ich zwar keine 85.000 Euro eingeplant, aber dank der Finanzkrise und der niedrigen Zinsen war die Finanzierung kein Problem. Bei bleibenden Mieteinnahmen sind die Umbaukosten in zehn Jahren bezahlt. Dies mag für den ein oder anderen eine schlechte Verzinsung des Kapitals sein, aber ich bin so zufrieden. Leben und leben lassen!!! – Doch wenn wir sowieso Geld aufnehmen müssen, dann lassen wir auch unser Privatbad altengerecht umbauen. Die Wanne raus und dafür eine begehbare, ebenerdige Dusche. Für ein Bidet und ein Urinal ist auch noch Platz. Die alten Fliesen, die sind total out! Das Bad ist sehr schön geworden, für Installation und Objekte mussten wir 8000 Euro, für die Fliesenarbeiten circa 3000 Euro ausgeben.

Noch nicht erwähnt habe ich, dass unser Wohnmobil nun schon zehn Jahre alt war. Auf der Caravan Messe in Düsseldorf hat es uns ein Hymermobil B 514 SL Star Edition angetan. Er passt mit seinen 6,6 Meter Länge in unsere Garage. Es soll jetzt ein Wohnmobil mit Automatikgetriebe und Tempomat sein, es soll mein Quad in die Garage des neuen WoMo passen, und darüber hinaus soll das Fahrzeug einen ausziehbaren Fahrrad- beziehungsweise Motorradhalter im Heck haben. Da musste ich mich dann für ein Mobil mit 4,25 Tonnen Gesamtgewicht entscheiden und mit integrierter ALKO-Luftfederung. Was soll's, es ist mein letztes Mobil in diesem meinem Leben. Im Frühjahr 2010 war das alte Mobil gut verkauft worden, und am 22. Juli 2010 konnten wir unsere neue „Freizeitvilla" abholen.

Da mussten wir für September, nach dieser intensiven Bauphase, mit unserer neuen rollenden Villa noch eine Fahrt planen:

Wie üblich führte unser Weg in den Süden bei meiner Schwester Marianne vorbei, dann erlebten wir in Jungholz die Viehscheid, den Almabtrieb der Kühe von den Sommerweiden in den Bergen. Ein tolles Spektakel, und auf einmal befand ich mich beim Filmen zwischen den Rindviechern. Na toll!

In Reutte besuchten wir wieder das Reisebüro, um uns beraten zu lassen.

Kann man noch riskieren, nach Ägypten zu fahren, gibt es politische Vorbehalte oder treiben eventuell die für uns Verantwortlichen Schindluder mit unserer Eurowährung? – „Also, Jutta, was wir gesehen haben, kann uns keiner mehr nehmen." Wir entschieden uns: Wir fliegen am 13.01.2011 nach Luxor, besteigen ein Schiff nilaufwärts bis Assuan und reisen mit dem nächsten Schiff auf dem Nasser-Stausee bis Abu Simbel. Jetzt gehen wir noch zur Bank, holen das Geld ab und bezahlen die Reise. Die Unterlagen schickt uns der Chef vom Reisebüro wieder mit der deutschen Post rechtzeitig zu. Abgemacht!!!

Wir fuhren dann weiter nach Unterammergau, denn mein Klassenkamerad Manfred Egert und seine Frau Renate erwarten uns schon. Renate hat die Karten für die Passionsspiele in Oberammergau am 19.09.2010 besorgt. Einmal im Leben sollte man dieses Ereignis, das sowieso nur alle zehn Jahre aufgeführt wird, besucht haben. Angefangen hatte alles 1634. Damals ging es um die Fürbitte Gottes, der das Dorf von der Pest befreien möge. Bewundernswert, wie die Bürger Oberammergaus diese Tradition so erfolgreich pflegen und wie die Leidensgeschichte von Laienspielern souverän umgesetzt wird.

Mit etwas Abstand konnten wir aber zwei Tage später gemeinsam mit unseren Münchnern Gisela und Klaus das Oktoberfest feiern. Der größte Rummelplatz der Welt, man muss es erlebt haben. Die Trachten geben dem Fest sein Aussehen, seinen Stil, und die bayrische Mentalität: Mir san mir, erlebst du beim Bier! Feucht war's halt für die Leber!

Das Jahr 2011 mit Nilkreuzfahrt und Marokkorundreise

Das Jahr 2011 haben wir angenehm im Jugendstilhotel Bellevue in Traben-Trarbach begrüßt, um ausgeruht am 13.01.2011 nach Luxor zu fliegen, wo wir schon um die Mittagszeit auf dem Flussschiff einchecken konnten. Bei einem ausgiebigen Spaziergang durch Luxor, an seinem monumentalen Tempel vorbei, erlebten wir eine einmalige Abendstimmung auf unserem Hotelschiff, das uns für die nächsten Tage beherbergte:

Ägypten auf dem Schiff von Luxor nach Assuan und anschließend auf dem Nasser-Stausee nach Abu Simbel. Unsere Reise mit den Orten, deren Sehenswürdigkeiten Sie bequem googeln können. Die Reise habe ich gefilmt, besprochen und auch beschrieben. Toll!

Wir hatten bis zum 27.01.2011 eine ruhige, gut geführte Reise erlebt, die uns die Geschichte des Landes, seine einmalige Kultur näher gebracht hat und die unseren Respekt vor den „alten Ägyptern" wachsen ließ. Von den beginnenden Unruhen zu dieser Zeit in Kairo haben wir nichts mitbekommen. Eine empfehlenswerte Reise, das Land lebt vom Fremdenverkehr!

Im Februar 2011 bin ich mit der Bahn von Mainz nach Basel gefahren, um mein Bankhaus zu besuchen. Seit der anonymen Steuer-CD 2009 war ja Unruhe bei den deutschen Anlegern in der Schweiz ausgelöst worden. Die dortigen Bankberater und wir Anleger hatten immer auf die anonyme Pauschallösung für die deutschen Finanzkonten gehofft, aber mit der Drohung des damaligen Finanzministers Steinbrück, notfalls mit der Kavallerie einzumaschieren, wurden andere Modelle favorisiert. So wollte die Bank mein Kapital auf einen deutschen Fonds aus ihrem Hause transferieren, und so wären nach zehn Jahren alle Transaktionen legalisiert. Meine Vertrauensperson, die ich in die Bankgeschäfte eingeweiht hatte und die im Falle meines Ablebens Vollmacht hatte, wollte auch nichts mehr mit der Sache zu tun haben. So willigte ich in diese Maßnahme ein, obwohl ich ja im Prinzip für den

Fall der Fälle, falls es Probleme mit dem Euro geben würde, mit dem Schweizer Franken verbunden bleiben wollte.
Na ja, kommt Zeit, kommt Rat! Die Entwicklung beobachten und steuerehrlich machen???

Was sollen diese ernsten Gedanken? Wir wollen doch mit unserem fast noch neuen Wohnmobil eine tolle Reise nach Marokko machen, organisiert von Sea Bridge:

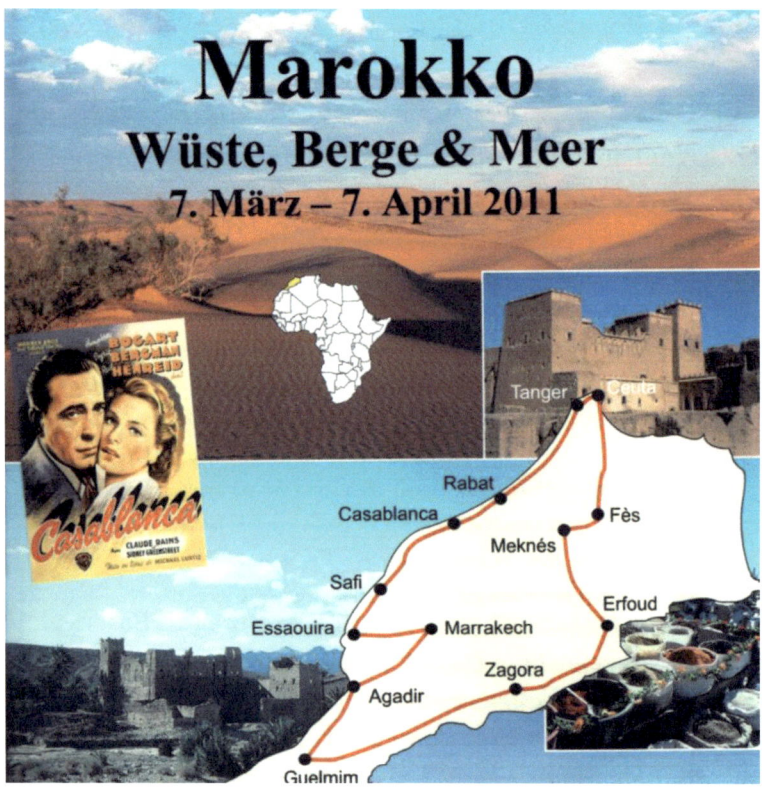

Auf dieser Reise durchstreifen wir das märchenhafte Königreich Marokko zwischen Meer und Wüste. Wir lassen uns von den malerischen Souks und orientalischen Palästen der vier Königsstädte verzaubern. Der spannende Wechsel der vielgestaltigen Landschaften von traumhaften Sandstränden am Atlantik, Gebirgspanoramen im Hohen Atlas und den Dünen der Sahara im Süden machen einen weiteren Reiz dieser Reise aus. Diese beginnt mit der Fähre nach Tanger.

Die ersten Highlights sind die Königsstädte Fes und Meknes, Juwele arabischer Stadtkultur im Mittleren Atlas. Weiter geht es über gewundene Bergstraßen, vorbei an Zedernwäldern, durch schattige Flusstäler zu den scharfgratigen Dünen des nördlichen Randes der Sahara. Wir entdecken die hochaufragenden Kasbahs der Berberdörfer und fahren entlang des zerklüfteten Bergmassivs des Hohen Atlas bis zum Atlantik. Wie Perlen reihen sich nun auf der Weiterreise bekannte Namen aneinander: die sagenumwobene Königsstadt Marrakesch, eine der faszinierendsten und sehenswertesten Städte des Landes; das malerische Essaouira; Casablanca als Zentrale des Wirtschaftszentrums Marokkos und zum Abschluss die moderne Königs- und Hauptstadt Rabat. Der Kreis unserer Rundreise schließt sich in Tanger, wo uns die Fähre nach Europa zurückbringt. Entdecken Sie mit uns die Faszination Marokkos auf einer Reise vielfältiger Eindrücke! Da musste man doch schwach werden!?!

Wir waren mit rund 3000 Euro für 32 Tage mit von der Partie gewesen. Geboten wurde ein deutscher Reiseleiter, der die Gruppe begleitet, die Fähre, 31 Camp-Übernachtungen, die Stadtführungen in Fès, Meknes, Marrakesch, Casablanca und Rabat mit einem Bus, Ausflug zu den Dünen in Mhamid, 1 Folkloreabend, 2 marokkanische Essen, Reisebuch Marokko und das Roadbook für unterwegs.

So starteten wir am 03.03.2011 zu dieser Reise und trafen uns in Genua mit Renate, unserer Reiseleiterin, um mit ihr gemeinsam auf der Fähre Genua-Tanger anzureisen. So konnten wir uns die fast 1800 km Anreise nach Gibraltar sparen, denn die Fährkosten waren günstig. Die Reiseleitung, unsere Renate, kompetent und immer lächelnd, hatte alles und immer im Griff. Auch am letzten Tag bei der Fahrt auf die Fähre nach Tanger, wo mein Auto nur noch circa 30 km/h schnell war. Wir fuhren gleich zurück zum Campingplatz und erreichten unsere Reiseleiterin noch. Keine Klärung der Ursache möglich! Laut ADAC gibt es in Marokko keine Werkstatt für Automatikprobleme, darum Empfehlung, mit der Fähre nach Genua zurückzufahren. Renate organisierte das Fährticket und den Abschleppdienst für die Fahrt zum Hafen Tanger. Glück im Unglück!

Zum Glück kamen wir um Mitternacht in Genua an, denn durch diese Stadt im Tagesverkehr mit Tempo 30 zu fahren hätte bestimmt viel Ärger verursacht. Also wir hatten dank ADAC unsere Anlaufstelle in Genua per SMS erhalten und fuhren in der Nacht dorthin. Kurzer Schlaf, eine kleine italienische Werkstatt konnte den Fehler nicht finden, aber Heimfahren geht, nur die

Rückfahrkamera funktioniert nicht. Brauch ich ja auch nicht, dafür habe ich doch Jutta! Haha!!! – Wie es ausging? Beim zweiten Anlauf in der Fiat-Werkstatt in Mainz fand man die Fehlerquelle. Weder die Firma Hymer, zuständig für den Aufbau, noch die Firma Fiat hatten den Fehler zu verantworten. Meine Werkstatt, die die Rückfahrkamera eingebaut hatte, war bei einem Kabel unaufmerksam und hat es ungeschützt über einen scharfen Grat unter dem Handschuhfach durchgeführt, wo es blank gescheuert die Probleme ausgelöst hat. Denn: Wenn der Rückwärtsgang eingelegt wurde, ging die Rückfahrkamera an. Kleine Ursache, großer, teurer Ärger! – So etwas müsste nicht sein!!!

Rückblickend können wir Marokko uneingeschränkt als Reiseland empfehlen. Freundliche Menschen, französisches Laissez-faire, die einladenden Garküchen an der Straße sind sauber, die exotischen Gerichte schmackhaft. Man spürt noch überall den Einfluss der ehemaligen Kolonialmacht Frankreich, und riesige, teils französische Einkaufsmärkte bieten alles. Da erlebst du zwanzig Kassen, davon fünf Kassen, wo man Alkohol bezahlen kann, und davor steht eine riesige Menschenmenge. Selbst erlebt, einen jungen Marokkaner, der eine Flasche Rosé in der Hand hatte, vorgelassen sein wollte und mir lächelnd sagte: Monsieur, j'ai un rendez-vous avec une jeune fille! Da kann man doch nicht nein sagen. Oh, là, là!

So rückte unser Lanzarote-Termin in der zweiten Junihälfte bis in den Juli hinein immer näher. Wir freuten uns auf gemeinsame zehn Tage mit Tochter Patricia und unserem Enkel Jannes, die uns auf Lanzarote besuchten und mieteten ein Auto, um Patricia die Reize der Insel zeigen zu können. Sie war von dem Schaffen des César Manrique als spanischer Maler, Architekt, Bildhauer und Umweltschützer sehr angetan. Lanzarote hatte eine neue Freundin und wir eine schöne gemeinsame Zeit mit ihr und dem Enkel Jannes. Opa Ludwig hat alles im Film festgehalten, der auch in Zukunft unsere schönen Erinnerungen lebendig werden lässt!!!

Zu Hause habe ich mich in puncto Steuerehrlichkeit entschieden, reinen Tisch zu machen. Beim Besuch in Basel bekam ich Adressen von Kanzleien, die firm in der Aufarbeitung von Steuerhinterziehungen sind. Um Straffreiheit zu erlangen, muss eine Selbstanzeige bei der zuständigen Behörde eingehen, ehe ein Verdacht eintritt. Das heißt, alle Vorsichtsmaßnahmen müssen weiter beachtet werden. Ich habe anonym mit einer Frankfurter Kanzlei per Telefonzelle einen Termin vereinbart. Ich fühlte mich von einem sehr netten, kompetenten Rechtsanwalt gut beraten, der mir zusicherte, nach Sichtung der Unterlagen einen pauschalen Kostenvoranschlag zu machen. Mit der Sachbearbeiterin der Baseler Bank hatte ich schon vereinbart, mich mit Decknamen Enzian und meiner unverfänglichen Kontonummer zu melden, um ihr die Adresse der Anwaltskanzlei meiner Wahl zukommen zu lassen. Die nötigen Unterlagen soll sie laut Empfehlung meines Frankfurter Anwalts als Dokumentensendung – ohne Namensnennung – eventuell in mehreren Paketen auf den Weg bringen. Auf diese Art kamen auch die Unterlagen aus dem Bankhaus Jungholz zu meiner Frankfurter Kanzlei, die mir dann am 23. September 2011 schriftlich mitteilte, dass alle wesentlichen Unterlagen zur Beurteilung vorliegen und sie mir die weitere Vorgehensweise schildern und mir ein Angebot über die Kosten der Bearbeitung des Falles unterbreiten. Das hörte sich gut an, und bei unserem nächsten Treffen am 29.09. in Frankfurt wurden mir die Bearbeitungskosten mitgeteilt und das weitere Prozedere in sehr netter Atmosphäre nochmals erläutert und die Selbstanzeige an das Finanzamt für Anfang November in Aussicht gestellt. Das war mir wichtig, da ich Interesse an einer interessanten Immobilie hatte, für die ich mich entscheiden wollte. So wie ich hier Einzelheiten kundtue, möchte ich anderen Betroffenen Mut machen, auch bei einer gewissen Abhängigkeit zu dem Gesprächspartner über den Preis zu sprechen. In meinem Fall konnte ich mit der Kanzlei in Frankfurt einen Nachlass von fünfzehn Prozent der Honorarkosten erreichen, ohne dadurch unsere vertrauensvolle Zusammenarbeit zu belasten.

Am 14. November ging dann die Selbstanzeige an das Finanzamt heraus, die Voraussetzung für die straffreie Bearbeitung der Steuerhinterziehung ist. Prima, denn ich hatte die kleine Eigentumswohnung mit Aufzug und Garagenplatz in einer Wohnanlage bereits am 04.11.2011 gekauft. – Wenn es gilt, musst du zugreifen!

Der Kirchenchorausflug vom 24.11.–27.11.2011 nach Dresden war da eine willkommene Abwechslung des bewegten Alltags und bei der musikalischen Andacht in der Frauenkirche kam unter Orgelklängen eine gewisse Zufriedenheit ob des Erreichten auf. Auch die Weihnachtsmärkte in Dresden, Weimar und Erfurt lockten uns mit ihrem Duft und verwirrten mit ihrem Glanz.

Da wurde der Jahreswechsel 2011/2012 für mich eine betuliche Angelegenheit mit Freunden. Ich war an der Schwelle zu meinem 75. Geburtstag und der Jahreswechsel sollte im Fichtelgebirge im Bad Alexandersbad sein. Ein unterhaltsames Beiprogramm, auf den Spuren Richard Wagners, ließ die Zeit dahinrennen.

Mein 75. Geburtstag 2012

Anfang Januar war meine Jutta wieder in ihrem Element. Es galt die Einladung zu meinem 75. Geburtstag zu gestalten und an die Einzuladenden zu verschicken. Ja, so wollen wir das Fest planen. Diesmal soll es eine Gartenparty mit Caterer geben. Mein Geburtstag fällt 2012 auf einen Montag, und mein Leben lang war der folgende Tag immer ein Feiertag, nämlich der 1. Mai. Da mein Enkel Jannes einen Tag vor mir seinen zweiten Geburtstag hat, feiern wir gemeinsam mit der Familie die beiden Geburtstage. In meinen Geburtstag feiern wir hinein. Am nächsten Tag, am Montag ab elf Uhr, erwarten wir die Freunde, den harten Kern des Kirchenchores sowie die Althofsänger. Ab 18 Uhr laden wir die Sangesfreunde der Eintracht Oestrich ein und die Nachbarschaft. Auf diese Art kann es ja dann auch etwas lauter zugehen, oder? Da lohnt sich doch der Aufbau unseres Partyzeltes! So soll es sein!

Aber in dieser Zeit ließ mir noch etwas anderes keine Ruhe. In meiner Nachbarschaft entstand ein Altenheim und unmittelbar gegenüber sollten zwei Häuser für betreutes Wohnen errichtet werden. Wäre das eine sich verzinsende Geldanlage, die gegebenenfalls auch im Alter selbst zu nutzen wäre? Eine kleine, anheimelnde Wohnung im 2. Stock mit Blick auf den Taunus. Die Sonne ab zwölf Uhr auf dem Balkon, alles altengerecht mit Aufzug und eigenem Parkplatz.
Am 23. Februar wurde der Kaufvertrag für die Wohnung abgeschlossen, in der meine Frau Jutta einen Nießbrauch auf Lebenszeit erhielt. Da war also das Geld aus der Schweiz und Österreich wieder wertbeständig angelegt. Das noch fehlende Kapital von circa 25 Prozent der Kaufsumme konnte ich über meine Hausbank gut finanzieren, die Zinsen sind einmalig günstig. Bis zu diesem Zeitpunkt hatte ich noch keine Stellungnahme der Finanzbehörde über meine Selbstanzeige gehört. Am 25.04.2012 erreichte mich ein Schreiben über eine Einleitung eines Steuerstrafverfahrens, was zu meinen Gunsten als Selbstanzeige gewertet wird. Am 18.07.2012 wurden dann die ausstehenden

Einkünfte aus Kapitalvermögen und die daraus resultierenden Zinsen von meinem Konto abgebucht. Mit den Honorarkosten an die Kanzlei und den Nachzahlungen an das Finanzamt war ich mit unter 15 Prozent des nicht gemeldeten Geldvermögens gut weggekommen. Es war fast genau die Summe, die ich bei der Eigentumswohnung finanzieren musste. So war ich glücklich und zufrieden, als am 01.11.2012 ein Brief vom Finanzamt kam mit der Mitteilung über die Einstellung des Steuerstrafverfahrens gegen mich. Da haben wir einen Korken knallen lassen!

Von meiner Bankberaterin hatte ich im Gespräch erfahren, dass man in ihrem Institut auch ein Fremdwährungskonto führen kann. Das war es ja, was ich wollte, meine jährliche Rentenrate aus der Schweiz in Franken anlegen. Es gibt zwar keine Zinsen, aber es kann vorteilhaft sein, einen „Sparstrumpf" für alle Fälle in einer sicheren Währung zu haben. Da konnte ich mich dann Ende November zusätzlich auf die Überweisung aus der Schweiz freuen!

Doch nun zurück zu meinem 75. Geburtstag am 30. April 2012, zu dem ich folgendermaßen einlud:

Mit 57, das war Klasse

hatte mein Leben sehr viel Masse!

Doch auch mit 75 Lenzen

gibt's keinen Grund nicht mehr zu glänzen,

und anstatt in der Welt rumzueiern

will ich die 75 mit Euch feiern !!!

Dazu lade ich recht herzlich die Althofsänger mit Frauen ein. Riesig freuen würde ich mich, wenn wir das Programm von Oberursel wiederholen und - auch mit meinen Gästen - ein paar erinnerungsreiche Stunden verleben könnten!

Die Gartenparty findet statt:
in Oestrich Mühlstr.54
am Montag, den 30. April 2012.
Pünktlicher Beginn 11, 11 Uhr; zur allerbesten Brunchzeit, sodaß Ihr nach einem stärkenden Kaffee ca. 16 Uhr wieder den Heimweg antreten könnt und ich noch mein Schläfchen vor der Abendgesellschaft halten kann.

Ich freue mich schon

So verliefen die Vorbereitungen zu dem Event schon fast routinemäßig. Samstags war die Familie da, das Partyzelt wurde aufgebaut, Tische und Bänke gestellt und die Beleuchtung installiert. Die Getränke wurden in einem Kühlwagen platziert, denn für über 200 Gäste in den zwei Tagen braucht man schon einen gewissen Vorrat. Die Tische für den Caterer und die große Kaffeemaschine standen bereit: DAS FEST KANN BEGINNEN!!!

Es begann am Sonntag mit dem 2. Geburtstag von Jannes im engen Familienkreis. Alle hatten ihren Spaß. Im Laufe des Nachmittags kamen dann die Verwandten, um mit mir in den Geburtstag zu feiern. Gegen Mitternacht haben wir dann gemeinsam um den Flügel stehend lauthals alte Schlager geschmettert, die Patricia und ich auf dem Klavier anstimmten. – Eine stimmgewaltige Gemeinschaft, schön war es!!!

Der nächste Tag begann um elf Uhr mit den Freunden, Bekannten, Kirchenchorlern und den Althofsängern mit Frauen. Als Hauptperson ist man da richtig gefordert, wenn so viele warme Worte und gute Wünsche auf dich einstürmen, dass dir schwindlig wird. Für die vielen klangvollen Beiträge waren ich und auch meine Gäste sehr dankbar und die Zeit verlief im Flug.

Sehr gefreut habe ich mich über die Zusammenstellung von Bildern mit meinem Konterfei, die Stationen meines Lebens wieder lebendig werden ließen!

Der Chor der Eintracht bei seinem Ständchen.

Die Althofsänger in bunter Reihe.

Erwartungsvoll neugierig waren meine Freunde und die Hofsängerfamilie, als Annegret und ich unser Duett unter den Klavierklängen von K-H. Friess zum Besten gaben: „Niemand liebt dich so wie ich!" Ich habe dabei ganz fest an Jutta gedacht. Versprochen!

Schmunzelnd, mit leuchtenden Augen gingen wir auseinander, und zufriedene Gesichter wünschten mir noch: Bleib gesund und wie du bist. Bis bald!!

Dann habe ich doch glatt noch ein halbes Stündchen schlafen können, um die Sänger und Sängerinnen von der Eintracht Oestrich und die Nachbarschaft ausgeruht und frisch geschniegelt zur nächsten Runde zu empfangen. Schön wars, aber ich wollt es ja so stressig!

Doch jetzt an dieser Stelle gilt es Dank zu sagen an alle, die zum Gelingen des schönen Festes beigetragen haben. Besonderen Dank an Jutta, Patricia, Moni, Peter, Markus, die als Team gut harmoniert haben, und an K-H. Heidler, der meine Gäste perfekt mit Getränken versorgt hat.

Auch unserem Cateringunternehmen gilt mein Dank für das einladend gestaltete Büfett mit seinen geschmacklich hochwertig geschmorten Schinken und Beilagen vom Feinsten. Bei der Planung hatte ich mich durchgesetzt, zu allen Mahlzeiten diese einmalig gesottenen Schinken anzubieten, in Verbindung mit verschiedenen Saucen eine Spezialität. Dabei dachte ich an die wechselnden Gäste, aber nicht an meine Familie, die zwei Tage lang „feinen Schinken" essen mussten. Beim Abbau wurde mir dann bewusst, was ich ihnen zugemutet hatte, doch Jutta hatte schon eine Alternative in der Pfanne. – Sorry, soll nicht mehr passieren!!!

Mit dem Wohmobil durch den Balkan 2012

Nach den guten Erfahrungen, die wir mit Renate Leonhards auf der Marokkoreise 2011 gemacht haben, waren wir natürlich Feuer und Flamme, als Sea Bridge mit ihr eine Reise nach Südosteuropa plante. Es sollte Treffpunkt in Wien sein, und vom 1. September bis zum 1. Oktober 2012 sollte der gesamte Balkan bis Griechenland bereist werden. Mit von der Partie waren unsere Freunde Hans und Inge Weth aus Rothenburg, die wir am 28.08.2012 abholten. Da konnte ich mich gleich bei Hans explizit bedanken für die guten Filme, die er an meinem Geburtstag mit meiner Kamera gemacht hatte.

So ging es gemeinsam noch bis nach Krummau in Südböhmen, direkt hinter dem Bayrischen Wald an der Moldau gelegen. Die Stadt ist bekannt für ihre Renaissance-Häuser und gehört zum UNESCO-Weltkulturerbe. Gemütlich fuhren wir die nächsten Tage Richtung Wien weiter, trafen die anderen, und gleich für Sie, liebe Leser, einige Passagen aus unserem Tourenbuch, die Renate wieder liebevoll mit allen Details aufgeschrieben hat: *„Heute verlassen wir das mondäne Wien – auf geht's nach Ungarn! Ein Land, das wesentlich mehr zu bieten hat als ‚Puszta, Paprika und Piroschka'. Wir durchqueren hügeliges Land, passieren Eisenstadt, nähern uns dem Leithargebirge und haben* *nach 70 km die Grenze Ungarns erreicht. Direkt nach der Grenze kann man Geld tauschen. Wer tanken muss: Hier findet sich die preiswerteste Tankstelle in Ungarn ...*

Sopron, früher Ödenburg, kurz nach der Grenze, wartet mit einer autofreien Altstadt und liebevoll restaurierten Baudenkmälern aus dem 15.–18 Jahrhundert auf. Die Musikstadt fühlt sich besonders dem Komponisten Franz Liszt verbunden. Weiter geht es zur berühmten Fürstenresidenz Schloss Eszterházy. Ein Barockschloss im wunderbaren Schlosspark, das in seiner gut erhaltenen Üppigkeit kaum übertroffen werden kann. Mit einer gemeinsamen deutschen Führung erkunden wir die barocke Hochadelsresidenz."

Ein Beispiel, so liest sich unser Tour-Buch. – Es geht weiter am Balatonsee vorbei nach Budapest. Bleibende Erinnerung sind die Jugendstilgebäude in Ungarn, die wie alle Gebäude auf dieser Balkanreise in einem gepflegten, farblich wohltuenden Zustand sind.

Reiseroute Balkan 2012

Von Budapest, dem Paris des Ostens, brauche ich nicht zu schwärmen, und nach einem Besuch auf einem gastlichen Gestüt mit Gespannfahren und Reitervorführungen der dort gezüchteten Lipizzaner und Sport-Halbblutpferde ging es in die ehemaligen deutschen Hochburgen Rumäniens nach Hermannstadt und Kronstadt. Wir verlassen die dunklen Wälder der Karpaten und fahren hinab in die Walachei, lange Zeit ein bekannter Begriff für

Rumänien, in die Hauptstadt Bukarest. Dort ist unter anderem eine Führung in dem überdimensionierten Parlamentspalast eines größenwahnsinnigen einstigen Schusters namens Ceaușescu. Von hier aus wird es jetzt flach bis zum Schwarzen Meer und die Berglandschaften erleben wir erst wieder von Varna in Richtung Sofia, der Hauptstadt Bulgariens. Den Goldstrand von Varna am Schwarzen Meer haben wir hinter uns gelassen, auf der Halbinsel Nesebar die historische Altstadt erlebt und privat haben wir in Murfatlar die Weinkooperative besucht. Dort hatte ich schon 1966 mit Goswin eine Weinprobe erlebt, aber nach 46 Jahren ist die Erinnerung nur noch schemenhaft vorhanden. Das ist gut so, denn die Veränderung, sie lebt weiter und will erlebt werden!

Sofia liegt etwas abseits der touristischen Balkanrouten, darum eine kleine Beschreibung der jahrtausendealten Metropole Bulgariens. Wir fahren zunächst direkt ins Stadtzentrum zur Alexander-Newski-Kathedrale. Sie liegt auf einem Hügel erhöht inmitten der Stadt und ist mit ihren weithin sichtbaren goldenen Kuppeln das Wahrzeichen von Sofia. Es geht auf einen Stadtrundgang mit verschiedenen Kirchen und historischen Bauwerken, da darf aber der Besuch an der acht Meter hohen Statue der Sofia, die auf einem sechzehn Meter hohen Sockel steht, keinesfalls fehlen. Auf dem Weg nach Saloniki erreichen wir inmitten von Wäldern hoch im Gebirge gelegen das Rila-Kloster. Diese festungsartige Klosteranlage mit typischen Holz-Stein-Gebäuden, der sogenannte Wiedergeburtsstil, wurde im 10. Jahrhundert gegründet und ist bis heute von orthodoxen Mönchen bewohnt. Neben bemerkenswerten Fresken sind hier mehrere wunderheilende Ikonen zu finden. Dieses UNESCO-Weltkulturerbe ist Pilgerort für bulgarische Gläubige sowie ausländische Touristen. So erreichen wir bei Saloniki das Ägäische Meer und gehen am Abend zu den Füßen des Olymps ausgiebig baden. Übers Olympgebirge vorbei an Wiesen und Feldern fahren wir bis zu den steil aufragenden, glatt geschliffenen Felsnadeln, die von den Metéora-Klöstern gekrönt werden. Die Metéora-Klöster gehören zum UNESCO-Weltkulturerbe. Die ersten Einsiedeleien entstanden im 11. Jahrhundert, die Klöster weitgehend im 14. Jahrhundert, durch fromme Herrscher unterstützt. Vierundzwanzig einzelne Klöster wurden gegründet, von denen heute nur noch sechs bewohnt sind.

Wir hatten in den vier Wochen über den Balkan eine bequeme Reise mit vielen positiven neuen Eindrücken. Wir haben freundliche Menschen erlebt, die

sich freuen, dass von der EU viel investiert wird, aber unzufrieden sind mit ihrer Einkommenssituation. Auch uns bewegt beim Anblick vieler teurer Fahrzeuge die Frage: Wie ehrlich und wo und wie wurde das Geld dafür verdient? Aber wichtig bleibt: Es wurde schon viel erreicht, doch das gemeinsame Bemühen um Weiterentwicklung darf nicht nachlassen!!!
Am letzten Tag der Etappe durchs Epirus-Gebirge zur Bucht von Igoumenitsa kam von unserer Renate mit der Tagesbeschreibung noch ein schriftliches Dankeschön und eine Kurzfassung unserer gemeinsamen vier Wochen durch den Balkan:
Eine wunderschöne Tour war es mit Euch!
Start in Wien, dann Ungarn mit Balaton, Plattensee, Budapest und Puszta – Rumänien mit Banat, dem sauberen Siebenbürgen in den Karpaten und dem erstaunlich eindrucksvollen Bukarest. Die Schwarzmeerküste verband für uns Rumänien mit Bulgarien. Herrlich bemalte Kirchen und die Schluchten und endlosen Wälder des Balkans begeisterten uns hier – neben der beachtenswerten, ruhigen Hauptstadt Sofia. Der Struma-Fluss spülte uns durchs Pirin-Gebirge nach Griechenland und hier ließen wir die Reise mit dem Kirkini-See, Strand bei Platamon und einer spektakulären Bergfahrt am Olymp vorbei nach Meteora ausklingen.

Vor Igoumenitsa nahmen wir gemeinsam mit Hans und Inge Abschied von Renate und den anderen, denn wir wollten noch zehn Tage an der Küste Griechenlands verbringen.
In der Nachsaison ist Griechenland ein Eldorado für Wohnmobilisten. Du kannst unbehelligt in einer Bucht stehen, die einsame Natur, den Wellenschlag der Brandung voll genießen. Jetzt konnten wir mit unserem Quad und Hans mit der Vespa die Umgebung und die vielen Buchten erobern. Da kannst du „ich" sein und dem „Kind im Manne" freien Lauf lassen. Bizarre Wolkenbildungen verdecken die untergehende Sonne. Nach einer Woche verlieren die Schafe und Kühe ihre Scheu und grasen zwischen uns das frische Gras ab. Die freundlichen Fischer, die mit ihren Booten frühmorgens angeln gehen, entschuldigen sich, falls sie uns stören würden. Nein, nein. Wir sind hier diejenigen, die eure Gastfreundschaft genießen! Geht doch!
In der Bucht vor Patras erleben wir die farbenfrohen, sich in der Thermik tummelnden Gleitschirmflieger. Nach dem Besuch von Delphi besteigen wir am 13.10.2012 in Patras unser Fährschiff nach Venedig, wo wir uns bequem

im Reisemobil mit „Camping an Bord" übers Meer tragen lassen. Unsere Wohnmobile stehen auf dem Zwischendeck mit großen Öffnungen nach draußen. Beim Einlaufen im Hafen von Venedig genießen wir steuerbord die prachtvolle Kulisse der Lagunenstadt. Die Fähre gleitet am Markusplatz und Canal Grande vorbei, und so blickt man in die mit prachtvollen historischen Gebäuden gesäumten Wasserstraßen. Ein letzter Höhepunkt und grandioser Abschluss unserer Reise durch Südosteuropa!!!

Seereise ins östliche Mittelmeer 2012

„Man wird ja einmal nur geboren", und wir wollten doch schon immer mal mit Juttas Cousine Ingrid und ihrem Mann Helmut eine Schiffsreise machen. Da war die Entscheidung im Juni 2012 schnell gefallen: Der Atlantic Seereisedienst bietet eine Kreuzfahrt mit der MSC Orchestra ins östliche Mittelmeer an. Elf Tage auf See zum Schnäppchenpreis für 690 Euro und 80 Euro für An- und Abreise pro Person in einer Außenkabine mit Balkon. Wahnsinn! Da fahren wir mit!

Unsere Kreuzfahrt mit der MSC Orchestra vom 14.11.–24.11.2012

Das hieß für uns, erst vier Wochen aus dem Balkan zurück, mussten wir diesmal die Koffer packen. Los ging es am 13. November in den Abendstunden ab Mainz. Nachtfahrt im doppelstöckigen Bus hatten wir noch nicht erlebt, aber nach guter Fahrt war am Morgen des nächsten Tages die Einschiffung. Von den angebotenen Getränkepaketen wählten wir gleich das zu unserem Durst passende aus, und die Damen waren zufrieden ob unserer

gewählten Kabinen. Am Nachmittag stachen wir in See und am nächsten Morgen hieß man uns um sieben Uhr im Hafen von Rom in Civitavecchia willkommen. Von den fakultativen Reisen, die bei den Kreuzfahrten angeboten wurden, hatten wir uns für „Rom und die Wunder des Vatikans" entschieden. So waren wir sicher, ohne Wartezeiten in den Vatikan und in die Sixtinische Kapelle zu gelangen. Das Kolosseum, das Forum Romanum und den Zirkus Maximus erlebten wir aus dem Bus heraus. Ach ja, und an der Seite im vatikanischen Garten, wo die Gebäude etwas Farbe vertragen könnten, dreht sich noch immer, wenn sie denn bedient wird, die Weltkugel. Eine von der katholischen Kirche über 300 Jahre verdrängten Erkenntnis der sich drehenden Erde!!!
In Heraklion, dem zweiten Hafen, hatten wir am Nachmittag Zeit, um mit einem Taxifahrer mit geschichtsträchtigem Wissen den minoischen Palast von Knossos zu besichtigen. Er fuhr uns zur Grabstätte von Nikos Kazantzakis auf einem kleinen Hügel unweit der Altstadt. Der Schriftsteller ist wohl der bekannteste Kreter, sein berühmtestes Buch ist „Alexis Sorbas". Wir genossen von oben den Blick auf das nahe Heraklion, aber mich beschäftigte das philosophische Zitat auf seiner Grabstätte, das auch ich gern für mich in Anspruch nehme: „Ich erhoffe nichts. Ich fürchte nichts. Ich bin frei."
In der Altstadt von Heraklion verbrachten wir gemütlich den späten Nachmittag, um rechtzeitig um 18 Uhr in einem Gewitterschauer mit frisch erstandenen Regenschirmen die Planken unseres Schiffes zu betreten. Auf nach Piräus, das wir am nächsten Morgen mit der aufgehenden Sonne erreichten. Wir sind in einen der größten Häfen des Mittelmeers eingelaufen und einen der meist angefahrenen Häfen der Welt. Die lebhafte kosmopolitische Atmosphäre, die typisch ist für die belebten Plätze Athens, wollten wir heute bei strahlendem Wetter in uns aufnehmen. Ein Taxi brachte uns zum Eingang der Akropolis, die im Altertum als Wehranlage gebaut und im ursprünglichen Sinn der zu einer Stadt gehörige Burgberg war. Wir schlenderten ehrfürchtig durch die Tempelanlagen, genossen den Panoramablick auf Athen und auch eine kleine Gesangsdarbietung einer kleinen weiblichen Gesangsgruppe. Zu Fuß machten wir uns auf den Weg zur Plaka, einer der ältesten Stadtteile Athens, wo wir in einer schönen Taverne ein gutes Gericht mit Auberginen zu uns nahmen und das quirlige Stadtleben hautnah erlebten.
Bis nach Istanbul waren es von Piräus noch 365 nautische Meilen, sodass wir am nächsten Tag um 13 Uhr in Istanbul anlandeten. Wir blieben zwei Nächte

dort, sodass wir unser Programm auf zwei Tage verteilen konnten. Die 1000 Gesichter von Istanbul warten auf uns und wir wollen uns faszinieren lassen von der exklusiven Show, die diese türkische Metropole bietet. Wir bummelten am Bosporus entlang über die Galatabrücke zum Basar. Wunderten uns über die vielen Angler auf der Brücke und das Getümmel von Schiffen im Hafenbereich.

Der Basar mit seiner orientalischen Vielfalt, er stürzte quasi auf uns ein und Helmut und ich gönnten uns eine Pause bei einem Bier. Die Damen kehrten freudestrahlend zu uns zurück, sie hatten jede einen Schal gefunden, dieses schmückende Zubehör, das sie beinahe daran gehindert hätte, den Sonnenuntergang zu erleben und das Verwandeln der Stadt in ein funkelndes Lichtermeer!

Am folgenden Tag war eine Bootstour auf dem Bosporus angesagt, der das Schwarze Meer im Osten mit dem Marmarameer im Westen verbindet. Danach haben wir uns die große Süleymaniye-Moschee unter den Klängen eines sehr eifrigen Muezzins schon mal angeschaut. Am nächsten Tag durfte die Hagia Sophia und die Blaue Moschee nicht fehlen, aber der Topkapı-Palast war leider geschlossen. In einem kleinen, einfachen, aber sauberen kleinen Restaurant wurden wir mit „türkischer Hausmannskost" verwöhnt, und beim späteren Kaffeeplausch sahen wir auch Frauen an der Wasserpfeife schmauchen. Übrigens, die moderne T1 Tramvay Istanbul war ein Hingucker und über Erdogan hat man noch nicht gesprochen!

Unter besten Wetterbedingungen ging es dann am Mittwoch, dem 21.11.2012, durch das Marmarameer wieder in westlicher Richtung in die Straße von Messina, deren Hafenstadt wir um 13 Uhr erreichten. Messina ist vom italienischen Festland durch eine circa fünf Kilometer breite Meerenge getrennt. Der Ort Messina ist die beste Anlaufstelle für Touristen, um Sizilien zu besichtigen. Wir hatten als Ausflug Taormina gewählt, wo wir von dem antiken Theater einen wunderschönen Blick auf den rauchenden Ätna hatten und auf die Isola Bella vor der Küste. Nach einem gemütlichen Bummel durch Taormina holte uns der Taxifahrer pünktlich ab, denn Geld gab es erst, als wir wieder in Messina waren. Hat gut geklappt und in Hafennähe machten wir dann noch eine Besichtigung auf der Piazza del Duomo, und angeregt von der spätsommerlichen Witterung, gemütlich unter einem Baum sitzend, Mandolinenklänge im Hintergrund, verspeisten wir eine Platte besten Parmaschinken mit reifem italienischen Käse. Zwei Flaschen Nero d'Avola waren passende Begleiter. Das gute Abendprogramm an Bord ist da nicht mehr von uns gewürdigt worden!

Zu unserem letzten Ziel, Malta, waren es jetzt noch 145 nautische Meilen. Um acht Uhr erreichten wir den Hafen von La Valetta. Ich erinnere mich, bei der Hafeneinfahrt fiel zum Filmen ideales Sonnenlicht auf die Kulisse des Hafens und die wehrhaften Mauern, die das weiträumige Hafenareal schützend umgeben. Den Tag verbrachten wir auf einer Sightseeing-Tour über die Insel, die wir beliebig unterbrechen konnten. Da konnten Jutta und ich den beiden dieses einzigartige Monument von internationaler Wichtigkeit zeigen, die St. John's Co-Cathedral, wo wir das Requiem von Mozart erlebt hatten. – Vergisst man nicht!?!

In Genua wieder angekommen, stand unser doppelstöckiger Bus bereit und in den späten Abendstunden waren wir zufrieden daheim, mit vielen positiven Eindrücken bei phantastischem Reisewetter.

Das Jahr 2013 mit „1001 Nacht", Sardinien und Italien

Doch wir hatten Blut geleckt am gemeinsamen Verreisen. Da kam eine Schnupperreise von RSD Reise Service für die Vereinigten Arabischen Emirate: „Zauberhafte Welt aus 1001 Nacht", gerade richtig!

Stellt euch vor: für 50 Euro mit Emirates von Frankfurt nach Dubai. Und dann vier Übernachtungen mit Halbpension im Hilton/Sharjah und zwei Übernachtungen mit Halbpension im 5* Luxushotel The Meydan in Dubai inklusive den Ausflugspaketen und dem Saisonzuschlag, und das für 1178 Euro pro Person vom 20.02.–27.02.2013. – Hurra!!!

Wir waren die ersten vier Nächte im Hilton Fünfsternehotel in Sharjah, an einer Lagune gelegen, superfürstlich untergebracht. Über einen Konzertflügel schwebt mein Blick auf einen Treppenaufgang, der sich im ersten Stock verzweigt, und in diese Öffnung hinein schwebt ein monumentaler, sich nach oben verjüngender Kronleuchter, der die ganze Kulisse in ein warmes, stimmungsvolles Licht hüllt. In mir erwacht eine Assoziation zu einer schönen Frau, die ihr Dekolleté mit einem Collier und einem besonders aparten Anhänger schmückt. Wenn dann noch in die Abendstimmung hinein die Lobby mit Klavier und Geigenmusik von zwei russischen Solistinnen erfüllt war, gingen wir beseelt zum Abendbüfett. Es hat fantastisch gemundet, doch ein Verzicht wurde von Bissen zu Bissen intensiver: Was würde jetzt und hier ein Glas Wein dazu zum Erlebnis werden!!!

Überblick über die Vereinigten Arabischen Emirate.   Das Siebensternehotel Burj al Arab.

Groß, größer, am größten – Gigantomanie in Reinkultur!
Wir erlebten bei unserer Dubai-Stadtrundfahrt, was alles mit Geld machbar ist. Vorbei an klimatisierten Bushaltestellen mit WLAN, fuhren wir zum über 150 Jahre alten Al-Fahidi-Fort, welches heute ein Museum beherbergt. Mit dem Wassertaxi erlebten wir auf dem Dubai Creek das „alte" und „neue" Dubai. Nach dem Gewürzmarkt ein Fotostopp am Burj al Arab, dem Siebensternehotel, um danach zum Atlantis-Hotel auf der Palmeninsel zu fahren. Weiter ging es zum höchsten Gebäude der Welt, Burj Khalifa, mit seinen 828 Metern Höhe direkt an der Dubai Mall gelegen. Na, Helmut, so haben wir es uns ja vorgestellt, auch die tollen Geschäfte in der Mall. Da können sich unsere Damen doch einmal richtig sattsehen, gell!!!
Dann kam noch die Abu-Dhabi-Tour, weiter südwestlich am arabischen Golf gelegen. Über verstopfte Straßen reisten wir an, um das größte der sieben Emirate mit den meisten Botschaften und den meisten Ölfirmen zu sehen. Baumgesäte Prachtstraßen, wunderschön angelegte Parks, Springbrunnen und beeindruckende Wolkenkratzer sahen wir hier. Da darf der Besuch der Formel-1-Rennstrecke nicht fehlen, wo man sich selbst vom Schiff aus das Dröhnen der „Boliden" einziehen kann! Weitere Superlative sind der riesige Hotelpalast Emirates Palace und – größer, teurer, schöner – die Scheich-

Zayid-Moschee, ein Monumentalbau für 40.000 Gläubige. Sie wurde zu Ehren des ersten Präsidenten der Vereinigten Arabischen Emirate benannt. Die Moschee ist von vier Minaretten mit 107 Meter Höhe umsäumt. Der zentrale Gebetssaal wird von einer 75 Meter hohen und 32 Meter durchmessenden Kuppel gekrönt, die damit die größte Moscheekuppel der Welt ist. Zusätzlich zieren 40 weitere Kuppeln, die von etwa 1000 Säulen getragen werden, die Nebengebäude. Die Hauptkuppel wird vom größten Kronleuchter der Welt geschmückt. Dieser ist 15 Meter hoch und hat einen Durchmesser von 10 Metern. Er und seine sechs etwas kleineren Geschwister wurden in Deutschland gefertigt. 24 Karat vergoldetes Messing und Edelstahl formen ihre Konturen, die mit abertausend Swarovski-Kristallen verziert sind. Als besonderes Gimmick sind die Leuchter made in Germany natürlich selbstreinigend.

Nicht nur an der Decke, auch auf dem Boden gibt es ein Superlativ zu bestaunen. Ein von 1200 Iranerinnen handgeknüpfter Teppich mit 42 Tonnen Gewicht und einer Größe von 5627 Quadratmetern wurde vor Ort zusammengefügt. Ehrfürchtig ließ ich meine Kamera in der Totalen, aber auch intensiv im Detail alles aufzeichnen. – Grandios!!!

Da war unsere Vorstellungswelt von dem Luxushotel MEYDAN, direkt an der Pferderennbahn gelegen, bereits nicht mehr zu toppen. Ein Trabrennen kann man von seinem Hotelzimmer aus verfolgen! Herz, was begehrst du mehr?

Ich wage nicht den Versuch einer Beschreibung, denn es könnte ausarten. Trotzdem gönne ich all den Leuten, die es sich leisten können, diesen Luxus. Ein kleiner Exkurs sei gestattet: Die Emirate rüsten sich für die Zeit nach dem Öl, die Investitionen bringen Arbeit, auch die deutsche Wirtschaft profitiert in hohem Maße. Sofern alle die teils futuristischen Projekte der Völkerverständigung dienen und zu größerem beiderseitigen Respekt der Religionen führen, können Träume gelebt werden. Doch sie sollen nicht ablenken von den großen Zielen, die die Staatengemeinschaften zur Erhalt unserer schönen Welt leisten müssten.

Natürlich haben wir von diesem exponierten Platz aus eine Wüstensafari mit ganz neuen Jeeps gemacht, bei dem wir einige Mal den Eindruck hatten, von den Überrollbügeln Gebrauch machen zu müssen. Nachdem die Sonne hinter den goldenen Sanddünen verschwand, erreichten wir das Beduinenlager. Der Geruch von frisch gegrillten Kebabs und Lamm, die entspannenden Klänge der orientalischen Musik, die verführerischen Zuckungen des Bauchtanzes, alles verdient erwähnt zu werden. Heute konnten wir dazu Bier und sogar Wein bekommen!

Doch was ist das alles gegenüber dem Anblick auf das höchste Gebäude der Welt, dem „Burj Khalifa". Die Wasserspiele davor, mit klassischer europäischer Musik unterlegt, wecken den Wunsch, diese Szene aus dem 148. Stockwerk zu erleben. Ohne es zu merken ist man in zwei Minuten oben! Unten dreht sich die Welt weiter!!! Um „mitreden zu können" – fahrt mal hin!

Jetzt hatten wir unser neues Wohnmobil schon drei Jahre, waren um die 25.000 Kilometer gefahren, und immer wollten wir doch auch nach Sardinien. Vom 01.09.–29.09.2013 sollte es wahr werden. Die Fähre von Livorno nach Olbia war über Internet gebucht, im Hafengelände von Livorno darf man über Nacht stehen. Wie immer ging es über den Fernpass nach Italien, in Tirol war die Apfelernte in vollem Gang, in Tramin hingen noch die Trauben. Am Gardasee vorbei und später an den weißen Marmorfelsen von Carrara erreichten wir Livorno.

Sardinien, wir kommen! Wie auf der kleinen Karte ersichtlich, fuhren wir von Olbia südwärts an der Ostküste entlang in Richtung Cagliari, der Hauptstadt. Unser hilfreicher Begleiter war der „Schulz", wie ihn die Mobilisten nennen: „Mit dem Wohnmobil nach Sardinien." Alle Sehenswürdigkeiten in Regionen unterteilt, tourmäßig aufgeführt und immer dazu die GPS-Daten parat. Die Zeit, in der die Italiener die Insel besuchen, war vorbei, so hatten wir auch hier die Möglichkeit, in einer Bucht zu halten und die Badefreuden ungestört zu genießen. Mit dem Fahrrad ging es in die Umgebung, die Touren in die Berge machten wir mit dem Quad. Toll ausgebaute Straßen erwarten hier die Motorradfahrer, die elegant von Kurve zu Kurve ihren Geschwindigkeitsrausch ausleben. Wir sind zwar viel langsamer, aber in die Kurve legten wir uns auch, oder wir taten so. – Freiheit, die ich meine, und trotz des Fahrtwinds bleibt es einem warm dabei!

So erreichten wir langsam und gemütlich und ganz angetan von dieser Insel, seiner Geschichte, seiner Kultur und schönen Landschaften Cagliari, um dann über Iglesias, Christano weiter durch die Landesmitte zurück nach Olbia zu kommen. Am Nachmittag des 29.09.2013 fuhren wir bei angenehmer See in Richtung Italien und erreichten nach circa vier Stunden Livorno. Zum Weiterfahren war es zu spät, aber am nächsten Tag wollten wir bis hinter Meran fahren, wo wir immer einen schönen Platz zwischen den Apfelplantagen haben. So waren wir munterer Dinge am nächsten Tag auf der Autobahn vor Breccia unterwegs. Starker Verkehr, zwischendurch Umleitung, Stop-and-go-Verkehr. Da wäre ein Parkplatz zur Mittagsrast gewesen. Na ja, kommt wieder, aber unser Urlaub, der war so, wie ich mir das immer vorgestellt habe. Sportlich mit dem Rad unterwegs, verwegen mit dem Quad in die Kurven, Zeit für Land und Leute nehmen, einfach in den Tag hinein leben und die Welt umarmen!!! War das schon zu viel des Guten, war das schon zu viel Selbstzufriedenheit, dass man dafür gleich wieder „einen draufkriegt"?

Wir wissen beide nicht mehr, standen wir, rollten wir vor uns hin, oder fuhren wir fünfzig? Ein hinterer Aufprall drückte uns in die Pilotensitze, ein zweiter Rempler ließ die Schranktür nach vorn sausen und die Seitentür auffliegen. „Unser schönes Auto", brachte ich nur gequält heraus. Rechts ran, anhalten, rausgehen: Da hing ein italienischer Tanklastzug in der Leitplanke, Dosenbier lag verstreut auf der Autobahn. Was liegt denn da mitten auf der Fahrbahn? Juttas Handtasche, die immer neben ihr an dem Fenster steht, war von dem Aufprall aus der rückwärtigen Tür geschleudert worden. Waren wir Opfer eines übermüdeten, abgelenkten, telefonierenden Truckers geworden??? Auf meine Frage an den kleinlauten Fahrer: „Policia?", kam ein Kopfnicken. Unsere beiden Räder auf der ausgezogenen Heckbühne waren Schrott, die ganze Heckfront demoliert, aber der Quad in der Garage unbeschadet, denn die symbolische Stoßstange hatte dem Aufprall standgehalten. Da der Fahrer nach rechts auswich, war dementsprechend die rechte Seite des WoMos auch demoliert. Beim Einsammeln der alkoholfreien Bierdosen und den neugierig teilnahmsvollen Blicken der vorbeifahrenden Autofahrer ausgesetzt, wurde mir schlagartig klar: Jetzt sind wir zu unfreiwilligen Hauptpersonen eines täglichen Dramas auf der Straße geworden. Und wir waren so gut in der Zeit, um unser heutiges Ziel entspannt zu erreichen!!!

Erreicht hat uns jedoch recht bald die Polizei, normales Prozedere, keine Fragen. Den Bericht sollte ich unterschreiben, was ich mit dem Zusatz auf

Deutsch tat, das Geschriebene nicht auf den Wahrheitsgehalt überprüfen zu können. Die beiden gut aussehenden Polizisten sprachen leider kein Englisch, gaben mir aber die Anschrift ihrer Dienststelle für „Informationi".

Mittlerweile war der Abschleppdienst vor Ort, wir wurden auf den Wagen mit der Seilwinde gehievt und saßen während der Fahrt auf unseren Plätzen über einen Meter über der Straße. Das ist ein Gefühl der Sonderklasse, denn zu dem Bild, das Jutta von mir gemacht hat, braucht man nichts zu sagen. „Jutta, da vorn geht eine Straße über die Autobahn, ist die hoch genug?"

Im Auto auf dem Abschleppwagen   Das ganze Ausmaß des Schadens

Endlich waren wir neben dem Gelände des Abschleppdienstes angekommen, ein verwilderter Platz für gestrandete Fahrzeuge! Wir registrierten: Heute ist Freitag gegen 15 Uhr. Die Männer vom Abschleppdienst sind sehr hilfsbereit, sprechen kein Englisch. Da gibt es für uns nur einen Hilferuf, den Auslandsdienst des ADAC in München. Einzelheiten sind mir nicht mehr alle so geläufig, doch ich erinnere mich, dass die Abschleppfirma bekannt war. Die nächste Frage an den Helfer in der Not war: „Wie kommen wir heim?" „Was für ein Auto brauchen Sie?" „Egal." „Warten Sie, wir rufen zurück!" Nach einiger Zeit kam ein SMS mit der Adresse eines Autoverleihs in der nächsten größeren Stadt. Okay. Ich hatte ja gehofft, die bringen uns das Auto vorbei, aber unser Abschleppfahrer fragte: „Telefon Taxi?" Er hat meine Hilflosigkeit registriert und ein Taxi angerufen. „Mille grazie, Senor!" Da kam dann eine sehr nette Italienerin, die Englisch sprach. Wir hatten mittlerweile unsere Abschleppadresse in unser Navi eingegeben, um wieder zu dem Standort zurückzufinden. Es ging los, aber teils über die Autobahn, Landstraße, durch Dörfer, wie sollen wir da zurückfinden? Am Ziel beim Autoverleih war alles vorbereitet. Wir mussten morgen, am Samstag, bis nach Hause fahren und am Sonntag bis zwölf Uhr in Mainz das Fahrzeug wieder abgeben. Die nette Taxifahrerin, mit der wir uns angeregt im Auto unterhalten hatten, hatte uns nicht nur hingebracht, sondern auch angeboten, uns bei der Übergabe des Fahrzeugs beizustehen und, ganz wichtig, uns auf dem Rückweg zu unserem demolierten Wohnmobil vorzufahren. Da war anschließend ein gutes Trinkgeld und eine Flasche Riesling selbstverständlich.

Jetzt galt es den Leihwagen, den neuen Fiat 500 mit allen wichtigen, mit allen verderblichen, mit allen wertvollen Dingen zu beladen. Gar nicht so einfach! Erschöpft sanken wir in unser demoliertes, aber noch zu benutzendes Bett. Kein Licht machen, damit die Schnaken nicht zu den offenen Löchern am Bettbereich hineinfinden. Am nächsten Morgen konnten wir duschen und auch Kaffee machen, denn die gesamte Technik war heil geblieben. Froh war ich, als nach neun Uhr ein Mitarbeiter kam, denn da konnte ich das WoMo noch auf das Betriebsgelände fahren und die Autoschlüssel dort deponieren. Die Heimfahrt mit dem Fiat-Leihwagen war reibungslos und am Sonntag vor zwölf Uhr konnten wir den Wagen in Mainz abgeben.

Beim Ausladen zu Hause habe ich dann festgestellt, dass ich meine Hörgeräte und den Casio Translator im Seitenfach der Fahrertür vergessen hatte mitzunehmen. Der ADAC wollte dies der Abschleppfirma mitteilen. Na ja, hoffen darfst du und an das Gute glauben!!!

Nach circa drei Wochen kam ein Anruf meiner Wohnmobilwerkstatt, das Auto stehe auf dem Hof. Mit einem Hänger an meinem Pkw fuhren wir zu der Werkstatt, um das Quad und die Räder abzuholen. Und was soll ich sagen, der Translator und die Hörgeräte waren noch auf dem Platz. Danke schön!

Da ich beim ADAC einen Auslandsversicherungschutz habe, wurde dieser eingeschaltet. Der italienische LKW war versichert, die Reparaturkosten würden übernommen, doch eine Wertminderung gibt es im italienischen Versicherungsrecht nicht. Jetzt kam erst die entscheidende bange Frage: „Hat sich bei dem Aufprall eventuell das Chassis verzogen, dann hat das Gefährt nur noch Schrottwert?" Das war nicht der Fall und die Werkstatt hatte über Winter Zeit, die Reparatur ordnungsgemäß auszuführen. An meinem Quad waren keine Mängel festzustellen, und aus meinen beiden baugleichen Fahrrädern konnte der Fahrradhändler für 50 Euro Lohnkosten aus zwei noch ein funktionstüchtiges Fahrrad machen.

Die Reparaturkosten beliefen sich auf über 45.000 Euro, die von der italienischen Versicherung übernommen wurden. Wir bekamen ein neu lackiertes, gut repariertes Auto zurück. Viel Aufregung, aber: Ende gut, alles gut!!!

Reisen nach Thailand, England-Irland und Baltikum 2014

Es war wieder Reisen angesagt, denn: Wenn nicht jetzt, wann dann?
Helmut hatte bei Authentic Travel den richtigen Reiseveranstalter Meiers Weltreisen gefunden, der eine Thailand-Reise unserer Vorstellung im Programm hat. Am 23.01.2014 starteten wir nach Bangkog. Nach einigen Tagen ging es auf eine Rundreise in den Norden des Landes und dann zum Erholen nach Phuket bis zum 09.02.2014.
Ein toller Urlaub, ein tolles Land, freundliche Menschen, trotz des verheerenden Tsunamis im Jahre 2004. Ich habe diese Reise in einem großartigen Film, der mit Fotos von Ingrid und Jutta ergänzt und mit Thai-Musik hinterlegt ist, für die Nachwelt festgehalten. Meine iCloud ist hoffentlich groß genug, na ja, sie lässt sich ja noch vergrößern, oder?

Unser Wohnmobil stand Anfang April zur Abholung aus der Werkstatt bereit. Das war gut so, denn am 12.04.2014 bis zum 18.05.2014 war eine Mobilreise mit SIWA Tours geplant. Es ging nach England in das Rosamunde-Pilcher-Land und im Anschluss daran auf eine Rundreise durch Irland. Eindrucksvolle Stätten bleibender Erinnerungen, die wir uns als Film immer wieder in gute Erinnerung holen.
Meine Flucht vor den Gräserpollen führt ja seit Jahren von der zweiten Junihälfte bis Anfang Juli nach Lanzarote. Wieder in der Heimat waren neben den Gartenarbeiten auch Renovierungsarbeiten angesagt, denn jeder, der Sachbesitz hat, weiß, dass es da immer was zu tun gibt. Im Schlafzimmer sollte unbedingt der Teppichboden raus, das WC im Keller brauchte neue Objekte, die Schwimmbad-Abdeckung musste wegen Verkalkung erneuert werden. In dem Zusammenhang war auch eine neue Enthärtungsanlage fällig. – Timing ist alles!
Doch unsere neuen Wohnmobilfreunde Werner und Anita Krebs wollten unbedingt in diesem Jahr Ende August eine Baltikum-Fahrt mit uns machen. Mit ihrem neuen Wohnmobil hatten sie die ersten Erfahrungen auf unserer gemeinsamen Englandreise gesammelt, aber mit mehreren auf die Reise gehen ist für Neulinge angenehmer. Es war für Jutta und mich ein Wiedersehen schöner Landstriche und toller, musikalischer Menschen. Schöne Filme sind wieder entstanden und zwischendurch werden die DVDs im Blu-ray-Format über das Fernsehen gejagt.

Haussanierungen und Spanien-Rundreise 2015

Für dieses Jahr waren einige größere Haussanierungen angesagt. Auf der Ostseite unseres Hauses sollten neue Fenster eingebaut werden, da außerdem eine Wärmedämmung erfolgen sollte. Das Schieferdach war auf der Ostseite total vermoost. Da sowieso ein Gerüst gestellt werden muss, wurde das ganze Dach von Moos befreit und anschließend von den Malern zweimal mit einer Schutzschicht gestrichen. Die Termine mit den Handwerkern wurden für den Sommer abgestimmt, die Angebote von Schreiner, Maler und Dachdecker eingeholt und die Bank wegen eines Modernisierungsdarlehens konsultiert. Na, da können wir doch vorher noch mal mit dem Wohnmobil verreisen.

Mit von der Partie waren Werner und Anita Krebs. Es ging durch das französische Zentralmassiv direkt zu dem mittelalterlichen Carcassone und dann nach Barcelona. Eine tolle Stadt, geprägt von Gaudi und seiner Sagrada Familia und neuerdings von den separatistischen Katalanen. Beim Bummel über

die Ramblas gab meine Filmkamera den Geist auf. Am zweiten Tag, ohne filmen zu können, wurde ich in einem großen Fotogeschäft schwach. Was soll's! Service hast du in Deutschland auch nicht, bei Problemen werden die Kameras eingeschickt. Bezahlen kannst du mit Kreditkarte, und das Folgemodell deiner alten Kamera gibt es hier auch. So ging es filmend weiter über Saragossa nach Madrid. Eine solch reiche Stadt im Herzen Spaniens hatte ich mir nicht vorgestellt. Ja, da ist das Gold der Mayas, Inkas und Azteken Südamerikas in Gottes Namen doch gut angelegt worden!!! – Sehenswert! Zu dieser Pracht passend gab es ein schmackhaftes Softeis mit Früchten garniert – absolute Sonderklasse! Mein Freund Werner hat mehrmals zugeschlagen. Über Toledo ging es durch Zentralspanien nach Cordoba, ein architektonischer Schmelztiegel von Christentum und Islam. Dort im Lustgarten eines spanischen Grande blieb ich beim Filmen in einer kleinen Wasserrinne hängen und erlebte einen Kamerasturz in Zeitlupe. Die NEUE Kamera, da sind einige Hautabschürfungen kein Thema! Die Kamera hat es leicht lädiert überstanden, doch ich musste einige Monate später den entstandenen Muskelfaserabriss in der Schulter operieren lassen. Weiter nach Sevilla. Da trafen wir meinen Sohn Markus, der mit uns hier das zweitgrößte Fest der Welt, die „Feria de Abril", die Aprilmesse feiern wollte. Ein Fest, wo du dir wünschst, noch mal zwanzig zu sein und Spanisch sprechen zu können. Eviva Espania!!!
Über Ronda nach Málaga, einen Abstecher nach Marbella, weiter an der Küste nach Almeria, Cartagena, Murcia nach Alicante. Wir erlebten die zugebaute Ostküste Spaniens, die Badeorte der Engländer wie Benidorm und andere. Valencia ist Leben! Die drittgrößte Stadt Spaniens verdient mehr Beachtung und ist auf dem besten Weg, nicht mehr im Schatten Barcelonas stehen zu müssen. Ja, und da ist noch Montserrat, dieses Kloster der Extraklasse, da fahren wir hin. – Spanien ist immer und zu jeder Jahreszeit eine Reise wert!

Ihren Preis wert waren auch die Arbeiten, die im Juni und Juli an meinem Zweifamilienhaus geleistet wurden. Die Termine wurden eingehalten und auch das Wetter spielte mit. Die neueste Fenstertechnik wurde ohne Beschädigung der Innenräume eingebaut, und für 14 Fenster und eine einbruchsichere Tür musste ich 15.000 Euro zahlen. Der Dachdecker bekam für Dachflächenreinigung und Einrüsten des gesamten Hauses 10.500 Euro. Bei dem Maler belief sich die gesamte zweimalige Dachbeschichtung auf 5500 Euro, für die restliche Wärmedämmung auf der Ostseite, das Anlegen der Fassade und das Streichen des Dachgesimses musste ich 11.000 Euro zahlen. Da war ich dann mit insgesamt 42.000 Euro dabei.

Weil alles terminlich gut ineinandergegriffen hat, das Gerüst vor Ort war, kam ich mit Maler und Dachdecker überein, das ehemalige Betriebsgebäude neben meinem Haus auch zu renovieren. Es musste eingerüstet werden, um auf der Westseite, der sogenannten Wetterseite, die Holzverschalungen zu erneuern. Bei der Gelegenheit wurde der neue Holzsims sowie das noch gute Gesims zwei- und dreimal gestrichen sowie die Türen lasiert und gestrichen. Für das Gerüststellen und das Erneuern der Holzfassade waren 7000 Euro fällig, der Maler wurde mit 3000 Euro entlohnt. Da war ich dann rund 52.000 Euro los, aber ich hatte auch die berechtigte Hoffnung, dass für die nächste Zeit keine Reparaturkosten mehr anfallen.

Da Außenstehende sich oft Gedanken machen: Wie macht der das alles, wie schafft der das überhaupt?, und auch zum Vergleich für andere nenne ich bewusst Zahlen. Mein Ehrgeiz ist es, einmal ein intaktes Erbe zurückzulassen und dass meine Kinder nicht die Überlegung anstellen müssen, das Erbe auszuschlagen. Heute bereits sehr oft der Fall!!!

Trotzdem habe ich auch kein Problem, für solche Maßnahmen einen Kredit aufzunehmen. Bei einem Zinssatz von rund 2 % bezahle ich dafür monatlich 117,46 Euro Zinsen. Für einen Gesamtkredit von z.Zt. 74.000 Euro wird eine Tilgungssumme von 1366 Euro pro Monat fällig. Da bin ich in rund 4,5 Jahren schuldenfrei. Auch in meinem Alter ist es wichtig, Erhaltungsaufwand zu leisten, denn laut der Steuererklärung für 2015 bekomme ich aufgrund der geleisteten Investitionen meine gezahlte Einkommensteuer wieder zurück. – Dafür könnten wir dann wieder eine Reise machen!?!

Doch eine kritische Bemerkung muss ausgesprochen werden: Ich bin ein Verfechter der Sachwerte und habe auf „Betongold" gesetzt. Zur jetzigen Zeit sind zwar alle Leute, die für ihr Alter auf Sparanlagen gesetzt haben, die Looser, denn sie bekommen kaum Zinsen. Doch sollte eines Tages die Abrechnung, der Tag der Wahrheit für die staatlichen Verschwendungen und das Gelddrucken kommen, dann sind alle mit Sachbesitz wieder an der Reihe. Denn nur uns kann dann der Staat in die Taschen greifen. – Vergesst nicht zu leben!!!

Reisen nach Südafrika, Korsika und Nordsardinien 2016

Das tun wir auch nicht, denn das Fernweh und die Neugier holen uns immer wieder ein. Mit von der Partie waren Ingrid und Helmut, denn wir wollten gemeinsam vom 06.02.2016 bis zum 22.02.2016 „Traumhafte Szenen in Südafrika" erleben.

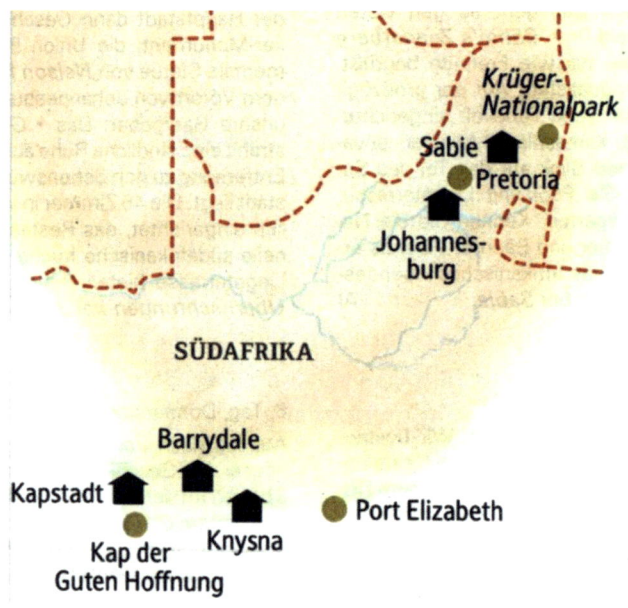

Über Studiosus hatte Helmut gebucht und mit einem Nachtflug kamen wir entspannt in Johannesburg an. Dort hatten wir für drei Nächte in Böhms Zeederberg Country House jeder eine Lodge. Mit dem Bus starteten wir zu einer Panoramafahrt zum Blyde River Canyon, dem „Fenster Gottes". Unsere Reiseführerin brachte uns die fremden Landschaften näher. Der Besuch im Krüger Nationalpark: Wir sind dabei, wenn die Savanne erwacht, suchen in der kühlen Morgenluft im offenen Geländewagen die „Big Five": Elefant, Nashorn, Löwe, Leopard und Büffel. Dazu erleben wir sprungstarke Kudus, elegante Giraffen, freche Paviane und unzählige Impalas – eine kleine Antilope mit braunem Rücken, weißer Unterseite und schwarzer Zeichnung auf den Hinterläufen – die hier zu Zehntausenden vorkommen.
Weiter geht eine vierstündige Überlandfahrt nach Pretoria zu der monumentalen Statue von Nelson Mandela und dem Voortrekkerdenkmal.

Der Ausflug nach Johannisburg bringt uns die Goldrauschzeit näher, aber mit dem Apartheid Museum auch die dunkle Seite der südafrikanischen Geschichte. Soweto, das wohl bekannteste Township stimmt uns nachdenklich, aber im Gegensatz dazu, wie ich es noch von 2003 und früher in Erinnerung habe, gibt es viele erhellende Einblicke. Ein menschliches Miteinander und wirtschaftliche Fortschritte insgesamt sind sehr erfreulich und erlebbar.

Nach dem Flug nach Port Elizabeth erkunden wir die Gegend an der Garden Route mit seinem Nationalpark, an der eindrucksvollen Felsenküste gelegen. Eine sportliche Wanderung!

In Knysna wohnen wir in einem Ferienort an einer Lagune wie aus dem Bilderbuch und haben auch das passende Hotel dazu. Relaxen und shoppen, das macht unsere Frauen glücklich!!!

An dem Strand bei Wilderness vorbei besuchen wir eine Straußenfarm bei der Stadt Oudtshoorn mit den Palästen der „Straußenbarone". Ja, die weißen Straußenfedern wurden einst mit Gold aufgewogen. Durch die Kleine Karoo ging es auf dem Weg nach Stellenbosch in ein Weingut mit Führung und Probe. Für uns ein Heimspiel, denn die südafrikanische Weinszene ist auch von vielen Deutschen geprägt.

Vier Übernachtungen erwarteten uns in dem von den Buren geprägten Stellenbosch mit seinen vielen Weingütern und seinem gastronomischen Flair. Kapstadt mit seiner Waterfront wird zum beliebten Ausflugsziel. Der Tafelberg, meist von einer Wolke wie mit einer weißen Bettdecke verdeckt, zieht die Blicke auf sich. Aber ein Panoramablick über Kapstadt entschädigt für die ausgefallene Gondelfahrt auf den Tafelberg hinauf.

Der Weg ist das Ziel bei der Umrundung der Kaphalbinsel. Tief unten brandet das Meer gegen die Felsen, stürmisch begrüßt uns das KAP DER GUTEN HOFFNUNG. Da surren die Kameras, da klicken die Fotoapparate. Wart ihr auch schon da??? Da laufen die WhatsApp über den Äther!?!

Am nächsten Tag endete offiziell unsere Reise, aber wir hatten nach Johannisburg noch einen Pfeil im Köcher. Wir flogen zu den Victoriafällen nach Simbabwe. Das Fünfsternehotel „The Victoria Falls Hotel" empfängt uns „standesgemäß" in sehr freundlicher Atmosphäre, und wir fühlen uns bei den Gemälden von dem englischen Hochadel und dem Gemälde eines David Livingstone gut aufgehoben. Ja, Helmut, wir sind in einem der „Leading Hotels of the World". – Donnerkeil, dass ich das noch erleben darf! Der Regenbogen, der da von den Falls herüberscheint, der ist inklusive. Na denn!

Die Wanderung am nächsten Morgen an den tosenden Wasserfällen vorbei, mit einem Cape vor der Gischt geschützt, wird zu einem schillernden Erlebnis. Ehrfurcht und Dankbarkeit ergreifen uns ob dem Erleben dieses grandiosen Naturschauspiels. Da führt die abendliche Bootsfahrt auf dem Sambesi mit schmackhaftem Fingerfood und einem südafrikanischen Chardonnay im Glase, im Anblick der sinkenden Sonne, zu einem Taumel meiner Empfindungen. In mir erwacht die Melodie: „Schön ist die Welt, wenn das Glück dir ein Märchen erzählt!"

Märchenhaft war auch unsere Wohnmobilreise nach Korsika vom 12.04.–26.04.2016, angeboten von MIR Tours in Birkheim im Hunsrück.

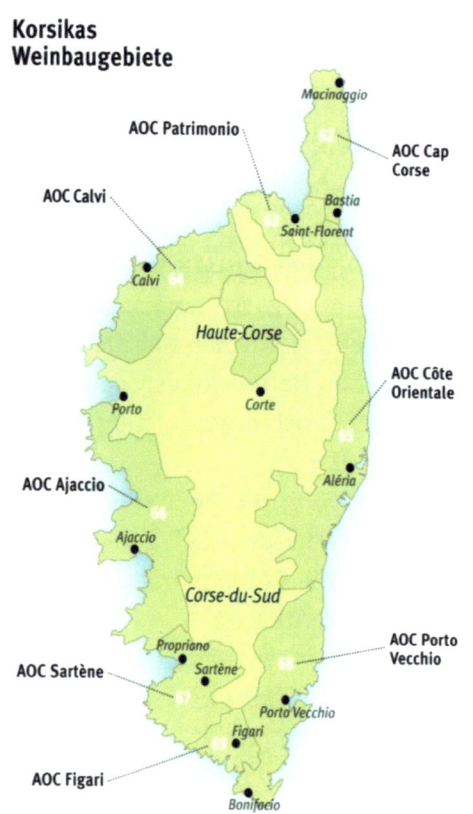

Nach Livorno, dem Fährhafen für Korsika, fuhren wir diesmal durch die Schweiz. Gemeinsam mit der Gruppe ging es mit der Fähre nach Bastia, dem wichtigsten Hafen Korsikas, und dann zum Cap Corse. Hier konnten wir mit unserem Quad die nördliche Halbinsel erobern. Auf teils sehr schmalen Straßen besuchten wir die Fischerdörfchen und erlebten das Frühjahr in seiner bunten Fülle. Es geht durch die Weinbauregion Patrimonio nach Calvi, dem Hauptort im Nordwesten Korsikas. Gemeinsam besuchen wir die berühmte Zitadelle von Calvi und wurden ausführlich in die Geschichte Korsikas eingeführt. Wir lernten den korsischen Freiheitskämpfer Pascal Paoli kennen, auf einem Sockel thronend, aber wir erlebten auch an vielen historischen Plätzen einen teils morbiden Charme. Das französische Laissez-faire lässt grüßen!

Auf der Küstenstraße geht es an vielen schroffen Felsen und Eukalyptusbäumen vorbei nach Porto. Mit dem Boot besuchen wir den Nationalpark Scandola mit seinen imposanten Grotten und teils farbigen Felsen, an denen verschiedene Seevögel, auch Adler, nisten. Am Abend erleben wir, wie die bizarre Felsenlandschaft aus rötlichem Granit, in etwa 400 Meter Höhe über dem Meeresspiegel, rot zu glühen beginnt. Von Porto geht es durch das abwechslungsreiche Hochland nach Corte im Herzen Korsikas. Im Wandel der Geschichte war Corte auch Hauptstadt Korsikas. Die Altstadt, die von der Zitadelle überragt wird, verlassen wir in südwestlicher Richtung und nähern uns der neuen Hauptstadt Ajaccio. Am Morgen des nächsten Tages geht es in Richtung Stadtzentrum, um einen Teil der Besichtigung in den Fußstapfen des berühmtesten Sohnes der Stadt, und bekanntesten Korsen überhaupt, zu wandeln. Napoleon Bonaparte wurde vor fast 250 Jahren in der Altstadt von Ajaccio in eine kleinadelige Familie hineingeboren.

Durch das Corse-du-Sud fahren wir nach Propriano zum nächsten Campingplatz. Dabei überqueren wir den höchsten Pass von 750 Meter, um die Ausgrabungsstätte der Menhire von Filitosa anzusehen, Grabsteine, die zum Teil schon 5000 Jahre hier stehen.

In Propriano fahren wir mit einem Bus in die berühmte Weinregion von Sartène, um dort unbeschwert eine Weinprobe zu genießen. Über Figari führt uns unsere letzte Etappe nach Bonifacio. Sein Hafen mit dem Kalksteinplateau im Süden und der darauf angesiedelten Altstadt ist wohl einer der eindruckvollsten Blickpunkte im Mittelmeerraum. Über die Treppe des Königs von Aragon schreiten wir durch das Tor in die wehrhafte Altstadt Bonifacios. Dabei ist uns nicht entgangen, dass das Plateau an seinem Fuß auf der Seeseite stark ausgewaschen ist, sodass die Häuser darauf fast wie auf einem Balkon stehen. Da wollte ich trotz des einmaligen Meerblicks dann auch nicht wohnen!

Nach der gemeinsamen Überfahrt nach Sardinien verabschiedeten wir uns von der Gruppe, um den nordwestlichen Teil noch eine Woche gemütlich zu genießen. An der Küste entlang fuhren wir bei gutem Wetter in Richtung Alghero. Die Kamera nahm, begleitet von meinen erläuternden Worten, alles Sehenswerte auf. Von einem gepflegten Campingplatz aus erkundeten wir die Umgebung mit den Rädern oder dem Quad. Dabei lernten wir die Neptungrotte kennen, eine Tropfsteinhöhle, eine wahre Perle der Natur. Auf einem spektakulären Weg kamen wir zu einer vier Kilometer langen Naturhöhle. Wir brauchten einen langen Atem und Schwindelsicherheit. 654 Stufen führten uns schließlich zum Eingang der atemberaubenden Höhle.

Auch Sardinien ist eine abwechslungsreiche Insel mit schönen Landschaften, einer geschichtsträchtigen Kultur und einer zufriedenen Lebensart. Das konnten wir ja schon 2013 erleben und dieses Jahr auch den Nordwesten Sardiniens kennenlernen. Man sieht sich wieder!?!

Doch es existieren noch eine Menge anderer Reisewünsche, die wir trotz meiner bald 80 Jahre gerne noch erleben möchten. Da wäre noch die gesamte Atlantikküste von Frankreich, Spanien und Portugal. Die Schätze Russlands, zwischen den drei Meeren, von der Ostsee zum Kaspischen Meer bis zum Schwarzen Meer, sind noch zu ergründen. Finnland und Schweden bleiben im Fokus. Ihr seht, das Motto bleibt: Verträume nicht dein Leben, lebe deinen Traum!

Meine Frau – mein ganzer Stolz – meine Altersvorsorge! (Kleiner Gag!)

So sehen wir gelöst und zuversichtlich meinem 80. Geburtstag entgegen, den wir mit der Familie, mit Freunden und zahlreichen Wegbegleitern eines langen, erfüllten Lebens gemeinsam feiern möchten. Dies in Verbindung mit einem großen Dankeschön an alle, die mich so ertragen haben, wie ich nun einmal bin!!!

Resumée meines Lebens: Cantare et laborare et amare

Vom Vater hab ich die Statur, des Lebens ernstes Führen,
Vom Mütterchen die Frohnatur und Lust zu fabulieren!
(Johann Wolfgang von Goethe)

Ein Resumée über das eigene Leben zu ziehen ist keine leichte Aufgabe. Aber bis hier habt ihr mein Leben facettenreich erlebt. Ihr wisst, wo ich herkomme und was ich aus meinem Leben gemacht habe. Ich habe es offen ausgebreitet. Von großer Begabung kann man bei mir nicht sprechen. Ich hatte als Kind eine schöne, klare Stimme und eine gewisse Musikalität. Alle Fähigkeiten muss sich jeder selbst erarbeiten. Dem einen fällt das Lesen leicht, dem anderen das Schreiben oder Rechnen. Die Kunst der Erziehung eines Menschen sollte im Elternhaus beginnen und im Kindergarten und in der Schule gefördert werden. Als Kind musst du mit Freude jeden Tag etwas Neues lernen, denn Freude ist ansteckend. Mit Freude Schwierigkeiten meistern ist die Kunst.

Was man mit Freude tut, gelingt besonders gut!

Begabungen und Talente entwickeln sich, selbst musst du dir etwas zutrauen. Vor dem Erfolg haben die Götter den Schweiß gesetzt, von nix kommt nix und die kürzeste Version heißt im Englischen: „Learning by doing!" Jeder hat eine Chance, das Akademikerkind muss genauso lernen wie das Normalkind. Die Schöpfung will, dass Talente und Fähigkeiten unterschiedlich sind, sie werden im Leben auf unterschiedlichste Art gebraucht. Der junge Mensch braucht neben dem Spiel auch körperliche Ertüchtigung, denn nur in einem gesunden, trainierten Körper entsteht auch ein gesunder Geist. Darum gehört dem Breitensport meine uneingeschränkte Sympathie. Schon die „alten Römer" wussten: „Gebt dem Volk Brot und Spiele!" Aber von so vielen Funktionären haben sie nicht gesprochen, die in allen Sportorganisationen, bei der UEFA und der FIFA, ihr Unwesen treiben und zu Schmierern und Geschmierten werden. Blatter, Platini und Konsorten, es nützt wenig, wenn wir uns für sie schämen.

Anfänglich, zu Beckenbauers aktiver Zeit – jetzt ist auch ER in der Bredouille – haben die Funktionäre ohne die Aktiven gefeiert. Später durften die dann dazu, aber ohne ihre Freundinnen oder Frauen.

Liebe Jugend, bei Sportarten, die euch die Gesundheit rauben, wie zum Beispiel der „Ironman", werdet ihr freiwillig zu Gladiatoren der Neuzeit, an denen andere ihr Geld verdienen. Lasst euch nicht zu „nützlichen Idioten" machen. Das gilt bei Sport- wie bei religiösen Vereinen und überall da, wo du dich ausgenutzt fühlen musst.

Meine Kindheit hatte ich während des 2. Weltkrieges. Zum Spielen hatten wir einige alte Bauklötzchen und einen alten metallenen Märklin-Baukasten. Wir waren halbe Straßenkinder, unsere Stoffbälle hatten innen immer einen Stein, damit sie auch flogen. Unglücklich waren wir nicht! Heute haben wir Erzieher, die schon den Vorschulkindern auf spielerische Art Fähigkeiten gezielt beibringen können. Als Schüler begreifen viele zu spät, dass sie nicht für die Schule, sondern für das Leben lernen. Liebe Jugend, nutzt die Zeit in jungen Jahren, um verstärkt alles geistig aufzunehmen, was interessant und wichtig ist. Denn:

Was Hänschen nicht lernt, lernt Hans nimmermehr!

Rückblickend würde ich bei mir nicht viel anders machen. Wir hatten neben der Schule unseren Sport, die Hausaufgaben erforderten im Schnitt drei Stunden. Samstag war auch Schule und es gab noch mehr Hausaufgaben auf. Gedichte mussten gelernt werden, Vokabeln muss man verinnerlichen und unregelmäßige Verben pauken. Ach ja, am Klavier habe ich hunderte Stunden zugebracht. Im Band I der klingenden Melodien aus dem Schott Verlag/Mainz hat sich meine Mutter mit einer Widmung verewigt.

Der Fleiß in deinen Jugendtagen wird später goldene Früchte tragen!
Zur Erinnerung an den 25. August 1949, Deine Mutter

Da habe ich also mit zwölf Jahren Heinzelmännchens Wachtparade von Kurt Noack gespielt. Der Klavierlehrer hat die Stücke, die geübt werden sollten, mit einem Kreis markiert. Wenn er zufrieden war, hat er den Kreis durchgekreuzt.

Ich weiß den Anlass und auch den Grund nicht mehr. Meine Mutter hat mir ein Gedicht von Rabindranath Tagore, eingerahmt hinter Glas, überreicht:

> *Ich schlief und träumte, das Leben wäre Freude.*
> *Ich erwachte und sah, das Leben war Pflicht.*
> *Ich handelte – und siehe: Die Pflicht war Freude.*

Man braucht eine gewisse Reife, um diese Lebensweisheit zu verstehen.
Von Vater August und seinen Ansichten habe ich schon einiges festgehalten. „Du bist den anderen gegenüber nicht abgefallen", das war seine Variante, jemanden zu loben.
Oder: „Wenn du im Leben Erfolg hast, prahle damit nicht bei deinen Geschwistern, das macht nur böses Blut, auch anderen Menschen gegenüber."
Für mich besonders hilfreich war der Satz:

> *Es ist nichts so schlimm wie die Angst davor!*

Auf eine Aufgabe, eine Prüfung muss man sich intensiv vorbereiten. Gleichzeitig muss auch die Überzeugung reifen: Ich kann das, denn ein ganzes Leben lang wird Selbstbewusstsein verlangt. Keine Überheblichkeit, selbst wenn man gut ist. Das kommt nicht an. Man muss kein Streber sein, um Erfolg im Leben zu haben. Ein menschliches Miteinander schafft Freunde! Umgebt euch mit Personen von denen ihr etwas lernen könnt. Umgekehrt kann man Menschen etwas zurückgeben, ihnen mit Rat und Tat zur Seite stehen. Oft wurde ich im Laufe meines Lebens angesprochen: Du kommst doch viel rum, wie könnte ich mein finanzielles oder auch mein privates Problem lösen? Da kannst du Wege aufzeigen, aber nie vergessen zu sagen, dass ein Fachmann, ein Jurist oder Steuerberater diese Wege überprüfen muß.
Noch heute beim Autofahren denke ich oft an Vater August: „Du musst vorausschauend fahren. Wenn vor dir das erste Bremslicht erstrahlt, muss der Fuß vom Gaspedal. Vor einer Ampel oder Bahnschranke lässt man das Auto ausrollen, das spart Benzin und schont die Bremsbeläge. Das Lenkrad musst du zwar festhalten, aber nicht lenken wollen, denn das macht das Fahrverhalten unruhig. Beim Anblick von Kindern und alten Leuten vorsichtig fahren. Wenn ein Ball geflogen kommt, ist volle Konzentration angesagt." Wenn du das verinnerlichst hast, ist das Autofahren keine Anstrengung, denn Reaktionen laufen fast automatisch ab. Aber Wachsamkeit bleibt angesagt!

Wie oft hat mein Vater, aber auch meine Mutter, als sie uns etwas erklärten oder von uns forderten, den Spruch deklamiert:

> *Junge, mach die Augen auf, sonst wirst du nie ein Mann.*
> *Das Leben gibt dir Lasten auf, will wissen, was man kann.*
> *Die Arme regen und den Geist und bleib auf dich gestellt.*
> *Junge, mach die Augen auf, dann passt du in die Welt.*

Dieser Spruch strotzt vor Lebensweisheiten: Die Augen aufhalten, du erlebst jeden Tag neu, und Dinge begreifen. Das Rad wird nicht täglich neu erfunden, du kannst Bewährtes übernehmen, versuchen, es besser zu machen, ja du darfst mit den Augen stehlen!

Dein Leben verläuft nicht immer nach Plan, Rückschläge muss man analysieren, neue Wege erproben, Erkenntnisse umsetzen. Herausforderungen muss man annehmen. Optimistisch in die Zukunft schauen: Denn die Hoffnung stirbt zuletzt!

Pathetisch wurde Vater August bei der dritten Zeile: „Die Arme regen und den Geist und bleib auf dich gestellt!" Da sind drei Forderungen in einer Zeile vereint: Du sollst mit deinen Händen arbeiten, mit wachem, zielgerichtetem Geist, ein selbstgeführtes Leben anstreben. Voraussetzungen, die ein Selbstständiger mitbringen muss, um den Anforderungen, den Herausforderungen gerecht zu werden.

Es ist circa drei Jahre her, als ich mit der Kreditkarte meine Benzinrechnung beglich und anschließend dem jungen Mann meine Unterschrift zeigen wollte. Er winkte ab und meinte mich zu kennen. Auf meine Frage, seit wann er diesen Job hier mache, antwortete er: „Es ist ein Zuverdienst. Ich habe mich selbstständig machen wollen, habe aber eine Bauchlandung gemacht. Trotzdem bereue ich nicht, es probiert zu haben, andernfalls hätte ich mir mein ganzes Leben Vorwürfe gemacht."

Im Leben zu fallen, ist verzeihbar, nicht mehr aufstehen ist schlimm. Oft scheitert das „Sich-selbstständig-Machen" an den Finanzen, die Banken geben kein Risikokapital.

Von unserem Vater haben wir übernommen, sich mit dem Produkt, das man herstellt, zu identifizieren. Was dir selbst nicht schmeckt, kommt nicht in den Verkauf. Deinen Kunden musst du das Gefühl geben, sie gut zu beraten, auf ihre Wünsche einzugehen. Termine sind einzuhalten und Versprechen zu halten. Auch ein gutes Betriebsklima unter seinen Mitarbeitern braucht der

Selbstständige. Denn auch die Mitarbeiter haben einen entscheidenden Anteil an dem Erfolg eines Betriebes. Darum ist Fördern und Fordern und Lehrlingsausbildung ein wichtiger Aspekt, um den Betrieb von innen heraus lebendig zu halten. Zugegeben, nicht immer einfach!!!

An dieser Stelle will ich verraten, was ich beruflich gemacht hätte, wenn ich nicht in ein Weingut hinein geboren wäre. Sicherlich hätte die Musik in meinen jungen Jahren zu meinem Lebensunterhalt beigetragen. Meine Kontaktfreudigkeit hätte ich genutzt um ein gutes Produkt zu verkaufen. Mit Bankgeschäften und Versicherungsprodukten hätte ich sicherlich Bedenken gehabt. Dennoch habe ich für meine Enkel noch im Jahr ihrer Geburt eine dynamische GenerationenRente abgeschlossen. Diese sollte jeder so früh wie möglich beginnen. Als Opa muß man dieses Vorhaben mit den Eltern abstimmen, denn diese Zahlungen sollen nach meinem Ableben weiter geleistet werden können.

Dankbar bin ich meiner Mutter, auch nicht zuletzt dafür, dass sie private Unterlagen von mir gesammelt hat. Diese hat wiederrum meine Frau Gretel mit den vielen Dokumenten, Briefen und Reiseunterlagen in zwei Ordnern archiviert. Aus allen Hofsänger-Erinnerungen sind zwei Ordner entstanden. Viele Fotoalben und meine Reisepässe sind unverzichtbare Datenquellen für meine fast chronologische Biografie.

Ihr habt euch sicher beim Lesen gefragt: Wie hat der liebe Ludwig seine ganzen Reisen finanziell gestemmt? Ganz einfach, und das gilt teils heute noch: Es muss nicht immer das Beste, das Teuerste sein, und schon gar nicht alles und jenes. Beliebt ist es auch heute noch, sich über ein Nobelauto zu definieren. Da wundert es nicht, dass die Banken viel Platz zur Aufbewahrung der Kfz-Briefe brauchen. Man kann immer im Wandel der Mode seinen persönlichen Stil finden, ohne sich der teuren Nobelmarken zu bedienen. Ich habe noch immer die Worte meiner ersten Frau im Ohr, die einmal in diesem Zusammenhang sagte: „Egal, was du trägst, es sieht bei dir immer besonders aus!" – Das genügt doch, oder?

Also der langen Worte kurzer Sinn: Ich habe nie Urlaub auf Kredit gemacht. Sicher, mein jüngerer Bruder hatte sich vor mir von seinem gesparten Geld einen Weinberg kaufen können. – Sei's drum!

Im Alter sollen Geist und Verstand gefordert bleiben. Das heißt, die Nachrichten dieser Welt verfolgen, Interessantes lesen, Kreuzworträtsel lösen und geistig aktiv bleiben. Seit Jahren spiele ich regelmäßig und leidenschaftlich gerne mit meinen Freunden Skat. Für mich ein Spiel, dass zwar von guten, passenden Karten abhängig ist, aus denen man aber individuelle Spiele gestalten kann. Da werden die letzten Hirnwindungen aktiviert, die Stiche verfolgt und die Augen mitgezählt. Wie beim Klavierspiel sind geistige Abläufe in unserer Hirnmasse in Bewegung, die vielleicht Demenz, Alzheimer und andere Schwächen in den Hintergrund schieben und uns am aktiven Leben weiterhin teilhaben lassen. Daran glauben ist alles!!!

Mit zunehmendem Alter relativieren sich die Lebensansprüche. Die Reiselust, die Neugier darf bleiben, aber die Gesundheit rückt in den Fokus. Ich darf das Thema anschneiden, ohne belehren zu wollen. Höre auf deinen Körper. Deinem Auto gönnst du Inspektionen, warum dir nicht? Bewegung tut deinem abgenutzten Skelett gut und dein Muskelkorsett stabilisiert das Ganze. Tue etwas dafür!!! Gegen deinen erhöhten Blutdruck gibt es ein Pillchen. Und der Alterszucker? Morgens nüchtern drei bis vier Wacholderbeeren kauen, sie regen die Bauchspeicheldrüse an. Gezielt circa fünf bis zehn Kilo abnehmen, und meist gibt der Alterszucker auf.

Ich höre schon: Ja wo bleibt denn da mein Essgenuss, mein Geschmackserlebnis? Versteh ich doch, aber es ist zielführend, wenn du ein Drittel weniger isst, dafür aber beim mehrfachen Kauen dieses Geschmackserlebnis immer wiederholst. So stellt sich sogar schnell ein Sättigungsgefühl ein. Der Erfolg macht stark!

Für mich hat ein Mensch die richtigen Ansichten, wenn er *auf anständige Art und Weise* erfolgreich ist!!! Wir Älteren sollen das Gespräch mit der Jugend suchen, um gegenseitig Kontakt zu halten und Erfahrungen und Geschichten weiterzugeben.

Glück definiert sich für jeden Menschen anders. Doch Zufriedenheit ist ein wichtiger Baustein. Meiner Meinung nach gilt:

Zufriedenheit erreicht, wer seine persönlichen Wünsche nach seinen geistigen und finanziellen Möglichkeiten ausrichtet!

Eine Feststellung sei erlaubt: Warum soll ein Bürgerlicher mit reicher Lebenserfahrung in dieser akademisierten Welt keine eigene Meinung zu Staat und Kirche haben? Mit einfachen Worten Anregungen geben, Missstände beim Namen nennen und beharrlich dicke Bretter bohren ist mühsam, bringt aber auch Chancen zum Besseren. Darum sei ein Exkurs gestattet:

Exkurs aus der Sicht eines Mittelständlers

Liebe Enkel, geneigter Leser,

dieses Werk gibt Zeugnis aus meinem Leben als Mittelständler. Der Mittelstandsbegriff bezieht sich auf Unternehmen aller Branchen einschließlich des Handwerks, der Landwirtschaft und der freien Berufe, die eine bestimmte Größe nicht überschreiten. Der Mittelstand besteht zum großen Teil, aber nicht nur, aus Familienunternehmen.

Ja, das Augenmerk meiner Betrachtungen liegt auf dem Mittelstand, der zusammen mit den darin Beschäftigten circa zwei Drittel der arbeitenden Bevölkerung ausmacht. Der Mittelstand ist der Motor der Gesellschaft, der Eckpfeiler der sozialen Marktwirtschaft. Bis in die Neunzigerjahre wollten viele Gruppen noch immer die Belastbarkeit des Mittelstands testen. Heute ist die Wichtigkeit des Mittelstands weitgehend unumstritten.

Die Flut von Verordnungen und Gesetzen nimmt seit der Europäisierung gigantische Formen an. Der Mittelstand, der auf Herausforderungen flexibel reagieren muss, wird in allen Bereichen durch aktuelle Neuregelungen beim Arbeitsschutz und durch bürokratische Dokumentation der Arbeitszeiten aller Mitarbeiter gegängelt. Wer verliert nicht die Lust im Alltag, wenn eine Flut von Verordnungen zu beachten ist? So wird allgemein der fehlende Gründergeist beklagt, der seit 2013 um 11,5 Prozent zurückgegangen ist.

Kein Wunder, wenn heute annähernd 60 Prozent der Abiturienten studieren wollen. Wir bilden immer mehr Akademiker aus, deren vorwiegend theoretische Kompetenz wir auf dem Arbeitsmarkt nicht im gleichen Umfang brauchen. Die Verantwortlichen sollten daraus ihre Schlüsse ziehen und gegensteuern.

Es ist für mich erschreckend, wenn wir nur noch circa zehn Prozent Selbstständige haben und viele Kinder ihr Erbe ausschlagen. Es ist diese Zweidrittelmehrheit der arbeitenden Bevölkerung, die als produktiven Kräfte im Mittelstand zu finden sind, die für alle Fehler der Politik, der Gesetzgebung, der Gerichtsbarkeit und der Banken als sogenannte Steuerzahler in Haftung genommen werden! Ich wage einmal die Behauptung: Ohne die Staatsorgane Legislative, Exekutive und Judikative würde die Wirtschaft überleben, aber umgekehrt? Der Staat bläht sich immer mehr auf und der unproduktive Bereich ist auf Dauer nicht zu finanzieren. Aber bleiben wir irgendwie heiter und hoffen darauf, dass einer den Durchblick hat.

Bei der Hochzeit meiner Nichte Désirée Eser mit Dodo Freiherr zu Knyphausen kam ich am späten Abend mit einer neunzigjährigen Dame – Freundin der Gastgeber – ins Gespräch. Ich erzählte ihr, dass ich dabei bin, mein Leben aufzuschreiben. Sie ermunterte mich, daran festzuhalten und mich auch zu aktuellen Themen zu äußern. Sie schrieb mir in schwungvoller Schrift ein Gedicht von Johann Wolfgang von Goethe auf:

Hab nur den Mut, die Meinung frei zu sagen
Und ungestört, du wirst den Zweifel
In das Herze tragen dem, der es hört.
Und vor der Kraft des Zweifels flieht der Wahn,
Du glaubst nicht, was ein Wort bewirken kann!

Darum darf ich noch thematisieren: Ich war immer der Meinung, dass die Strafgelder, die von der Justiz verhängt werden, in die Staatskasse gehen. Eine Meldung 2015 ließ mich aufhorchen. Eine Richtergattin in einem Reitverein leitet die Voltigierabteilung. Sie braucht für irgendwelche Vorhaben dazu Geld und bekommt es von ihrem Mann aus dem „Fundus" der Strafgelder. Nach einem Gespräch mit dem Präsidenten des Steuerzahlerbundes Rainer Holznagel wusste ich dann, dass Wohltätigkeitsvereine, soziale Einrichtungen, gemeinnützige Vereine sich an diesen, nennen wir ihn „Fundus", wenden können. Er habe schon daran gedacht, für seine Organisation diesen Weg zu nutzen. Da muss sich die Jurisprudenz fragen lassen: Wer gibt wem, was, wofür? Wer kontrolliert das Ganze, wer überwacht die Verwendung. Die freie Wirtschaft muss ständig die Hosen runterlassen und hier ist abgehobene Willkür im Spiel. Gibt es in der Jurisprudenz wenigstens einen Ethikrat? Spätestens seit dem Lampenrichterprozess vor circa zwanzig Jahren wissen wir, dass Richter auch nur Menschen sind. Sicher integer, aber zuweilen selbstherrlich. Wo bleibt da die Transparenz, der für erstrebenswert gehaltene Zustand frei zugänglicher Informationen und stetige Rechenschaft über Abläufe, Sachverhalte, Vorhaben und Entscheidungsprozesse? Aufgeklärtheit und Transparenz sind Schwestern der Toleranz!!!
Ihr Handeln ist sicher vom Grundgesetzt gedeckt. Im Falle dieser „Spenden" an diese gemeinnützigen Vereine wäre eine Offenlegung der Gehaltsstruktur dieser Empfänger dringend geboten. Mein Freund Josef Zimmer, Drogist und ein Leben lang politisch engagiert, erzählte mir schon vor 25 Jahren, dass er gemeinsam mit Politikfreunden die Gehaltsstrukturen der Industrie- und

Handelskammer und der Handwerkskammer eruieren wollte. Nichts zu machen, eine Wand des Schweigens! Dabei sind diese Institutionen von der Wirtschaft für die Wirtschaft konzipiert. Ende 2015 wurde ein Liveticker im SWR gesendet. Inhalt waren die Gehaltsstrukturen dieser Institutionen in Rheinland-Pfalz. Ergebnis war, dass die durchschnittliche Gehaltsstruktur vergleichbar mit dem durchschnittlichen Verdienst der freien Wirtschaft ist. Nur: Die einen tragen das ganze Betriebsrisiko, die nötigen Investitionen und die Zinslast, die anderen haben einen entspannten Job mit null Risiko. Interessant, solche Nachrichten laufen meistens nur einmal über den Sender; schaltet sich dann schon der Rundfunkrat ein?

Schön, dass die IHK so großzügige Gehälter zahlen kann, die sie durch ihre Dienstleistung für die freie Wirtschaft den Mitgliedern zwangsweise abnimmt. Jedes Unternehmen **muss** Mitglied sein. Meine Damen und Herren, die freie, soziale Wirtschaft sucht händeringend fähige Leute; wer kann es denen verdenken die den „schlauen Job" bevorzugen?

Mich persönlich beschäftigt der Mordfall Magnus Gäffgen seit 2003. Ein Skandal für mich wurde der Fall, als sich der Polizeipräsident Wolfgang Daschner für seine Gewaltandrohung strafrechtlich verantworten musste. Dem mündigen Bürger ist nicht zu vermitteln, dass eine Drohung, die eventuell das Leben des Jungen hätte retten können, zu einem Prozess führt. Diesem Mörder, diesem bestialischen Individuum, hätte ein humanes Abtreten von der Lebensbühne zugestanden! Dann kriegt er auch noch 3000 Euro aus der Staatskasse! Darüber hinaus urteilen die Herren Richter an der Front der Gerichtsbarkeit, die wenigsten gnadenlos, die meisten jedoch über die maßen verständnisvoll an das ewig Gute im Menschen glaubend.

Wer von ihnen erkennt nicht die Staatsverdrossenheit, die sich breitmacht, wo die Partei der Nichtwähler die Größte geworden ist? Die Respektlosigkeit der Jugend aller Couleur und Nationalität nimmt gegenüber der Justiz und Polizei erschreckend zu und wird zur Geisel und Belastung der Gesellschaft.

Die hehre Aufgabe der Justiz ist, bei den Gesetzesauslegungen annähernd bei den Menschen und ihrem gesunden Rechtsempfinden zu bleiben!!!

Vor einigen Wochen im Jahr 2016 ging es bei einer Fernsehsendung um den Tod einer jungen Frau bei einem Autorennen in Köln. Bei den Beteiligten handelte es sich um zwei Jugendliche mit türkischem Migrationshintergrund. Der Raser-Prozess ging für die zwei Angeklagten mit zweijähriger Bewährungsstrafe aus. In der Sendung hat der Vertreter der Polizei eine Breitseite gegen die Justiz losgelassen, ihr völliges Versagen vorgeworfen. Der Tenor der Polizei: „Wir nehmen unter Einsatz unseres Lebens Kriminelle fest, und die Staatsanwaltschaft nutzt den Strafrahmen, der zur Verfügung steht, nicht aus!" – Zeigt sich da schon die Angst vor dem langen Arm des Islams?!?

Nach der Wende wurden vier Grenzsoldaten wegen Tötung angeklagt, aber die Befehlshaber, die Granden der ehemaligen DDR, konnten unbeschadet eines natürlichen Todes sterben. Ich bewundere die Leute, die unter den Diktatoren gelitten haben, ohne sich dafür zu rächen. Übrigens, da gibt es sicher Personen, die in ihren Akten vorbestraft sind, weil sie sich mit dem System angelegt haben. Denen kann es dann so ergehen wie meinem Vater nach dem Krieg. Er war als Zeuge geladen. Bei der Identitätsfeststellung kam die Frage des Richters: „Sind sie vorbestraft?" „Nein." Worauf ein Beisitzer sagt: „Doch, Sie haben 1936 eine Strafe wegen Aufruhr in einer Versammlung bekommen." Sie müssen sich daraufhin die Tenorstimme meines Vaters vorstellen. Der Richter hatte Mühe, meinen Vater zu beruhigen. Warum werden solche Urteile aus Diktatorenzeiten nicht automatisch aus den Akten gestrichen?

Nach dem Krieg waren viele in Amt und Würden, die während der Nazizeit mehr oder weniger Schuld auf sich geladen hatten. 1959 informierte der britische Botschafter in Bonn, Sir Christopfer Steel, seine Regierung darüber, dass die deutschen Eliten beinahe vollständig in ihre einstigen Positionen in Politik, Wirtschaft, Verwaltung und Wissenschaft zurückgekehrt seien. Dennoch sei die westdeutsche Demokratie äußerst stabil.

Dass dies geschehen konnte, war der neuen politischen Lage geschuldet, dem Kalten Krieg gegen die Sowjetunion. Ausgehend von dem bekannten Churchill-Zitat: „Wir haben das falsche Schwein geschlachtet." So wurde Deutschland vom Kriegsverbrecher zum Verbündeten!

Der wortmächtige Moralist Walter Jens zum Beispiel teilte das Schicksal vieler Hitlerjungen, die einfach in die NSDAP überführt wurden. Wenn diese Personen in dieser Zeit passive Mitläufer waren, werfe ich keinen Stein.

Ich habe oft ab 1953 in der ARD den Internationalen Frühschoppen mit Werner Höfer als Moderator geschaut. Eine interessante Runde sprach über aktuelle politische Themen. In meiner Erinnerung hat sich ein japanischer Journalist verewigt, dessen Äußerungen nicht von Mimik und Gestik begleitet waren, sondern von freundlichem asiatischem Lächeln. Das war die Zeit, wo die Japaner durch Deutschland zogen, alles unter die Lupe nahmen und auf ihre Kameras bannten. Deren Lächeln war uns da nicht mehr fremd. Doch auch dieser Werner Höfer hatte auf dem journalistischen Sektor während der NS-Zeit eifrig das System unterstützt. Ein Bericht von ihm, den er über die Hinrichtung eines jungen Pianisten geschrieben hatte, zwang ihn nach dreißig Jahren zum Rücktritt. Der junge Pianist hatte nur der Freundin seiner Mutter 1943 gesagt, dass Deutschland den Krieg nicht gewinnen kann. Daraufhin wurde er vom Volksgerichtshof wegen Wehrkraftzersetzung zum Tode verurteilt. Exemplarisch für viele Verfehlungen auch im juristischen Umfeld, hier der Artikel von Werner Höfer über diese Angelegenheit:

Wie unnachsichtig jedoch mit einem Künstler verfahren wird, der statt Glauben Zweifel, statt Zuversicht Verleumdung und statt Haltung Verzweiflung stiftet, ging aus einer Meldung der letzten Tage hervor, die von der strengen Bestrafung eines ehrvergessenen Künstlers berichtet. Es dürfte heute niemand Verständnis dafür haben, wenn einem Künstler, der fehlte, eher verziehen würde als dem letzten gestrauchelten Volksgenossen. Das Volk fordert viel mehr, dass gerade der Künstler mit seiner verfeinerten Sensibilität und seiner weithin wirkenden Autorität so ehrlich und tapfer seine Pflicht tut wie jeder seiner unbekannten Kameraden aus anderen Gebieten der Arbeit. Denn gerade Prominenz verpflichtet!

Sind da nicht Verbalinjurien eines Göbbels herauszulesen? Herr Höfer war in Treue dem Unrechtssystem ergeben und hat es tatkräftig journalistisch unterstützt!?!

So auch der ehemalige Ministerpräsident von Baden-Württemberg, Hans Filbinger. Er galt als konservativ und angesehen. Da kam heraus, dass er als NS-Marinerichter für Todesurteile in den letzten Tagen des Krieges mitverantwortlich gewesen war. Er berief sich darauf, in der NS-Zeit nach geltendem Recht gehandelt zu haben. Er verteidige sich, statt sich zu schämen. Dieses „Geltendes-Recht-Argument" lasse ich nicht gelten!

Ich werfe Herrn Filbinger vor, dass man als intelligenter Mensch Wege findet, sich nicht an Unrecht und Grausamkeit zu beteiligen. Man kann krank werden, psychisch instabil, einfach den Anforderungen nicht mehr gewachsen, da ist Schauspielertalent gefragt!!! Auch in dieser Zeit waren Krankheit und Unvermögen nicht strafbar!

Wie kann es sein, dass einzelne Politiker immer wieder die Steuerzahler bluten lassen? In Miesbach in Bayern feierte der im Jahr 2012 amtierende Landrat seinen 60. Geburtstag. 362 Gäste waren geladen, 120.000 Euro kostete die Sause, pro Person 331 Euro. Lediglich 7600 Euro steuerte der Landrat selbst bei. Hauptsponsoren waren indes der Landkreis Miesbach mit 33.000 Euro und die örtliche Kreissparkasse mit 79.000 Euro.

Wie verbucht so etwas eine Behörde oder eine Bank? Welch eine Dreistigkeit gegenüber den Steuerzahlern! Und der bayrische Landrat mit dem Anspruch „Mir san mir" haut auf den Putz und lässt sich aushalten. Haben solche Menschen kein Taktgefühl, halten sie sich für so gut, dass sie glauben, das wert zu sein? – *Das schreit geradezu nach zivilem Ungehorsam!*

Wenn ein Chef zur Weihnachtsfeier einlädt, darf das Ganze nur 110 Euro pro Person kosten. Eine Teilnehmerliste muss mitgeliefert werden, und diese Möglichkeit, ein Fest zu feiern, besteht nur zweimal pro Jahr. Bundesfinanzminister Schäuble will in diesem Jahr schon wieder die Beträge kürzen. Doch in Bayern erlauben sich Politiker, ihre Ehefrauen als Scheinselbstständige zu beschäftigen! Wer trocknet diesen Sumpf aus? Der Steuerzahlerbund deckt auf, passieren tut wenig. O-Ton des Vorsitzenden Holznagel: *Wir haben in unserem Staat ein Ausgabenproblem, kein Einnahmenproblem!!!*

Landes- und Bundesrechnungshöfe begutachten Sachlagen – Beamte kontrollieren Beamte – aber es wird weiter Geld verschwendet, und niemand muss für Fehler geradestehen.

Im Stadtgebiet von Mainz wurde zeitnah eine Brücke über eine Autobahn gebaut, die nach Nirgendwo führt. Wäre nicht ein größeres Miteinander von Staat und Gesellschaft möglich? Ich denke dabei an sogenannte Projektpaten, an pensionierte Fachleute, die große Projekte begleiten. Ich denke dabei an einen Status, wie ihn Schöffen bei Gericht haben.

Ohne dieses Thema großartig vertiefen zu wollen, gibt es schon einen Voluntourimus in den angelsächsischen Ländern. Aus dieser Verbindung von freiwilliger Arbeit und Urlaubsreise hat sich ein Trend entwickelt, der auch sicherlich Interesse für die Rolle eines Projektpaten möglich machen würde. Gewissermaßen Schöffen für öffentliche Projekte. Den mündigen Bürger in Hoheitsaufgaben des Staates miteinbeziehen? Ein probates Mittel gegen Staatsverdrossenheit und Sich-„ausgeschlossen"-Fühlen!

Solche Projektpaten wären bei dem Verkauf des Flughafens Frankfurt-Hahn dringend vonnöten. Hier hat die KPMG Wirschaftsprüfungsgesellschaft und die KPMG Rechtsanwaltgesellschaft vom Land Rheinland-Pfalz seit 2012 insgesamt 6,25 Millionen Euro für das Gesamtprojekt „Hahn" erhalten. Für die Verhandlungen mit der EU-Kommission wegen Rückzahlungen der Beihilfen nahm die KPMG 3,6 Millionen Euro Honorar. Für die Ausschreibung des

„Hahn" zahlte das Land 1,4 Millionen Euro und für Beratungen zum 34-Millionen-Kredit 400.000 Euro. In Insiderkreisen gelten die Beträge als saftig. Es sind betrügerische Machenschaften, Geldschiebereien ohne Kontrolle. Darüber hinaus ist die Recherche reine Makulatur. Diese Anwälte, sie schämen sich nicht, gehörten aber öffentlich angeprangert! Armes Deutschland!
Aufforderung an die Verantwortlichen: Werden Sie aktiv, arbeiten Sie an den Missständen, bevor es zu großflächigem „zivilem Ungehorsam" kommt!!!
Wenn wir auf dem Balkan, auch in Griechenland unterwegs waren, haben wir immer wieder die Schilder gesehen, wo Autobahnen, Tunnels und Brücken von der Europäischen Gemeinschaft bezahlt sind. In Griechenland erzählte uns eine deutschstämmige Geschäftsfrau: „Wir brauchen unbedingt eine Kläranlage in unserer schönen Bucht, das Geld war schon zweimal da, ist in alle möglichen Kanäle geflossen, nur nicht in unser Kläranlageprojekt!"
Es wird nirgendwo darüber geschrieben, aber in Griechenland muss man sein Toilettenpapier in einen Eimer entsorgen. Die Leitungen sind nicht dafür ausgelegt, die Abwässer laufen vielerorts weit draußen ins Meer und dienen da als Fischfutter! Wollen wir die Gedanken nicht vertiefen!
Doch auf der Reise durch die Balkanländer kann man mittlerweile große Fortschritte erleben. Viele Städte erstrahlen in neuem Glanz, die Straßen sind gut. Das Warenangebot ist hervorragend. Die Felder sind bewirtschaftet, und die Gastronomie bietet landestypische bis internationale Gerichte.
Meine letzte kritische Reminiszenz an die Jurisprudenz handelt von der zunehmenden Abmahnungspraxis bei den Kleingewerbetreibenden. Ein Statement von Gerd Rindchen, Inhaber eines Weinkontors:
Das ärgerlichste Rechtsphänomen bei der Vermarktung von Wein sind jene Mitbürger, die auf Steuerkosten ein Jurastudium absolviert haben, die aber mit der Volkswirtschaft dienlicher Arbeit nichts im Sinn haben (oder als Juristen schlicht nicht gut und fähig genug auf diesem mit Anwälten übersetzten Markt sind) und sich ihr Luxusleben nun damit finanzieren, wehrlose Kleingewerbetreibende und Mittelständler wie mit dem Schleppnetz bis in die dritte Sichtebene der Websites oder den in 100 Exemplaren gedruckten Handzettel auszuspionieren und sie dann mit bis an den Rand der existenziellen Gefährdung abstrusen Abmahnungen zu überziehen.
Darüber hinaus erwartet die Gesellschaft, dass bei den Gerichten wirkungsvoller gegen die Computerkriminalität, gegen diese Internetverbrecher vorgegangen wird. Der Jurisprudenz sei gesagt: Treten Sie aus dem Status der

„grauen Eminenz" heraus. Sie sollen die höchstbesoldete Gruppe in der Staatsgesellschaft bleiben. Aber sorgen Sie auch dafür, dass der Staatsapparat in seinen Abläufen effektiver wird? Nirgendwo im Arbeitsleben gibt es so viele Krankmeldungen, Fehlzeiten und Frühpensionierungen wie im Staatsapparat. An das Ehrgefühl der Staatsdiener allein zu appellieren wird nicht zufriedenstellend sein. Bedienen Sie sich professioneller Hilfe aus der Wirtschaft, die Wege finden wird, wie die verhärteten, selbst gemachten staatlichen Arbeitsstrukturen aufgebrochen werden können, wie auch auf staatlicher Ebene ein faires Leistungsprinzip eingeführt werden kann. „Das System demotiviert", sagt der frühere Staatsanwalt für Wirtschaftskriminalität Wolf Jördens und beklagt das fehlende unternehmerische Denken.

Machen Sie damit Schluss, dass verplante Gelder einfach ausgegeben werden müssen, obwohl durch neue Erkenntnisse spätere Investitionen sinnvoller würden.

Warum ich die Jurisprudenz zur Lösung für diese hehre Aufgaben angedacht habe, ist der Tatsache geschuldet, dass sie letztendlich die letzte Instanz für politische Entscheidungen ist. In den letzten Jahren ist die Justiz zu vielen Urteilen genötigt worden. Die Politiker werden zwar im Gegensatz zu ihnen gewählt, aber letztendlich haben sie das letzte Wort, das will das Grundgesetz so!?!

Sorgen Sie dafür, dass das Wort „in der Hängematte des Staates sich wohlfühlen" ad absurdum geführt wird! Keiner spricht es aus: „Sehr viele Staatsdiener wären nicht in der Lage, den Anforderungen der freien Wirtschaft annähernd gewachsen zu sein!"

Seit fünfzig Jahren bin ich Mitglied in der CDU. Um mich aktiv politisch zu betätigen, hatte ich zu wenig Zeit. Mein Weingut, dreißig Jahre Mainzer Hofsänger und über vierzig Jahre als Kuratoriumsvorsitzender für die Organisation unseres Oestricher Lenchenfestes mitverantwortlich zu sein, waren für mich ausfüllend.

Zugegebenermaßen hätte ich ein Problem mit dem Fraktionszwang gehabt. Denn es gibt ja auch aus anderen Parteien und von anderen Personen gute Vorschläge. In der Kommunalpolitik ist das Miteinander darum zwingend geboten.

Am 07.06.2016 ging die Nachricht von Forbes um die Welt, dass Frau Dr. Angela Merkel zum sechsten Mal zur mächtigsten Frau der Welt gekürt wurde.

Ich stehe zu ihr, aber einige kritische Anmerkungen müssen erlaubt sein:
Man kann ihr kaum verzeihen, dass sie gute Mitbewerber in der CDU hat ziehen lassen und nun die Auswahl fähiger Spitzenleute immer spärlicher wird. So machen es zwar alle Politiker in den Spitzenpositionen der Parteien, dabei wäre echtes Teamwork der Schlüssel zu dauerhaftem Erfolg. Wann wird diese Erkenntnis gelebt???
Eine falsche Bauchentscheidung war der Ausstieg aus der Atomkraft, ausgelöst von der Nuklearkatastrophe in Fukushima. Ich bin kein Befürworter der Atomkraft, aber wenn es stimmt, haben wir die sichersten und am besten gewarteten Atommeiler. Aus Sicherheitsgründen wurde das Atomkraftwerk Mülheim-Kärlich nach nur zwei Jahren Betriebszeit abgestellt. Der Standort im Neuwieder Becken, in einem erdbebengefährdeten Gebiet war der Grund. Der Standort in Fukushima ist erdbeben- und tsunamigefährdet!
Die veralteten Meiler vom Netz nehmen ist in Ordnung. Ein gutes Beispiel, es uns gleichzutun, für die uns umgebenden Staaten. Der generelle Ausstieg ist ein markanter, teurer Fehler! Es sind damit keinerlei Risiken gebannt, es werden ohne Nutzen weiterhin Kosten produziert. Im ersten Halbjahr 2016 wurde mit den Stromkonzernen ein Deal gemacht. Sie bekamen gewissermaßen eine Vergütung für ihren Stromerzeugungsverzicht. Alle weiteren Folgekosten und die Endlagerung der Brennstäbe bleiben weitgehend bei den Steuerzahlern hängen. Das war's dann!!!
Einem Sowohl-als-auch von erneuerbaren Energien aus Wind und Sonne und aus Atomkraft hätte nichts im Wege gestanden. Die Erneuerbare Energie braucht Wind und Sonne, die es nicht beständig gibt. Solange die Forschung keine effektive Stromspeicherung bietet, haben wir mittlerweile Windräder- und Fotovoltaik-Anlagen genug. Mich stören nicht die Windräder entlang der Autobahn oder die Module auf den Dächern. Ich bin entsetzt, dass mittlerweile verstärkt auf nutzbarem Ackerland die Module aufgereiht sind.
Was die Flüchtlingspolitik betrifft, hat Frau Merkel eine missverständliche Rede gehalten. Sie hat an die Hilfsbereitschaft der Menschen appelliert, es wurde aber als Einladung verstanden. Die Folge war ein Infragestellen ihrer Politik im Alleingang. Solche Überlegungen darf man besser gar nicht öffentlich äußern. Natürlich muss sie in der verantwortlichen Führung sagen: Wir schaffen das! Sie kann doch nicht erklären: Wir kapitulieren vor der humanen Anforderung!
Die in der europäischen Union zusammengeschlossenen Staaten lehnen die

Einwanderung anderer religiöser Volksgruppen kategorisch ab. Frau Merkel müsste aus der Geschichte noch wissen, dass die Herausforderung der Flüchtlingsströme nach dem 2. Weltkrieg so gelöst wurde, dass zum Beispiel die katholischen Ungarnflüchtlinge in die entsprechenden katholischen Regionen Deutschlands geleitet wurden. Warum wohl?

Fakt ist, die Europäer fürchten eine Islamisierung ihrer vom Christentum geprägten Regionen. Dass diese Gedanken nicht abwegig sind, beweist mir das Angebot von Saudi-Arabien, uns 200 Moscheen in Deutschland zu bauen. Wollen wir das? Auch der Dalai Lama findet: Deutschland kann kein muslimisches Land werden!

Den Kriegsflüchtlingen zu helfen ist ein Gebot der Menschlichkeit. Der Terrormiliz Islamischer Staat muss mit der gemeinsamen, freiheitlichen Staatengemeinschaft dem verbrecherischen Treiben ein Ende bereitet werden. Warum der Plan von Putin vom 5. September 2015 nicht weitergeführt wurde, ist sicher „hohe Politik". Er wollte eine internationale Koalition im Kampf gegen den islamischen Terrorismus und Extremismus gründen. Passiert ist leider nichts, die Syrer verlassen weiter ihr Land.

Frau Merkel wurde mit dem Attribut „mächtigste Frau der Welt" geehrt, aber ich glaube, man wollte mit dieser Aussage ihr Verhandlungsgeschick würdigen. Ihr traue ich zu, mit Putin im Gespräch zu bleiben, ihn als einen Staatsmann zu hofieren und gemeinsam mit ihm an einem Europa zu arbeiten, auch zum Wohle von „Mütterchen Russland". Die Politik Amerikas ist nicht immer zielführend, es werden übermäßige Aversionen gegen Russland geschürt und wir lösen uns nur schwer aus unserem Vasallentum.

Amerika hat keinerlei Vorbildfunktion, doch mit Apple, Google, Microsoft, Facebook und anderen eine große Machtfülle!

Wieso ist Russland gedanklich kein Teil von Europa? Es liegt bis zum Ural auf europäischem Territorium. Das sind gut 25 Prozent der Landfläche mit dem größten Bevölkerungsanteil. Der Zankapfel, die Krim, ist für Russland ein strategischer Militärstützpunkt. Die Krim wurde erst 1954 von Chruschtschow, gegen den Willen der dort Lebenden, an die Ukraine verschenkt. Die Annäherung Kiews an Europa und die NATO lösten erst die Annexion aus. Das ist rechtlich nicht in Ordnung, hätte aber auf diplomatischem Weg vielleicht Chancen gehabt!!!

Die Interessenlage im Vorderen Orient ist für mich undurchsichtig, die Interessen sind skrupellos und werden auf dem Rücken der Bevölkerung ausge-

tragen. Europa ist das Wunschziel der Kriegsflüchtlinge und der Wirtschaftsflüchtlinge, und mit dem „Wir schaffen das" wurden Erwartungen genährt. Der Islam im Vorderen Orient und Teilen Asiens ist fundamentalistisch geprägt, von mittelalterlicher Struktur und von Stammesfürsten beherrscht. Ein diplomatisches Miteinander ist angesagt, um mit Handel und Wandel die Grundlagen für die Erhaltung unseres Erdballs zu erreichen. Wir müssen unsere Identität bewahren und dürfen hoffen, dass auch im Islam Neuerungen möglich werden. Die Integration der Flüchtlinge bleibt sonst ein Problem. Es darf sich keine Parallelgesellschaft entwickeln.
Noch einer Tatsache muss energisch entgegengesteuert werden: Deutschland demontiert sich selbst, durch verantwortungslose, geldgeile Manager, durch Unfähigkeit, Bürokratie, Schlendrian und Machtbesessenheit. In bunter Reihenfolge, die Übernahmeschlammschlacht bei Porsche mit Wiedekind, Abgasskandal bei VW mit Winterkorn, die Deutsche Bank mit dem Schweizer Ackermann, der Berliner Flugplatz, die Elbphilharmonie, der ADAC-Skandal, Stuttgart 21 ... Die Liste kann man verlängern!!!

Mit meiner bürgerlichen, mittelständisch geprägten Herkunft werde ich der hohen Geistlichkeit im Katholizismus keine Ratschläge erteilen. Aber mit achtzig Jahren erlaube ich mir die klare Botschaft Martin Luthers zu übernehmen: *Mischt euch ein!* Die „Zehn Gebote" sind eine zuverlässige Richtschnur für unser ganzes Leben!
Ob die Entstehung der Welt und die Menschwerdung aus einem Urknall, der Evolution oder als Gotteswerk entstanden sind. Ich weiß es nicht. Aber nur glauben müssen reicht mir nicht. Die Natur, die Jahreszeiten, Flora, Fauna, Ackerbau, Viehzucht und der Mensch in seinem Werden und Sein sind so großartig und einmalig, dass es mit einem höheren Wesen in Verbindung gebracht werden kann. Den Völkern der Erde, die sich vor mehr als tausenden von Jahren untereinander nicht kannten, war allen eine unterschiedliche Götterverehrung eigen. So entstand vor 2000 Jahren das Christentum in den Mittelmeerregionen bis nach England, wo es sich im Heiligen Römischen Reich manifestierte. Die Basis in den Klöstern, in den Orden und anderen kirchlichen Einrichtungen hat für die Menschen und ihren Lebensraum viel getan und tut es noch. Darum bin ich immer noch Mitglied der Kirche und erlaube mir auch einige kritische Bemerkungen.
Es entstanden in der Kirche Machtstrukturen, es wurde nach einem Obrig-

keitsdenken verlangt und auch die Kirche erkannte: Geld stinkt nicht! Der Vatikan ist diktatorisch, mit theologischer Unbeugsamkeit und ohne Transparenz!

Ein Martin Luther wollte keine Kirchenspaltung, er wollte den verweltlichten Sumpf austrocknen. Der Physiker Galileo Galilei durfte im 17. Jahrhundert seine Thesen nicht verkünden, dass die Erde sich dreht. Es hat über 300 Jahre gedauert, bis Rom seine damaligen Ansichten widerrufen hat. Am 2. November 1992 wurde Galilei von der römisch-katholischen Kirche formal rehabilitiert. Aus Dankbarkeit haben die Iren dem Vatikan eine Weltkugel geschenkt; im dortigen Garten aufgestellt, dreht sie sich. Das Original habe ich mir im Mai 2014 in der Dubliner Universität angesehen.

Der Vatikan hat mit seinen Kirchenfürsten im Namen Gottes Reichtümer gesammelt und Machteinfluss ausgeübt. Die Aufgabe der Kirche, sich für das Leben einzusetzen, ist legitim, aber Verhütung muss erlaubt sein! Im Zeichen von Aids ist eine Kondompflicht nötig. Ein Priester sagte mir im Gespräch, wenn die Menschen sich an das Keuschheitsgebot hielten, dann brauchten sie keine Verhütung. Wie weltfremd kann die Kirche auf Dauer noch bleiben?

Auch für gelebte Sexualität gelten Grenzen. Eine davon betrifft die Pädophilie. Sie hat in kirchlichen Einrichtungen und bei der Priesterschaft stattgefunden. Der langjährige Leiter der Regensburger Domspatzen, Georg Ratzinger, hat die Aufklärung der Misshandlungs- und Missbrauchsfälle für „Irrsinn" erklärt. Es geht mir dabei nicht um die Ohrfeigen, sondern um den Missbrauch von Kindern, die er in seinen dreißig Jahren als Leiter nicht gesehen hat oder sehen wollte. Da wäre auch mit einundneunzig Jahren eine demütigere Haltung zu dem Thema angesagt und stellvertretend für alle, die gefehlt haben, ein einfaches Mea culpa. Nach katholischer Glaubensauslegung muss er vor seinen göttlichen Richter treten!?!

Auch der kunstsinnige Generalvikar des Bistums Limburg, Franz Kaspar, muss dies. Er hat von 1970 bis 2006 als Direktor das Vincenzstift in Aulhausen bei Rüdesheim am Rhein geleitet. Andere Meinungen von Eltern psychisch kranker Kinder wurden abgewiegelt, Widerspruch war zwecklos. Er hat sich aus vielen Töpfen bedient, um seine Kunstleidenschaft zu befriedigen. Sein Nachfolger, Dr. Dr. Caspar Söling, fand dann einen Investitionsbedarf von 40 Millionen vor.

Kardinal Müller, die aus Mainz-Finthen stammende Eminenz, hat zwar den Missbrauch der Priester mit Kindern als von der Presse aufgebauscht erklärt.

Zur gleichen Zeit hat Papst Franziskus aus diesem Grund an die 500 Priester weltweit vom Dienst in der Kirche suspendiert. – Realitätsverlust eines von sich überzeugten Hardliners, oder!?!

Was mich bei dem ehemaligen Bischof zu Limburg, Franz-Peter Tebartz van Elst, am meisten schockiert hat, war sein von ihm geleisteter Meineid. Wie beschämend für einen gebildeten Menschen, sich in einen solchen Irrtum ziehen zu lassen! Die Baumaßnahmen waren sicher zu einem großen Teil erforderlich, aber seine zahlreichen Sonderwünsche und die überdimensionierte Badewanne (mit wem wollte er die eigentlich teilen?) hätten schon eine anteilige Rückzahlung gerechtfertigt. Aber da hatte er ja mit Kardinal Müller einen zuverlässigen Fürsprecher. Die „hohen Herren" des apostolischen Glaubens – sie leben leider 300 Jahre zu spät. Damals wären sie keineswegs aufgefallen, selbst wenn es wie bei Kardinal Müller mehr als 20.000 Euro gewesen wären.

Die Abkehr von der Kirche ist hausgemacht. Der Priestermangel mit seinen verheerenden Auswirkungen war vorhersehbar. Ein verheirateter Priester ist genauso vorstellbar wie eine Frau im Dienst der Kirche. Papst Franziskus ist leider dreißig Jahre zu spät zum Papst gewählt worden. Mir sind noch heute die erstarrten Mienen der Kardinäle in Rom vor Augen nach dessen Ansprache im Dezember 2014: Der Vorwurf des Papstes, die Kirche leide unter spirituellem Alzheimer, mentaler Erstarrung und unter dem Terrorismus des Geschwätzes. Die Kirche sei unter anderem eine „Ansammlung fromm tuender Heuchler, Intriganten, Schmeichler, Karrieristen und Höflinge".

Starker Tobak für den ausdrucksvollen Mut dieses Gottesmannes an der Spitze der Kirche. Papst Franziskus lehnt das luxuriöse Palastleben der wohlbeleibten Kardinäle und Bischöfe im Vatikan ab. Er will nicht die strengen theologischen Gesetze, die den Christen an katholische Vorschriften fesseln, sondern das Verhältnis von gläubigen Menschen, die sich an Gott wenden. Dieses Verhältnis wird nach päpstlicher Befreiung von der „Barmherzigkeit" ausgefüllt und bestimmt. Dies ist auch für einen einfachen Menschen ohne akademische Bildung zu begreifen und zu erfüllen.

Die Kirche ist von Demut und Bescheidenheit weit entfernt!!!

Auch für die Geistlichkeit gilt das Gleiche wie für die Staatsdiener: Die wenigsten von ihnen sind den Anforderungen des Lebens gewachsen und auf den Schoß der Kirche angewiesen.

Ich höre auf, ehe der Rundumschlag noch größer wird!?!

Doch aus der Reminiszens meines Lebens und der Zeit, die es geprägt hat, möchte ich zum Abschluss einen Appell senden:

Glaubt weiter an das Gute im Menschen!!!

Von Friedrich Hebbel stammt:

Es gehört mehr Mut dazu, seine Meinung zu ändern, als ihr treu zu bleiben!

Von Albert Schweizer:

Viele Menschen wissen, dass sie unglücklich sind.
Aber noch mehr wissen nicht, dass sie glücklich sind!

Und Albert Einstein meint:

Fantasie ist wichtiger als Wissen, denn Wissen ist beschränkt!

Und noch ein Bonmot zum Ableben eines Menschen:

Er war nicht so schlecht wie sein Ruf! Er war nicht so gut wie sein Nachruf!!!

Nachwort

Seit dem Frühjahr 2013 habe ich mich gedanklich damit befasst mein Leben aufzuschreiben und die Geschehnisse, Erlebnisse und Sachverhalte chronologisch zu erfassen. Auf der Terrasse auf Lanzarote machte ich mir bei einem Glas Rioja die ersten Gedanken über meine Erinnerungen und wie ich sie gestalten könnte. Aller Anfang ist schwer – es wird schon klappen. Dranbleiben!

Bei einem Glas Wein fing alles an...

Da waren Dokumente, die meine Mutter, warum auch immer, für mich aufgehoben hat. Da gab es die vielen Briefe, die (Foto-)Alben und zwei dicke Ordner mit Hofsänger-Unterlagen. In Verbindung mit den Stempeln in den Reisepässen waren die frühen Reisen zeitlich einzuordnen.

Ich begann eine Kladde anzulegen, für jedes Jahr eine Seite. So entstand eine Gliederung, in die ich alle Daten, Fakten und Besonderheiten eintrug. Wenn man sich damit befasst, gibt das Gedächtnis Einzelheiten preis, die lebendig werden und aufgeschrieben werden wollen. Da entstehen aus dem Erlebten, Gelebten, durch Gefühl und Verstand beeinflusst die Grundlagen einer Biographie.

Nun liegt mein Leben auf Lettern gebannt offen und ehrlich vor Euch!

Für mich war es eine intensive Reise in die Vergangenheit, die mich auch so manche Nacht beschäftigt und nicht mehr losgelassen hat. Einige Erinnerungen haben starke Gefühle lebendig werden lassen. Die Herausforderung hat sich für mich gelohnt, weil sich beim Schreiben und erneutem Lesen mein Leben immer wieder neu vor mir ausgebreitet hat.

Solch eine Lebensgeschichte kann der jungen Generation Vergleichsmöglichkeiten, Orientierung und Denkanstöße, unumstößliche Lebensgrundlagen geben, aus der sich Fortschritt, Modernisierung und verantwortungsvolles Handeln entwickeln! Es freut mich, wenn es mir gelungen sein sollte, beim Schreiben die eigene Vergangenheit, die Geschehnisse, die Lebensweise und das Zeitgeschehen so zu schildern, dass es für den Leser interessant ist. Dabei soll die Einfachheit des bürgerlichen Lebens genauso geschildert werden wie die Offenheit von Beziehungen und privates wie berufliches Handeln!

Reisen dient der Erweiterung des eigenen Horizontes. Es minimiert Vorurteile und trägt zu einem verständnisvolleren Miteinander bei. Die Geschichte der Menschheit wird lebendig und daraus kann eine gemeinsame Verantwortung für die Erhaltung unseres Erdballes entstehen, die mehr und mehr in den Köpfen aller Raum greifen muss.

Alle, die nicht so reisefreudig sind, können dank der Abbildungen der Reise-Routen die Reisen weitestgehend im Wohnzimmer erleben. Internet macht es möglich, und für dieses Erlebnis gibt es keine Altersgrenze!

Meine Lebensstationen

Ich wurde 1937 in ein mittelständisches Weingut geboren.

Nach der Realschule, Handelsschule und Winzerlehre machte ich 1966 meinen Absschluss als Winzermeister. Über Jahrzehnte arbeitete ich maßgeblich an der Modernisierung des elterlichen Weingutes mit. Später führte ich diesen Beruf in einem neu erbauten Weingut im eigenen Namen fort.

Im Herbst 1996 letzte Ernte, Verpachtung der Weinberge und Abverkauf des Lagerbestandes. Im Juli 2002 erfolgte die Aufgabe des land- und forstwirtschaftlichen Betriebes.

Früh begann ich zu reisen. Ab 1949 mit dem Rad in den Sommerferien unterwegs, ging es in den folgenden Jahren mit dem Rad durch ganz Deutschland und 1953 nach England. Heute bin ich mit dem Flugzeug, Schiff oder Wohnmobil unterwegs auf allen fünf Kontinenten.

Meine weiteren Hobbies sind seit frühester Jugend Klavierspiel und Gesang.

Von 1961 bis 1991 war ich aktives Mitglied der Mainzer Hofsänger mit über 2000 Auftritten in Konzerten, bei Fastnachtsveranstaltungen und Weinproben.

Die Urkunden für 50jährige Vereinszugehörigkeit häufen sich, zuletzt waren 5 x 11 Jahre MCV (von 1962 – 2017) angesagt.

Inhalt

Meine Familie	7
Mein erstes Erinnern	15
Ein Unfall mit Joachim, ein Armbruch und die Einschulung	16
Der Alltag 1943, der Papa kommt heim!	17
Das Kriegsgeschehen spitzt sich zu	18
Joseph Colleghia – unser französischer Kriegsgefangener	18
Die nächtlichen Fliegeralarme	19
Das Käppi wird gesucht	20
Der Flagbatterieabend auf dem Doosberg	21
Winter 1944, mein Lieblingsplatz auf dem „Wasserschiff"	21
Brennholz holen	22
Anfang 1945 – Besuch beim Volkssturm	23
Der Horst-Wessel-Platz, unser Treffpunkt	24
Geschehnisse aus den letzten Kriegsjahren	25
Passiver Widerstand	27
Schilderungen von Vater August	28
Die Schule nach dem Krieg	29
Klavierspielen lernen	30
Der Alltag	31
Die Jahre 1945–1948	32
Die Normalität der Nachkriegszeit im Weingut	33
Die fehlende Aufklärung	34
Vater August und der Männerchor	35
Sonntagsausflug	36
Das Jahr 1948 und die Währungsreform	38
Die Realschulzeit ab 1949	39
Die Radtour 1949	41
Die Radtour 1950	42
Sommer 1951	44
Winterzeit 1951/52	46
Abschlussfahrt 1952 an die Nord- und Ostsee	48
Alltagsallerlei Anfang der 50er Jahre	50
Die Kurse bei Herrn Berg in Winkel	52

Eintritt in den Kirchenchor 1953 54
Meine fortgeschrittene Realschulzeit 56
Mit dem Rad durch Südengland 1953 64
Kundenbesuche 1954 74
Deutschland wird Fußballweltmeister, Reise nach Holland 76
Mein Lieblingsonkel 78
Frankreichreise 1955 79
Aktive Mitarbeit im Weingut ab 1955 86
Arbeitsabläufe im Weingut, zugefrorener Rhein, Exerzitien 93
Lehr- und Versuchsanstalt Trier 1955/56 95
Italienreise 1956 98
Lehr- und Versuchsanstalt Trier 1956/57 101
Die Lehrjahre in Weingütern und im Büro 103
Ein kleiner Exkurs in die Welt der Weinzensur 111
Die Weiterentwicklung des elterlichen Weinguts ab 1960 111
Private Perspektiven im Rückblick 114
Der Alltag nach Skandinavien 1958 123
Goswin und seine Karriere 126
Neue musikalische Herausforderungen 126
Ein kleiner Unfall im Betrieb 127
Gespräche am Stammtisch 127
Eine gelebte Männerfreundschaft: Goswin und ich 129
Erwähnenswertes und Erlebnisse von 1958–1962 131
Mittelmeerreise 1962 137
Meine aktive Zeit mit den Mainzer Hofsängern 1961–1991 145
Auf zur Weltausstellung in New York 1964 159
Berufliches und privates Kaleidoskop der Sechzigerjahre 162
Teneriffa 1965 165
Goswins Französischkurs an der Sorbonne 1965 165
Goswins Neuorientierung und die Donaufahrt 1966 168
Konzertreise der Hofsänger nach USA und Kanada 1967 174
Die Hofsänger als Botschafter der Stadt Mainz in Zagreb 179
Seereise ans Nordkap mit Goswin im Jahr 1968 184
Bauliche Aktivitäten von 1958–1970 190

Corporate Identity 196
Die Hofsänger in erneuter Leitung von H. Hohner 1968-72 197
Die zweite Konzertreise der Hofsänger nach USA 1970 200
Mittelmeerkreuzfahrt 1971 203
Dritte Konzertreise der Hofsänger nach USA 1972 205
Die Jahre 1973–1975 208
Vierte Konzertreise der Hofsänger nach USA 1976 211
Urlaub an der Ostsee und Beginn der Hochgebirgstouren 215
Einzug ins neue Haus 1977 220
Die Jahre 1978 und 1979 220
Die Aktivitäten in den 1980ern 224
Frankreichreise 1980 und Erinnerungen an frühere Besuche 224
Der Blüthner-Flügel-Kauf 1980 226
Besuch von unseren jüdischen Freunden aus New York 227
Die Italienreise 1980 mit den Rheingauer Verwaltern 228
Das Jahr 1981 und das Wiedersehen 230
Die Australienreise 1982 231
Gedanken über eine Teilung des Betriebes 241
Urlaub im Allgäu und das Aus bei den Hofsängern 1983 245
Urlaub 1984 an der Nordsee unter gesundheitlichem Aspekt 246
Das Gesicht des neuen Weinguts 247
Das neue Weingut und seine Vermarktung 250
Der Neuanfang des Weinguts 1985 254
Der Lebensweg meiner Kinder 254
Die erste Kur 1986 in Bad Dürrheim nach der Fastnacht 256
Zweite Kur in Bad Dürrheim 1987 257
1987: Der „liebe Ludwig" wird 50 Jahre alt 258
Die neuen betrieblichen Herausforderungen ab 1986 260
Gedanken eines erfahrenen Mannes und sein Tod 1988 261
Das Ende meiner Ehe 1988/89 262
Dritte Kur in Bad Dürrheim 1990 265
Das Hofsänger-Kolorit – Individualisten und ihre Erlebnisse 266
Der Lapsus bei der Prinzengarde und die MCV-Feiern 277
Aus meinem Leben nach den Hofsängern 1991–1994 280

Weinstudienreise nach Nordamerika 1994	287
Lehrfahrt nach Südafrika und Urlaub auf Barbados 1995	292
Das Jahr 1996 und die Kur in Bad Dürrheim	295
Meine letzte Ernte 1996	299
Der typische Ablauf meiner Weinproben	304
Die Jahre 1997–1999 und der Kubaurlaub 1997	312
Ludwigs Waterloo: die Bahnunterführung in Oestrich	314
Betriebsänderungen und Reisen in den Nahen Osten	315
Das Ehepaar Jutta und Ludwig Eser 2001	318
Reise nach China, private Begebenheiten im Jahre 2002	321
Reisen nach Sizilien, Baltikum und nach Südafrika 2003	325
Reisen nach Norwegen, Lanzarote und Russland 2004	334
Reisen in die Türkei 2005	340
Reise nach Neuseeland und Australien und bauliche Aktivitäten 2006	343
Mein Geburtstag, Kreuzfahrt auf der Donau 2007	351
Reisen nach Südamerika und Griechenland 2008	357
Mein Freund Hans Egert	368
Das Jahr 2009 mit Reisen nach Schottland und Kroatien	370
Das Jahr 2010 mit Indien- und Florida-Karibik-Rundreise	376
Das Jahr 2011 mit Nilkreuzfahrt und Marokkorundreise	386
Mein 75. Geburtstag 2012	392
Mit dem Wohmobil durch den Balkan 2012	396
Seereise ins östliche Mittelmeer 2012	400
Das Jahr 2013 mit „1001 Nacht", Sardinien und Italien	403
Reisen nach Thailand, England-Irland und Baltikum 2014	410
Haussanierungen und Spanien-Rundreise 2015	411
Reisen nach Südafrika, Korsika und Nordsardinien 2016	414
Resumée meines Lebens: Cantare et laborare et amare	419
Exkurs aus der Sicht eines Mittelständlers	425
Nachwort	438